Demografie Exzellenz

Lizenz zum Wissen.

Sichern Sie sich umfassendes Wirtschaftswissen mit Sofortzugriff
auf tausende Fachbücher und Fachzeitschriften aus den Bereichen:
Management, Finance & Controlling, Business IT, Marketing,
Public Relations, Vertrieb und Banking.

Exklusiv für Leser von Springer-Fachbüchern: Testen Sie Springer
für Professionals 30 Tage unverbindlich. Nutzen Sie dazu im
Bestellverlauf Ihren persönlichen Aktionscode C0005407 auf
www.springerprofessional.de/buchkunden/

**Jetzt
30 Tage
testen!**

Springer für Professionals.
Digitale Fachbibliothek. Themen-Scout. Knowledge-Manager.

- Zugriff auf tausende von Fachbüchern und Fachzeitschriften
- Selektion, Komprimierung und Verknüpfung relevanter Themen
  durch Fachredaktionen
- Tools zur persönlichen Wissensorganisation und Vernetzung

www.entschieden-intelligenter.de

Springer für Professionals  Springer

Uwe Schirmer
Hrsg.

Demografie Exzellenz

Handlungsmaßnahmen und Best Practices
zum demografieorientierten
Personalmanagement

Herausgeber
Uwe Schirmer
Duale Hochschule Baden-Württemberg Lörrach
Lörrach, Deutschland

ISBN 978-3-658-11909-6   ISBN 978-3-658-11910-2   (eBook)
DOI 10.1007/978-3-658-11910-2

Die Deutsche Nationalbibliothek verzeichnet diese Publikation in der Deutschen Nationalbibliografie; detaillierte bibliografische Daten sind im Internet über http://dnb.d-nb.de abrufbar.

Springer Gabler
© Springer Fachmedien Wiesbaden 2016

Gedruckt auf säurefreiem und chlorfrei gebleichtem Papier

Springer Fachmedien Wiesbaden GmbH ist Teil der Fachverlagsgruppe Springer Science+Business Media (www.springer.com)

Vorwort

Unternehmen stehen durch die demografische Entwicklung in Deutschland und Europa vor großen Herausforderungen in Bezug auf den Arbeits- und Absatzmarkt. Umso erstaunlicher ist es, dass sich die Unternehmen den demografischen Risiken in Teilen zwar bewusst sind, daraus aber keine hinreichenden Konsequenzen für sich ableiten.

Immer noch haben zu wenige Unternehmen ein demografieorientiertes Personalmanagement als strategisches Ziel formuliert. Und dies obwohl in der Vergangenheit systematisch jugendzentrierte Belegschaftsstrukturen geschaffen wurden, die sich künftig als „demografische Hypothek" erweisen werden. Viel zukunftsweisender wären dagegen altersgemischte Belegschaften mit einem ausgeglichenen Verhältnis der verschiedenen Altersstufen und einem angemessenen Grad personeller Diversität.

Unübersehbar ist, dass die demografischen Entwicklungen in Bezug auf die betrieblichen Konsequenzen in den Unternehmen noch erheblich unterschätzt werden. Dabei liegt im Kern kein Erkenntnisproblem vor, es handelt sich vielmehr um ein Umsetzungsproblem. Die Effekte des demografischen Wandels sind ausreichend untersucht und vielfältige Maßnahmen zur Auseinandersetzung mit den resultierenden Konsequenzen auf betrieblicher Ebene vorhanden. Was fehlt, ist deren konsequente und ganzheitliche Anwendung – gerade in kleineren und mittleren Unternehmen. Offensichtlich werden die demografischen Herausforderungen aufgrund ihrer langfristigen Perspektive- die Bevölkerungsvorausberechnungen des Statistischen Bundesamtes reichen bis 2060 und weiter- nicht auf die gegenwärtige Situation reflektiert. Dabei gilt: „2060 ist Morgen!", denn Kinder, die heute nicht geboren werden, fehlen morgen als Nachwuchskräfte und betriebliche Rahmenbedingungen zur familienfreundlichen Arbeitsgestaltung, die heute nicht initiiert werden, können morgen nicht die Vereinbarkeit von Familie und Beruf unterstützen. Hinzu kommt, dass in vielen Unternehmen Ratlosigkeit besteht, wie sich Organisationen systematisch den einschlägigen Herausforderungen stellen können. Demografiemanagement beschränkt sich infolgedessen oftmals in unzureichender Weise nur auf Maßnahmen des Gesundheitsmanagements und der Personalentwicklung. Positiv stimmt in diesem Zusammenhang die Tatsache, dass in ersten Branchen Demografie-Tarifverträge abgeschlossen werden, die von Arbeitnehmer- und Arbeitgeberseite positiv bewertet werden. Ein Indiz dafür, dass die demografischen Herausforderungen auch von den Tarifvertragsparteien als bedeutsam erkannt werden und somit die Arbeits- und Wirtschaftsbedingungen in Deutschland partiell alternsgerecht gestaltet werden.

Wichtig ist es, dem demografischen Wandel auf betrieblicher Ebene vorausschauend zu begegnen, damit die Wettbewerbsfähigkeit im eigenen Unternehmen nicht durch überraschend auftretende Demografierisiken wie z. B. Wissensabfluss, unbesetzte Arbeitsplätze, nicht ausreichend qualifizierte ältere Arbeitnehmer oder einseitige Kompetenzportfolios leidet. Bei proaktivem Handeln lassen sich von den Unternehmen sogar erhebliche Vorteile im Wettbewerb realisieren. Beispielhaft können hier die positive Imageentwicklung am Arbeitsmarkt, die vorausschauende Identifikation und Reduzierung von Personalrisiken oder die Realisierung von Produktinnovationen durch herausragend qualifizierte Belegschaften angeführt werden. Auch können durch ein demografieorientiertes Personalmanagement Beiträge zur Bewältigung gesellschaftspolitischer Herausforderungen wie z. B. der Qualifizierung benachteiligter Jugendlicher, der Beschäftigung und Integration von Arbeitnehmern mit Migrationshintergrund, der Abkehr vom Defizitbild des Alters oder der Reduktion der Erwerbslosigkeit älterer Arbeitnehmer geleistet werden. Künftig entscheidet eben nicht mehr nur die Produkt- und Dienstleistungspolitik, sondern gerade auch eine zukunftsweisende Personalpolitik über den Erfolg der Unternehmen. Mit einer derartigen Personalstrategie lassen sich somit Vorteile für die Unternehmen und ihre Mitarbeiter sowie für die gesamte Gesellschaft verwirklichen.

Es gibt auch erste Unternehmen, die sich bemühen, Maßnahmen zur Gestaltung des demografischen Wandels umzusetzen – oftmals ohne aber auf eine erprobte und ganzheitliche Analyse- und Gestaltungsgrundlage zurückgreifen zu können. Das vorliegende Buch „Demografie Exzellenz – Handlungsmaßnahmen und Best Practices zum demografieorientierten Personalmanagement" stellt sich dem Anspruch, hier zu helfen, indem es auch gerade mittelgroße Unternehmen bei dem Vorhaben, dem demografischen Wandel aktiv zu begegnen, mit einem systematischen und praxisbezogenen Vorgehen unterstützen will. Durch eine Vielzahl von Anregungen, pragmatischen Arbeitshilfen, frei nutzbaren Analyse-Tools sowie ausgezeichneten Best Practice-Beispielen will es Mut machen, demografieorientierte Personalpolitik umzusetzen. Dabei wird ein inhaltlicher Schwerpunkt auf den Bereich der Intergenerativität, d. h. dem Einsatz von jungen und älteren Mitarbeitern im Unternehmen, gelegt. Das Buch will ausdrücklich aufzeigen, dass Demografiemanagement keine unlösbare und nur mit besonderem Spezialwissen zu bewältigende Herausforderung darstellt, sondern vielmehr durch eine intelligente und problembezogene Ausgestaltung oftmals bereits gut bekannter Personalinstrumente umgesetzt werden kann. Aus diesem Grund finden sich im fünften Kapitel die prämierten Unternehmensprojekte des Demografie Exzellenz-Award, der seit 2010 durch den Bund Deutscher Unternehmensberater e.V. und den ddn, das demographie netzwerk e.V., an Unternehmen verschiedener Größenklassen verliehen wird, die sich durch nachahmbare Leuchtturmprojekte u. a. im Bereich der Personalpolitik dem demografischen Wandel stellen. Eingeflossen sind intensiv auch Erkenntnisse und handlungsleitende Instrumente aus dem Projekt „Demografie aktiv gestalten", das, organisiert über die Wirtschaftsregion Südwest mit Sitz in Lörrach und unterstützt durch das Ministerium für Finanzen und Wirtschaft Baden-Württemberg, aus Mitteln des Europäischen Sozialfonds in den Jahren 2010 bis 2012 am Fachgebiet Personalmanagement der Dualen Hochschule Baden-Württemberg Lörrach umgesetzt wurde.

Der erste Teil des Buches reflektiert die wesentlichen Entwicklungen des demografischen Wandels sowie die Besonderheiten, die in kleinen und mittelgroßen Unternehmen herrschen und bei der Implementierung entsprechender Maßnahmen berücksichtigt werden müssen.

Kapitel Zwei befasst sich mit den Grundlagen des demografieorientierten Personalmanagements und der ganzheitlichen Konzeption eines solchen Ansatzes. Wohlwissend, dass ein erfolgreiches Demografiemanagement immer ein intergeneratives und diversitätsorientiertes Miteinander unter Einbindung aller Alters- und Bevölkerungsgruppen bedeutet, wird hierbei ein Schwerpunkt auf das Älterwerden in Unternehmen gelegt, da immer noch zu oft in den Unternehmen falsche, beschäftigungshemmende Stereotype dem Alter gegenüber existieren. Vor dem Hintergrund einer sich notwendigerweise noch weiter erhöhenden Lebensarbeitszeit ein untragbarer Zustand. Zudem soll damit verdeutlicht werden, dass der demografische Wandel keinesfalls ein reines Bedrohungs-szenario verkörpert, sondern vielmehr umfassende positive Veränderungen beinhaltet. Eine längere Lebensarbeitszeit z. B. kann im Kontext einer steigenden Gesamtlebenserwartung und einer deutlich verbesserten Gesundheitslage bis in das höhere Lebensalter ein echter Gewinn in Form von qualitativer Lebenszeit sein – die heutigen 60-Jährigen sind in Bezug auf Vitalität nicht mehr zu vergleichen mit den 60-Jährigen von vor 30 Jahren.

Der dritte Teil des Buches beschreibt den Unternehmen ein konkretes und praxisbezogenes Vorgehen zur Konzeption und Einführung eines personalpolitischen Demografiemanagements. Von notwendig durchzuführenden Analysen, über die Gestaltung von Kick-off-Workshops bis hin zur Teilprojektplanung finden sich hier vielfältige Hinweise und Anregungen.

Kapitel Vier bietet zu ausgewählten Handlungsfeldern des operativen Demografiemanagements vertiefende Ausführungen. Hier finden sich auch Hinweise für die Umsetzung in der Praxis. Dabei werden sowohl klassische Themenbereiche wie intergenerative Mitarbeiterführung, als auch neue Ansätze wie die Möglichkeiten von Big Data im demografischen Wandel behandelt.

Im fünften Teil werden die prämierten Unternehmensbeispiele des Demografie Exzellenz Award dargestellt. Diese zeichnen sich konsequent dadurch aus, dass sie bei gutem Willen und mit vertretbarem Aufwand sofort in anderen Unternehmen übernommen werden können.

Den Abschluss des Buches bilden in Kapitel Sechs die Ergebnisse der in 2015 durchgeführten bundesweiten Studie „Demografie Exzellenz – Herausforderungen im Personalmanagement". Damit sollen den Lesern typische Optimierungsbereiche des Demografiemanagements in der Praxis aufgezeigt, andererseits aber auch dahingehend nochmals Mut gemacht werden, dass andere Unternehmen ebenfalls noch mit der

Umsetzung beschäftigt sind und keinesfalls überall schon ein perfektes Demografie-management existiert.

Das vorliegende Arbeitsbuch richtet sich somit an Geschäftsführer, Personalleiter und Mitarbeiter von Personalabteilungen sowie an Führungskräfte in Unternehmen, Körper-schaften und sonstigen Non-Profit-Organisationen, die sich mit der Implementierung und Umsetzung eines demografieorientierten Personalmanagements befassen. Darüber hinaus ist es eine gute Basis für Demografieberater bei Kommunen oder bei den Industrie- und Handels- bzw. Handwerkskammern. Studierenden und Lehrkräften der Betriebs-wirtschaftslehre mit dem Schwerpunkt Personalmanagement vermittelt das Buch wissen-schaftlich fundiertes Anwendungswissen zum Thema.

Aus Gründen der besseren Lesbarkeit wird in den Beiträgen darauf verzichtet, Begrifflichkeiten in der weiblichen und männlichen Form darzustellen. Es sind jedoch Frauen wie Männer gleichermaßen gemeint und angesprochen.

Mein besonderer Dank gilt allen Unterstützern dieses Projektes sowie insbesondere meinen Kollegen aus dem Organisationsteam des Demografie Exzellenz Award und dem Vorstand des Demografie Exzellenz e.V., die durch ihr ehrenamtlich gesellschaftliches Engagement seit vielen Jahren einen Beitrag dazu leisten, Unternehmen für die Folgen des demografischen Wandels zu sensibilisieren und über mögliche Handlungsmaßnahmen zu informieren. Namentlich sind dies Gudrun Ahlers, Ana-Cristina Grohnert, Rudolf Kast, Claus Kruse, Dr. Irene Nagel-Jachmann, Günter Monjau, Johannes Schlichter, Uta Sanchez-Mayoral, Stephan Teuber und Gerhard Wiesler. Mein Dank gilt weiterhin Frau Simone Scheffczyk für die umfangreiche Unterstützung bei der Erstellung des Buches sowie Herrn Prof. Dr. Peter Billen von der Dualen Hochschule Baden-Württemberg Lörrach für die Unterstützung bei der Studienauswertung.

Müllheim   Uwe Schirmer
Februar 2016

Inhaltsverzeichnis

Gudrun Ahlers Gesundheitsmanagement H4.10a, Techniker Krankenkasse, Hamburg, Hamburg, Deutschland

Monika Auweter-Kurtz Akademie für Luft- und Raumfahrt German Aerospace Academy ASA, Böblingen, Baden-Württemberg, Deutschland

Markus Blümle E.G.O. Elektro-Gerätebau GmbH, Oberderdingen, Baden-Württemberg, Deutschland

Frank Dehring Waldkircher Beschäftigungs- und Qualifizierungsgesellschaft gGmbH, Waldkirch, Baden-Württemberg, Deutschland

Isabell Galvagni Ernst & Young GmbH Wirtschaftsprüfungsgesellschaft, Eschborn, Hessen, Deutschland

Margaret Heckel Potsdam, Brandenburg, Deutschland

Isabella Heidinger WELEDA AG, Schwäbisch Gmünd, Baden-Württemberg, Deutschland

Thomas Holm Gesundheitsmanagement H4.10a, Techniker Krankenkasse, Hamburg, Hamburg, Deutschland

Rudolf Kast DiePersonalmanufaktur, Freiburg, Baden-Württemberg, Deutschland

Martina Klärle Klärle – Gesellschaft für Landmanagement und Umwelt mbH, Weikersheim, Baden-Württemberg, Deutschland

Corinna Krefft-Ebner K & U Bäckerei GmbH, Neuenburg, Baden-Württemberg, Deutschland

Michael Lindemann Duale Hochschule Baden-Württemberg Lörrach, Lörrach, Baden-Württemberg, Deutschland

Kerstin Lübbe Loquenz Unternehmensberatung GmbH, Leinfelden-Echterdingen, Baden-Württemberg, Deutschland

Irene Nagel-Jachmann FHNW, SEgroup, Freiburg, Baden-Württemberg, Deutschland

Michael Oliva GP Grenzach Produktions GmbH, Grenzach-Wyhlen, Baden-Württemberg, Deutschland

Tobias Rehder TÜRENMANN Stuttgart GmbH und Co. KG, Stuttgart, Baden-Württemberg, Deutschland

Inge Reichart BRÜCKNER Trockentechnik GmbH & Co. KG, Leonberg, Baden-Württemberg, Deutschland

Yara Schiller Kienbaum Communications GmbH & Co. KG, Gummersbach, NRW, Deutschland

Uwe Schirmer Duale Hochschule Baden-Württemberg Lörrach, Lörrach, Baden-Württemberg, Deutschland

Günther Stauber ZF Friedrichshafen AG, Friedrichshafen, Baden-Württemberg, Deutschland

Stephan Teuber Loquenz Unternehmensberatung GmbH, Leinfelden-Echterdingen, Baden-Württemberg, Deutschland

Eva Voß Talent Team, Ernst & Young GmbH Wirtschaftsprüfungsgesellschaft, Eschborn, Hessen, Deutschland

Gerhard Wiesler Kienbaum Communications GmbH & Co. KG, Freiburg, Baden-Württemberg, Deutschland

Demografische Entwicklung und Bedeutung für klein- und mittelständische Unternehmen

Irene Nagel-Jachmann

Zusammenfassung

Der demografische Wandel bringt eine Abnahme der Gesamtbevölkerung sowie eine Veralterung der Gesellschaft in Deutschland mit sich. In der Folge muss sich die Wirtschaft mit sinkenden Bewerberzahlen, einer Schrumpfung und Alterung der Bevölkerung im erwerbsfähigen Alter und damit auch einem Anstieg des Durchschnittsalters der Belegschaften auseinandersetzen. Diese Veränderungen in der Bevölkerungsstruktur haben besonders starke Auswirkungen, da sie mit weiteren Megatrends wie der technischen Entwicklung, der Änderung hin zu einer Wissensgesellschaft und dem Aufkommen einer digital-integrierten Arbeitswelt 4.0 einhergehen. Kleine und mittelständische Unternehmen sind aufgrund ihrer häufig eher ländlichen Lage und der geringeren Möglichkeiten im Strategie- und Personalbereich einerseits besonders stark vom demografischen Wandel betroffen. Andererseits haben sie auch ausgesprochen gute Möglichkeiten, mit dieser Herausforderung umzugehen, u. a. da sie meist inhabergeführt sind, wodurch die Geschäftsführung einen direkteren Einfluss auf die Unternehmenskultur hat und praktische Maßnahmen des Demografiemanagements leichter umsetzen kann – alleine oder auch im Verbund mit anderen kleinen und mittelständischen Unternehmen.

I. Nagel-Jachmann (✉)
FHNW, SEgroup, Grillparzerstr. 5, 79102 Freiburg, Baden-Württemberg, Deutschland
E-Mail: irenenagel@hotmail.com

© Springer Fachmedien Wiesbaden 2016
U. Schirmer (Hrsg.), *Demografie Exzellenz*, DOI 10.1007/978-3-658-11910-2_1

1.1 Megatrends im demografischen Wandel

1.1.1 Der demografische Wandel

Hinter dem Schlagwort „demografischer Wandel" verbergen sich eine Reihe unterschiedlicher Prozesse. Was den derzeitigen demografischen Wandel ausmacht, ist zum einen eine Abnahme der Gesamtbevölkerung in Deutschland. Laut den Vorausberechnungen des Statistischen Bundesamtes wird die Bevölkerung von aktuell ca. 81 Millionen bis zum Jahr 2050 auf 72 bis 76 Millionen Menschen schrumpfen (Statistisches Bundesamt 2015, S. 45 f.).

Zum anderen verändert sich die Bevölkerungsstruktur: Zu Beginn des 20. Jahrhunderts entsprach die Bevölkerungsstruktur noch der Form einer Pyramide, mit vielen Kindern, relativ vielen jungen Erwachsenen und wenigen älteren Erwachsenen. Heute ähnelt die Form eher einer russischen Puppe (Matrjoschka): die Zahl der Personen im mittleren Erwachsenenalter (50 Jahre) ist derzeit am größten (siehe Abb. 1.1).

Der Anteil älterer Personen in der Bevölkerung wird 2060 im Vergleich zu heute deutlich größer sein. Vorausberechnungen machen zudem deutlich, dass sich die Pyramide in 20–30 Jahren fast umgekehrt haben wird. Die Babyboomer-Generation gehört dann zu den „Alten" und schließlich „Hochaltrigen". Laut statistischem Bundesamt (2015, S. 45) wird die Anzahl der Menschen ab 65 Jahren von 17 Millionen im Jahr 2013 auf gut 23 Millionen im Jahr 2040 anwachsen – ein Anstieg um etwa 35 Prozent. Zwischen 2040 und 2060 wird diese Altersgruppe voraussichtlich – bei einer insgesamt sinkenden Bevölkerungszahl – fast unverändert bleiben. Die Gesamtbevölkerung wird also abnehmen und der Anteil Alter und Hochaltriger zunehmen.

Auch wenn der grundsätzliche Trend des seit Anfang des Jahrtausends einsetzenden Bevölkerungsrückgangs durch den Wanderungssaldo seit 2011 aktuell gestoppt ist, wird die Bevölkerung langfristig weiter abnehmen. Diesen Veränderungen liegen verschiedene Entwicklungen zugrunde: heute werden aufgrund immer besser werdender Lebensbedingungen und Fortschritte in der Prävention und medizinischen Versorgung die Bürger westlicher Länder wesentlich älter. Die durchschnittliche Lebenszeit nimmt also zu. Heute geborene Mädchen können davon ausgehen, ca. einhundert Jahre alt zu werden. Gleichzeitig sind die Geburtenzahlen in Deutschland weiterhin zu niedrig. Mit einer Abnahme junger Frauen ist langfristig ein Rückgang der Geburten vorauszusehen. Diese Entwicklungen hätten ohne die Zuwanderung Jüngerer noch stärkere Auswirkungen. Die Zuwanderung führt zudem zu einer größeren Vielfalt in der Gesellschaft und begründet den dritten großen Trend der demografischen Entwicklung, die Heterogenisierung.

1.1.2 Auswirkungen des demografischen Wandels auf die Wirtschaft

Die beschriebenen demografischen Veränderungen stellen die Wirtschaft vor vielseitige Herausforderungen. Auch wenn die Auswirkungen verschiedene Branchen und Regionen

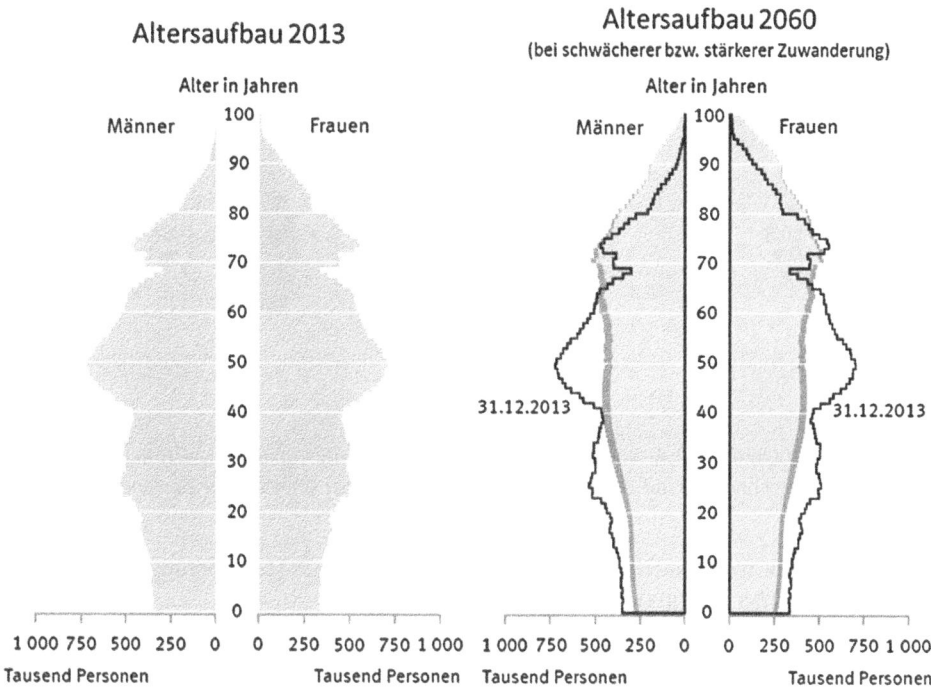

Abb. 1.1 Bevölkerungspyramide von 2015 und prognostiziert für das Jahr 2060 (Quelle: Statistisches Bundesamt 2015, S. 18)

unterschiedlich stark treffen, sind doch einige allgemeine Trends auszumachen: die Zahl der Personen im erwerbsfähigen Alter wird von gut 49 Millionen im Jahr 2013 auf nur knapp 38 bis 41 Millionen im Jahr 2050 sinken (Statistisches Bundesamt 2015, S. 22 und 45 f.). Durch die Heraufsetzung des gesetzlichen Renteneintrittsalters in 2019 auf 67 Jahre kann dieser Effekt zwar etwas gemildert werden, mit dem Renteneintritt der Babyboomer-Generation ab dem Jahr 2020 wird die Schrumpfung aber deutlich an Dynamik gewinnen. Das Durchschnittsalter der Personen im erwerbsfähigen Alter steigt, ebenso wie das Durchschnittsalter der Belegschaften. Gleichzeitig sinkt die Zahl junger Bewerber.

Im Vergleich von 2013 zu 2060 nehmen der Anteil der Personen im erwerbsfähigen Alter ab und der Anteil der Personen über 65 Jahren deutlich zu (siehe Abb. 1.2). Die Firmen müssen damit Wege finden, mit dem Thema der alternden Arbeitnehmerschaft sinnvoll umzugehen und im besten Falle sogar davon zu profitieren. Dabei gilt es, die Arbeitsfähigkeit zu erhalten sowie einen Wissensverlust aufgrund von Verrentung zu vermeiden. Zudem müssen Unternehmen sich auf einen Kampf um junge Talente einstellen. Dies gilt besonders für Berufe im MINT-Bereich (Mathematik, Informatik, Naturwissenschaft, Technik), der Pflege, der Gastronomie und Hotellerie sowie der Logistik.

Neben verstärkten Bemühungen, junge Mitarbeiter zu gewinnen und im Unternehmen zu halten, müssen sich Unternehmen darauf einstellen, weitere mögliche

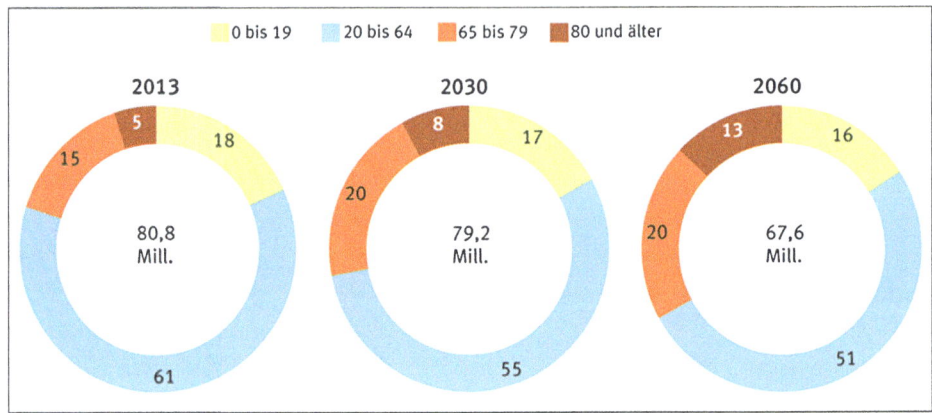

Abb. 1.2 Bevölkerung nach Altersgruppen in Prozent. (Quelle: Statistisches Bundesamt 2015, S. 19, Vorausberechnungen auf Basis Variante 1: Kontinuität bei schwächerer Zuwanderung)

Erwerbsgruppen wie Frauen, Ältere und Einwanderer in ihre Rekrutierungsstrategie mit einzubeziehen (INQA 2005).

Zusammengefasst sind die Unternehmen am Arbeitsmarkt branchen- und regionalabhängig in unterschiedlicher Intensität mit verschiedenen Auswirkungen des demografischen Wandels konfrontiert (Schirmer 2013, S. 7), wie z. B. mit

- Problemen bei der Besetzung von Ausbildungs- und dualen Studienplätzen,
- einer abnehmenden Zahl jüngerer Nachwuchs- und Fachkräfte,
- einem hohen Rekrutierungsbedarf ab 2020, wenn Babyboomer mit der Rente beginnen,
- einer Altersverschiebung in den Belegschaften auf die über 50-Jährigen,
- einer zunehmenden Zahl der über 60-Jährigen, die bis zum Renteneintrittsalter tätig bleiben,
- einem daraus resultierenden hohen Belegschafts-Durchschnittsalter und der Herausforderung des Erhalts der Beschäftigungsfähigkeit,
- einer sinkenden Flexibilität und Mobilität der Belegschaften,
- einem veränderten kollektiven Leistungsverhalten der Belegschaften und
- einem Fachkräftemangel in ausgewählten Branchen wie Informatik, Vertrieb, Logistik, Gesundheitswirtschaft, Hotellerie und Gastronomie.

1.1.3 Der demografische Wandel im Kontext weiterer Megatrends

Die aus dem demografischen Wandel erwachsenden Herausforderungen für die Wirtschaft stehen in Wechselwirkung mit weiteren, derzeit zu beobachtenden Megatrends. Aufgrund der Globalisierung, der gesteigerten Mobilität, der rasanten technischen Entwicklungen, der Transformation in eine Wissensgesellschaft sowie einem allgemeinen

Wertewandel verändern sich die Lebens- und die Arbeitswelt: Die Halbwertszeit von einmal gelerntem Wissen nimmt ab. Die Komplexität der Strukturen und Prozesse nimmt zu – es besteht eine Welt des ständigen Wandels und der Veränderungsprozesse.

In der Folge ändern sich die typischen Karrierebilder. Gestückelte, unstetige Karrieren werden immer üblicher. Gekoppelt mit dem durchschnittlich längeren Verbleib älterer Arbeitnehmer im Berufsleben gibt es hier interessante Entwicklungen: So ist das Entstehen einer zusätzlichen Karrierephase zu beobachten. Zunehmend entschließen sich langjährige Arbeitnehmer eine zweite oder dritte Karriere zu beginnen. Es entstehen Ausbildungs- und Studienangebote für Ältere – ein Markt, der sich in den kommenden Jahren voraussichtlich stark ausweiten wird. Auch in den Bereichen der Expertenberatung und der Existenzgründung ist ein zunehmendes Engagement Älterer zu beobachten.

Mit dem gesellschaftlichen Wandel einhergehend ändern sich auch die Anforderungen von Bewerbern an Unternehmen. Dies gilt besonders für die jüngere Generation, die sogenannte Generation Y, welche sich u. a. durch eine hohe Erwartungshaltung gegenüber Arbeitgebern auszeichnet. Dabei geht es den jungen Menschen nicht unbedingt um hohe Gehälter und Aufstiegsmöglichkeiten, sondern um Mitbestimmungsrecht, Teamgeist, gelebte Wertestrukturen und persönliche Lebensqualität. Zudem spielt die Vereinbarkeit von Beruf und Familie eine zunehmend wichtige Rolle. In Reaktion auf diese Entwicklungen geben sich Arbeitgeber (zumindest in Branchen und in Regionen, in denen Fachkräfte rar sind) bereits heute weitaus mehr Mühe, mögliche Mitarbeiter zu beeindrucken und an ihrer Außenwirkung zu arbeiten.

Ebenfalls im Zusammenhang mit den beschriebenen Megatrends steigt der Druck auf Arbeitnehmer, sich ständig weiter zu qualifizieren. Vor dem Hintergrund des demografischen Wandels und der damit einhergehenden Alterung der arbeitenden Bevölkerung wird deutlich, dass auch ältere Arbeitnehmer von entsprechenden Weiterbildungsangeboten nicht ausgeschlossen werden dürfen.

Eine Auswirkung der Flexibilisierung und Dynamisierung der Wirtschaft ist, dass in relativ kurzen Zyklen der Erfolgssicherung gedacht wird. Entsprechend mögen demografische Veränderungen, deren Auswirkungen sich in Gänze erst um 2050 herum bemerkbar machen, aktuell wenig Beachtung finden. Unternehmen sind jedoch gut beraten, sich rechtzeitig um eine gute Demografiestrategie zu kümmern – zum einen, da je nach Region und Branche auch jetzt schon Auswirkungen des Wandels zu bemerken sind und zum anderen, da es notwendig ist, jetzt mit einer sinnvollen Personalpolitik zu beginnen, um in den kommenden Jahrzehnten für die anstehenden Veränderungen gut gerüstet zu sein. Wichtig ist dabei, dass der Fokus nicht allein auf den älteren Arbeitnehmern, sondern auf allen Arbeitnehmern und deren Alternsprozess im Unternehmen liegen muss – unabhängig, welchen Geschlechts und welcher Herkunft. Ein ganzheitliches Demografiemanagement schließt also alle Alters- und Bevölkerungsgruppen ein. Zudem müssen auch die verschiedenen betrieblichen Handlungsfelder, wie Arbeitsgestaltung und -organisation, Arbeitsschutz und Gesundheitsmanagement, Qualifizierung und Kompetenzentwicklung, Personalführung und -rekrutierung sowie Unternehmensführung und -kultur, Beachtung finden.

1.2   Kleine und mittelständische Unternehmen als Zielgruppe

1.2.1   Einführung

Kleine und mittelständische Unternehmen (KMU) sind vom demografischen Wandel besonders betroffen. Zum einen, weil sie nicht in gleichem Maße wie Großunternehmen die Strukturen und Mittel haben, um rechtzeitig Strategien des Demografiemanagements zu entwickeln und sich zu wappnen, zum anderen, weil sie oft in ländlichen Regionen beheimatet sind und damit aufgrund der Landflucht der jüngeren Generationen besonders von Überalterung und Fachkräftemangel betroffen sind. Hinzu kommt, dass größere Unternehmen bekannter sind und deshalb im Kampf um junge Talente in der Regel mehr Chancen haben. Andererseits haben KMU jedoch auch Vorteile gegenüber großen Konzernen in der Bewältigung des demografischen Wandels, u. a. da die Führungspersonen häufig einen direkten Bezug zu ihren Mitarbeitern und deren Lebenswelt haben.

1.2.2   Problembewusstsein und Handlungsspielräume

Ein Faktor, der KMU grundlegend von größeren Unternehmen unterscheidet ist, dass es keine oder nur kleine, eher administrative Personalabteilungen gibt und entsprechend kein personeller, zeitlicher und finanzieller Raum besteht, um spezielle Maßnahmen des Demografiemanagements zu entwickeln und umzusetzen. So ist häufig nicht einmal die Altersstruktur eines KMU im Detail bekannt. Dies ist oftmals auch darauf zurück-zuführen, dass die Sensibilität für das Thema in KMU geringer ist. Während in großen Unternehmen mittlerweile eigene Stabsstellen eingerichtet oder Beauftragte für Demografie ernannt sind, besteht bei kleineren Unternehmen immer noch ein Handlungsdefizit, weil die Mitarbeiter überwiegend durch operative Aufgaben vollständig ausgefüllt sind und damit keine Zeit für strategische Fragestellungen vorhanden ist. Dies gilt auch für Maßnahmen zur Bewältigung des demografischen Wandels.

Dabei haben KMU besondere Möglichkeiten, Maßnahmen des Demografiemanagements umzusetzen. Wichtig sind hier vor allem die Nähe der Führungskräfte zu den Mitarbeitern und die stärkere Werteorientierung. KMU sind häufig Familienunternehmen. Besonders in solchen KMU ist die Unternehmenskultur oftmals weniger eine aufwändig entwickelte Errungenschaft als eine Selbstverständlichkeit. Die Firmeneigner haben eine Vorbildfunk-tion, sie sind „Herz und Seele" des Unternehmens und formen damit maßgeblich die Kultur. Darauf lässt sich gut ein schlüssiges Konzept für eine Employer Brand aufbauen. Die Firmen können zudem von der Bekanntheit in der direkten Region profitieren. Bemühungen für die Mitarbeiter gelangen nach außen und tragen so zum Ansehen der Firma in der Region bei. Wichtig ist allerdings, dass die Leitung und Führungskräfte

(a)   eine allgemeine Sensibilität für die grundsätzliche Thematik des demografischen Wandels entwickeln.

(b) erkennen, welchen Wert eine gute Firmenkultur hat, wie sie diese beeinflussen und für sich nutzen können.

(c) KMU-spezifische Handlungsspielräume sehen und nutzen lernen.

Dazu gehören u. a. Mitarbeitergespräche, bei denen auch bis zu einem gewissen Grad über private Lebensentwicklungen gesprochen wird, um im Sinne einer lebensphasenorientierten Personalarbeit handeln zu können. Kennt ein Unternehmer die aktuellen Bedürfnisse seiner Mitarbeiter, kann er gerade als Leiter einer kleinen Firma häufig flexibel reagieren und individuelle Lösungen des Ausgleichs, der Teilzeitarbeit etc. finden.

In der Praxis hat sich zudem gezeigt, dass es für KMU sehr sinnvoll sein kann, sich in ihrem Anliegen um ein gutes Demografiemanagement lokal zu vernetzen. Im Verbund können kleine Unternehmen z. B. Aus- und Weiterbildungen anbieten, für welche sie alleine nicht alle Ausbildungsteile abdecken könnten. Ebenso können gemeinsame Kindertagesstätten, Kantinen oder Gesundheitsangebote aufgebaut werden. Nicht zuletzt können Firmen sich im Verbund vermarkten und so gemeinsam auf ihre Vorzüge und ihren Standort aufmerksam machen. Ein Beispiel hierfür ist die „Sechs-Schwaben-Akademie" (Sechsschwaben 2015). Hier haben sich sechs Elektrounternehmen mit insgesamt ca. 70 Beschäftigten zu einer Schulungsakademie zusammengeschlossen. Damit können sie nicht nur verpflichtende Weiterbildungsblöcke, sondern auch berufsbezogene Fortbildungen und Kurse zur Persönlichkeitsentwicklung anbieten. Die beteiligten Unternehmen profitieren durch die hohe Qualifikation ihrer Mitarbeiter ebenso, wie durch deren Zufriedenheit und die gesteigerte Bekanntheit in der Region.

KMU sind besonders gefordert, den Folgen des demografischen Wandels auf innovative Weise zu begegnen. Ist einmal das Problembewusstsein geweckt, haben sie gute Möglichkeiten. Denn was sie auszeichnet, ist u. a. eine größere Flexibilität: Maßnahmen des Demografiemanagements können leichter im Alltag integriert werden – nicht zuletzt, da häufig ein „direkter Draht" der Führungskräfte zu den Mitarbeitern besteht.

Literatur

INQA – Initiative Neue Qualität der Arbeit. (2005). *Demografischer Wandel und Beschäftigung. Plädoyer für neue Unternehmensstrategien,* (2. aktualisierte Aufl.). Dortmund: Lausitzer Druck- und Verlagshaus, Bautzen.

Schirmer, U. (2013). Demografieorientiertes Personalmanagement. In Wirtschaftsregion Südwest – unterstützt durch das Ministerium für Finanzen und Wirtschaft Baden-Württemberg aus Mitteln des europäischen Sozialfonds (Hrsg.), Demografie aktiv gestalten. Ein Praxis-Leitfaden für kleine und mittelständische Unternehmen (S. 63–119). http://www.wsw.eu/files/162:Ar beitsbuch_Demografie_aktiv_gestalten.pdf. Zugegriffen am 25.01.2015.

Sechsschwaben. (2015). http://www.sechsschwaben.de/. Zugegriffen am 20.06.2015.

Statistisches Bundesamt (Hrsg.). (2015). *Bevölkerung Deutschlands bis 2060.* 13. koordinierte Bevölkerungsvorausberechnung. Wiesbaden: Statistisches Bundesamt.

Dr. Irene Nagel-Jachmann ist promovierte Psychologin und Expertin für Entwicklung im Erwachsenenalter. Neben ihrer wissenschaftlichen Karriere am Max Planck Institut für Bildungsforschung und der Freien Universität Berlin engagierte Irene Nagel sich ehrenamtlich in einem Stiftungsprojekt zu sozialer Mobilität. Sie absolvierte am ISB Wiesloch eine Ausbildung im systemischen Coaching und beim DEX e.V. eine Weiterbildung zur Demografie-Lotsin. Derzeit ist Irene Nagel Dozentin an der FHNW in der Schweiz und Fellow einer internationalen systemischen Beratergruppe (SEgroup). Zudem ist sie als freie Beraterin und Trainerin tätig und engagiert sich im Demographienetzwerk (ddn e.V.) und dem Demografie Exzellenz e.V.

Grundlagen zum demografieorientierten Personalmanagement

Irene Nagel-Jachmann und Uwe Schirmer

Autoren dieses Kapitels sind wie folgt

2.1 Alter und Altern in der Belegschaft: Dr. Irene Nagel-Jachmann
2.2 Gesamtkonzept „Demografieorientiertes Personalmanagement": Prof. Dr. Uwe Schirmer

Zusammenfassung

Demografieorientiertes Personalmanagement bezieht Mitarbeiter jeden Geschlechts, jeder Herkunft und jeden Alters mit ein. In der jüngeren Vergangenheit wurden insbesondere die Potenziale älterer Arbeitnehmer übersehen. Dabei bietet gerade eine altersgemischte Belegschaftsstruktur die notwendigen Erfolgspotenziale im Wettbewerb: Wo z. B. jungen Mitarbeitern die Erfahrung fehlt, helfen ältere Kollegen weiter, wo älteren Mitarbeitern formales Wissen fehlt, können junge, aktuell qualifizierte Kollegen helfen. Noch immer herrschen aber in vielen Unternehmen nachteilige Stereotype in Bezug auf ältere Mitarbeiter vor, die deren Beschäftigung behindern, obwohl die älteren Erwerbspersonen neben Frauen und Migranten eine wesentliche Reserve am Arbeitsmarkt darstellen. Aus diesem Grund ist die Beschäftigung mit den individuellen und in der Firmenkultur gespiegelten Altersbildern wesentlich. Ein Blick auf die Ergebnisse der modernen Altersforschung zeigt, dass dieses Bild meist zu negativ und einseitig ist und dass das bestehende Defizitmodell

I. Nagel-Jachmann (✉)
FHNW, SEgroup, Grillparzerstr. 5, 79102 Freiburg, Baden-Württemberg, Deutschland
E-Mail: irenenagel@hotmail.com

U. Schirmer
Duale Hochschule Baden-Württemberg Lörrach, Hangstr. 46-50, 79539 Lörrach, Baden-Württemberg, Deutschland
E-Mail: schirmer@dhbw-loerrach.de

© Springer Fachmedien Wiesbaden 2016
U. Schirmer (Hrsg.), *Demografie Exzellenz*, DOI 10.1007/978-3-658-11910-2_2

zugunsten eines Kompetenzmodells modifiziert werden muss. Dies ist Aufgabe eines ganzheitlichen und aktiven Vorgehens in den Unternehmen zur Lösung der demografischen Herausforderungen und der Schaffung intergenerativer Belegschaftsstrukturen. Damit wird Mitarbeitern ein gesundes und aktives Altern im Unternehmen ermöglicht. Zudem werden altersbedingte Leistungsrückgänge kompensiert und alterstypische Kompetenzgewinne nutzbar gemacht.

2.1   Alter und Altern in der Belegschaft

2.1.1   Verständnis „ältere Arbeitnehmer"

Bei der Frage, ab wann Mitarbeiter als alt zu bezeichnen sind, besteht keine Einigkeit. Diskutierte Altersgrenzen liegen je nach Betrachtungsweise z. B. bei 45, 50 oder 55 Jahren (Deller et al. 2008, S. 2 f.; Brandenburg und Domschke 2007, S. 64 ff.). Eine rein kalendarische und allgemeingültige Bestimmung der Grenze für „alte Arbeitnehmer" ist letztlich nicht möglich (im Folgenden Schirmer 2013, S. 71). Hierfür müssen vielmehr weitere Einflussfaktoren berücksichtigt werden. So ist es ein erheblicher Unterschied, ob Arbeitnehmer in körperlich stark belastenden oder verwaltenden Funktionen tätig sind. Gesundheitsgefährdende Arbeitsbedingungen und fehlende Lernchancen können ein frühzeitiges Altern begünstigen. Auch die Branche, der berufliche Status, die Lebenssituation des Mitarbeiters usw. wirken sich darauf aus, ab welchem Alter ein Mitarbeiter alt im Sinne eines „produktiven" Verständnisses ist. Neben dem kalendarischen Alter sind zudem das biologische Alter, d. h. der tatsächliche Gesundheitszustand, sowie das psychologische Alter, d. h. das individuell „gefühlte" Alter, bedeutsam. Dies führt in Konsequenz zur Forderung nach einer einzelfallbezogenen Altersbetrachtung. Es kann „alte 50-Jährige" und „junge 55-Jährige" geben. Eine pauschal fixierte Altersgrenze stellt letztlich eine ungerechtfertigte Diskriminierung der Mitarbeiter dar.

Eine wichtige Folge der demografischen Entwicklungen ist die zu konstatierende steigende Anzahl zumindest kalendarisch älterer Arbeitnehmer. Derzeit findet diese Veränderung in Unternehmen zu selten Beachtung. Dabei wäre es ratsam, das Thema der alternden Belegschaft explizit anzugehen und entsprechende strategische und operative Maßnahmen zu entwickeln. Ziel sollte es sein, die Arbeitsfähigkeit der Mitarbeiter möglichst lange zu erhalten und die besonderen Potenziale älterer Arbeitnehmer optimal zu nutzen.

Das Modell des „Hauses der Arbeitsfähigkeit", das Juhani Ilmarinen am Finnish Institute of Occupational Health (FIOH) entwickelt hat, beschreibt vier thematische Ebenen, welche beim Erhalt der Arbeitsfähigkeit eine Rolle spielen (siehe Abb. 2.1). Dazu gehören: 1. Gesundheit, 2. Fähigkeiten und Kompetenzen, 3. Werte und Motivation sowie 4. Führung und Arbeitsumgebung (Ilmarinen und Tuomi 2004).

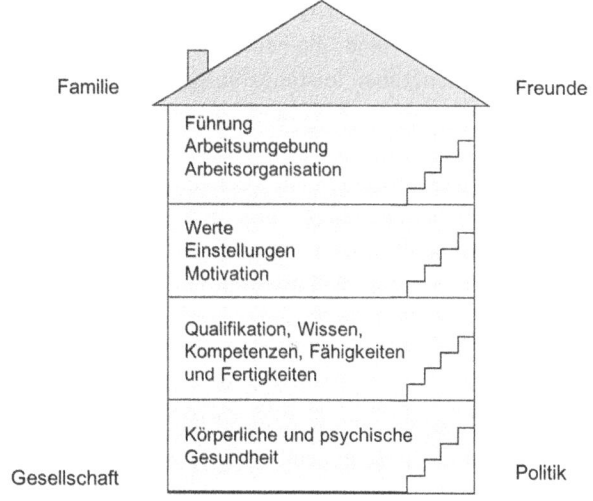

Abb. 2.1 Haus der Arbeitsfähigkeit (Quelle: nach Finnish Institute of Occupational Health 2015)

Familie

Freunde

Führung
Arbeitsumgebung
Arbeitsorganisation

Werte
Einstellungen
Motivation

Qualifikation, Wissen,
Kompetenzen, Fähigkeiten
und Fertigkeiten

Körperliche und psychische
Gesundheit

Gesellschaft

Politik

Jedes Stockwerk steht dabei für einen Aspekt der Arbeitswelt, der beim Erhalt der Arbeitsfähigkeit eine Rolle spielt (Tempel und Ilmarinen 2013, S. 40 ff.). Das Modell verdeutlicht die Notwendigkeit, im Bemühen um Erhalt und Verbesserung der Arbeitsfähigkeit von Mitarbeitern, verschiedene Ebenen von Führung über Werte und Motivation zu Qualifikation und Gesundheit übergreifend in Betracht zu ziehen. Das unterste Stockwerk, die physische und psychische Gesundheit, bildet das Fundament für alle weiteren Stockwerke. Einschränkungen in der Gesundheit und Leistungsfähigkeit bedrohen immer die Arbeitsfähigkeit an sich. Das zweite Stockwerk „Qualifikation" beschreibt die Fertigkeiten und Fähigkeiten, mit welchen die beruflichen Herausforderungen im Arbeitsalltag zu bewältigen sind. Im dritten Stockwerk sind die persönlichen arbeitsbezogenen Werte eingeordnet, die in Einstellungen und die Motivation zur Arbeit unterschieden werden. Positive Einstellungen zur ausgeübten Arbeit motivieren den Menschen und fördern die Arbeitsfähigkeit. Das vierte Stockwerk umfasst die Arbeit selbst und bezieht sich auf die Arbeitsaufgabe, die Anforderungen, das soziale Umfeld mit Kollegen und Vorgesetzten, die Organisation und die Arbeitsumgebung. Das „Haus der Arbeitsfähigkeit" ist in die Dimensionen Familie, persönliches Umfeld, regionale Umgebung und Gesellschaft eingebettet. Die Familie übernimmt eine wichtige Rolle, da die familiäre Einbindung Vertrauen und Sicherheit geben kann. Im persönlichen Umfeld befinden sich Freunde, Verwandte, Hobbies und Freizeitaktivitäten. Die dabei bestehenden sozialen Kontakte können unterstützend auf die Arbeitsfähigkeit einwirken. Auch die Gesellschaft und die Politik nehmen Einfluss auf die Arbeitsfähigkeit, indem sie deren Rahmenbedingungen aktiv gestalten, z. B. durch neue Arbeitsformen und rechtliche Vorgaben.

Der Fokus auf Arbeitsfähigkeit und Potenziale älterer Arbeitnehmer fehlt häufig nicht zuletzt deshalb, weil das vorherrschende Altersbild der Einleitung entsprechender Maßnahmen im Wege steht. Dem landläufigen Altersbild zufolge geht das

Altern mit einem körperlichen und mentalen Rückgang einher. Dieses Altersbild ist jedoch nicht zutreffend: die heute 60-Jährigen sind im Durchschnitt wesentlich rüstiger und bei Denkaufgaben leistungsfähiger, als dies noch vor wenigen Jahrzehnten der Fall war. Lange wurden die Veränderungen der körperlichen und kognitiven Leistungsfähigkeit über die Lebensspanne mit einer Art Defizitmodell beschrieben, also dem Stereotyp eines fortlaufenden Rückgangs. Die Altersforschung zeigt, dass dieses Bild so nicht mehr zu halten und eine differenziertere Sichtweise im Sinne eines Kompetenzmodells heute zutreffender ist. Auch das Selbstbild Älterer folgt diesen Erkenntnissen: Ältere beantworten heute die Frage, ob älter werden mit persönlicher Entwicklung einhergeht, häufiger mit „ja", als dies vor zehn bis zwanzig Jahren der Fall war (Wurm und Huxhold 2012). Das Altersbild in Gesellschaft und Wirtschaft hinkt diesen Entwicklungen hinterher. Wie oben beschrieben werden häufig schon Personen mit einem Lebensalter von über 50 Jahren als ältere Mitarbeiter eingestuft und mit den entsprechenden Stereotypen belegt. Dies scheint nicht gerechtfertigt, da sich erstens die Phase gesunden und aktiven Alterns verlängert. Eine Abnahme in der Leistungsfähigkeit ist zwar zu beobachten, diese führt im Allgemeinen aber erst ab dem hohen Erwachsenenalter zu deutlich merkbaren Beeinträchtigungen. Zweitens ist Altern als ein dynamischer Prozess der Verluste und Gewinne zu sehen, d. h. auch im Alter finden positive Veränderungen statt.

In einem ersten Schritt ist es deshalb wichtig, für Aufklärung zu sorgen, um die leider häufig fest verankerten Altersbilder bei Unternehmern und ihrer Belegschaft zu ändern. Dies ist sehr wichtig, da Altersstereotype einen großen Einfluss haben: Herrscht im Unternehmen ein negatives Altersstereotyp vor, so beeinträchtigt dies die Motivation älterer Arbeitnehmer und damit auch deren Leistungsfähigkeit. Die Leistungs- und Lernfähigkeit von Menschen im mittleren und höheren Erwachsenenalter ist vielfältig in der Altersforschung belegt. Zudem verfügen ältere Erwerbstätige über Kompetenzen, die sie als Mitarbeiter besonders wertvoll machen.

2.1.2 Alterungsprozess und Leistungsvermögen älterer Arbeitnehmer

Altern bezeichnet die zeitgebundene Entwicklung und Veränderung physischer und psychischer Individualanlagen und beginnt ab dem Tag der Geburt. Der Alterungsprozess lässt sich als ein dynamischer Wechsel von Gewinnen und Verlusten verstehen, wobei es darum geht, die schwindenden körperlichen und kognitiven Ressourcen gezielt zu kompensieren und so einzusetzen, dass ein möglichst hoher Grad an Wohlbefinden und Handlungsfähigkeit erhalten bleibt. Dabei verläuft die Entwicklung, d. h. der Alterungsprozess, sowohl zwischen Personen als auch innerhalb von Personen, in den verschiedenen Kompetenzbereichen häufig sehr unterschiedlich: Altern ist individuell.

Ein Bereich, in dem Verluste häufig zu finden sind, ist die Sinneswahrnehmung (Sehen und Hören). Eine adäquate Kompensation mittels Brillen und Hörgerät bzw. auch die Anpassung des direkten Arbeitsumfeldes durch z. B. wählbare Schriftgrößen am

Computer, können hier gut Abhilfe schaffen. In Bezug auf die allgemeine körperliche Gesundheit und Fitness sind Erwachsene im mittleren und höheren Alter heute durchschnittlich deutlich besser aufgestellt; es gibt jedoch große individuelle Unterschiede. Im Sinne des dynamischen Wechselspiels hängen körperliche Gesundheit und kognitive Leistungsfähigkeit eng zusammen. Eine Reihe von Studien zeigt: wer körperlich beeinträchtigt ist, benötigt kognitive Ressourcen, um einfache körperliche Tätigkeiten wie das Gehen sicher ausführen zu können (Lindenberger et al. 2000). Im Umkehrschluss heißt das: wer körperlich fit ist, hat den Kopf frei um sich auf arbeitsrelevante Denkaufgaben konzentrieren zu können – ein Befund, der einmal mehr für eine aktive Gesundheitsförderung der Mitarbeiter spricht. Zudem ist heute bekannt, dass körperliche Fitness sich auf die Informationsverarbeitung im Gehirn und damit auch auf die kognitive Leistungsfähigkeit auswirkt (Hertzog et al. 2009; Erickson et al. 2011).

Neben der Förderung der körperlichen Gesundheit werden auch präventive Maßnahmen und Hilfestellungen im Bereich der psychischen Gesundheit immer wichtiger. Die Auswirkungen der veränderten Arbeitswelt treffen alle Mitarbeiter. Das Belastungsspektrum Älterer nimmt aufgrund von vielseitigeren Anforderungen, immer neuen technischen Entwicklungen und geringerer Halbwertszeit des Wissens besonders zu. Die aufgrund des demografischen Wandels steigende Anzahl älterer Arbeitnehmer ist entsprechend besonders stark von Überbelastung, Stress und dem Risiko psychischer Erkrankungen wie Depression betroffen (Martin und Kliegel 2005). Modernes betriebliches Gesundheitsmanagement ist ein wichtiger Aspekt des aktiven Demografiemanagements und geht diese Themen präventiv an.

Bei der Diskussion um Alternsbilder und Leistungsfähigkeit finden die sogenannten weichen Faktoren, wie soziale und emotionale Kompetenzen, selten Beachtung. Dabei ist dies ein Bereich, in dem ältere Mitarbeiter spezifische Kompetenzen einbringen können, da sich eher Belege für altersbedingte Gewinne statt Verluste in sozioemotionaler Kompetenz finden, wobei hier ebenfalls Unterschiede zwischen Personen im Alter zunehmen. Das Emotionserleben von Älteren gewinnt an Komplexität und eine Steigerung der kognitiven Bewertungskompetenz sowie eine bessere Steuerung von Emotionen sind zu beobachten. Daraus erwachsen ein hohes Wohlbefinden, weniger negative Emotionen, größere emotionale Stabilität, mehr Konfliktfähigkeit und größere Gelassenheit (für einen einführenden Überblick siehe Martin und Kliegel 2005). Von diesen Kompetenzen können Unternehmen profitieren, wenn sie bewusst altersgemischte Teams einsetzen. Ältere nutzen ihre sozioemotionalen Kompetenzen, um ihre Ziele zu erreichen, wobei diese stärker vom Bedürfnis nach Wohlbefinden und Wissensweitergabe geprägt sein können als zu Beginn der Erwerbstätigkeit in jungen Jahren. Entsprechend kann es eine sinnvolle und befriedigende Tätigkeit für ältere Mitarbeiter sein, Wissen weiterzugeben und z. B. jüngere Mitarbeiter anzulernen.

Auch im Bereich der kognitiven Leistungsfähigkeit ergeben moderne Forschungsergebnisse ein differenzierteres und positiveres Altersbild. Bei den kognitiven Funktionen wird zwischen der sogenannten kristallinen und der fluiden Intelligenz unterschieden. Als kristalline Intelligenz werden Wissensinhalte bezeichnet. Die kristalline Intelligenz

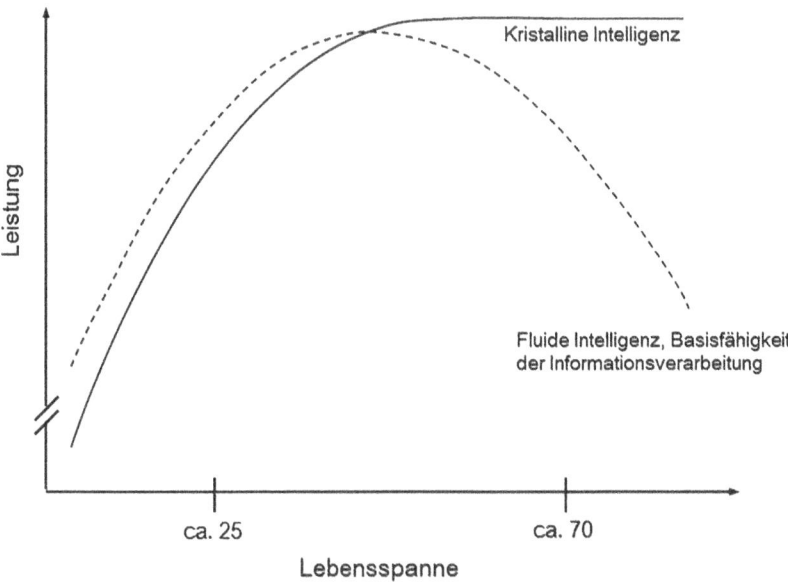

Abb. 2.2 Schematische Darstellung der Entwicklung der kristallinen und fluiden Intelligenz über die Lebensspanne (Quelle: nach Baltes 1987)

verändert sich kaum mit dem höheren Alter bzw. nimmt leicht zu. Zur fluiden Intelligenz gehören grundlegende Verarbeitungsprozesse wie die Manipulation von Gedächtnisinhalten, die Verarbeitungsgeschwindigkeit und die Handlungssteuerung. Diese Funktionen zeigen im Durchschnitt eine altersbedingte Abnahme (siehe Abb. 2.2), die mit Veränderungen in den entsprechenden neuronalen Netzwerken einhergeht.

Betrachtet man die Veränderung der Denkleistung im Gesamten, so folgt, dass ältere Mitarbeiter ggf. etwas weniger schnell sind, jedoch oft über großes Expertenwissen und Lebenserfahrung verfügen. Ältere Erwachsene können gut priorisieren, zeigen durchschnittlich geringere Leistungsschwankungen und machen weniger schwerwiegende Fehler. Zudem können altersbedingte kognitive Rückgänge bei flexiblen Arbeitsbedingungen oft gut kompensiert werden. Arbeitgeber sollten sich also fragen, welche Möglichkeiten es gibt, den Aufgabenbereich eines älteren Mitarbeiters seinen Kompetenzen anzupassen bzw. wie die gleichen Aufgaben durch den Mitarbeiter in angepasster Art und Weise erledigt werden können.

Interessanter Weise gibt es große individuelle Unterschiede bei den altersbedingten kognitiven Abnahmen. Während manche Ältere deutlich schlechtere Leistungen zeigen als Jüngere, gibt es jedoch auch Ältere, deren Leistungen und Hirnfunktion der junger Erwachsener gleichen (Nagel et al. 2009, 2011). Wie gelingt es diesen Älteren ihre kognitive Leistungsfähigkeit zu erhalten? Diese Frage lässt sich heute mittels Forschungsansätzen, welche Verhaltensmaße, Neurophysiologie und Genetik kombinieren, beantworten. Aus dieser Forschung ergibt sich folgendes Bild: Menschen werden aufgrund

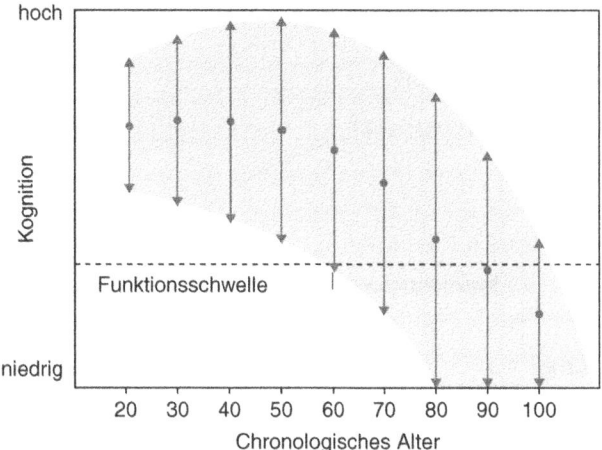

Abb. 2.3 Bereich möglicher Leistung über die Lebensspanne (Quelle: Hertzog et al. 2009, S. 5)

genetischer Anlagen mit gewissen Voraussetzungen geboren. Inwieweit dieses Spektrum möglicher Kompetenz jedoch zu einem gewissen Zeitpunkt ausgefüllt wird, hängt von Umwelteinflüssen, also auch den Arbeitsbedingungen, ab (siehe Abb. 2.3).

Der graue Bereich deutet eine eher biologisch festgelegte Zone möglicher Veränderbarkeit an. Wo innerhalb des möglichen Bereichs sich eine Person befindet, hängt von Umgebungsfaktoren ab. Dies zeigt, dass die Leistungsfähigkeit über die Lebensspanne bis zu einem gewissen Grad beeinflussbar ist. Interessanterweise ist dies auch im mittleren und höheren Erwachsenenalter noch möglich. So zeigen Trainings-studien, dass mittels gezielter Interventionen der Entwicklungsverlauf nachhaltig beeinflusst werden kann (siehe Abb. 2.4).

Die in der Abb. 2.4 anhand der vier Linien dargestellten Personen starten bei gleicher Leistung und treffen zu unterschiedlichen Zeitpunkten in ihrem Leben auf eine Funktionsschwelle, hier dargestellt als gestrichelte Linie, ab der ein selbständiges Leben nicht mehr möglich ist. Verdeutlicht wird hier zweierlei:

1. Die Alterungsverläufe der vier Personen sind sehr unterschiedlich.
2. Der Vergleich von Person B und Person C zeigt: Obwohl beide anfangs einen ähnlichen Alterungsverlauf zeigen, tritt bei Person C im Alter von ca. 60 Jahren eine Veränderung ein. Auch in diesem Alter können also Neuorientierungen im Lebens-wandel oder ein gezieltes Training längerfristige Veränderungen hervorrufen (Hertzog et al. 2009).

Die Bedeutung dieser Erkenntnisse für die Arbeitswelt: Es sollte ein wichtiges Ziel von Unternehmen sein, die Arbeitsfähigkeit ihrer Mitarbeiter möglichst lange zu erhalten. Dafür ist ein anregendes Umfeld wichtig, da es zum Erhalt der kognitiven Leistungsfä-higkeit wesentlich beiträgt. Monotone Tätigkeiten dagegen führen zu körperlichem

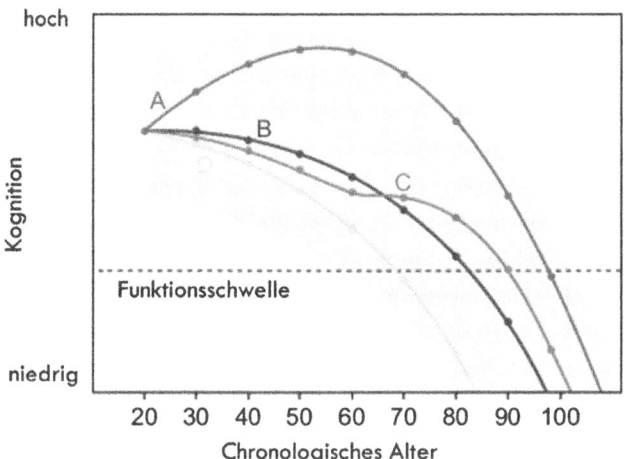

Abb. 2.4 Mögliche Alternsverläufe von vier unterschiedlichen Personen (Quelle: Hertzog et al. 2009, S. 8)

Verschleiß und zu Demotivation sowie zu einem Verlust der Lern- und Leistungsfähigkeit. Dies scheint naheliegend. Dennoch ist die einseitige Belastung von Arbeitnehmern ein häufiges Problem.

Zu einer Bereicherung des Arbeitsumfeldes können Arbeitsplatzwechsel und Job Rotation ebenso gehören, wie umfassende und passende Weiterbildungsangebote. Wie oben beschrieben werden diese meist jüngeren Mitarbeitern angeboten und sind auch für diese konzipiert. Unter anderem aufgrund der kürzeren Halbwertszeit von Wissen ist die Weiterbildung älterer Arbeitnehmer aber notwendig, um als Unternehmen konkurrenzfähig zu bleiben. Viele Studien zeigen, dass ältere Erwachsene entgegen manchen Vorurteilen durchaus in der Lage sind, Neues zu lernen (siehe z. B. Brehmer et al. 2008 sowie Schmiedek et al. 2010). Zudem haben Trainingsstudien gezeigt, dass ältere Erwachsene ihre kognitiven Leistungen durch Übung steigern können. Damit einhergehen trainingsbedingte Veränderungen der Hirnfunktionsmuster und der -struktur. Die Entstehung neuer Verbindungen (Synapsen) und sogar die Entstehung neuer Nervenzellen (Neurogenese) ist bewiesen (z. B. Kempermann 2005).

Dabei hat sich gezeigt, dass Ältere besonders dann gut lernen können, wenn die Inhalte auf bestehendes Wissen aufbauen und praxisrelevant sind, wenn das Lernmaterial sensorische Rückgänge wie Hörschäden berücksichtigt und wenn die Tageszeit den persönlichen Bedürfnissen angepasst ist. Ältere sollten sich ihre Lernschritte selbst einteilen und ungestört arbeiten können. Durch das Schaffen entsprechender Bedingungen kann also in allen Altersgruppen die Lust am Lernen geweckt und für Erfolge gesorgt werden.

Zusammenfassend ist festzuhalten: Ein dem Defizitmodell folgendes Altersbild ist heute überholt. Stattdessen ist ein kompetenzorientiertes und differenzierteres Altersbild

zunehmend	gleich bleibend	abnehmend

▪ Lebens- und Berufserfahrung
▪ Betriebsspezifisches Wissen
▪ Urteilsfähigkeit/Scharfsinn
▪ Zuverlässigkeit
▪ Besonnenheit/Umsicht
▪ Qualitätsbewusstsein
▪ Kommunikationsfähigkeit
▪ Konfliktfähigkeit
▪ Pflichtbewusstsein
▪ Verantwortungsbewusstsein
▪ Positive Arbeitseinstellung
▪ Ausgeglichenheit und
  Beständigkeit
▪ Angst vor Veränderungen
▪ Strategisches, ganzheitliches
  Denken
	▪ Leistungsorientierung
	▪ Zielorientierung
	▪ Systemdenken
	▪ Kreativität
	▪ Entscheidungsfähigkeit
	▪ Psychische Ausdauer
	▪ Kooperationsfähigkeit
	▪ Konzentrationsfähigkeit
	▪ Lern- und Weiterbildungs-
	  bereitschaft
		▪ Körperliche Leistungsfähigkeit
		▪ Geistige Beweglichkeit
		▪ Geschwindigkeit der
		  Informationsaufnahme
		▪ Kurzzeitgedächtnis
		▪ Risikobereitschaft

Abb. 2.5 Veränderungen im Leistungsvermögen (Quelle: Schirmer 2013, S. 70 in Anlehnung an Günther 2010, S. 31.)

bzw. ein Bild des selbstbestimmten und aktiven Alterns der Realität entsprechend. Emotionale und soziale Kompetenzen nehmen im Alter eher zu, Anpassungsfähigkeit und Konzentrationsfähigkeit bleiben erhalten, kognitive und körperliche Fähigkeiten nehmen nur teilweise ab - zudem ist dieser Rückgang bis zu einem gewissen Grad beeinflussbar. Wichtiger noch: Ältere identifizieren sich in der Regel stark mit ihren Unternehmen und sind bereit, große Leistung zu bringen, wenn sie sich wertgeschätzt fühlen. Sie können so eine Modellfunktion für andere Mitarbeiter übernehmen. Die altersbedingten Zu- und Abnahmen im Leistungsvermögen sind in Abb. 2.5 dargestellt.

Im mittleren Erwachsenenalter der ca. 45- bis ca. 65-jährigen, also der hier primär relevanten Gruppe der sogenannten älteren Arbeitnehmer, sind altersbedingte Veränderungen noch relativ gering in ihrer Auswirkung bzw. sind oft noch gut kompensierbar. Die beschriebenen Abnahmen in der kognitiven Leistungsfähigkeit treten verstärkt im hohen und sehr hohen Alter auf, wie an den Grafen in der Abb. 2.4 zu sehen ist. Bedeutend für Arbeitgeber und -nehmer ist jedoch das Wissen um die Wirkung von Maßnahmen zu Erhalt und Förderung der Arbeitsfähigkeit im Speziellen und eines aktiven Alterns im Allgemeinen.

Um ein erfolgreiches Altern im Unternehmen zu unterstützen, ist ein grundsätzliches Umdenken erforderlich. Arbeitgeber sollten dafür sorgen, dass ein positives Altersbild auch in der Firmenkultur gelebt wird. Die Arbeitsbedingungen sollten so angepasst werden, dass die Arbeitsfähigkeit der Mitarbeiter möglichst lange erhalten bleibt, dass die Aufgaben den Zielen der Mitarbeiter entsprechen und die Mitarbeiter ihre Kompetenzen altersgemäß einbringen und erweitern können.

2.2 Gesamtkonzept „Demografieorientiertes Personalmanagement"

2.2.1 Lörracher Modell Demografieorientiertes Personalmanagement

Die personalpolitischen Herausforderungen des demografischen Wandels erfordern in den Unternehmen ein ganzheitliches und auf Nachhaltigkeit angelegtes Vorgehen. Punktuelle Handlungsmaßnahmen, die einzelfallbezogen und aktionistisch z. B. eine unzureichende Bewerberlage für Ausbildungsplätze beheben oder den Abfluss von wichtigen Wissensinhalten durch das vorzeitige Ausscheiden älterer Arbeitnehmer verhindern sollen, reichen dazu nicht aus und werden der Komplexität und Dynamik der Veränderungen in der Bevölkerungsstruktur nicht gerecht. Wichtig ist zudem, dass im Sinne eines intergenerativen Vorgehens alle Altersgruppen in ein demografieorientiertes Personalmanagement einbezogen werden. Nicht „Jung oder Alt" sondern „Jung und Alt gemeinsam" ist das zentrale Postulat. Die Akzeptanz und bewusste Gestaltung der Age-Diversity ist wiederum Teil eines ebenfalls unabdingbaren übergeordneten Diversitymanagements. Künftig werden Belegschaften im Hinblick auf die personale Vielfalt älter, bunter und weiblicher. Unternehmen stehen damit vor der Herausforderung, mit der personellen Heterogenität „umzugehen" – und dies in der Art, dass personale Vielfalt bewusst gesteuert, genutzt und entwickelt wird. Zu erwartende Vorteile einer vielfältigen Belegschaft sind höhere Problemlösungsfähigkeit und Kreativität, ein offeneres Betriebsklima, bessere Zusammenarbeit, mehr Innovationen, eine Verringerung von Diskriminierungen, schneller besetzte Arbeitsplätze und insgesamt mehr Mitarbeiterzufriedenheit und wirtschaftlicher Erfolg.

In einem allgemeinen Verständnis ist unter demografieorientierten Personalmanagement die Gesamtheit der mitarbeiterbezogenen Gestaltungs- und Verwaltungsaufgaben in Unternehmen unter Berücksichtigung der Gegebenheiten des demografischen Wandels zu verstehen. Zweck ist die nachhaltige Sicherstellung einer effektiven Personalausstattung der Unternehmen und die optimale Nutzung personaler Ressourcen, auch und gerade durch die alters- und altersbezogene Ausgestaltung personalwirtschaftlicher Instrumente. Im Besonderen ist demografieorientiertes Personalmanagement ein umfassendes, auf Dauer angelegtes Konzept zur nachhaltigen Sicherung und bewussten Steuerung und Nutzung der Vorteile einer quantitativ hinreichenden und qualitativ intergenerativ und divers gestalteten Belegschaftsstruktur. Es dient der Optimierung des Unternehmenserfolgs, indem es Individualität in der Belegschaft akzeptiert, fördert und systematisch nutzt. Durch eine in ihren Ansichten, Arbeitsweisen, Leistungspotenzialen, Denkmustern und Kompetenzen z. B. „alterspluralistischen" Belegschaft werden Organisationen vielseitiger und leistungsfähiger, da eine einseitige Fokussierung auf alterskohortenspezifische Leistungspotenziale zum Vorteil eines ausgewogenen, kollektiven Kompetenzprofils überwunden wird. Das Zusammenspiel intergenerativer Fähigkeiten kann die Produktivität von Unternehmen steigern. Demografieorientiertes Personalmanagement in diesem Sinne ist kein völlig neues Konzept, sondern die spezifische Ausgestaltung und Verknüpfung vorhandener Personalinstrumente.

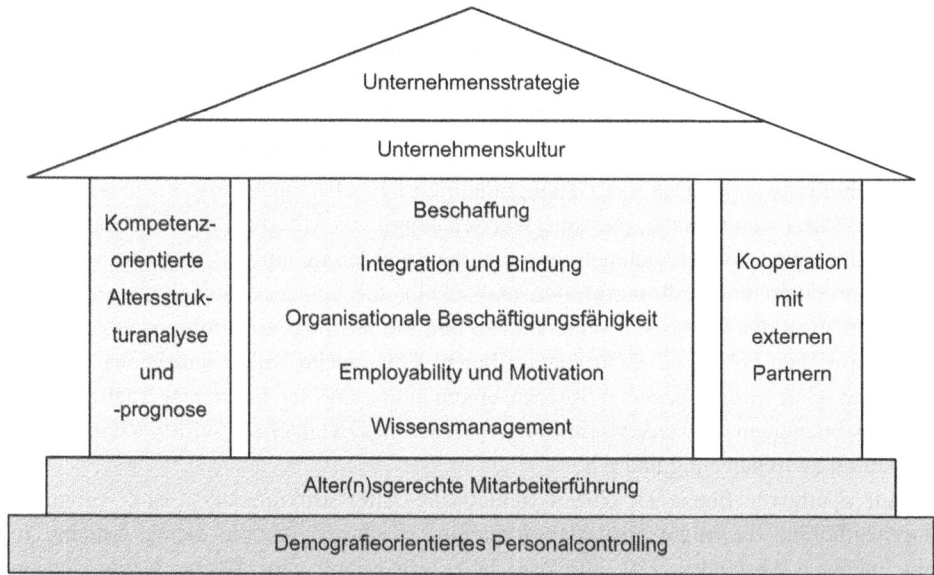

Abb. 2.6 Lörracher Modell Demografieorientiertes Personalmanagement (Quelle: Schirmer 2013 S. 65, modifiziert)

Der in Abb. 2.6 dargestellte Gesamtansatz „Lörracher Modell Demografieorientiertes Personalmanagement" fordert im Sinne eines Baukastensystems, alle notwendigen Handlungsfelder systematisch zu durchdenken und ein integriertes, personalpolitisches Instrumentarium für das jeweilige Unternehmen zu erarbeiten. Ausgehend von der Konzeption und Implementierung eines strategisch-normativen Überbaus werden dabei die operativen Tätigkeitsfelder bis hin zum Demografiecontrolling entwickelt, um die demografischen Herausforderungen bewältigen zu können. Dabei gilt, dass die konkrete Ausgestaltung und Umsetzung des demografieorientierten Personalmanagements immer nur unternehmensspezifisch erfolgen kann. Ein allgemeingültiges Konzept im Sinne von „one size fits all" existiert nicht.

Für eine nachhaltige demografiebewusste Personalarbeit ist es unerlässlich, dass das Thema in der strategischen Planung der Organisation verankert ist (Schirmer 2013). Ziel ist es, ein durchgängiges Managementsystem zu entwickeln, dass die Unternehmensplanung, idealerweise von der Vision über die Mission zur Strategie, mit den Aktivitäten im Personalmanagement verknüpft. Dazu ist eine passende Personalstrategie zu formulieren, aus der sich später geeignete Personalmaßnahmen ableiten lassen. Durch das jährliche Reflektieren der Demografieziele im strategischen Planungsprozess wird gewährleistet, dass dieser Themenbereich im Denken der Führungskräfte und der Mitarbeiter verankert wird. Zudem ist dies eine Voraussetzung für die Bereitstellung der notwendigen finanziellen und personellen Ressourcen, um erforderliche Initiativen und Instrumente umsetzen zu können. Über einen Ziel-Kaskadierungsprozess im Zuge von Zielvereinbarungen können die strategischen Demografieziele über alle Hierarchie-ebenen hinweg operativ detailliert werden und ihre Handlungsleitung entfalten. Die Formulierung und die Umsetzung der strategischen Demografieziele kann durch eine Demografie-Scorecard unterstützt werden.

Parallel dazu ist eine positive, das Alter wertschätzende, intergenerative Unterneh-menskultur notwendig. Damit ein demografieorientiertes Personalmanagement wirkungs-voll umgesetzt werden kann, muss die Wertschätzung von Mitarbeitern aller Altersstufen ein gelebter Wert im Unternehmen sein. Erst dann werden sich mittelfristig Einstellungen bei Mitarbeitern und Führungskräften entwickeln, die ein generationenübergreifendes Miteinander in der Belegschaft unterstützen und die auch die einzuführenden personal-wirtschaftlichen Demografieinstrumente tragen. Eine solche Kultur äußert sich z. B. in einer, das Alter wertschätzenden Sprache, einem alterssensiblen Führungsverhalten, einer altersunabhängigen Personalbeschaffung, einem ungezwungenen, selbstverständlichen Austausch zwischen Jung und Alt.

Auf operativer Ebene ist eine systematische Altersstrukturanalyse und -prognose durchzuführen, die nicht nur als einmalige „Kick-off"-Aktion dient, sondern in regelmäßigen Abständen, z. B. alle zwei Jahre, wiederholt wird. Daraus lassen sich im Sinne eines Big Data-Analytic-Prozesses in Verbindung mit der Arbeitsmarktforschung und der Analyse der regionalen und nationalen Demografiesituation sowie eingebettet in die unternehmensstrategischen Zielsetzungen die konkreten Handlungsfelder zur Bewältigung demografischer Herausforderungen ableiten (siehe zu möglichen Hand-lungsfeldern auch Blazek et al. 2011 oder Rump und Eilers 2014, S. 20 ff.). Die Handlungsfelder werden hier in fünf aggregierte Maßnahmenbereiche unterteilt:

- Beschaffung neuer Mitarbeiter
- Integration neuer Mitarbeiter in und Bindung von Mitarbeitern an das Unternehmen
- Gestaltung der Arbeitsbedingungen (organisationale Beschäftigungsfähigkeit)
- Motivation und Erhaltung der individuellen Employability
- Wissensmanagement zur Sicherung erfolgskritischen Wissens

Diese zentralen Handlungsfelder im „Lörracher Modell Demografieorientiertes Personalmanagement" werden durch lebensphasenorientierte Personalinstrumente kon-kretisiert. Der Begriff lebensphasenorientierte Personalpolitik bezeichnet dabei eine flexible Gestaltung der betrieblichen Personalinstrumente in der Art, dass diese dazu beitragen, berufliche und private Anforderungen der Mitarbeiter in Einklang bringen zu können. Im Vordergrund steht das Ziel, die nachhaltige Beschäftigungsfähigkeit der Mitarbeiter unter Berücksichtigung von unterschiedlichen Lebenssituationen aufrecht zu erhalten. Die lebensphasenorientierten Instrumente definieren dabei den institutionellen Handlungsrahmen, der durch die Führungskräfte einzelfallbezogen ausgestaltet werden muss. Dies erfolgt idealerweise im Rahmen eines intensiven Dialogs mit dem jeweiligen Mitarbeiter, um Erwartungen und Bedürfnisse zu erkennen, die für den Mitarbeiter aktuell sind.

Einen Ausschnitt aus einem lebensphasenbezogenen „Instrumenten-Kasten" zeigt Abb. 2.7. So ist hier z. B. eine einschlägige Maßnahme im Handlungsfeld „Integration und Bindung" die konsequente Gestaltung des Onboardingprozesses, um die Eingliederung und Einarbeitung neuer Mitarbeiter, die erstmalig in ein Unternehmen eintreten oder aus einer anderen Organisation heraus in den Betrieb kommen, zu fördern. Zur Bindungspolitik gehören aber auch Mitarbeiterkapitalbeteiligungsmodelle und attraktive Total Rewards Systeme, die im Rahmen eines Retentionmanagements umzusetzen sind.

Eine beispielhafte Maßnahme zur Förderung der Beschäftigungsfähigkeit durch organisationale Maßnahmen ist die flexible Arbeitszeitgestaltung bis hin zur Gewährung von Sabbaticals, um während einer möglichen Neuorientierung (Change) des Mitarbeiters die notwendigen Handlungsspielräume für z. B. regenerative Auszeiten oder Weiterbildungen zu ermöglichen.

Die Beschäftigungsfähigkeit älterer Mitarbeiter (individuelle Employability) kann im Rahmen der arbeitsintegrierten Personalentwicklung durch eine lernförderliche Gestaltung der Arbeitsplätze unterstützt werden. Arbeitsorganisatorische Bedingungen müssen eine selbstorganisierte, arbeitsintegrierte Kompetenzentwicklung ermöglichen und fordern. Zu den zentralen Elementen einer lernförderlichen Arbeitsgestaltung, die einen fortlaufenden altersgerechten Kompetenzerwerb unterstützen, gehören die Anforderungsvielfalt und die Ganzheitlichkeit der Aufgaben.

Ein erfolgreiches Wissensmanagement beinhaltet die Möglichkeit, dass interessierte Mitarbeiter durch flexiblere Übergänge länger am Berufsleben teilnehmen. In der Lebensphase Ruhestand impliziert dies die Option für ehemalige Mitarbeiter, nach dem Renteneintritt als Senior-Consultants weiter in Teilzeit beschäftigt zu werden oder z. B. als Trainer ihr Wissen an Nachwuchskräfte weitergeben zu können.

Ähnlich wie das Vorhandensein einer intergenerativen Unternehmenskultur ist auch das Führungsverhalten der Vorgesetzten ein wesentliches Element demografieorientierten Personalmanagements. Operative Instrumente und Maßnahmen bleiben wirkungslos, wenn die Führungskräfte diese nicht glaubwürdig unterstützen und umsetzen. In ihrem Verhalten müssen Führungskräfte auf die Leistungsbereitschaften, das Leistungsvermögen sowie die Einstellungen der Mitarbeiter unterschiedlichen Alters eingehen und über eine wertschätzende Haltung gegenüber dem Alter verfügen. Das ist zum einen notwendig, da künftig immer häufiger junge Vorgesetzte ältere Mitarbeiter führen werden. Zum anderen bedingt sich diese Anforderung an das Führungsverhalten durch die Tatsache, dass infolge des bereits für das Jahr 2029 auf 67 Jahre gestiegenen und zukünftig sicher noch weiter ansteigenden Renteneintrittsalters unterschiedliche Mitarbeitergenerationen länger miteinander im Betrieb arbeiten werden. So werden künftig neben Babyboomern auch Vertreter der Generationen X, Y und Z mit ihren partiell unterschiedlichen Werte- und Normengefügen gleichzeitig im Unternehmen arbeiten (Schirmer et al. 2014, S. 22 ff.). Auch wenn die Generationenprägungen nicht überbewertet werden sollten, da neben dem Generationen- bzw. Periodeneffekt auch Alters- und Lebensphaseneffekte sowie Peer Groups und individuelle Lebenserfahrungen während der formativen Sozialisationsphase im Alter zwischen dem fünften und dem 15. Lebensjahr die

Personalprozesse und -instrumente	Schule, Ausbildung, Studium **Vorlauf**	Berufseinstieg, Selbstständigkeit, Karrierestart **Eintritt/Etablierung**	Karriere, Familienphase, "Rushhour" des Lebens **Karriere**	Sinnkrisen, Pflege von Angehörigen, Empty Nest-Phase **Change**	Ruhestand **Austritt**
Beschaffung					
Personalplanung	Altersstrukturanalyse/strategische Personalbedarfsplanung/Nachfolgeplanung				
Personalmarketing	Personalmarketing/Employer Branding	Internes Personalmarketing			
Personalbeschaffung	Recruiting und Auswahl	interne Personalbeschaffung, Talentpool, Stellenbörse, Karriereplanung			
Integration und Bindung					
Integration/Retention		Onboarding/Relocation, Dual Career	Retentionmanagement mit Total Rewards Systemen		De-Sozialisation
Organisationale Beschäftigungsfähigkeit					
Arbeitsschutz/Gesundheitsmanagement (verhältnispräventiv)		Arbeitsplatzgestaltung/Betriebliches Gesundheitsmanagement/Work-Life-Balance/alternierende Telearbeit			
Diversity Management		Diversity-Schulung	Diversity-Unterstützung/Age-Diversity/umfassendes Diversity-Management		
Arbeitszeitgestaltung		Arbeitszeitmodelle/Work-Life-Balance/Lebensarbeitszeitkonten			
Lebensphasenorientiertes HRM i.e.S.		Individualisiertes Unterstützungsangebot wie Sabbatical, psychologische Beratung, Elder Care usw. unter Zuhilfenahme der anderen Personalinstrumente			
Employability und Motivation					
Personalentwicklung	Ausbildung	Anpassungsqualifizierung	Anpassungsqualifizierung/Aufstiegsqualifizierung/arbeitsintegrierte Kompetenzentwicklung/lebenslanges Lernen		
Karrieremanagement		Karriereplanung und Personalförderung			
Gesundheitsmanagement (verhaltenspräventiv)	Präventiver Gesundheitscheck	Persönliches Fitnessprogramm/Orientierungsworkshops für ältere Mitarbeiter/Betriebliches Gesundheitsmanagement			
Anreizgestaltung/Entgeltmanagement		Betriebliches Anreizsystem/Total Rewards Systeme/Deferred Compensation/Spontaneous Recognition			
Wissensmanagement					
Wissensmanagement		Einarbeitung		Wissensübernahme/Kompetenzvermittlung	Senior-Consultants, Trainertätigkeit
Vorbereitung Austritt			Orientierungsworkshops		Übergangsmodelle

Abb. 2.7 Beispiele lebensphasenorientierter Personalinstrumente im demografieorientierten Personalmanagement. (Quelle: eigene Darstellung Schirmer, U)

Unterschiedlichkeit im Denken und Verhalten von Mitarbeitern verschiedener Altersgruppen erklären (Klaffke 2014, S. 8 f.), liefern die kollektiven Sozialisierungseffekte doch Hinweise zum grundsätzlichen Umgang mit und den Unterschieden zwischen Mitarbeitern verschiedener Alterskohorten. Folgerichtig ist ein intergeneratives Führungskonzept durch eine auf den einzelnen Mitarbeiter ausgerichtete Führung zu etablieren. Dies bedingt eine deutliche Abkehr von Führungsweisen nach dem Motto „Ich behandele alle Mitarbeiter gleich und führe damit gerecht." Stattdessen müssen sich die Führungskräfte auf den gerade auch altersbedingten Reifegrad des jeweiligen Mitarbeiters vor dem Hintergrund der zu übertragenden Aufgabe einstellen. Dies macht es erforderlich, dass die Vorgesetzten eine Verhaltensbandbreite vom dirigistischen bis hin zum delegierenden Führen einsetzen können (Schirmer und Woydt 2012, S. 122 ff.).

Hilfreich ist es für Unternehmen, wenn sie zur Umsetzung des demografieorientierten Personalmanagements mit externen Partnern kooperieren und deren beratende Expertise und Erfahrungen nutzen. Dies können auf der einen Seite Institutionen zum Erfahrungsaustausch, wie z. B. Hochschulen mit einschlägigen Arbeitsschwerpunkten, das demographie netzwerk (ddn), die Initiative generationenfreundliche Landkreise, der Demografie Exzellenz e.V., Beratungsstellen der Landratsämter, kommunale Demografieberater oder die örtlichen Industrie- und Handels- bzw. Handwerkskammern sein. Auf der anderen Seite bieten sich als Kooperationspartner zur Umsetzung konkreter demografieorientierter Maßnahmen externe Partner wie z. B. regionale Sozialstationen, Pflegeeinrichtungen oder befreundete Unternehmen an.

Für ein nachhaltiges Demografiemanagement ist es zwingend, die strategische Zielsetzung und die dafür herangezogenen internen und externen demografischen Rahmenbedingungen ebenso wie die daraus abgeleiteten Handlungsfelder ständig zu überwachen und auf ihre Erfolgswirksamkeit hin zu überprüfen. Dies bedingt ein Demografiecontrolling, das passende Kennzahlen beinhaltet und diese in einem handlungsorientierten Reporting den betrieblichen Entscheidungsträgern zur Verfügung stellt.

2.2.2 Kurzcheck „Aktuelle Qualität Demografiemanagement"

Eine erste Übersicht zum aktuellen Stand eines demografieorientierten Personalmanagements in Unternehmen kann mit folgenden Leitfragen im Sinne einer Kurzdiagnose erarbeitet werden, deren Fragen mit Ja oder Nein zu beantworten sind. Dabei sind die Leitfragen am oben dargestellten Gesamtkonzept eines demografieorientierten Personalmanagements ausgerichtet. Es empfiehlt sich, die Fragen durch mehrere Unternehmensvertreter, d. h. Mitarbeiter, Führungskräfte und Vertreter des betrieblichen Sozialpartners, beantworten zu lassen. Dies lässt sich ohne großen Zeitaufwand durchführen und ergibt einen ersten Einblick in den Stand des Demografiemanagements.

1. Demografiemanagement ist als strategisches Ziel im Unternehmen formuliert?
2. Bei uns haben junge und ältere Mitarbeiter gleiche Chancen in Bezug auf Karriere, Entgelt usw.?

3. Wir leben eine intergenerative Unternehmenskultur?
4. Wir haben eine Altersstrukturanalyse und -prognose aktuell durchgeführt?
5. Wir verfügen über eine definierte Ziel-Mitarbeiterstruktur als Basis für die Personalbeschaffung?
6. Die Personalbeschaffung erfolgt geplant und wir sprechen u. a. gezielt ältere Bewerber an?
7. Wir führen neue Mitarbeiter systematisch in das Unternehmen ein?
8. Wir verfügen über ein ausgearbeitetes, langfristig angelegtes Mitarbeiterbindungskonzept?
9. Wir gestalten die Arbeitsbedingungen konsequent alternsgerecht und damit gesundheitsförderlich?
10. Wir fördern das gesundheitsbezogene Verhalten unserer Mitarbeiter?
11. Wir besitzen ein systematisches Anreizsystem zur Motivationssteigerung?
12. Wir betreiben ein systematisches Wissensmanagement?
13. Wir qualifizieren unsere Führungskräfte zur intergenerativen Führung?
14. Wir kooperieren mit externen Institutionen im Bereich Demografiemanagement?
15. Wir haben Kennzahlen zum Demografiemanagement definiert und erheben diese regelmäßig?

Falls in dem Kurzcheck mehr als fünf Fragen mit „Nein" beantwortet sind, signalisiert dies einen Bedarf an demografieorientiertem Personalmanagement. In diesem Fall sind eine ausführliche und systematische Analyse der aktuellen Gegebenheiten sowie eine intensive Auseinandersetzung mit dem Thema empfehlenswert.

Literatur

Alter und Altern in der Belegschaft

Baltes, P. B. (1987). Theoretical propositions of life-span developmental psychology: On the dynamics between growth and decline. *Developmental Psychology, 23*(5), 611–626.

Baltes, P. B. (1990). Entwicklungspsychologie der Lebensspanne: Theoretische Leitsätze. *Psychologische Rundschau, 41*(1), 1–24.

Bowen, R. L., & Atwood, C. S. (2004). Living and dying for sex. A theory of aging based on the modulation of cell cycle signaling by reproductive hormones. *Gerontology, 50*, 265–290.

Brandenburg, U., & Domschke, J.-P. (2007). *Die Zukunft sieht alt aus*. Wiesbaden: Gabler.

Brandtstädter, J., & Lindenberger, U. (Hrsg). (2007). *Entwicklungspsychologie der Lebensspanne: Ein Lehrbuch*. Stuttgart: Kohlhammer.

Brehmer, Y., Li, S.-C., Straube, B., Stoll, G., von Oertzen, T., Müller, V., & Lindenberger, U. (2008). Comparing memory skill maintenance across the life span: Preservation in adults, increase in children. *Psychology and Aging, 23*(2), 227–238.

Deller, J., Kern, S., Hausmann, E., & Diederichs, Y. (2008). *Personalmanagement im demografischen Wandel*. Heidelberg: Springer Medizin Verlag.

Erickson, K. I., Voss, M. W., Prakash, R. S., Basak, C., Szabo, A., Chaddock, L., Kim, J. S., Alves, H., White, S. M., Wojcicki, T. R., Mailey, E., Vieira, V. J., Martin, S. A., Pence, B. D., Woods, J. A., McAuley, E., & Kramer, A. F. (2011). Exercise training increases size of hippocampus and improves memory. *Proceedings of the National Academy of Sciences of the United States of America, 108*(7), 3017–3022.

Finnish Institute of Occupational Health (Hrsg.). (2015). http://www.ttl.fi/en/health/WAI/multidi mensional_work_ability_model/PublishingImages/work_ability_house_large.png. Zugegriffen am 08.07.2015.

Günther, T. (2010). Die demografische Entwicklung und ihre Konsequenzen für das Personalmanagement. In D. Preißing (Hrsg.), *Erfolgreiches Personalmanagement im demografischen Wandel* (S. 1–40). München: Oldenbourg Verlag München.

Hertzog, C., Kramer, A. F., Wilson, R. S., & Lindenberger, U. (2009). Enrichment effects on adult cognitive development. Can the functional capacity of older adults be preserved and enhanced? *Psychological Science in the Public Interest, 9*(1), 1–65.

Ilmarinen, J., & Tuomi, K. (2004). Past, present and future of work ability. In J. Ilmarinen, & S. Lehtinen (Hrsg.), *Past, present and future of work ability*. People and work. Research reports no. 65. (S. 1–25). Helsinki: Finnish Institute of Occupational Health.

Kempermann, G. (2005). *Adult neurogenesis: Stem cells and neuronal development in hte adult brain*. Oxford: Oxford University Press.

Lindenberger, U., Marsiske, M., & Baltes, P. B. (2000). Memorizing while walking: Increase in dual-task costs from young adulthood to old age. *Psychology and Aging, 15*, 417–436.

Martin, M., & Kliegel, M. (2005). *Psychologische Grundlagen der Gerontologie*. Stuttgart: Kohlhammer.

Motel-Klingebiel, A., Wurm, S., & Tesch-Römer, C. (2010). *Altern im Wandel. Befunde des Deutschen Alterssurveys (DEAS)*. Stuttgart: Kohlhammer.

Nagel, I. E., Preuschhof, C., Li, S.-C., Nyberg, L., Bäckman, L., Lindenberger, U., & Heekeren, H. R. (2009). Performance level modulates adult age differences in brain activation during spatial working memory. *Proceedings of the National Academy of Sciences of the United States of America, 106*(52), 22552–22557.

Nagel, I. E., Preuschhof, C., Li, S.-C., Nyberg, L., Bäckman, L., Lindenberger, U., & Heekeren, H. R. (2011). Load modulation of BOLD response and connectivity predicts working memory performance in younger and older adults. *Journal of Cognitive Neuroscience, 23*(8), 2030–2045.

Schirmer, U. (2013). Demografieorientiertes Personalmanagement. In Wirtschaftsregion Südwest – unterstützt durch das Ministerium für Finanzen und Wirtschaft Baden-Württemberg aus Mitteln des europäischen Sozialfonds (Hrsg.), Demografie aktiv gestalten. Ein Praxis-Leitfaden für kleine und mittelständische Unternehmen (S. 63–119). http://www.wsw.eu/files/162:Arbeits buch_Demografie_aktiv_gestalten.pdf. Zugegriffen am 25.01.2015.

Schmiedek, F., Lövden, M., & Lindenberger, U. (2010). Hundred days of cognitive training enhance broad cognitive abilities in adulthood: Findings from the COGITO study. *Frontiers in Aging Neuroscience, 13*, 2.

Tempel, J., & Illmarinnen, J. (2013). *Arbeitsleben 2025*. Hamburg: VSA-Verlag.

Wurm, S., & Huxhold, O. (2012). *Sozialer Wandel und individuelle Entwicklung von Altersbildern*. Wiesbaden: VS Verlag.

Gesamtkonzept „Demografieorientiertes Personalmanagement"

Blazek, Z., Flüter-Hoffmann, C., Kössler, S., & Ottmann, J. (2011). *Personalkompass. Demografiemanagement mit Lebenszyklusorientierung*. Köln: Institut der deutschen Wirtschaft Köln e.V.

Klaffke, M. (2014). Erfolgsfaktor Generationenmanagement – Handlungsansätze für das Personalmanagement. In M. Klaffke (Hrsg.), *Generationen-Management. Konzepte, Instrumente, Good-Practice-Ansätze* (S. 1–25). Wiesbaden: Springer Gabler.

Rump, J., & Eilers, S. (2014). Demografieorientiertes Personalmanagement: Hintergründe und Handlungsansätze. In J. Rump & S. Eilers (Hrsg.), *Demografieorientiertes Personalmanagement: Hintergründe und Handlungsansätze* (S. 11–12). Köln: Luchterhand Verlag.

Schirmer, U. (2013). Demografieorientiertes Personalmanagement. In Wirtschaftsregion Südwest – unterstützt durch das Ministerium für Finanzen und Wirtschaft Baden-Württemberg aus Mitteln des europäischen Sozialfonds (Hrsg.), Demografie aktiv gestalten. Ein Praxis-Leitfaden für kleine und mittelständische Unternehmen (S. 63–119). http://www.wsw.eu/files/162:Arbeits buch_Demografie_aktiv_gestalten.pdf. Zugegriffen am 18.12.2014.

Schirmer, U., & Woydt, S. (2012). *Mitarbeiterführung*, (2. Aufl.). Berlin: Springer Gabler.

Schirmer, U., unter Mitarbeit von Kiesling, B., Nolde, V., & Spengler, A. (2014). Führung der Generation Y. Berücksichtigung in Führungsgrundsätzen. *Personalführung, 4*, 22–29.

Dr. Irene Nagel-Jachmann ist promovierte Psychologin und Expertin für Entwicklung im Erwachsenenalter. Neben ihrer wissenschaftlichen Karriere am Max Planck Institut für Bildungsforschung und der Freien Universität Berlin engagierte Irene Nagel sich ehrenamtlich in einem Stiftungsprojekt zu sozialer Mobilität. Sie absolvierte am ISB Wiesloch eine Ausbildung im systemischen Coaching und beim DEX e.V. eine Weiterbildung zur Demografie-Lotsin. Derzeit ist Irene Nagel Dozentin an der FHNW in der Schweiz und Fellow einer internationalen systemischen Beratergruppe (SEgroup). Zudem ist sie als freie Beraterin und Trainerin tätig und engagiert sich im Demographienetzwerk (ddn e.V.) und dem Demografie Exzellenz e.V.

Prof. Dr. Uwe Schirmer, geb. 1966, studierte Betriebswirtschaftslehre an der Universität Erlangen-Nürnberg und promovierte anschließend während seiner Tätigkeit als Leitender wissenschaftlicher Assistent am Fachgebiet Unternehmensführung/Personalmanagement der Technischen Universität Ilmenau. Nach verantwortlichen Funktionen im Personalmanagement der Deutschen Bahn AG und der Ravensburger AG ist er seit 2003 Professor für Personalmanagement und Mitarbeiterführung an der Dualen Hochschule Baden-Württemberg Lörrach und zudem Studiengangsleiter BWL-Personal management (Bachelor), MBM Personal und Organisation (Master) sowie Studiendekan „Personal und Organisation" am Center for Advanced Studies der DHBW in Heilbronn. Prof. Schirmer ist Trainer und Berater, Autor mehrerer Bücher und Fachartikel zum Personalmanagement und zur Mitarbeiterführung. Seine Beratungsfelder sind Personalentwicklung/Talentmanagement, Mitarbeiterbindung, Mitarbeiterführung/Leadership, demografieorientiertes Personalmanagement, Eignungsdiagnostik und Potenzialanalyse. Er ist zudem Mitglied des Vorstandes Demografie Exzellenz e.V.

Einführung eines demografieorientierten Personalmanagements

Uwe Schirmer

Zusammenfassung

Die Herausforderungen des demografischen Wandels erfordern ein geplantes und ganzheitliches Vorgehen im betrieblichen Personalmanagement. Ausgangspunkt für ein aufeinander abgestimmtes Handlungsprogramm sind fundierte Analysen zu aktuell vorhandenen Personalinstrumenten, zur Altersstruktur, zur strategischen Integration des Themas und zur Unternehmenskultur in den jeweiligen Unternehmen. Darauf aufbauend sind in einem Workshop unter Beteiligung der betrieblichen Stakeholder-Gruppen die wesentlichen Handlungsfelder für ein integriertes Demografiemanagement zu bestimmen, um diese anschließend in Teilprojekten systematisch zu erarbeiten. Wichtig ist dabei, alle Belegschaftsgruppen, ausgehend von den Arbeitnehmern, über die Führungskräfte und die Geschäftsführung bis hin zum betrieblichen Sozialpartner, von Beginn an zu beteiligen, um mögliche Widerstände oder Vorbehalte gegenüber dem Thema zu überwinden. Die endgültige Implementierung des Demografiemanagements ist durch eine Kommunikations- und Informationskampagne zu unterstützen.

U. Schirmer (✉)
Duale Hochschule Baden-Württemberg Lörrach, Hangstr. 46-50, 79539 Lörrach, Baden-Württemberg, Deutschland
E-Mail: schirmer@dhbw-loerrach.de

© Springer Fachmedien Wiesbaden 2016
U. Schirmer (Hrsg.), *Demografie Exzellenz*, DOI 10.1007/978-3-658-11910-2_3

Ein prozessbegleitendes und ergebnisorientiertes Projektcontrolling helfen, die eingeführten Maßnahmen fortlaufend zu optimieren.

3.1   Gesamtprozess „Implementierung" im Überblick

Ausgangspunkt für die Einführung eines demografieorientierten Personalmanagements ist die systematische Erfassung der aktuellen Ist-Situation durch ein, idealerweise von der Geschäftsleitung beauftragtes Projektteam (Schenck et al. 2013, S. 156 ff.). Zur Beschreibung der aktuellen Situation gehören die Analyse der Altersstruktur der Belegschaft inkl. eines Abgleichs zu den strategischen Unternehmenszielen, eine Analyse zur Ausprägung einer intergenerativen Unternehmenskultur und eine detaillierte Erhebung zu den eventuell bereits vorhandenen demografieorientierten Personalinstrumenten entsprechend eines ganzheitlichen Demografiemanagements wie dem Lörracher Modell (siehe Abb. 3.1). Darauf aufbauend sind im Rahmen eines Strategie-Workshops unter Beteiligung von Vertretern aller Mitarbeitergruppen und des Sozialpartners folgende Inhalte zu bestimmen:

- Demografie-Ziele: Was will das Unternehmen mit der demografieorientierten Personalarbeit in 5 bis 10 Jahren erreicht haben?
- Anzugehende Handlungsbedarfe: Was ist zu tun?
- Ressourcen: Welche finanziellen und personellen Mittel stehen grundsätzlich zur Verfügung?
- Strategischer Arbeitsplan: Welche Handlungsfelder werden wann umgesetzt, um die 5- und 10-Jahres-Ziele zu erreichen?

Für den Erfolg des gesamten Demografiemanagements ist es wichtig, dass bereits zu diesem Zeitpunkt die ausdrückliche Unterstützung der Geschäftsleitung, z. B. durch die Teilnahme an dem Strategieworkshop, symbolhaft sichtbar wird.

Nach der Identifizierung der Handlungsbedarfe ist eine Meilensteinplanung zu erstellen, was wann getan werden muss, um die notwendigen Instrumente im Unternehmen verfügbar zu haben. Dabei ist es wichtig, nicht alle Themen auf einmal anzugehen, sondern diese entsprechend der vorhandenen Ressourcen, über eine Mehrjahresplanung verteilt, abzuarbeiten. Im nächsten Schritt ist für die vorrangig einzuführenden Maßnahmen ein konkreter Arbeitsplan im Sinne einer Projektplanung zu erstellen, auf deren Basis dann die Ausarbeitung der Instrumente erfolgen kann. Am Ende des Planungszeitraumes ist der gesamte Einführungsprozess dahingehend zu überprüfen, ob die gesetzten Ziele bzgl. der Handlungsfelder erreicht wurden oder ob eventuell steuernde Eingriffe notwendig sind. Aufbauend auf den erreichten Ergebnissen können die folgenden Projekte angegangen werden und bedarfsbezogen wieder überprüfende Analysen zur Altersstruktur und zur Demografiesituation im Unternehmen durchgeführt werden. Damit wird der Einführungsprozess zu einem fortwährenden und nachhaltigen Unternehmensentwicklungsprozess.

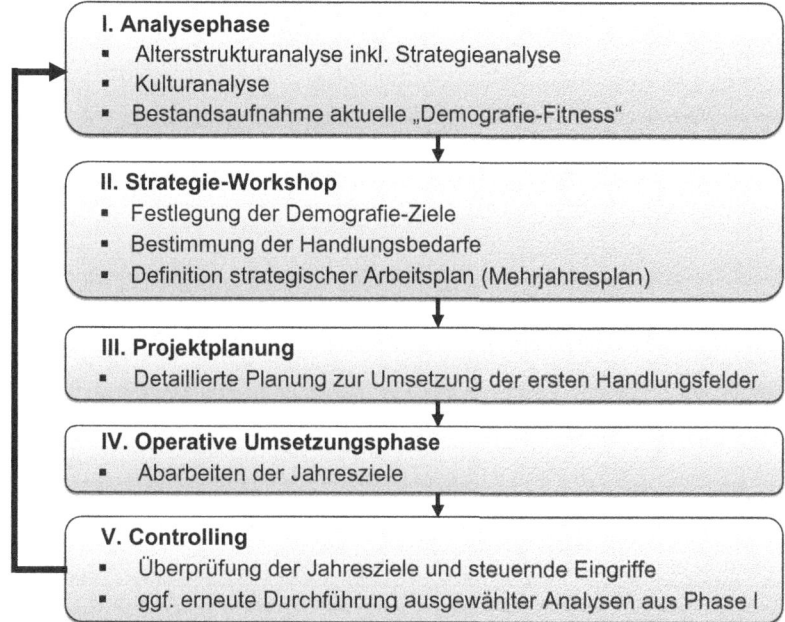

Abb. 3.1 Einführungsprozess demografieorientiertes Personalmanagement (Quelle: eigene Darstellung Schirmer, U.)

3.2 Analysephase und Bestandsaufnahme

3.2.1 Altersstrukturanalyse

Die Altersstrukturanalyse stellt „eine systematische Vorgehensweise zur Früherkennung und bildlichen Darstellung gegenwärtiger und zukünftiger Personalrisiken, die auf die Entwicklung der betrieblichen Altersstruktur unter den Wirkungen des demografischen Wandels zurückzuführen sind", dar (Köchling 2013). Die Altersstrukturanalyse und -prognose erfolgt in zwei Schritten. Zuerst wird die Altersstruktur im Unternehmen erfasst und abgebildet. Dabei können weiterführende Differenzierungen in Bezug auf Betriebsstandorte, Geschäftsbereiche oder Mitarbeitergruppen erarbeitet werden. Um spezifischere Ableitungen für die Maßnahmen eines demografiebewussten Personalmanagements entwickeln zu können, ist eine ergänzende Zukunftsprognose auf Basis der ermittelten Gegenwartsdaten zu erstellen (siehe im Folgenden auch Schirmer 2013, S. 69 ff.).

Für Unternehmen mit bis zu 40 Mitarbeitern lässt sich eine Altersstrukturanalyse pragmatisch mit der nachfolgend dargestellten Abb. 3.2 durchführen. Dieselbe Vorlage lässt sich ebenfalls nutzen, um eine Prognose der Belegschaftsstruktur für z. B. in zehn Jahren zu erstellen.

Altersstruktur im Unternehmen: _____

☐ Ist-Situation am (Datum): _____

☐ Prognose zum (Datum): _____

Bereich:

☐ Produktion   ☐ Vertrieb   ☐ Verwaltung   ☐ Konstruktion   ☐ Sonstiges:_____

Abteilung 1						
Abteilung n						
Anzahl Mitarbeiter	unter 20 Jahren	20 - 29 Jahre	30 - 39 Jahre	40 - 49 Jahre	50 - 59 Jahre	60 Jahre und älter

Abb. 3.2 Altersstrukturanalyse in Klein-Unternehmen (Quelle: Zeiger-Heizmann 2012, S. 7, leicht modifiziert)

Für Unternehmen mit mehr als 40 Mitarbeitern wird eine softwaregestützte Alters-strukturanalyse empfohlen, da sonst zu viele Informationen verloren gehen bzw. es sehr aufwendig ist, einen gesamthaften Überblick zu erstellen. Frei zugängliche Software-lösungen für Altersstrukturanalysen sind z. B.

- DemografieKompass der Technologieberatungsstelle beim DGB NRW e.V.
- IHK-Demografie-Rechner der IHK Osnabrück-Emsland
- Demografierechner 2030 des Baden-Württembergischen Industrie- und Handel-skammertages

Für eine systematische Altersstrukturanalyse sind folgende Schritte zu erarbeiten (Kreutle 2014, S. 67ff.):

1. Analysekriterien bestimmen
2. Mitarbeiterdaten erfassen
3. Ist-Analyse durchführen
4. Prognoserechnungen durchführen
5. Umfeldanalyse durchführen
6. Strategieanalyse durchführen
7. Handlungsbedarfe bestimmen

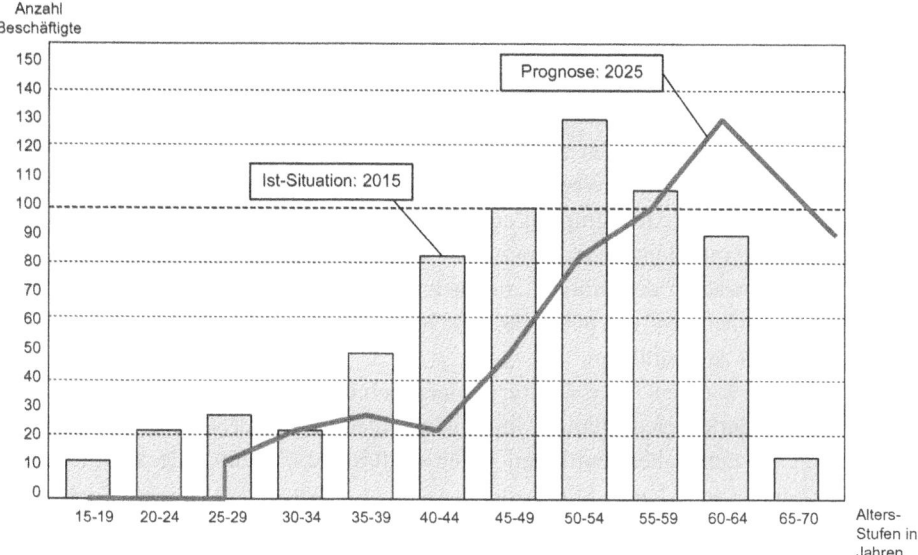

Abb. 3.3 Beispiel Ist-Altersstrukturanalyse mit 10-Jahres Prognose (Quelle: eigene Darstellung Schirmer, U.)

Zu Beginn der Altersstrukturanalyse ist zu klären, welche demografierelevanten Sachverhalte untersucht werden sollen. Sinnvolle und für eine Altersstrukturanalyse relevante Demografiekriterien sind typischerweise Alter (hier das Geburtsdatum erfassen, dann kann die Altersstrukturanalyse jederzeit aktualisiert werden), Geschlecht, Qualifikation, Abteilung, hierarchische Stelleneinordnung (Mitarbeiter, Führungskraft, Leitender Angestellter), Funktion/Tätigkeitsbezeichnung, Beschäftigtenstatus: gewerblich/kaufmännisch, Arbeitsunfähigkeitstage, Weiterbildungstage, Vollzeit-/Teilzeit-Arbeitsverhältnisse, befristete und unbefristete Arbeitsverhältnisse, Altersgrenze und Renteneintrittsalter.

Entsprechend der zu untersuchenden Demografievariablen sind die notwendigen Mitarbeiterdaten zu erfassen und in das Altersstrukturanalyse-Programm einzupflegen. Viele Softwareprogramme bieten hierfür die Möglichkeit, die Mitarbeiterdaten über eine Excel-Datei zu importieren.

Auf Basis der erfassten Daten ist die Analyse der bestehenden Altersstruktur durchzuführen. Als Ergebnis der Ist-Analyse ergibt sich eine Übersicht zur demografischen Situation im Unternehmen, die später noch um die Entwicklungsprognose erweitert werden kann (siehe Abb. 3.3). Typische Ergebnisse sind die balancierte, jugendzentrierte, komprimierte und alterszentrierte Altersstruktur.

Im Rahmen der Ist-Analyse sind verschiedene Auswertungen und Analysen möglich. Neben der grafischen Darstellung der Altersstruktur im gesamten Unternehmen oder in einzelnen Abteilungen sowie von Qualifikationen und Funktionen können z. B. zentrale Demografie-Kennzahlen ausgewertet werden. So lässt sich der Altersdurchschnitt der

Belegschaft im Unternehmen, in Abteilungen, in Mitarbeiter- oder Kompetenzgruppen ermitteln. Auch Verhältniszahlen, wie der Anteil verschiedener Altersgruppen an der Gesamtbelegschaft oder der Anteil von Frauen und Männern an der Gesamtbelegschaft oder in Abteilungen, sind ermittelbar. In Bezug auf die Beantwortung von Fragen wie „Nimmt Weiterbildung im Alter ab?" oder „Gibt es Probleme beim lebenslangen Lernen?" lassen sich z. B. die Weiterbildungstage je Mitarbeiter im Unternehmen, in Abteilungen oder nach Altersgruppen auswerten. Mit den gewonnen Daten lassen sich dann sowohl interne Benchmarks zwischen verschiedenen Abteilungen anhand von Demografie-Kennzahlen durchführen, als auch externe Benchmarks mit vergleichbaren Unternehmen vornehmen, um durch das Erkennen von Best Practice-Prozessen eigene Vorgehensweisen zu optimieren.

Anhand der erkannten Altersstruktur können bereits erste Handlungsfelder für eine demografieorientierte Personalpolitik im Unternehmen abgeleitet werden. So sind zentrale Fragen bei einer alterszentrierten Belegschaftsstruktur (sehr viele ältere, wenige „mittelalte" und kaum junge Mitarbeiter), wie dem Abfluss von Wissen vorgebeugt werden kann, wenn die älteren Mitarbeiter in den Ruhestand eintreten und das Unternehmen verlassen oder wie die Versorgung mit Arbeitnehmern jüngeren und mittleren Alters durch entsprechende Rekrutierungs- und Personalentwicklungsmaßnahmen sichergestellt werden kann? Von hoher Priorität sind auch die Fragen, wie einer „Senioren-Kultur" vorgebeugt und wie die Beschäftigungsfähigkeit der Mitarbeiter in höherem Alter unterstützt werden kann?

Bei einer komprimierten Altersstruktur (wenig junge, viele „mittelalte" und wenig alte Mitarbeiter) besteht eine sehr ähnliche Problematik wie bei einer alterszentrierten Altersstruktur. Der Unterschied besteht darin, dass die Folgewirkungen erst in ca. 10 Jahren eintreten. Dementsprechend kann hier proaktiv agiert werden, um zu klären, durch welche frühzeitig eingeleiteten Maßnahmen sich die langfristig zu erwartenden Folgen reduzieren lassen?

Die jugendzentrierte Altersstruktur (sehr viele junge, wenige „mittelalte" und kaum ältere Mitarbeiter) bringt zum Teil ganz spezifische Problemstellungen mit sich. So ist z. B. zu klären, wie die künftige Arbeitsfähigkeit der Belegschaft bereits heute durch alternsgerechte Arbeitsgestaltung unterstützt werden kann oder welche Kompetenzen künftig benötigt werden und wie die Mitarbeiter dementsprechend zu qualifizieren sind? Ganz wichtig ist es hier, die jungen Mitarbeiter an das Unternehmen zu binden, damit Erfahrungswissen entstehen und im Unternehmen gehalten werden kann.

Im Rahmen einer identifizierten balancierten Altersstruktur (ausgeglichen viele junge, „mittelalte" und alte Mitarbeiter) sind für die verschiedenen Alterskohorten die entsprechenden Fragestellungen aus den zuvor dargestellten jugend- und alterszentrierten Strukturen zu beantworten.

Nach der Erfassung der aktuellen Situation ist die Vorhersage über die künftige Entwicklung zentraler Belegschaftskennzahlen wichtig. Diesem Zweck dient die Prognoserechnung. Auch für diesen Analyseschritt sind zuerst wieder grundsätzliche Parameter zu bestimmen. So ist ex ante zu definieren, für welchen Zeitraum die Prognose erfolgen soll: kurzfristig bis 5 Jahre, mittelfristig 5 bis 10 Jahre oder langfristig 10 bis 20 Jahre. Auch die Festlegung folgender Kriterien ist sinnvoll: künftige Altersgrenze, künftiges Renteneintrittsalter, erwartete Fluktuation, Übernahmequote nach der Ausbildung, erwartete Neueinstellungen, erwartete Arbeitsunfähigkeitstage pro Mitarbeiter bzw. Altersgruppe. Im Anschluss kann die Veränderung der Belegschaftsstruktur in Bezug auf die definierten Analysekategorien und in Abhängigkeit von den getroffenen Annahmen im Vergleich zur gegenwärtigen Ist-Struktur grafisch dargestellt werden (vgl. Abb. 3.3).

Zu ergänzen ist die Altersstrukturanalyse und -prognose um eine Arbeitsmarktanalyse. Dabei sind regionale, bundesweite und ggf. internationale Entwicklungen am Arbeitsmarkt zu berücksichtigen. Ein im Rahmen der Altersstrukturanalyse und -prognose erkanntes Ausscheiden einer hohen Zahl von Mitarbeitern zu einem gleichen Zeitpunkt gewinnt noch erheblich an Dramatik, wenn parallel dazu die Erkenntnis gewonnen wird, dass bis zum prognostizierten Abgangszeitraum kaum qualifizierte Nachwuchskräfte auf dem externen Arbeitsmarkt vorhanden sind. Im umgekehrten Fall, d. h. bei Vorliegen einer Vielzahl von qualifizierten Bewerbungen in den nächsten Jahren, ist diese Situation leichter zu lösen. Daten zum Arbeitsmarkt lassen sich z. B. über die Bundesagentur für Arbeit, die Industrie- und Handels- bzw. Handwerkskammern, über Institute wie die Bertelsmann-Stiftung mit spezifischen Angeboten wie „Wegweiser-Kommune" (http://www.wegweiser-kommune.de) oder über das Statistische Bundesamt gewinnen.

Die Fragen zu den notwendigen Handlungsfeldern im Unternehmen können noch nicht abschließend beantwortet werden, so lange nicht auch die Unternehmensstrategie reflektiert wurde. So muss die Erkenntnis einer alterszentrierten Belegschaftsstruktur für sich genommen noch nicht bedrohlich sein, wenn im Rahmen geplanter Kosteneinsparungen und Restrukturierungen eine deutliche Personalanpassung gerade in den Geschäftsfeldern geplant ist, in denen überwiegend ältere Mitarbeiter beschäftigt sind. Aus diesem Grund ist die Unternehmensstrategie dahingehend zu analysieren, ob in den kommenden Jahren grundsätzlich eine Wachstums-, Konsolidierungs- oder Rückzugsstrategie vorgesehen ist, in welchen Geschäftsfeldern das Unternehmen künftig konkret wachsen, stagnieren oder sich verkleinern wird, welche Geschäftsfelder neu hinzukommen und wie sich das Soll-Kompetenzportfolio infolge dieser Entwicklungen verändern wird?

Auf Basis der gesamten Analysen sind nun die notwendigen Handlungsbedarfe abschließend zu bestimmen. Dabei können nochmals folgende Leitfragen helfen: Was ist zu tun, um im positiven Fall die vorhandene Altersstruktur zu sichern oder im ungünstigen Fall die vorhandene oder zu erwartende Altersstruktur positiv zu beeinflussen und/oder die unerwünschten Folgen der aktuellen oder zu erwartenden Altersstruktur abzuwenden oder zu mildern?

3.2.2 Kulturanalyse

Kultur entsteht in Organisationen durch das Zusammenleben von Menschen und ihren verschiedenen Überzeugungen und Ansichten. Dabei werden sowohl durch das

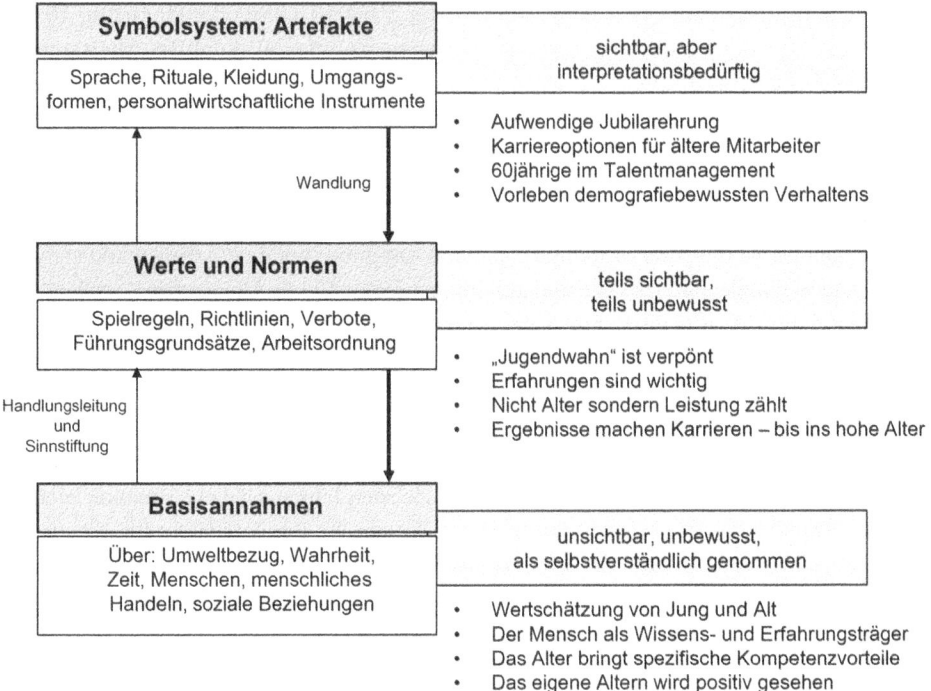

Abb. 3.4 Intergenerative Unternehmenskultur (Quelle: eigene Darstellung Schirmer, U. auf der Basis von Schein 1984, S. 4.)

absichtsvolle als auch durch das unbeabsichtigte Handeln und Denken der Mitarbeiter gemeinsam geteilte Werte, Denkmuster und Normen im Sinne einer kollektiven Programmierung geschaffen, die charakteristisch für diese Gruppierung sind und dann wiederum die Ansichten und das Verhalten der Mitglieder prägen (Scholz 2014, S. 930 f.; Sackmann 2004, S. 24). Die verhaltens- und wahrnehmungsprägende Wirkung von Unternehmenskultur gilt auch in Bezug auf die Zusammenarbeit über verschiedene Alterskohorten hinweg. Hier bestimmt die „Sicht" über die Alterskohorten, wie sich Mitglieder dieser Belegschaftsgruppen zueinander verhalten.

Ein populäres, funktionales Modell zur Erklärung der Entstehungs- und Wirkmechanismen von Unternehmenskulturen ist das in Abb. 3.4 dargestellte 3-Ebenen-Modell von Edgar Schein (Schein 1984). Dieses Schichtenmodell umfasst drei Ebenen: Basisannahmen, Werte und Regeln sowie Symbolsystem. Auf der inneren Kulturebene der Basisannahmen sind die fundamentalen Grundüberzeugungen angesiedelt, die gleichsam den Kulturkern bilden. Dazu gehören auch Annahmen darüber, wie der Mensch gesehen wird. Ist der Mensch eher ein nutzenmaximierender, kalkulierender und austauschbarer Produktionsfaktor oder wird er als soziales Wesen mit einzigartigen Anlagen und Fähigkeiten sowie individuellen und sozialen Bedürfnissen gesehen. Auf der folgenden Ebene der Werte und Regeln wirken teils bewusste, aber in großem Umfang auch unbewusste Vorgaben im Sinne von Leitlinien, die ganz selbstverständlich das Handeln der Mitarbeiter steuern, und die auf den Basisannahmen im Kulturkern gründen. Beobachtbar werden diese durch die Grundüberzeugungen der Kultur legitimierten Spielregeln auf der Symbolebene. Hier wird u. a. deutlich, wie die Mitarbeiter miteinander umgehen, wie Vorgesetzte Aufgaben übertragen – partizipativ oder dirigistisch –, welche Begrüßungsrituale und Anredegewohnheiten, welche Kommunikationsregeln usw. vorherrschen (Schirmer und Woydt 2012, S. 27 ff.). Der Kulturkern wirkt somit „von unten" auf das Verhalten der Mitarbeiter ein. Soll dagegen ein Einfluss auf den Kulturkern ausgeübt werden, kann dies „von oben" durch ein so genanntes symbolisches Management erfolgen. Hierbei sind die gewünschten Grundüberzeugungen durch vorbildhafte und beispielgebende Handlungen und Strukturen, z. B. in Form von verhaltenssteuernden Belohnungssystemen, in die Organisation hineinzutragen. Gerade den Führungskräften kommen hier als zentrale Werteträger eine wichtige Rolle zu.

Damit ein demografieorientiertes Personalmanagement wirkungsvoll implementiert und gelebt werden kann, muss die Wertschätzung von Mitarbeitern untereinander über alle Altersstufen hinweg ein gelebter Wert im Unternehmen sein (Schuett 2014, S. 179 ff.). Dies gilt auch für die positive Sicht des Alternsprozesses. Erst wenn eine altersunabhängige Wertschätzung der Arbeitnehmer untereinander sowie eine Wertschätzung von Altern und Alter gegeben sind, werden sich mittelfristig Einstellungen bei den Mitarbeitern und Führungskräften entwickeln, die ein generationenübergreifendes Miteinander in der Belegschaft unterstützen und die Chance bieten, die Potenziale einer alterspluralistischen Belegschaft vollumfänglich zu nutzen. Eine solche intergenerative Unternehmenskultur äußert sich u. a. in einer das Alter wertschätzenden Sprache, einem alterssensiblen Führungsverhalten, einer altersunabhängigen Personalbeschaffung, in altersunabhängigen Karriereentwicklungsmöglichkeiten und einer alternsgerechten Arbeitsgestaltung. Eine wesentliche Voraussetzung dafür ist, dass die Basisannahmen über das Wesen des Menschen neben dem im europäischen Kulturraum per se weitestgehend positiv geprägten Jugendbilds auch ein positives Altersbild enthalten, das ältere Kollegen nicht entsprechend dem Defizitmodell als leistungsbeeinträchtige und schwache Mitarbeiter interpretiert. Vielmehr ist eine dem Kompetenzmodell des Alters entsprechende positive Sicht von Alter notwendig, welche die sich erst mit zunehmendem Alter entwickelnden Kompetenzen und Fähigkeiten wertschätzt. Altersbilder sind nicht von Natur aus vorhanden, sie sind ein soziales Konstrukt der Gesellschaft, deren Ausgestaltung von historischen und kulturellen Faktoren abhängig ist. Werden verschiedene Kulturkreise betrachtet, so lassen sich jeweils andere Altersbilder ausmachen. Das heißt, Altersbilder können beeinflusst werden. In einer Organisation vorhandene Altersbilder werden für die Mitarbeiter handlungsrelevant und wirken sich auf den Berufsalltag und den Umgang der verschiedenen Alterskohorten mit ihren spezifischen Fähigkeiten und Einstellungen untereinander aus. Die Abb. 3.4 zeigt beispielhaft den Aufbau einer Unternehmenskultur nach dem 3-Ebenen-Modell von Schein mit möglichen Maßnahmen auf der Symbolebene und daraus abgeleiteten, denkbaren Ausprägungen auf der Werte- und Basisannahmen-Ebene hin zu einer intergenerativen Unternehmenskultur.

Aufbauend auf dem 3-Ebenen-Modell nach Schein kann mit dem Instrument „ENI-Age-Kultur-Analyse" (siehe Anlage 1) eine erste Einschätzung zur intergenerativen Unternehmenskultur im Rahmen einer Mitarbeiterbefragung vorgenommen werden. ENI bedeutet hierbei „Einstellungs-, Normen- und Indikatorenbasierte"-Age-Kultur-Analyse und wurde am Fachgebiet für Personalmanagement der Dualen Hochschule Baden-Württemberg Lörrach entwickelt. Die gesamte Kulturanalyse erfolgt fragebogengestützt und orientiert sich im inhaltlichen Aufbau an dem 3-Ebenen-Modell der Unternehmenskultur nach Edgar Schein. Die Basisannahmen zum Menschen im Kulturkern werden in der ENI-Age-Kultur-Analyse durch die Abfrage eines einstellungsbasierten Altersbildes bei den Mitarbeitern anhand eines semantischen Differentials (polarisierende Gegenüberstellung von Eigenschaftspaaren) erfasst (siehe zu den Eigenschaftsbeschreibungen auch Schlegel 2012) und dienen der selbstreflexiven Sensibilisierung der Mitarbeitenden. Die mehr oder weniger unbewusst vorhandenen Regeln und Standards der Unternehmenskultur, die sich aus den Basisannahmen heraus etabliert haben, werden durch die Abfrage vorhandener normativer Orientierungen zu älteren Mitarbeitern auf fünfstufigen Ordinalskalen erfasst. Die beobachtbare Symbolebene der Age-Kultur wird ebenfalls durch Indikatoren-Items zu den Bereichen eines demografieorientierten Personalmanagements erfasst. Das Inventar enthält dazu Fragen zu folgenden Themen:

1. Demografieorientierte Personalstrategie
2. Intergenerative Unternehmenskultur
3. Struktur und Organisation des demografieorientierten Personalmanagements
4. Altersstrukturanalyse
5. Instrumente eines demografieorientierten Personalmanagements
6. Zusammenarbeit mit externen Institutionen
7. Demografieorientierte Führung
8. Demografieorientiertes Controlling

Die Auswertung der ENI-Age-Kulturanalyse erfolgt im Bereich des Altersbildes durch eine Profildarstellung. Daraus lassen sich verhaltenssteuernde Stereotype identifizieren, welche eventuell der Entwicklung einer intergenerativen Unternehmenskultur als Kulturhindernisse entgegenstehen (siehe zu Altersstereotypen Krings und Kluge 2008, S. 131 ff.). Dies ist maßgeblich, denn ausgehend von solchen Stereotypen entwickeln sich die nicht mehr bewusst hinterfragten Spielregeln in einer Organisation, die letztlich das Verhalten der Mitglieder bestimmen. Stereotype können aber durch entsprechende Informations- und Schulungskonzepte sowie durch intensivierte Kontakte zwischen den betrachteten sozialen Gruppen positiv beeinflusst bzw. aufgelöst werden (Kontakthypothese). Bei Stereotypen handelt es sich um die verallgemeinernde Zuschreibung bestimmter Merkmale und Eigenschaften über alle Angehörige einer bestimmten Gruppe hinweg. Dies kann sowohl positiver als auch negativer Natur sein. Im letzteren Falle spricht man dann auch von vorurteilsbehafteten Stereotypen. Ergänzend zu der Profildarstellung werden die Antworten der 22 Items zum Altersbild zu einem

Gesamtwert addiert und in die folgende Auswertungsskala eingeordnet. Dabei gilt in Abhängigkeit der Skalendefinition für das gesamte ENI-Inventar, dass je geringer der Gesamtwert ist, desto stärker ist die alterspositive und in Folge damit die tendenziell intergenerative Unternehmenskultur ausgeprägt:

22 bis 66	67 bis 88	89 bis 154
positives Altersbild	neutrales Altersbild	negatives Altersbild

Die Normen- und Symbolebene wird nur durch die Bildung von Gesamtwerten analysiert. Die Antworten zu den fünf Items zu altersbezogenen Normen, Strukturen und Regeln in Organisationen werden addiert und in folgende Skala eingeordnet:

5 bis 10	11 bis 15	16 bis 25
positive „Altersnormen"	neutrale „Altersnormen"	negative „Altersnormen"

Die Antworten zu den 17 Items der personalwirtschaftlichen Demografiemaßnahmen werden ebenfalls addiert und in die folgende Skala eingeordnet:

17 bis 34	35 bis 51	52 bis 85
umfangreich umgesetzte Demografieinstrumente	teils/teils umgesetzte Demografieinstrumente	zu gering umgesetzte Demografieinstrumente

Aus dem Ergebnis der ENI-Age-Kultur-Analyse zu den Basisannahmen (Altersbild), den normativen Werten in Bezug auf ältere Mitarbeiter und den umgesetzten Demografiemaßnahmen können Hinweise abgeleitet werden, ob kulturentwickelnde Interventionsmaßnahmen notwendig sind.

3.2.3 Demografie-Fitness: Handlungsfelder im Demografiemanagement

Bevor auf Basis der Altersstruktur- und Kulturanalyse notwendige Handlungsfelder für ein demografieorientiertes Personalmanagement abgeleitet werden, ist noch zu erfassen, ob bereits entsprechende Personalinstrumente im Unternehmen vorhanden sind. Hierfür kann der Fragebogen „Demografie-Fitness" genutzt werden, der an dem Lörracher Modell zum demografieorientierten Personalmanagement ausgerichtet ist (siehe Anlage 2). Der Fragebogen erfasst systematisch und detailliert die wesentlichen Handlungsfelder eines solchen Personalkonzepts. Er dient dazu, zu erkennen, wie weit ein Unternehmen bereits „Demografie-Fit" ist, bzw. in welchen personalpolitischen Feldern noch ungenutzte Potenziale liegen. Der Fragebogen stellt ein Analyse-Werkzeug dar, das im Sinne eines Self-Assessments durch das Unternehmen auszufüllen ist. Zu empfehlen ist, dass mehrere Personen entweder gemeinsam im Rahmen einer offenen Diskussion oder unabhängig voneinander den Bogen beantworten. Sinnvoll ist dabei, dass hier Führungskräfte und

Mitarbeiter aus dem Personalmanagement und aus den Fachabteilungen sowie Vertreter des betrieblichen Sozialpartners, d. h. des Betriebs- bzw. Personalrats, mitwirken. Damit lässt sich sicherstellen, dass alle relevanten Stakeholder-Perspektiven bei der Bewertung des vorhandenen demografischen Instrumentariums berücksichtigt werden. Oftmals werden eingeführte Vorgehensweisen von Mitgliedern der Personalabteilung im Gegensatz zu Vertretern der Fachabteilungen ganz unterschiedlich bewertet. Bei Bedarf können für die Einschätzungen des HR-Bereichs und der Fachabteilungen auch zwei getrennte Ergebniskurven erstellt werden. Die Checkliste Demografie-Fitness wird wie folgt ausgewertet:

(a) Die Punktwerte der Fragen zu einem Fragenblock, z.B. „5.6 Personalentwicklung" werden addiert und durch die Anzahl der Fragen dividiert. Der ermittelte Durchschnittswert gibt dann einen zusammengefassten Anhalt bzgl. der aktuellen Qualität in diesem Themenfeld; wobei gilt, je näher der Wert an 5 liegt, desto besser wird dieser Bereich aktuell bereits durch das Unternehmen bearbeitet. Werte bei 1 deuten auf eine erheblich optimierungsbedürftige Umsetzung hin. Empfehlenswert ist es, die Ergebnisse anhand einer Ampelsymbolik zu verdeutlichen:

Werte von 1 bis 2,4: rot = sehr optimierungsbedürftig ausgeprägt (Schwäche)
Werte von 2,5 bis 3,4: schwarz = ordentlich ausgeprägt (Optimierungspotenzial)
Werte von 3,5 bis 5: grün = sehr gut ausgeprägt (Stärke)

(b) Alle so ermittelten Durchschnittswerte können dann in Form eines Radar-Diagramms dargestellt werden (siehe auch Zölch 2009, S. 161). Dies bietet einen guten Überblick zum aktuellen Stand bereits vorhandener Demografieinstrumente.

Die folgende Abb. 3.5 zeigt eine solche Radar-Diagramm-Auswertung, in der die Daten von elf Unternehmen, die sich im Rahmen von unternehmensspezifischen Kampagnen zur Einführung eines demografieorientierten Personalmanagements mit dem Instrument „Demografie-Fitness" analysiert haben. Dabei ist ersichtlich, dass generell noch deutliche Optimierungspotenziale in den Unternehmen zu konstatieren sind. Selbst Basis-Maßnahmen wie Altersstrukturanalysen werden noch unzureichend umgesetzt. Eine Demografie-Strategie oder ein Demografiecontrolling sind ebenfalls kaum vorhanden.

Der Fragebogen „Demografie-Fitness" kann problemlos von Unternehmen eingesetzt werden und entsprechend den Auswertungshinweisen analysiert werden. Andere frei zugängliche Selbstbewertungsinstrumente zum Demografiemanagement sind z.B. der webbasierte AGE-CERT der Marie-Luise und Ernst Becker Stiftung (http://www.agecert.de/), der Kurz-Check zum Demografischen Wandel im Betrieb von INQA (Initiative Neue Qualität der Arbeit) (http://www.inqa-demographie-check.de/selbsttest.php) oder der INQA-Check „Personalführung" (http://www.inqa-check-personalfuehrung.de/check-personal/daten/mittelstand/index.htm). Ergänzt werden können einzelne Bereiche in der Demografie-Fitness-Erhebung auch durch weiterführende, fokussierende

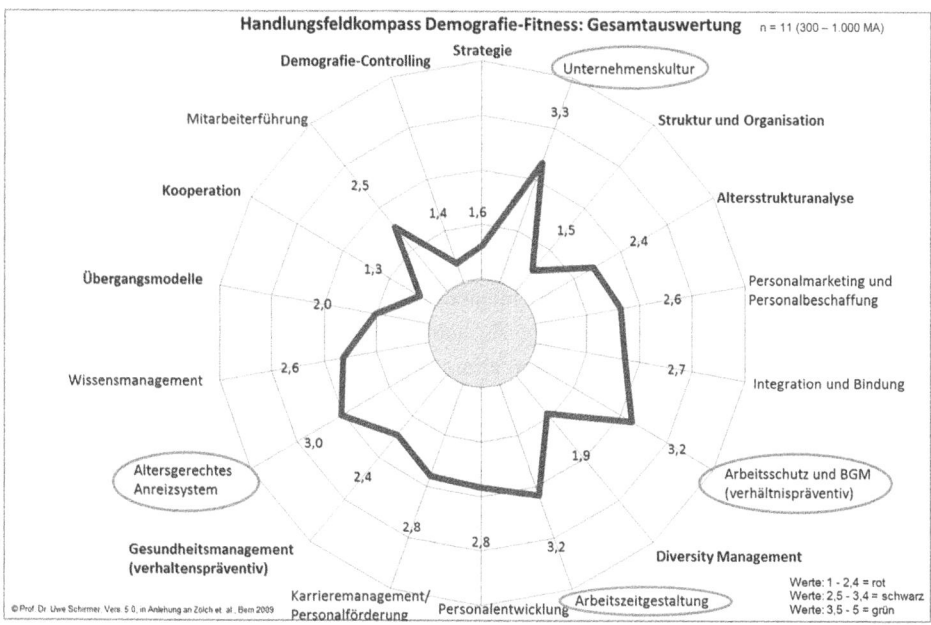

Abb. 3.5 Benchmarkauswertung Demografie-Fitness (Quelle: eigene Darstellung Schirmer, U.)

Analyseverfahren, wie z. B. einer Erhebung des auf Ilmarinen et al. zurückgehenden Work-Ability-Index (Arbeitsbewältigungsindex) (vgl. Tempel und Ilmarinen 2013, S. 95 ff. und 193 ff.) oder einer Gefährdungsanalyse inkl. der gesetzlich vorgegebenen Erfassung psychischer Gefährdungen gemäß § 5 ArbSchG. Auch eine Mitarbeiterbefragung zur Zufriedenheit, zum Engagement und zum Commitment können weiterführende Hinweise zur aktuellen Gesamtsituation im Kontext demografischer Herausforderungen liefern.

3.3 Strategie-Workshop und Projektmanagement

Aufbauend auf den Ergebnissen der Analysephase sind im Rahmen eines gemeinsamen Strategie-Workshops, der zugleich die Kick-off-Veranstaltung für das Projekt „Demografieorientiertes Personalmanagement" darstellt, mit allen relevanten Interessensgruppen in der Organisation die demografiebezogenen Handlungsfelder zu bestimmen, in denen das Unternehmen tätig werden muss. Für das weitere Vorgehen ist es empfehlenswert, die notwendigen Aktivitäten durch ein Projektmanagement zu unterstützen (Patzak und Rattay 2014). Das sichert die erfolgreiche Erarbeitung und Implementierung der notwendigen Maßnahmen, damit diese nachhaltig in die Regelorganisation überführt werden können.

3.3.1 Strategie-Workshop

Für den impulsgebenden Strategie-Workshop sind diejenigen Mitarbeiter aus den verschiedenen Belegschaftsgruppen durch die Geschäftsführung einzuladen, deren Fachkompetenz notwendig ist und die idealerweise über eine positive Eigenmotivation zu dem Thema Demografie verfügen. Zu achten ist darauf, dass einschließlich dem betrieblichen Sozialpartner alle Mitarbeitergruppen vertreten sind. Die Einführung eines ganzheitlichen Demografiemanagements stellt für die Organisation einen systemischen Veränderungsprozess dar, der nur gemeinsam, unter Beachtung aller Perspektiven und Interessen gelingen kann (Schenck et al. 2013, S. 147 ff.). Zudem sind positive Promotoren und engagierte Prozesstreiber für den weiteren Projektverlauf wesentliche Erfolgsfaktoren. Die versammelten Mitarbeiter bilden für das weitere Projekt damit das Kernteam, das bedarfsbezogen erweitert werden kann. Die Geschäftsführung übernimmt die Funktion des Lenkungsausschusses und verdeutlicht damit, wie bedeutsam das Projekt für die künftige Wettbewerbsfähigkeit des Unternehmens ist.

Der Strategie-Workshop lässt sich z. B. anhand des in Abb. 3.6 dargestellten Ablaufs durchführen. Grundsätzliches Ziel ist es, dass am Ende die relevanten Handlungsfelder bestimmt sind. Zudem sollen alle Projektmitglieder über einen einheitlichen Kenntnisstand zu dem Thema demografieorientiertes Personalmanagement und zu den geplanten Maßnahmen verfügen.

Die Moderation des Workshops kann entweder durch einen externen Trainer oder durch einschlägig qualifizierte Mitarbeiter, z. B. aus der Personalabteilung, erfolgen. Beginnend mit einer Begrüßung und einer gegebenenfalls notwendigen Kennen-lernrunde werden die Ziele und der Ablauf des Workshops transparent vorgestellt. Um für alle Teilnehmer eine Verständnisgrundlage zu schaffen, ist ein Impuls zum demografieorientierten Personalmanagement hilfreich. Nachfolgend werden dann im Plenum die bereits heute existierenden und zeitnah zur Einführung geplanten Instrumente eines Demografiemanagements durch den Personalverantwortlichen vorgestellt und in einem Maßnahmen-Portfolio dokumentiert. Dies kann in Abhängig-keit des bestehenden Reifegrades der Organisation zum Demografiemanagement von einzelnen Aktivitäten bis zu einem umfassenden Instrumentenkasten reichen. Mit der anschließenden Diskussion der Ergebnisse der Altersstrukturanalyse unter Berücksichtigung der strategischen Unternehmensausrichtung wird das Maßnahmen-Portfolio um notwendig einzuführende Maßnahmen bzw. Handlungsfelder weiter ergänzt. Dem gleichen Zweck dient auch die gemeinsame Diskussion der Ergebnisse des Self-Assessments „Demografie-Fitness" und der Age-Kultur-Analyse ENI. Die Bestimmung möglicher Handlungsfelder im Demografiemanagement kann noch durch

Thema	Inhalt	Methode	Zeit
1 Begrüßung und Kennenlernen	1.1 Begrüßung und Thema 1.2 Vorstellung Teilnehmer	1.1 Gespräch 1.2 Gespräch	20 min
2 Zielsetzung und Ablauf des Workshops	2.1 Transparenz zum Vorgehen und zu den Zielen	2.1 Gespräch	20 min
3 Impulsvortrag: „Demografieorientiertes Personalmanagement"	3.1 Grundlagen zur Demografie, zum Alter und zum demografieorientierten Personalmanagement	3.1 Impulsvortrag Powerpoint	30 min
4 Aktuelle Demografiemaßnahmen im Unternehmen	4.1 Demografieorientierte Personalinstrumente (aktuell und geplant) 4.2 Einstieg: Maßnahmen-Portfolio	4.1 Vortrag durch Personalleiter 4.2 Fixierung auf Pinnwänden „Maßnahmen-Portfolio"	30 min
5 Aktuelle Demografie-Situation im Unternehmen	5.1 Ergebnisse der Altersstrukturanalyse und Ableitung der Handlungsbedarfe 5.2 Ergebnisse „Demografie-Fitness" und „ENI-Age-Kultur-Analyse" und Ableitung von Demografie-Instrumenten 5.3 Ableitung weiterer Instrumente für das Maßnahmen-Portfolio 5.4 Zusammenführung und Bereinigung der Ergebnisse	5.1 Diskussionsergebnisse auf Pinnwänden „Maßnahmen-Portfolio" fixieren 5.2 Vorstellen der Auswertung der Analysefragebögen und Fixierung der diskutierten Instrumente im „Maßnahmen-Portfolio" 5.3 Karten-/ bzw. Zurufabfrage: „Was sind noch nötige Handlungsinstrumente im Demografiemanagement?" und Fixierung auf Pinnwänden „Maßnahmen-Portfolio" 5.4 Clusterbildung mit Unterthemen an Pinnwänden	140 min
6 Priorisierung Maßnahmen-Portfolio und grobe Zeitplanung	6.1 Priorisierung mit Punktabfrage 6.2 Erstellung Zeittafel, d.h. Einordnen der Handlungsfelder in eine Fünf-Jahres-Planung	6.1 Punktebewertung durch Teilnehmer und Erstellen der Rangfolge 6.2 Gemeinsames Erstellen auf Pinnwand: X-Achse 2016 – 2020 (5 Jahre); Y-Achse Handlungsfelder	60 min
7 Weiteres Vorgehen und offene Fragen	7.1 Maßnahmenplan inkl. Verantwortlichkeiten 7.2 Themenspeicher zu klärender Punkte	7.1 Moderation 7.2 Moderation	40 min
8 Verabschiedung	8.1 Zusammenfassung 8.2 Abschlussmotivation für das Projekt	8.1 Vortrag 8.2 Gespräch	30 min

Abb. 3.6 Beispielhafter Aufbau Strategie-Workshop (Quelle: eigene Darstellung Schirmer, U.)

eine Karten- bzw. Zurufabfrage finalisiert werden, um bei den Teilnehmern im Verlauf der vorangegangenen Diskussionen erkannte Maßnahmenbedarfe zu sichern. Die bisher diskutierten möglichen Vorgehensweisen für das betriebliche

Abb. 3.7 Beispiel Gantt-Diagramm zum strategischen Arbeitsplan (Quelle: eigene Darstellung Schirmer, U.)

Demografiemanagement sind am Ende dieser Arbeitsphase zu Themen-Clustern zusammenzuführen und gesamthaft in Bezug auf Überschneidungen, Doppelungen usw. zu bereinigen, so dass ein klares Bild über unterscheidbare mögliche personalpolitische Vorgehensweisen entsteht.

Die definierten Handlungsfelder mit ihren zugeordneten Detailmaßnahmen sind zu priorisieren, um die Grundlage für einen realistischen Arbeitsplan zu konzipieren. Nicht alles was sinnvoll ist, kann auf einmal angegangen werden. Um sicherzustellen, dass die Ergebnisse des Strategie-Workshops umgesetzt werden können und die Organisation bzgl. ihrer finanziellen und personellen Ressourcen nicht überlastet wird, ist eine zeitliche Priorisierung der zu erarbeitenden Maßnahmenbereiche vorzunehmen. Dies lässt sich übersichtlich in einem Gantt-Diagramm mit z. B. fünfjähriger Planungsperspektive darstellen (siehe. Abb. 3.7).

Für die Sicherung des Transfers der erarbeiteten Workshop-Ergebnisse in den unternehmerischen Alltag sind am Ende die nächsten Schritte und die dafür verantwortlichen Personen festzulegen. Die Bedeutung des Projektes wird erheblich dadurch verdeutlicht, wenn ein Mitglied des Lenkungsausschusses, d. h. der Geschäftsführung, an dem Strategietag teilnimmt ist. Dies hilft auch, eventuell auftretende Widerstände in der Organisation zu überwinden.

Mit dem Ende der Strategiesitzung ist der grundsätzliche Projektauftrag für die weiteren Arbeitsphasen und die daraus resultierenden Teilprojekte festgelegt.

Projekttitel	Demografieorientiertes Personalmanagement	Stand: 26.04.2016
Teilprojekt	Wissensmanagement	
Inhalt/Ziel (grob skizziert auf Grundlage der Ergebnisse des Strategie-Workshops)	In den kommenden Jahren wird eine große Anzahl an Mitarbeitern altersbedingt ausscheiden. Deshalb muss erarbeitet werden, wie das Fach- und Erfahrungswissen von ausscheidenden Mitarbeitern erhalten werden kann. Dabei geht es sowohl um Transfer von explizitem Wissen, z.B. Fachwissen, als auch von individuellem, implizitem Wissen, das vor allem aus bereits getätigten Erfahrungen resultiert. Die Übertragung dieses Wissens kann nicht durch Weisungen oder einfache Explizierung angeordnet werden. Folgende Maßnahme wurden beispielhaft im Strategie-Workshop benannt: • Altersgemischte Lerntandems (Jüngere profitieren von der Erfahrung der Älteren; der Ausscheidende als „Senior-Consultant") • Erstellung eines Erfahrungstagebuches mit dazugehöriger Zeitgewährung ab dem sechsten Monat vor Übergang in den Ruhestand Weitere mögliche Maßnahmen: • Einführung von Coaching/ Mentoring • Einrichtung und Pflege eines Erfahrungs-Wikipedia • Einführung Job-Rotation auf freiwilliger Basis	
Leiter	Fr. Krämer	
Zeitplan	Festlegung der Maßnahmen in der Teilprojektgruppe: 06. Mai 2016 – 31. Juli 2016 Ausarbeitung der Maßnahmen: ab September 2016, nach der internen Informationskampagne zum demografieorientierten Personalmanagement bis 28.02.2017. Implementierung der Maßnahmen 01.03.2017 bis 30.06.2017	
Vorgehensweise/ Aufgaben	• Gründung einer Arbeitsgruppe aus Mitarbeitern aller Abteilungen sowie einem Mitglied der Projektgruppe Demografie (sofern nicht die Teilprojektleitung Mitglied der Projektgruppe Demografie ist) bis zum 02.05.2016. • Es bietet sich an, eine möglichst gemischte Arbeitsgruppe zu bilden mit Mitgliedern aus unterschiedlichen Altersstufen, Hierarchie-Ebenen und Bereichen. • Sofern von der Teilprojektgruppe inhaltlicher Input zu einem Thema benötigt wird, kann punktuell sachkundiges Personal hinzugezogen werden.	
Rahmen-bedingungen	• Allgemeine Maßnahmen zur Personalentwicklung und Weiterbildung sind nicht Gegenstand des Teilprojektes. • Dem Teilprojekt wird ein Budget in Höhe von 3.000 Euro zur Verfügung gestellt. Weitere Mittel sind gesondert zu beantragen.	

Abb. 3.8 Beispiel Teilprojektbeschreibung (Quelle: eigene Darstellung Schirmer, U.)

3.3.2 Teilprojektplanung, -erarbeitung und -controlling

Nach der priorisierten Festlegung der Handlungsfelder sind die zuerst zu bearbeitenden Teilprojekte konkret durch das Kernteam zu planen und ggf. unter Hinzuziehung weiterer Mitarbeiter umzusetzen. Hierzu ist jeweils eine Projektbeschreibung zu formulieren, welche die wesentliche Inhalte und Rahmenbedingungen klärt (siehe Abb. 3.8). Dieser „Steckbrief" gibt der Teilprojektgruppe die notwendigen Informationen für die weitere Bearbeitung, u. a. können hier folgende Sachverhalte definiert werden: Projektziele, mögliche Maßnahmen, Start- und Endtermin mit wesentlichen Zwischenterminen, verfügbare Budgets, Informationen zu weiteren personalen Ressourcen, Festlegungen zu nicht zu bearbeitenden Inhalten oder Reporting-Termine ggü. dem Lenkungsausschuss.

Auf der Basis der Projektbeschreibung kann das eingesetzte Teilprojektteam detailliert planen, was wann zu tun ist (Patzak und Rattay 2014, S. 217 ff.). Auch hier empfiehlt es sich, in einem ersten Schritt nochmals die Grundlagen in einer gemeinsamen Teamsitzung zu besprechen, damit alle in der Arbeitsgruppe versammelten Mitarbeiter den gleichen Kenntnisstand haben. Bei dieser Gelegenheit können eventuell nochmals die Inhalte der Projektbeschreibung konkretisiert werden. Anschließend ist ein Projektstrukturplan zu entwickeln, der alle notwendig zu erbringenden Arbeitspakete auflistet. Hierfür hat sich eine hierarchische Konstruktionslogik bewährt, die, ausgehend von dem zu erarbeitenden Handlungsfeld, in Teilprojekte, Hauptarbeitspakete und Arbeitspakete unterteilt werden kann. In den Arbeitspaketen werden die Informationen zum Arbeitsaufwand, zu den anfallenden Kosten und bzgl. der verantwortlichen Mitarbeiter festgelegt. Nachdem im Detail geklärt ist, was zu tun ist, kann die Terminplanung erfolgen, die bestimmt, wann die Arbeitspakete anzugehen sind. Dies kann gegebenenfalls sehr detailliert mit der Netzplantechnik unter Bestimmung frühester und spätester Beginntermine sowie der Definition des kritischen Pfades in der Bearbeitung der Arbeitspakete durchgeführt werden. Oftmals reicht aber auch hier eine Terminplanung mit Hilfe eines konkretisierten Gantt-Diagramms, in das wesentliche Meilensteine eingetragen werden können.

Nach der Projektplanung ist die konkrete Umsetzung zu steuern. Die verantwortlichen Mitarbeiter müssen die Arbeitspakete entsprechend der definierten Terminplanung erstellen. Regelmäßige Statussitzungen, z. B. einmal je Monat, in denen die verschiedenen Projektteammitglieder über den Stand ihrer Arbeitspakete berichten, helfen dem Teilprojektleiter den Arbeitsfortschritt zu kontrollieren und gegebenenfalls Unterstützungsmaßnahmen einzuleiten. Für die Statussitzungen kann mit Hilfe des in Abb. 3.9 dargestellten Statusberichts der aktuelle Bearbeitungsstand pragmatisch erfasst und dokumentiert werden. Damit wird auf einen Blick sichtbar, inwieweit die Projektvorgaben in Bezug auf Termin, Kosten und Arbeitstag-Aufwand eingehalten werden bzw. schon überschritten wurden und welche Steuerungsmaßnahmen ggf. ergriffen werden müssen.

Als grundsätzliche Organisationsform für die Durchführung der Teilprojekte empfiehlt sich die Matrix-Projekt-Organisation. Diese hat den Vorteil, dass einerseits die primäre Organisation des Unternehmens vergleichsweise wenig beeinträchtigt wird, auf der anderen Seite die jeweiligen Projektteams aber über ausreichend „Manpower" verfügen, um die gesetzten Ziele in der vorgegebenen Zeit erreichen zu können. Problematisch könnte sich hierbei die Doppelbelastung der abgeordneten Projektmitarbeiter auswirken,

Paket	Verantwortlich	Termin	Status	Kosten	Status	Arbeits-tage	Status
1210 Wissensziele	Müller	09.09.	95 %	0 €	0 €	3	4
1220 Software WM	Meinhardt	10.10.	60 %	800 €	1.500 €	2	1
1230 Probelauf	Krüger	10.11.	5 %	200 €	100 €	4	3
1240 Wissen sozialisieren	Huber	18.12.	0 %	500 €	0 €	14	1

Abb. 3.9 Statusbericht (Quelle: eigene Darstellung Schirmer, U.)

die neben ihren Linienaufgaben nun auch noch die Arbeitspakete bewältigen müssen. Um die damit verbundenen Interessenkonflikte zwischen Projekt und Linie ausgleichen zu können, sind für die Projektleiterfunktionen neben persönlicher Führungsstärke, klarer Strukturierung auch ausgeprägte integrative Fähigkeiten erforderlich.

3.4 Innerbetriebliche Kommunikation

Damit die Einführung eines Demografiemanagements im Unternehmen positiv aufgenommen und unterstützt wird, ist eine Sensibilisierung für das Thema bei den Mitarbeitern zu erreichen (Deller et al. 2008, S.15 ff. und 225 ff. sowie Schuett 2014). In Zeiten eines intensiven Wettbewerbs sowie einer damit einhergehenden Arbeitsverdichtung, kann bei den Arbeitnehmern nicht selbstverständlich eine Bereitschaft unterstellt werden, jederzeit neuen Konzepten gegenüber offen zu sein. Gerade wenn damit noch Veränderungen im persönlichen Arbeitsbereich verbunden sind, kann es sehr schnell zu Widerständen in der Organisation kommen.

Diesen Hemmnissen bei der Implementierung ist durch eine vorausschauende und begleitende Kommunikationskampagne zum demografieorientierten Personalmanagement zu begegnen. Das Vorgehen dafür sollte systematisch organisiert und mittels eines Kommunikationsplans gesteuert werden (vgl. Abb. 3.10).

Bereits zu dem Zeitpunkt, zu dem die Geschäftsführung sich dafür entscheidet, die Herausforderungen des demografischen Wandels auf betrieblicher Ebene anzugehen, sind die Führungskräfte und der betriebliche Sozialpartner über die Projektidee im Rahmen z. B. der Bereichsleitersitzungen oder der monatlichen Arbeitgeber- und Betriebsratssitzungen zu informieren. Mit der Beauftragung eines vorläufigen Projektteams und dem Beginn der vorbereitenden Analysen ist mit einer breit angelegten Informationskampagne zu starten. Ziel ist es, die Belegschaft grundsätzlich auf einer inhaltlichen Ebene mit Zahlen und Daten zu dem demografischen Wandel in der Gesellschaft sowie den damit verbundenen grundsätzlichen Auswirkungen im Unternehmen zu versorgen. Dadurch

		Start- und Vorlaufphase	Analysephase	Strategie- und Teilprojekt-planungsphase	Teilprojekt-entwicklungs-phase	Implementierungs- und Nachhaltig-keitsphase
Zielgruppe	Mitarbeiter		X	X	X	X
	Führungskräfte	X	X	X	X	X
	Betriebsrat	X	X	X	X	X
Inhalt	Allgemeine Informationen Demografie		X			
	Demografie und unser Unternehmen		X			
	Auswirkungen für den Arbeitsbereich			X	X	X
	Projektidee und -inhalte	X	X	X	X	X
	Projektergebnisse/ "Quick Wins"				X	X
	Persönliche Konsequenzen			X		X
Medium	Intranet			X	X	X
	Betriebsversammlung		X			
	BR-Sitzung	X				X
	Bereichs-, Abteilungs- und Teamkonferenzen	X	X	X	X	X

Abb. 3.10 Beispielhafter Kommunikationsplan (Quelle: eigene Darstellung Schirmer, U.)

wird das Thema auf einer sachlogischen Ebene in die betriebliche Diskussion eingebracht. Geeignete Medienplattformen sind hierfür Betriebsversammlungen oder ein „Talk im Foyer" sowie die Bereichs-, Abteilungs- und Teambesprechungen. Während der Projektplanungsphase ist nun dafür zu sorgen, dass die Belegschaft für die Auswirkungen des demografischen Wandels auf den eigenen Arbeitsbereich und die persönliche Arbeitssituation sensibilisiert wird. Ausgehend von der Geschäftsführung kann kaskaden-förmig, z. B. über die Bereichs- und Abteilungsleiter, die demografische Situation in den jeweiligen Bereichen mit den unterstellten Führungskräften und Mitarbeitern besprochen werden. Dabei sollte mit den Mitarbeitern zusammen über die resultierenden Konse-quenzen sowohl für das Unternehmen und dessen Wettbewerbsfähigkeit als auch für den eigenen Arbeitsbereich diskutiert werden. Ein Bewusstsein für die Folgen des demografischen Wandels kann dabei in den Organisationseinheiten dadurch erreicht werden, dass nachteilige Auswirkungen wie Schwierigkeiten bei der Wiederbesetzung von Arbeitsplätzen, vermehrter Abfluss von Erfahrungswissen, infolge dessen Übernahme von weiteren Aufgaben usw. diskutiert werden. Durch die Darstellung persönlicher Konsequenzen, bis hin zum Wegfall von Arbeitsplätzen, wenn Aufträge nicht mehr abgearbeitet werden können, kann eine positive und nachhaltige Einstellung gegenüber dem Changeprozess Demografiemanagement erreicht werden. Gerade die ab-teilungsbezogen aufbereiteten Ergebnisse der Altersstrukturanalyse haben sensibili-sierenden Charakter. Spätestens für die Teilprojektphase, in der die verschiedenen

Handlungsfelder ausgearbeitet werden, müssen die Mitarbeiter und Führungskräfte im Unternehmen durch die begleitende Kommunikationskampagne so informiert und sensibilisiert sein, dass sie das Projekt zur Einführung eines demografieorientierten Personalmanagements engagiert unterstützen. Auch während der eigentlichen Implementierung der Personalinstrumente ist eine fortlaufende Kommunikation zu den Fortschritten des Projektes aufrecht zu erhalten und insbesondere über erreichte Erfolge zu berichten. Dadurch wird es möglich, dass dieser Ansatz nachhaltig von der Belegschaft getragen und unterstützt wird.

Eine ergänzende Vorgehensweise zu den Maßnahmen aus der Kommunikationskampagne ist der Einsatz von innerbetrieblichen Demografielotsen im Sinne von Projektpromotoren. Dabei handelt es sich um Mitarbeiter, die bereits sehr frühzeitig im Rahmen der Auseinandersetzung des Unternehmens mit den Konsequenzen des demografischen Wandels angesprochen werden und die über eine positive Einstellung zu dem Thema sowie eine Akzeptanz in der Belegschaft verfügen. Die Demografielotsen können auch aus der für die Analysephase eingesetzten Arbeitsgruppe rekrutiert werden. Ihre Aufgabe ist es, in die verschiedenen Abteilungen des Unternehmens zu gehen und in persönlichen Gesprächen über das Themenfeld Demografie und die Herausforderungen für das Unternehmen aufzuklären, um dadurch eine Unterstützung für die Einführung des Demografiekonzeptes zu erzeugen. Dabei ist hier kein einmaliger, punktueller Einsatz, sondern eine dauerhafte Einrichtung dieser Funktion vorzusehen.

Literatur

Deller, J., Kern, S., Hausmann, E., & Diederichs, Y. (2008). *Personalmanagement im demografischen Wandel*. Heidelberg: Springer.

Köchling, A. (2013). Altersstrukturanalyse. Um was geht es?, http://www.demowerkzeuge.de/werkzeuge-im-uberblick/demografieorientierte-analyse-und-planung/Altersstrukturanalyse/. Zugegriffen am 25.01.2015.

Kreutle, U. (2014). Ablauf einer Altersstrukturanalyse. In D. Preißing (Hrsg.), *Erfolgreiches Personalmanagement im demografischen Wandel* (2. Aufl., S. 67–82). München: Oldenbourg.

Krings, F., & Kluge, A. (2008). Altersvorurteile. In L.-E. Petersen & B. Six (Hrsg.), *Stereotype, Vorurteile und soziale Diskriminierung – Theorien, Befunde und Interventionen* (S. 131–139). Weinheim, Basel: BeltzPVU.

Patzak, G., & Rattay, G. (2014). *Projektmanagement: Leitfaden zum Management von Projekten, Projektportfolios und projektorientierten Unternehmen*. (6. aktualisierte Auflage). Wien: Linde.

Sackmann, S. (2004). *Erfolgsfaktor Unternehmenskultur*. Wiesbaden: Gabler.

Schein, E. H. (1984). Coming to a new awareness of organizational culture. *Sloan Management Review, 2*, 3–16.

Schenck, K., Brückner, J., & Bossmann, U. (2013). Betriebliche Demografieprojekte. Was zum Gelingen notwendig ist. In J. Schweitzer & U. Bossmann, U. (Hrsg.), Systemisches *Demografiemanagement. Wie kommt Neues zum Älterwerden ins Unternehmen?* (S. 147–171). Wiesbaden: Springer VS.

Schirmer, U. (2013). Demografieorientiertes Personalmanagement. In Wirtschaftsregion Südwest – unterstützt durch das Ministerium für Finanzen und Wirtschaft Baden-Württemberg aus Mitteln des europäischen Sozialfonds (Hrsg.), Demografie aktiv gestalten. Ein Praxis-Leitfaden für kleine und mittelständische Unternehmen (S. 63–119). http://www.wsw.eu/files/162:Ar beitsbuch_Demografie_aktiv_gestalten.pdf. Zugegriffen am 25.01.2015.

Schirmer, U., & Woydt, S. (2012). *Mitarbeiterführung* (2. Aufl.). Berlin: Springer Gabler.

Schlegel, D. (2012). Zum Altersbild als Fremdbild der Leipziger Studierenden der Zahnmedizin im Zeitraum von 2004 bis 2008. Dissertation an der Medizinischen Fakultät der Universität Leipzig. http://www.qucosa.de/fileadmin/data/qucosa/documents/8583/Promotion_Daphne%20Schlegel. pdf. Zugegriffen am 19.12.2014.

Scholz, C. (2014). *Personalmanagement: Informationsorientierte und verhaltenstheoretische Grundlagen,* 6. neubearbeitete und erweiterte Auflage. München: Vahlen.

Schuett, S. (2014). *Demografiemanagement in der Praxis. Mit der Psychologie des Alterns wettbewerbsfähig bleiben.* Berlin, Heidelberg: Springer.

Tempel, J., & Ilmarinen, J. (2013). *Arbeitsleben 2025. Das Haus der Arbeitsfähigkeit im Unternehmen bauen.* Hamburg: VSA.

Zeiger-Heizmann, S. (2012). Fachkräftestrategie 50plus. Ein praktischer Leitfaden für kleine und mittelständische Unternehmen. Konstanz: Handwerkskammer Konstanz. http://www.hwk-kons tanz.de/artikel/willkommen-im-handwerk-64,401,325.html. Zugegriffen am 10.02.2015.

Zölch, M. (2009). Age-R-Profiler – der Fragebogen zur dokumenten- und kennzahlenbasierten Selbstanalyse. In M. Zölch, A. Mücke, A. Graf, & A. Schilling (Hrsg.), *Fit für den demografischen Wandel. Ergebnisse, Instrumente, Ansätze guter Praxis* (S. 152–167). Bern, Stuttgart, Wien: Haupt.

Prof. Dr. Uwe Schirmer, geb. 1966, studierte Betriebswirtschaftslehre an der Universität Erlangen-Nürnberg und promovierte anschließend während seiner Tätigkeit als Leitender wissenschaftlicher Assistent am Fachgebiet Unternehmensführung/Personalmanagement der Technischen Universität Ilmenau. Nach verantwortlichen Funktionen im Personalmanagement der Deutschen Bahn AG und der Ravensburger AG ist er seit 2003 Professor für Personalmanagement und Mitarbeiterführung an der Dualen Hochschule Baden-Württemberg Lörrach und zudem Studiengangsleiter BWL-Personal management (Bachelor), MBM Personal und Organisation (Master) sowie Studiendekan „Personal und Organisation" am Center for Advanced Studies der DHBW in Heilbronn. Prof. Schirmer ist Trainer und Berater, Autor mehrerer Bücher und Fachartikel zum Personalmanagement und zur Mitarbeiterführung. Seine Beratungsfelder sind Personalentwicklung/Talentmanagement, Mitarbeiterbindung, Mitarbeiterführung/Leadership, demografieorientiertes Personalmanagement, Eignungsdiagnostik und Potenzialanalyse. Er ist zudem Mitglied des Vorstandes Demografie Exzellenz e.V.

Gestaltungshinweise zu ausgewählten Handlungsfeldern

Rudolf Kast, Michael Lindemann, Stephan Teuber, Kerstin Lübbe, Gerhard Wiesler, Yara Schiller, Uwe Schirmer, Gudrun Ahlers, Thomas Holm, Eva Voß, Isabell Galvagni, und Margaret Heckel

Autoren dieses Kapitels sind wie folgt

R. Kast (✉)
Die Personalmanufaktur, Johanniterstr. 13, 79104 Freiburg, Baden-Württemberg, Deutschland
E-Mail: kast@diepersonalmanufaktur.de

M. Lindemann
Duale Hochschule Baden-Württemberg Lörrach, Hangstr. 46-50, 79539, Lörrach, Baden-Württemberg, Deutschland
E-Mail: lindemann@dhbw-loerrach.de

S. Teuber • K. Lübbe
Loquenz Unternehmensberatung GmbH, Max-Eyth-Str. 13, 70771 Leinfelden-Echterdingen, Baden-Württemberg, Deutschland
E-Mail: stephan.teuber@loquenz.de; kerstin.luebbe@loquenz.de

© Springer Fachmedien Wiesbaden 2016
U. Schirmer (Hrsg.), *Demografie Exzellenz*, DOI 10.1007/978-3-658-11910-2_4

Zusammenfassung

Demografieorientiertes Personalmanagement greift in weiten Teilen auf bekannte personalpolitische Instrumentarien zurück. Die Herausforderung bei der inhaltlichen Ausgestaltung besteht in der problembezogenen, intelligenten Ausrichtung auf die betrieblichen demografischen Gegebenheiten. So sind z. B. Langzeitkonten mit ihren Wertguthaben keine spezifische Innovation für eine derartige HR-Politik. Dass dieses Instrument nicht nur ruhestandsnah für einen vorgezogenen Übergang in die Rentenphase genutzt werden kann, sondern berufsbegleitend die Vereinbarkeit von Beruf- und Privatleben unterstützt, in dem z. B. Freiphasen für langfristige Weiterbildungen, zusätzliche Zeiten für die Pflege von Angehörigen oder regenerative Auszeiten im höheren Erwerbsalter finanziert werden, ist eine deutlich weiterführende Umsetzung mit direktem Bezug zur demografischen Problemstellung. Viele personalpolitische Handlungsfelder lassen sich in diesem Verständnis „Demografie-positiv" ausgestalten. Basierend auf der in Kap. 2 dargestellten ganzheitlichen Konzeption eines demografieorientierten Personalmanagements ist darauf zu achten, dass einzelne

G. Wiesler
Kienbaum Communications GmbH & Co. KG, Rehlingstr. 8, 79100, Freiburg, Baden-Württemberg, Deutschland
E-Mail: gerhard.wiesler@kienbaum.de

Y. Schiller
Kienbaum Communications GmbH & Co. KG, Ahlefelder Str. 47, 51645 Gummersbach, NRW, Deutschland
E-Mail: yara.schiller@kienbaum.de

U. Schirmer
Duale Hochschule Baden-Württemberg Lörrach, Hangstr. 46-50, 79539 Lörrach, Baden-Württemberg, Deutschland
E-Mail: schirmer@dhbw-loerrach.de

G. Ahlers • T. Holm
Gesundheitsmanagement H4.10a, Techniker Krankenkasse, Bramfelder Str. 140, 22305 Hamburg, Hamburg, Deutschland
E-Mail: gudrun.ahlers@tk.de; thomas.holm@tk.de

E. Voß
Talent Team, Ernst & Young GmbH Wirtschaftsprüfungsgesellschaft, Mergenthalerallee 4-5, 65761 Eschborn, Hessen, Deutschland
E-Mail: eva.voss@de.ey.com

I. Galvagni
Talent Team, Ernst & Young GmbH Wirtschaftsprüfungsgesellschaft, Mergenthalerallee 3-5, 65760 Eschborn, Hessen, Deutschland
E-Mail: isabell.galvagni@de.ey.com

M. Heckel
Böcklinstr. 2, 14467 Potsdam, Brandenburg, Deutschland
E-Mail: heckel@margaretheckel.de

Interventionsmaßnahmen der Komplexität der anstehenden Herausforderungen nicht gerecht werden. Alle Handlungsfelder, von der strategischen Einbindung des Themas bis zum Controlling der eingeleiteten Maßnahmen, sind unternehmensspezifisch und aufeinanderbezogen auszugestalten.

4.1 Strategische Einbindung des Demografiemanagements

4.1.1 Einleitung

Strategieentwicklung geschieht auf oberster Unternehmensebene und in dezentral organisierten Unternehmen in Absprache und direkter Beteiligung mit den nachgeordneten Bereichen. Eine zukunftsweisende Unternehmensstrategie ergibt sich folglich durch das Zusammenführen der einzelnen Bereichsstrategien mit den Zielen des Gesamtunternehmens. Der Personalbereich sollte diese Strategieorientierung mit den vorliegenden Daten des Arbeitsmarktes, insbesondere der Fachkräftesituation, abgleichen und zum Bedarf des Unternehmens spiegeln. Im Hinblick auf den heute schon bestehenden Fachkräftemangel in ausgewählten Funktionen, wie z. B. bei Ingenieuren, und der älter werdenden Belegschaft sollte der Personalbereich die Personalstrategie an die Unternehmensstrategie und – soweit vorhanden – an das Leitbild im Unternehmen koppeln.

4.1.2 Strategie „Personal und Demografie"

Die Veränderungen am Arbeitsmarkt bewirken, dass die Personalabteilung bzw. die zuständigen Mitarbeiter in jedem Unternehmen den Fokus auf das proaktive Management dieser Veränderung legen müssen. Mit der Demografiestrategie können die Unternehmen gestaltend auf die Konsequenzen der Bevölkerungsentwicklung in ihren Organisationen Einfluss nehmen und sind diesen nicht mehr passiv ausgeliefert. Die Demografiestrategie wird damit zur Basis eines aktiven Risikomanagements, in dem sie vorhandene Stärken und Schwächen im Personalbereich mit den Chancen und Risiken der Demografie im Kontext unternehmerischer Zielsetzungen kombiniert. Die langfristige Sicherung des Erfolgs ist dabei das Ziel einer demografieorientierten Personalpolitik, die rechtzeitig die folgenden Megatrends im Blick hat:

- Die Globalisierung der Arbeitsleistung führt zu einer Verschiebung der weltwirtschaftlichen Kraftzentren weg von Europa und von Deutschland.
- Die Durchdringung wirtschaftlicher Prozesse mit Informations- und Kommunikationstechnologien führt zu einer Beschleunigung, Verdichtung und Wissensintensivierung von Prozessen, denen gering qualifizierte Menschen vielfach nicht mehr folgen können.
- Die Verfügbarkeit von Rohstoffen und der Zugang zu Energie erweisen sich als Engpassfaktor für die industrielle Produktion.

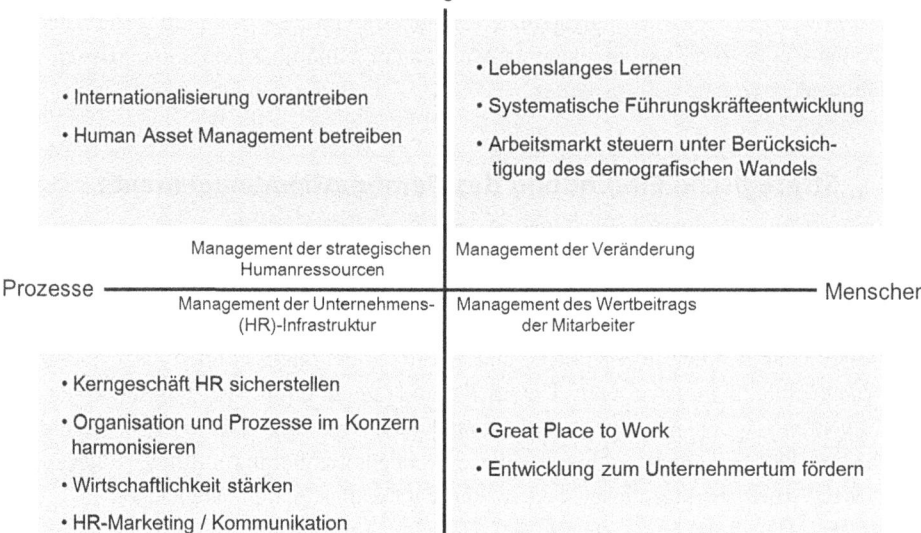

Zukunft/Strategischer Fokus

• Internationalisierung vorantreiben

• Human Asset Management betreiben

• Lebenslanges Lernen

• Systematische Führungskräfteentwicklung

• Arbeitsmarkt steuern unter Berücksichtigung des demografischen Wandels

Management der strategischen
Humanressourcen

Prozesse ――――――――――――――――

Management der Unternehmens-
(HR)-Infrastruktur

Management der Veränderung

Menschen

Management des Wertbeitrags
der Mitarbeiter

• Kerngeschäft HR sicherstellen

• Organisation und Prozesse im Konzern
harmonisieren

• Wirtschaftlichkeit stärken

• HR-Marketing / Kommunikation

• Great Place to Work

• Entwicklung zum Unternehmertum fördern

Tagesgeschäft/Operativer Fokus

Abb. 4.1 HR-Strategie in der Sick AG (Quelle: SICK AG)

• Die Individualisierung und Feminisierung der Gesellschaft haben weitreichende Folgen für die Gestaltung der Vereinbarkeit von Beruf und Familie.

Beispiel: Demografie-Strategie und Balanced Scorecard bei der Sick AG
Die SICK AG hat das Thema Demografie aktiv in ihre Personalstrategie aufgenommen
(siehe Abb. 4.1). In dieser Darstellung eines Personalportfolios nach dem Konzept von
Dave Ulrich von der Michigan University (Ulrich 1996, S. 24 f.) ist das Thema „Arbeitsmarkt steuern unter Berücksichtigung der demografischen Entwicklung" als strategisches
Ziel formuliert. Weiterhin ist das Ziel „Lebenslanges Lernen" aufgenommen, um die
Employability der Mitarbeiter nachhaltig zu fördern. Durch zielgruppenorientierte
Vorgehensweisen, Lernmethoden und -instrumente wird das Thema Lernen und Veränderung im Unternehmen initiiert und begleitet. Damit nimmt das Personalmanagement
die Zukunftsorientierung des Unternehmens auf und unterstützt bei wirksamer Umsetzung
den funktionierenden innerbetrieblichen Arbeitsmarkt.

Abgeleitet aus der Strategie müssen jetzt für die Umsetzung Maßnahmen definiert
werden, damit das Ziel auch erreicht werden kann. Für die Arbeitsmarktsteuerung
entsprechend der demografischen Entwicklung bedeutet dies zum Beispiel:

• Erhöhung der Ausbildungsquote.
• Einstellung von Auszubildenden auch älterer Jahrgänge.
• Einstellung von älteren Mitarbeitern.

- Abschluss von Kooperationsabkommen mit Hochschulen, Schulen und Kindergärten zwecks Imagebildung und Nachwuchspflege.
- Einführung von lebensphasenorientierten Arbeitszeitmodellen mit Sabbaticals, um Fachkräfte länger im Beruf zu halten.
- Einführung von Teilzeitmodellen für ältere Arbeitnehmer im verlängerten Übergang von Beruf zu Rente.

Für das strategische Ziel „Lebenslanges Lernen" (Lernen und Veränderung initiieren und begleiten) ergeben sich beispielhaft folgende Umsetzungsvarianten:

- Das Unternehmen als lernende Organisation gestalten.
- Das Lernen in den Arbeitsplatz integrieren, mehr Lernen durch Unterweisung.
- „Train the Trainer"-Programme mit eigenen Mitarbeitern gestalten.
- Die Weiterbildungsquote der Beschäftigten älter als 50 Jahre fördern und messen.
- Lernprogramme für un- und angelernte Beschäftigte entwickeln.
- Transfercoaching in der Weiterbildung einführen zwecks Evaluation.

Diese strategischen Ziele und deren Umsetzung sollten dann mit konkreten Messzahlen kombiniert werden, um den Erfolg dieser Maßnahmen zu dokumentieren und gegenüber der Unternehmensleitung zu präsentieren. Alle in diesem Beitrag genannten Beispielmaßnahmen sind letztlich messbar. Die Weiterbildungsquote der älteren Beschäftigten genauso, wie die Zahl der intern eingesetzten Mitarbeiter als Trainer oder die Steigerungsrate der intern stattgefundenen Unterweisungen und der dadurch erzielte Zuwachs an Wissen über Abläufe und Prozesse.

Hilfreich ist in diesem Zusammenhang die Einführung einer Balanced Scorecard (BSC), wie der Autor sie in seiner Zeit als Personalverantwortlicher der SICK AG eingeführt hat (siehe Abb. 4.2). Dabei geht es darum, den Personalbereich operativ zu stärken, die Verankerung im Unternehmen sichtbarer zu machen und zielorientierter auszurichten. Ein Beispiel aus jeder der Perspektiven verdeutlicht dies:

Finanzielle Perspektive F2: Wirtschaftlichkeit stärken. Der Personalbereich sollte zum Beispiel analysieren, was eine Entgeltabrechnung pro Beschäftigten kostet, dies im Benchmark zum Markt vergleichen und sich das Ziel setzen, mit den Selbstkosten auf Marktniveau oder knapp darunter zu liegen. Folglich muss der gesamte Prozess untersucht und optimiert werden.

Kundenperspektive K1: Arbeitsmarkt steuern. Elektro- oder Maschinenbauingenieure werden in den nächsten Jahren ein knappes Gut. Aufgrund einer Altersstrukturanalyse, des Wachstums des Unternehmens, der derzeitigen Anzahl von Bewerbungen pro Jahr und der eigenen Ausbildungsquote in dualen Studiengängen (Ingenieurwissenschaften) wird die interne Ausbildungsquote um einen zu definierenden Prozentsatz erhöht.

Prozessperspektive P1: Kerngeschäft HR sicherstellen. Wichtig für jedes Unternehmen ist es, offene Stellen schnell zu besetzen. HR ermittelt also für jede offene Stelle den Zeitraum ab Eingang der Personalanforderung bis Unterschrift des Bewerbers unter den neuen Arbeitsvertrag. So kann sowohl die Gesamtleistung von HR für das Unternehmen erklärt werden, als auch die unterschiedlichen Laufzeiten für bestimmte Zielgruppen, zum Beispiel für Ingenieure, analysiert werden. In Zusammenarbeit mit den Fachbereichen können dann einschlägige Zukunftsstrategien für die Personalbeschaffung entwickelt werden.

Perspektive „Lernen und Entwickeln" L2: Lebenslanges Lernen. Angesichts der älter werdenden Belegschaft muss deren Qualifikationsniveau permanent aktualisiert werden. Die Personalabteilung setzt sich zum Ziel, dass mindestens 50 Prozent aller Beschäftigten älter als 50 Jahre im nächsten Jahr geeignete Weiterbildungsmaßnahmen durchlaufen.

4.1.3 Hinweise zur praktischen Umsetzung

Um eine strategische Integration des Demografiemanagements in die Personalarbeit zu erreichen, kann pragmatisch wie folgt vorgegangen werden:

1. Strategische Unternehmensziele analysieren bzw. definieren
   Leitfragen: Was sind die zentralen Wachstumsfelder bzw. welche strategischen Geschäftsfelder werden zukünftig aufgegeben? Welche Kompetenzanforderungen resultieren aus diesen Festlegungen? Welche künftigen quantitativen und qualitativen Mitarbeiterbedarfe bestehen?
2. SWOT-Analyse inklusive einer Altersstrukturanalyse
   Umweltanalyse: Chancen und Gefahren durch die demografische Situation in der Region, bundesweit und ggf. international erfassen und für das Unternehmen reflektieren.

Finanzielle Perspektive
F1: Human Asset Management betreiben
F2: Wirtschaftlichkeit stärken
F3: Entwicklung zum Unternehmertum fördern

Kundenperspektive
K1: Arbeitsmarkt steuern
K2: Great Place to Work
K3: HR-Marketing / Kommunikation

HR-BSC

Prozessperspektive
P1: Kerngeschäft HR sicherstellen
P2: Organisation und Prozesse im Konzern harmonisieren

Perspektive „Lernen & Entwicklung"
L1: Internationalisierung vorantreiben
L2: Lebenslanges Lernen
L3: Systematische Führungskräfteentwicklung

Abb. 4.2 Ziele des Personalbereichs : Umsetzung durch eine BSC bei SICK AG (Quelle: SICK AG)

Unternehmensanalyse: Demografiebezogene Stärken und Schwächen im Bereich der Mitarbeiter identifizieren und überlegen, wie diese für den Unternehmenserfolg nutzbar gemacht bzw. durch geeignete Maßnahmen beseitigt werden können.

3. Strategieformulierung

Als Ergebnis der ersten beiden Schritte sind die strategischen Festlegungen für den Bereich „Personal und Demografie" zu treffen. So kann beispielhaft bestimmt werden, das Unternehmen wird ein „Great Place to Work" und in der Zieledefinition kann aufgenommen werden, dass Mitarbeiterbindung die erste Quelle der Rekrutierung ist. So wird alles Erforderliche in der Unternehmens- und Personalpolitik konzipiert, um diesem Ziel in der Umsetzung der Strategie näherzukommen.

4.1.4 Fazit

Strategisches Demografiemanagement muss Teil der Gesamtstrategie des Personalbereichs sein. In der derzeitigen Verfassung des Arbeitsmarktes und im Kontext der stetig älter werdenden Belegschaften leistet der Personalbereich mit einem solch zielgerichteten Vorgehen auf der Basis der Unternehmensstrategie einen entscheidenden Beitrag zur Zukunftssicherung.

4.2 Big Data im demografieorientierten Personalmanagement

4.2.1 Einleitung – Digitalisierung und Big Data

Datengestützte Methoden haben ihren festen Platz im demografieorientierten Personalmanagement, beispielsweise in Form von Altersstrukturanalysen und Personalbedarfsprognosen. Durch Digitalisierung und Big Data entstehen zusätzliche Chancen für das demografieorientierte Personalmanagement, aber auch damit verbundene Risiken.

Unter dem Begriff Digitalisierung wird zunächst die Umwandlung von analogen in diskrete Signale verstanden, welche zur Speicherung, Verteilung und Analyse mittels Computern geeignet sind. Zum anderen steht der Begriff Digitalisierung für die gesellschaftlichen und ökonomischen Veränderungen, welche durch den fortschreitenden Einsatz von Computern bewirkt werden. So waren im Jahr 2000 erst 25 Prozent aller weltweit gespeicherten Informationen in digitaler Form vorhanden und damit für die computergestützte Analyse zugänglich. Bereits im Jahr 2007 hatte sich das Bild komplett gewandelt und es waren 97 Prozent aller Daten digital verfügbar (Hilbert und López 2011). Gleichzeitig wächst die Gesamtheit aller digital verfügbaren Daten rasant. In diesem Zusammenhang hat sich der Begriff Big Data ausgeprägt für Datenmengen, die zu groß oder zu komplex sind oder sich zu schnell ändern, um sie mit sogenannten „klassischen" Methoden der Datenverarbeitung auszuwerten (Mayer-Schönberger und

Cukier 2013; Davenport 2014). Dabei ist aber eine trennscharfe Abgrenzung von normalen „Small Data" zu Big Data kaum möglich.

In den letzten Jahren hat eine Reihe von gesellschaftlichen, betrieblichen und technologischen Veränderungen stattgefunden, welche die Basis für Big Data-Anwendungen im demografieorientierten Personalmanagement bilden:

- Fast alle Prozesse in modernen Unternehmen sind inzwischen digitalisiert. Dadurch ist es möglich, die Ausführung dieser Prozesse durch die Mitarbeiter zu analysieren.
- Auch die Interaktion zwischen Mitarbeitern findet durch alle Generationen hindurch zunehmend digital statt. Was mit E-Mail begonnen hat, setzt sich inzwischen mit den Varianten von Facebook und Instant Messaging für den Einsatz im Unternehmen fort.
- Heute darf davon ausgegangen werden, dass fast jeder Mitarbeiter über ein leistungsfähiges Smartphone verfügt. Diese erlauben zum einen die Eingabe von Daten in betriebliche Informationssysteme durch den Mitarbeiter selbst. Zum anderen ermöglichen die eingebauten Sensoren die Erfassung von Daten, welche Rückschlüsse auf das Verhalten der Mitarbeiter ermöglichen können.
- Diese größeren Möglichkeiten, Daten aufzuzeichnen, werden ergänzt durch eine stetig wachsende Fähigkeit, komplexe Daten zu analysieren. Ein bekanntes Beispiel dafür ist der IBM-Computer mit dem Namen „Watson" (Ferrucci 2010), der mit Hilfe von Algorithmen aus dem Feld der künstlichen Intelligenz in der Lage ist, große Datenmengen schnell zu verarbeiten sowie menschliche Sprache in Echtzeit zu verstehen und so einen öffentlichkeitswirksamen Sieg in einer US-Quizshow errungen hat (Markoff 2011; Davenport 2014).

4.2.2 Big Data im Gesundheitsmanagement und in der Organisationsentwicklung

Big Data und Gesundheitsmanagement

Eine Grundvoraussetzung erfolgreichen Demografiemanagements ist die körperliche und geistige Leistungsfähigkeit der Mitarbeiter aus allen Alterskohorten. Digitale Technologien und Big Data schaffen in diesem Feld neue Möglichkeiten. Von besonderer Bedeutung ist hier die Verbreitung und steigende Leistungsfähigkeit moderner mobiler Endgeräte wie Smartphones und Tablets. Aktuelle Geräte nahezu aller Preissegmente verfügen über die folgenden sechs wesentlichen Funktionen:

- Exakte Sensoren zur Aufzeichnung körperlicher Aktivität wie z. B. Beschleunigungssensoren und Global Positioning System (GPS).
- Präzise Mikrofone zur Aufzeichnung von Sprachsignalen.
- Ausreichend Speicher, um diese Informationen abzulegen.

- Ausreichend leistungsfähige Prozessoren für Smartphones, um auch komplexe Berechnungen auf dem Gerät selbst durchzuführen.
- Schnelle Datenübertragung über moderne Netze wie Long Term Evolution (LTE).
- Ausreichend großer Bildschirm für Feedback an den Benutzer.

Wo weitere spezielle Daten benötigt werden, kommen tragbare Sensoren, so genannte Wearables, zum Einsatz. Diese können zusätzlich beispielsweise ein Elektroenzephalogramm (EEG) oder Elektrokardiogramm (EKG) ableiten (Patel et al. 2012).

Durch diese Technologien wird ein ganzes Spektrum von Anwendungen im betrieblichen Gesundheitsmanagement möglich. Diese beginnen bei Programmen zur Förderung körperlicher Aktivität. Im Vergleich zu bisherigen Programmen ist es mittels Big Data möglich, die Aktivität der Teilnehmer objektiv zu messen und ihnen ein laufendes quantitatives Feedback zu ihrem Verhalten zu geben. Die Mitarbeiter können sich selbst Ziele setzen und erhalten bei Erreichen dieser Ziele eine virtuelle oder reale Belohnung. Zudem ist es möglich, die Daten von Abteilungen und dem ganzen Unternehmen zu vergleichen und so team-dynamische Prozesse zu initiieren. In diesem Zusammenhang lassen sich Motivationsformen verwenden, die aus dem Bereich der Computerspiele bekannt sind und die unter dem Begriff Gamification oder Game Dynamics zusammengefasst werden (Deterding et al. 2011).

Eine weitere Anwendung im betrieblichen Gesundheitsmanagement ist das Management psychischer Belastungen. Psychische Belastungen können in vielfältiger Weise zur Entstehung physischer und psychischer Erkrankungen beitragen. Psychische Erkrankungen allein sind inzwischen der Grund für mehr als 15 Prozent der Krankschreibungen und damit die zweithäufigste Diagnosegruppe. Insbesondere führen psychische Erkrankungen regelmäßig zu besonders langen Abwesenheiten (Knieps 2014). Mittels Big Data lassen sich vielfältige Signale untersuchen, die Hinweise auf psychische Belastungen darstellen können. So lassen sich beispielsweise mittels Sentiment Analysis aus der Tonalität von Anrufen und Textnachrichten Hinweise auf den Gemütszustand des Benutzers ableiten. Diese Informationen werden durch eine spezielle Application Software (App) dem Mitarbeiter zurückgespielt, so dass dieser seine Wahrnehmung psychischer Belastungen verbessern und präventive Maßnahmen ergreifen kann. In anonymisierter Form ist es auch denkbar, diese Daten für die Analyse von Belastungen auf der Ebene von Teams und Abteilungen zu verwenden. Damit kann durch Big Data-Anwendungen ein direkter Beitrag zur Verbesserung der Workability sowie der generellen Beschäftigungsfähigkeit der Mitarbeiter bis in das hohe Alter geleistet werden. Zudem können Big Data- Analysen so auch die im Arbeitsschutzgesetz geforderte Gefährdungsbeurteilung psychischer Belastungen ergänzen, deren Erhebung bislang überwiegend auf der Basis von Mitarbeiterfragebögen erfolgt.

Big Data in der Organisationsentwicklung

Die demografieorientierte Organisationsdiagnose und -entwicklung umfasst Methoden und Verfahren, mit denen Individuen und Organisationen in die Lage versetzt werden, effektive und effiziente Formen der Zusammenarbeit zu finden, welche die unterschiedlichen Fähigkeiten und Erfahrungen der Mitarbeiter in optimaler Weise nutzen. Hierzu ist in den letzten Jahren eine Fülle von neuen Datenquellen erschlossen worden, die in eine auf Big Data basierende Organisationsdiagnose einfließen können.

Moderne betriebliche Anwendungssysteme sammeln in vielfältiger Weise Daten über das Verhalten von Mitarbeitern in Organisationen. So erfasst ein Customer-Relationship-Management-System (CRM) die Interaktionen zwischen den Mitarbeitern des Unternehmens und seinen Kunden. Mitarbeiter erfassen dazu u. a. systematisch Angebote und Aufträge, die dazu geführten Gespräche, aber auch die Durchführung von Messen und Mailings im CRM-System. Mit Hilfe dieser Daten lassen sich bereits seit langem vergleichende Analysen, beispielsweise zum Erfolg von Marketingmaßnahmen oder der Leistung einzelner Vertriebsmitarbeiter, durchführen.

Drei Trends führen nun dazu, dass die Daten aus betrieblichen Anwendungssystemen in letzter Zeit erheblich umfangreicher und potentiell aufschlussreicher für das Verständnis des Verhaltens von Organisationen geworden sind.

Zum ersten erlauben mobile Technologien Mitarbeitern, Informationen zur Interaktion mit Kunden vor Ort und mit erheblich geringerem Aufwand zu erfassen. Fast alle großen Hersteller haben dazu Apps für die verschiedenen mobilen Betriebssysteme im Angebot.

Zudem werden betriebliche Anwendungssysteme zunehmend mit Funktionen zur digitalen Zusammenarbeit ausgestattet, welche aus sozialen Netzwerken wie Facebook, LinkedIn, Xing oder Twitter entlehnt sind und deren wesentliche Konzepte wie Posts, Likes und Followers in den Unternehmskontext übertragen. Wenn diese Tools erfolgreich eingeführt werden, so führen sie zu einer großen Menge relativ unstrukturierter, aber sehr unmittelbarer Informationen zu Kundeninteraktionen und erlauben so beispielsweise eine Analyse des Mitarbeiterverhaltens und der Erfolgsfaktoren guter Zusammenarbeit. So konnte die Duale Hochschule Baden-Württemberg Lörrach in einem Pilotprojekt für ein großes mittelständisches Unternehmen zeigen, dass überdurchschnittlicher Vertriebserfolg statistisch signifikant mit der Intensität der Nutzung interner Social Media-Funktionen korreliert. Aus diesen frühen Resultaten lassen sich perspektivisch Experimente entwerfen, um eine Reihe von Big Data-Anwendungen zu untersuchen – z. B. die Zusammensetzung von Teams auf der Basis der in den sozialen Daten kodierten Interaktionsmuster der Teammitglieder.

Insbesondere in geografisch verteilten Teams ergänzt die elektronische Kommunikation die persönliche Kommunikation. Damit werden auch diese Interaktionen in Form von E-Mails, Chats, Voice over Internet-Protokoll(VoIP)-Telefonaten und Videokonferenzen prinzipiell unter Einhaltung der Schutzrechte des Einzelnen einer Analyse zugänglich.

Neben den betrieblichen Anwendungssystemen gibt es weitere potentiell nützliche Datenquellen. So lassen sich mittels tragbarer Sensoren, welche beispielsweise in den Mitarbeiterausweis integriert sein können, auch die physischen Interaktionen von Mitarbeitern untersuchen (Onnela et al. 2014). Solche Untersuchungen können dazu dienen, die informellen Netzwerke jenseits der hierarchischen Strukturen eines Unternehmens zu untersuchen und zu optimieren.

Im Sinne eines demografieorientierten Personalmanagements bieten diese Big Data-Ansätze die Möglichkeit, die Wirkung von Maßnahmen der Organisationsentwicklung quantitativ zu erfassen (Orbach et al. 2015). Damit kann insgesamt die Organisationseffizienz verbessert werden und Unternehmen können Produktivitätspotenziale erschließen, die es ihnen ermöglichen, ihre Kernprozesse auch im Kontext eines durch die demografischen Herausforderungen geprägten Arbeitsmarktes aufrecht zu erhalten.

4.2.3 Hinweise zur Umsetzung von Pilotprojekten

In der Praxis bewährt hat sich der in Abb. 4.3 dargestellte beispielhafte Fahrplan für ein Big Data-Projekt. Diese Übersicht kann lediglich als erste Orientierung dienen. Weitere Details finden sich beispielsweise im Leitfaden „Management von Big-Data-Projekten" des BITKOM-Arbeitskreises Big Data (Maier und Weber 2013) und in der Veröffentlichung „Best Practice für Big Data-Projekte" des österreichischen Bundesministeriums für Verkehr, Innovation und Technologie (Meir-Huber und Köhler o.J.).

Projekt initialisieren
- Erste Idee zum Fokus der Big Data-Exploration entwickeln
- Formieren einer Gruppe, die als Sponsor des Projektes auftritt
- Einbinden weiterer Gruppen wie bspw. IT und Marketing

Strategie-Workshop durchführen
- Ziele festlegen und mögliche Datenquellen diskutieren
- Projektteam aufstellen (ggf. unter Einbeziehung externer Partner)
- Leitgedanken der Datenschutz-Strategie entwerfen
- Stakeholder-Analyse durchführen und Kommunikationsplan aufstellen

Projekt planen
- Teilnehmer, Datenquellen und Erhebungszeitraum festlegen
- (Falls nötig) Hardware evaluieren und beschaffen (z.B. Wearables oder Smartphones)
- Datenschutz-Strategie mit Stakeholdern abstimmen (u.a. Arbeitnehmer-Vertretung)

Daten erheben und analysieren
- Plan für Datenanalyse entwickeln und Plattform für Datenanalyse auswählen
- Datenqualitätssicherung durchführen und Teilergebnisse an Teilnehmer kommunizieren
- Analyseverfahren implementieren, testen und Datenanalysereport erstellen

Ergebnisse sichern
- Ergebnisse mit dem Projektteam in einem Workshop diskutieren
- Erfahrungen in einem Projektbericht dokumentieren
- Detaillierte Ergebnisse an die Teilnehmer kommunizieren
- Zusammenfassung im ganzen Unternehmen kommunizieren und ggf. publizieren
- ggf. Plan für weitere Analysen und Folgeprojekte entwerfen

Abb. 4.3 Fahrplan für Big Data-Projekte (Quelle: eigene Darstellung Lindemann, M.)

Einen wichtigen Beitrag zum Gelingen von Big Data-Projekten liefert regelmäßig die IT-Abteilung. Sie wird mindestens die Daten aus den betrieblichen Anwendungssystemen in einer für die Analyse geeigneten Form bereitstellen müssen. In einigen Fällen kann eine interne Abteilung wie IT, Marketing oder Qualitätsmanagement auch die Expertise für die Analyse der Daten bereitstellen – häufig wird diese Expertise jedoch extern eingekauft. Damit sind auf den ersten Blick sehr komplex wirkende Big Data-Projekte auch gut für mittelständische Unternehmen realisierbar.

Kern solcher Projekte sind die Definition der Datenquellen und die Auswahl der Methoden der Datenanalyse. Wichtig ist dabei, auf die Qualität der Daten zu achten und bereits früh, idealerweise vor dem Beobachtungszeitraum, Maßnahmen zur Prüfung und Sicherung der Datenqualität zu ergreifen. Big Data-Projekte sind durch geeignete Maßnahmen der Kommunikation zu begleiten. Zweck sollte dabei eine möglichst große Transparenz in Bezug auf die Ziele und Ergebnisse der Projekte sein. Auch wenn die Details der Datenanalyse wissenschaftlich anspruchsvoll sind, so sollte stets der Versuch unternommen werden, die wesentlichen Gedanken in allgemeinverständlicher Form darzustellen.

In Big Data-Projekten spielt zudem der Datenschutz eine sehr wichtige Rolle. Es gilt eine gute Balance zu finden zwischen den Möglichkeiten der Datenanalyse und dem Schutz der Persönlichkeitsrechte des einzelnen (Pentland 2014). Insbesondere mittels Smartphones und tragbaren Sensoren (Wearables) aufgezeichnete Daten, wie u. a. GPS-Positionen und soziale Interaktionen, brauchen besonderen Schutz (Arkadiusz et al. 2014). Dazu ist es sinnvoll, möglichst frühzeitig in Projekten eine sehr spezifische Datenschutz-Strategie zu entwickeln, welche mit allen wesentlichen Stakeholdern, vor allem aber mit der Arbeitnehmervertretung, abgestimmt wird.

Kleine und mittelgroße Unternehmen (KMU) haben in Bezug auf Big Data-Projekte zum Teil besondere Vorteile, zum Teil aber auch besondere Herausforderungen, die sie nutzen bzw. berücksichtigen sollten:

- Innovationsbereitschaft und Vertrauenskultur pflegen
  KMU haben häufig eine hohe Innovationsbereitschaft und die organisatorische Agilität, neue Technologien schnell in neue Prozesse und Produkte zu übersetzen. Big Data-Projekte profitieren zudem von der typischerweise stärker ausgeprägten Kultur des Vertrauens. Die Kombination dieser Fähigkeiten kann KMU in eine Führungsrolle bei der Nutzung von Big Data bringen.
- Netzwerke mit akademischen Partnern und Startup-Unternehmen bilden
  KMU besitzen allerdings häufig nicht alle Kompetenzen, um Big Data-Projekte erfolgreich durchzuführen. Insbesondere fehlt häufig Erfahrung in der Analyse großer Datenmengen. Um diese Lücke zu schließen ist es sinnvoll, mit akademischen Partnern und Startup-Unternehmen zusammenzuarbeiten.
- Cloud Infrastruktur nutzen
  Die Nutzung von Big Data erfordert eine geeignete IT-Infrastruktur für die Speicherung und Verarbeitung der Daten. KMU scheuen allerdings häufig die damit

verbundenen Investitionen. Es ist daher ein wesentlicher Vorteil, dass moderne IT-Infrastruktur zunehmend als Cloud-Lösung (Software und Infrastructure as a service) verfügbar ist. Unternehmen zahlen in diesem Modell nur für die tatsächliche Nutzung. So werden hohe Anfangsinvestitionen vermieden und es kann mit relativ kleinem Budget der Wert der Analysen für das Unternehmen exploriert werden.

4.2.4 Fazit

Big Data bietet große Chancen für ein demografieorientiertes Personalmanagement. Insbesondere kann es der Schlüssel zu einem stärker an beobachteten Verhaltensmustern orientierten Management sein (Lazer et al. 2009; Shmueli et al. 2014). Big Data bietet damit auch die Möglichkeit, sich von stereotypischen Generationenbildern zu lösen und organisatorische Entscheidungen auf der Basis von Daten zu fällen.

Pilotprojekte zum Einsatz von Big Data im Personalmanagement haben einen stark explorativen und innovativen Charakter. Dies bedeutet Chance und Risiko zu gleich. Es besteht ein Risiko, dass die gesetzten Ziele nicht erreicht werden, weil z. B. die Daten nicht in der nötigen Quantität und Qualität zur Verfügung stehen oder die vermuteten Zusammenhänge nicht nachweisbar sind. Da Big Data-Projekte aber auch mit relativ kleinem Budget gestaltet werden können, bieten sie gleichzeitig eine Möglichkeit mit überschaubarem Risiko neue Ideen zu explorieren und so die Innovationskraft des Unternehmens zu stärken. Dies gilt insbesondere dann, wenn Big Data nicht nur im Personalmanagement sondern auch in den Kernprozessen des Unternehmens wie Marketing und Produktion zum Einsatz kommen kann. Dies wird in der Zukunft durch Trends wie Industrie 4.0 immer häufiger der Fall sein. Für die Personalabteilung erwächst daraus die Chance, sich schon heute innerhalb des Unternehmens als Innovationstreiber zu positionieren.

4.3 Gestaltung einer intergenerativen Unternehmenskultur

4.3.1 Einleitung

Unternehmenskultur spiegelt den „Geist" eines Unternehmens bzw. einer Organisation wider und prägt das Denken und Handeln ihrer Mitglieder. Der Mitbegründer der Organisationsentwicklung, Edgar H. Schein, regt an, Unternehmenskultur auf drei Ebenen zu betrachten (Schein 2010 sowie Abb. 3.4, in Abschn. 3.2 dieses Buches):

- Ebene 1: Die äußerlich sichtbaren Verhaltensweisen im Unternehmen und zwischen Unternehmen und Umwelt.
- Ebene 2: Was Unternehmen und Mitarbeiter über sich und ihre Arbeit behaupten, beispielsweise in Form von Leitbildern, Führungsgrundsätzen, CSR-Leitgedanken u. ä.

- Ebene 3: Bei Mitarbeitern vorhandene Grundeinstellungen, die meist nicht offensichtlich zutage treten und häufig unbewusst sind.

Im Rahmen einer intergenerativen Unternehmenskultur, d. h. einer Unternehmenskultur zwischen Menschen verschiedener Altersgruppen, oder gar einer generationenintegrierenden Unternehmenskultur gilt es, den Umgang der Mitarbeiter sowohl untereinander als auch zwischen Mitarbeitern und Führungskräften so zu gestalten, dass Unterschiede zwischen den Altersgruppen möglichst nicht als hinderlich oder gar als Risiko empfunden werden. Vielmehr sollte dies als Chance auf Vielfalt und somit als Bereicherung und Optimierungspotenzial für den Produktions- und Dienstleistungsprozess wahrgenommen werden. Ein Unternehmen besitzt dann eine intergenerative Unternehmenskultur, wenn sich die verschiedenen Alterskohorten untereinander gut verstehen, positiv zusammenarbeiten und im Unternehmen alle Generationen gleichermaßen berücksichtigt werden. Eine solche Kultur ist vor allem durch Wertschätzung und Akzeptanz zwischen den Generationen geprägt; die Mitglieder unterschiedlicher Generationen begegnen sich vorurteilsfrei, behandeln sich respektvoll und sind tolerant im Umgang miteinander. Dabei ist es ebenfalls wichtig, dass diese Akzeptanz, Wertschätzung und Gleichberechtigung gegenüber allen Generationen auch vom Management gelebt wird.

Gerade Wissen und Transparenz über die Merkmale, Ansichten, Stärken und Werte der verschiedenen Generationen sind bedeutsam, um das Handeln, das Verhalten und die Meinungen der verschiedenen Altersgruppen nachvollziehen und verstehen zu können. Anpassungsfähigkeit und Kompromissbereitschaft gegenüber den Mitgliedern anderer Generationen sind zwei wesentliche Eigenschaften, durch die sich eine intergenerative Unternehmenskultur ausdrückt. Diese Eigenschaften sind wichtig, damit trotz unterschiedlicher Arbeits- und Denkweisen, gemeinsame Lösungen bzw. Entscheidungen gefunden werden.

Eine intergenerative Unternehmenskultur drückt sich auch durch die Lern- und Veränderungsbereitschaft der Organisationsmitglieder aus. Damit ist gemeint, dass die Generationen bereit sind, voneinander zu lernen sowie neue Ideen und Veränderungen anzunehmen und sich selbst zu reflektieren.

4.3.2 Relevanz von und Anforderungen an eine intergenerative Unternehmenskultur

Unternehmenskultur hat einen außerordentlich hohen Einfluss auf das Engagement der Mitarbeitenden. Insbesondere der Aspekt der Mitarbeiterorientierung übt den größten Einfluss auf das Engagement der Mitarbeiter aus. Weitere Folgen einer positiv gelebten Unternehmenskultur sind: Identifikation, Teamorientierung, Förderung der beruflichen Entwicklung und eines fairen Miteinanders, wie auch die Veränderungsfähigkeit der Organisation. Eine Studie von Hauser et al. hat gezeigt, dass durch die gekonnte Kombination dieser Faktoren annähernd bis zu einem Drittel des finanziellen

Unternehmenserfolgs erklärt werden kann. Insgesamt lässt sich feststellen, dass eine „mitarbeiterorientierte Unternehmenskultur, bzw. die Arbeitsqualität und das damit eng verbundene Engagement der Mitarbeiter, ein sehr wichtiges Potenzial für den Erfolg und die Wettbewerbsfähigkeit der Unternehmen in Deutschland darstellen. Dies gilt für Unternehmen aller Größen und Branchen." (Hauser et al. 2008, S. 25).

Da also die gelebte Unternehmenskultur einen starken Zusammenhang zum Unternehmensergebnis aufweist und eine den Mitarbeiter irritierende Unternehmenskultur sich als Störfaktor für Motivation erweist, gilt es beim Thema Unternehmenskultur darauf zu achten, dass diese Identifikationsoptionen für unterschiedliche Mitarbeitergenerationen aufweist. Unternehmenskultur hat somit per se intergenerativ ausgerichtet zu sein.

Gleichzeitig konnte in dieser Studie aber auch gezeigt werden, dass das grundsätzliche Bewusstsein für die Bedeutung des Engagements der Mitarbeiter in den Unternehmen häufig bereits stark ausgeprägt ist. Zur entscheidenden Frage wird damit, wie die vorhandenen Potenziale besser genutzt werden können und insbesondere, wie das Engagement der Mitarbeiter in den Unternehmen weiter gefördert und gepflegt werden kann.

Die Anforderungen an eine positive Unternehmenskultur sind wissenschaftlich gut untersucht und lassen sich wie folgt zusammenfassen (vgl. Schönborn 2014). Unternehmenskultur wirkt negativ auf das Betriebsergebnis, wenn sie:

* zu viel Verantwortung auf den einzelnen Mitarbeiter abwälzt,
* ausschließlich routinierte Arbeitsabläufe festschreibt,
* den Fokus auf feste Hierarchien und Strukturen legt,
* keine Streitkultur unterstützt, sondern Harmonie an der Oberfläche bewahren will und
* Kontrolle als fortlaufendes Kontrollieren und Bewerten versteht.

Unternehmenskultur wirkt positiv auf das Betriebsergebnis, wenn sie:

* eine klar formulierte Vision lebt,
* Mitarbeitende ihre Arbeit als einen Teil ihrer Selbstverwirklichung erleben, sie sozusagen in ihrer Arbeit aufgehen können,
* persönliche Grenzen akzeptiert,
* den Spagat zwischen Bodenständigkeit bzw. Tradition und Fortschritt i.S. zukunftsorientierter Entscheidungen und Handlungen erfolgreich lebt,
* das Engagement von Mitarbeitenden durch Förderung von Eigeninitiative und Vorschlägen stützt,
* einen guten Lebensstandard für die Mitarbeitenden ermöglicht (nicht nur im Sinne des Verdienstes, sondern auch im Sinne der Zeitsouveränität, Arbeitsort...) und
* Chancengleichheit für Frauen und Männer verwirklicht.

Die Herausforderung besteht darin, dass die konkrete Ausgestaltung dieser Anforderungen für jede Generation in einem anderen Licht erscheint. Der „Spagat zwischen Bodenständigkeit und Fortschritt" gestaltet sich für eine 24-jährige Berufseinsteigerin deutlich anders als für einen Mitarbeiter, der vier Jahre vor dem Übergang in die Rente steht. Wie sind die Generationen in Bezug auf ihre Grundhaltungen konkret geprägt?

Im Personalmanagement werden im allgemeinen Gruppen von Personen mit ähnlichen Geburtsdaten wie auch sich ähnelnden Werte- und Verhaltensmustern als Generation bezeichnet (vgl. Klaffke 2014, S. 8 ff.; Holroyd 2011). In Deutschland begegnen sich Mitarbeitende von 18 Jahren bis zu 65 Jahren, dies sind bis zu vier Generationen: Babyboomer, Gen X, Gen Y und Gen Z. In Abhängigkeit zu ihrem biografischen Umfeld, ihren Erfahrungen mit der Wertekultur ihres Umfeldes und den von ihr im Laufe ihres (Arbeits-)Lebens gemachten Erfahrungen werden jeder Generation bestimmte Grundhaltungen unterstellt (im Folgenden Klaffke 2014, S. 10 ff.; Scholz 2014).

Generation Babyboomer (Geburtsjahrgänge ca. 1946 bis 1965. Alter: ca. 50 bis 70 Jahre): Als Nachkriegsgeneration gab es für die einzelnen Personen viele Entwicklungsmöglichkeiten und Chancen. Großgeworden in der Zeit des Wirtschaftswunders profitierte sie von der Förderung ihrer Eltern und den freien Zugängen zu Bildung und Weiterbildung. Insgesamt fokussiert sich die Generation auf den Beruf als sinnstiftende Tätigkeit, auch wenn ihre Mitglieder als egoistisch und starrköpfig betitelt werden. Gleichzeitig wird diese Generation, die sich aktuell im letzten Drittel ihres Erwerbslebens befindet, auch als „68er Generation" bezeichnet, die ein eher idealistisches Weltbild hat.

Generation X (Geburtsjahrgänge ca. 1966 bis 1979. Alter: ca. 36 bis 49 Jahre): Sie ist die im Moment dominierende Generation, sowohl in der gesellschaftlichen Diskussion als auch im beruflichen Alltag. Aufgrund ihrer langjährigen Arbeitserfahrung kehrt sie sich auch teilweise in Resignation vom Beruf ab und rückt die Work-Life-Balance in den Vordergrund: Arbeiten muss auch Spaß machen. Die Angehörigen der Generation X arbeiten zwar hart und erfolgreich, ihr Privatleben muss jedoch gewährleistet bleiben. Im Unternehmen ist ihnen eine sinnstiftende Tätigkeit wichtig. Sie arbeiten gerne fokussiert und teamorientiert. Statussymbole werden geschätzt und Werte wie Pflichtbewusstsein, Disziplin und Sicherheitsdenken dominieren.

Generation Y (Geburtsjahrgänge ca. 1980 bis 1995. Alter: ca. 21 bis 35 Jahre): Sie drängt in verantwortungsvolle Positionen, bei gleichzeitiger Priorität in die eher soziale Richtung. Geld steht für sie nicht im Mittelpunkt. Corporate Social Responsibility und Social Networks sind ebenso wie das Arbeiten mit neuer Technologie wichtig; sie sind sehr web- und IT-affin. Ähnlich zur Generation X kommt zuerst das Leben und dann die Arbeit. Die Y-Generation hat eine besonders offene Haltung; das sieht man an den Informationen, die sie, beispielsweise in sozialen Netzwerken, von sich preisgibt. Für sie müssen Teamarbeit und Leistung zusammenpassen, Karriere und Familie vereinbar sein. Transparenz und hohe Geschwindigkeit sowie Aktualität bei Informationen über Zeitzonen, Regionen und Hierarchien hinweg sind für sie selbstverständlich. Sie hinterfragen Aussagen und reagieren schnell. Erwarten also auch rasche Kommentare bzw. Antworten. Damit wirken sie auf die Generation der Babyboomer tendenziell fordernd. Verschiedentlich werden ihnen unrealistische Karrierewünsche und eine starke Gratifikationsorientierung nachgesagt.

Generation Z (Geburtsjahrgänge ca. 1996 bis 2009. Alter: bis ca. 20 Jahre): Die älteren Angehörigen der Gen Z haben die Grenzen des wirtschaftlichen Wachstums in Form von

Finanz-, Wirtschafts- und Europakrisen früh erlebt. Sie ersehnen sich eine Trennung von Privat- und Berufsleben und präferieren vermutlich klare Strukturen, sei es Arbeitszeit, -ort oder -aufgabe. Die Gen Z orientiert und definiert sich durch sich selbst und sucht kaum Interaktion mit anderen Generationen. Das Privatleben hat einen hohen Stellenwert, denn sie hat die Karriereträume der Gen Y platzen sehen und ist realistisch eingestellt; Burn-out und Überforderung im Berufsleben sind ihr vertraut – allerdings nicht durch eigene Erfahrungen, sondern durch Beispiele aus anderen Generationen.

4.3.3 Tipps zur Gestaltung einer intergenerativen Unternehmenskultur

Auf den ersten Blick scheint die Unterschiedlichkeit der verschiedenen Generationen äußert vielfältig zu sein. Mit dem Gedanken des sich abzeichnenden Rückgangs der Anzahl an potentiellen Arbeitnehmern und der Bedeutung von Wertschätzung in Form persönlicher Ansprache und einem individuellen Eingehen auf die Bedürfnisse der Mitarbeiter darf diese Vielfältigkeit nicht unterschätzt werden. Deshalb sollte es für Führungskräfte und Personalverantwortliche selbstverständlich sein, den Blick für die unterschiedlichen Bedürfnisse der verschiedenen Generationen zu schärfen.

Doch Vorsicht: Der Blick auf die einzelnen Generationen beinhaltet auch die Gefahr, dass die Unterschiedlichkeiten und der Variantenreichtum innerhalb einer einzigen Generation zu wenig wahrgenommen werden. Es ist davon auszugehen, dass die Bandbreite der Grundeinstellung innerhalb einer Generation deutlich weiter greift, als die Unterschiede zwischen den Mittelwerten der einzelnen Generationen. Das bedeutet Vorsicht im vorschnellen Verwenden von Klischees über die einzelnen Generationen.

Für die betriebliche Praxis allerdings können diese Klischees auf der anderen Seite einen willkommenen Einstieg bieten, die Notwendigkeit einer intergenerativen Unternehmenskultur zu thematisieren. Es geht darum, das Thema Unterschiede zwischen den Generationen und innerhalb einer einzelnen Generation nicht zu tabuisieren, sondern im Betrieb erfahrbar und damit auch „besprechbar" zu machen. Dass alle über die Fakten und Hintergründe, wie sich z. B. Denkweisen mit zunehmendem biologischen Alter und zunehmender Erfahrung verändern, Bescheid wissen sollten, versteht sich von selbst.

Entsprechend dem eingangs beschriebenen Kulturmodell nach Schein können Unternehmen zur Entwicklung einer notwendigen intergenerativen Unternehmenskultur mit symbolischem Management und entsprechenden Maßnahmen auf der ersten Ebene (beobachtbare Artefakte) vorgehen. Werden hier konsequent Handlungen durch die Führungskräfte vorgenommen und einschlägige Rahmenbedingungen in der Organisation definiert, können sich mittelfristig die Werte und Normen auf der zweiten Ebene entsprechend in Richtung eines positiven Intergenerationenverständnisses ändern. Langfristig können sich dann auch die Basisannahmen des Kulturkerns in Bezug auf das menschlichen Wesen dahingehend ändern, dass alle Altersstufen unvoreingenommen wertgeschätzt werden. Dieser Einflussmechanismus ist auch in Abb. 3.4 in Abschn. 3.2 dieses Buches dargestellt.

Mögliche Maßnahmen seitens der Unternehmen zur Gestaltung einer intergenerativen Kultur:

- Aufnahme der Intergenerativität in das Leitbild,
- Schulungen für Führungskräfte zur intergenerativen Mitarbeiterführung,
- Informationsblöcke zu Alter und Altern sowie zu Generationen, z. B. im Rahmen von Weiterbildungsmaßnahmen am Arbeitsplatz,
- Karriereplanung bzw. Talentmanagement für, sowie beispielhafte Beförderung von „ältere(n)" Kollegen,
- Wertschätzende Ehrungen von Jubilaren unter Beteiligung vieler Mitarbeiter,
- Einrichten von altersheterogenen Arbeitsgruppen und
- Personalmarketing für und Einstellung von Mitarbeitern 50plus.

Als Einstieg, das Thema positiv in den Köpfen der Mitarbeiter zu verankern und Stereotype abzubauen, bietet sich z. B. ein Tag der Generationen im Betrieb – analog zu den bereits bewährten Gesundheitstagen – an. Dieser kann auch für mittelständische Unternehmen gut in Kooperation mit regionalen Institutionen und den Krankenkassen organisiert und durchgeführt werden. Mögliche Stationen sind dabei:

- Welche Bilder haben wir von der Leistungsfähigkeit der jeweils anderen Generation? Dies multimedial aufgearbeitet, beispielsweise in Videoclips durch die Gruppe der Auszubildenden erarbeitet, oder in Gesprächsrunden über erlebte Vorurteile durch die jeweils andere Generation thematisiert.
- Verschiedene Stufen des biologischen Alterns erleben; mithilfe von Brillen, Handschuhen oder Alterssimulationsanzügen ist das leicht möglich.
- Impulsvorträge über die verschiedenen Phänomene der einzelnen Altersstufen, z. B. wie entwickelt sich Intelligenz im Laufe des Lebens und die anschließende Reflexion zwischen den Generationen, wie mit diesen Phänomenen im Sinne des Unternehmensergebnisses umgegangen werden kann. Oder auch: Bei welchen Aufgabentypen bieten altersheterogene Teams einen Mehrwert?
- Reflexion der gegenwärtigen Teamarbeit unter intergenerativen Aspekten. Die verschiedenen Generationen können dadurch lernen, ihre unterschiedlichen Arbeitsauffassungen zu akzeptieren. Ein Babyboomer sitzt beispielsweise bis nachts im Büro; ein Kollege aus der Generation Y nimmt sich mittags eine Stunde Zeit, um zu joggen und arbeitet nach Feierabend von zu Hause weiter. Insgesamt muss dabei natürlich die Arbeitsleistung stimmen.

4.3.4 Fazit

Die Frage nach der intergenerativen Unternehmenskultur sollte präzisiert werden. Die Kultur eines Unternehmens wird von jedem einzelnen Mitarbeiter immer wieder mitgeprägt. Deshalb ist dieser individuelle Prägevorgang innerhalb eines Unternehmens durch die konkrete Reflexion der Dynamiken infolge der unterschiedlichen Generationen in den Projektteams, den Abteilungen und in der Zusammensetzung des Managementteams immer wieder zu hinterfragen; dabei ist auf Heterogenität im Sinne der Generationenvielfalt und der individuellen Vielfältigkeit zu achten.

Im täglichen Umgang miteinander gilt es, sowohl die eigenen Prägungen, Haltungen und Vorlieben zu kennen, als auch die der anderen Generationen zu erkennen sowie respektvoll und wertschätzend miteinander umzugehen. Dadurch wird die Gestaltung der intergenerativen Unternehmenskultur ein Thema des Arbeitsalltags und bringt bei einer bejahenden Ausgestaltung einen entsprechend positiven Effekt auf das Unternehmensergebnis.

4.4   Personalrekrutierung: Employer Branding und Active Sourcing

4.4.1   Einleitung

Viele Unternehmen scheitern an Marktveränderungen. Die demografische Situation in Deutschland und die zunehmenden Anforderungen durch Digitalisierung und Technologisierung sind Faktoren, die den Fachkräftemangel in Deutschland weiter verstärken. Um diesem Mangel entgegen zu wirken, muss auf Entscheiderebene systematisch im Personalmanagement das Thema Personalrekrutierung positioniert und angegangen werden. Mit den populären Instrumenten Employer Branding und Active Sourcing existieren hierzu zwei effektive Umsetzungsmethoden. Die besondere Herausforderung liegt darin, dass sich der Arbeitsmarkt zum Bewerbermarkt wandelt und Kandidaten hohe Anforderungen an Organisationen stellen – auch in Bezug auf Kommunikation und Service im Rekrutierungsprozess. Agile Unternehmen, d. h. Organisationen, die fähig sind, rasch auf Veränderungen am Markt und neue Bedürfnisse ihrer Kunden zu reagieren, antworten darauf und verwenden Social Media innerhalb und außerhalb der Organisation zur Kommunikation sowie Information, und das Topmanagement trifft wichtige Entscheidungen zügig (Kienbaum 2014).

Die Relevanz von Employer Branding wird in der HR-Trendstudie 2015 von Kienbaum sehr hoch bewertet. 74 Prozent der befragten Unternehmen geben an, ihre Kompetenz im Employer Branding und Personalmarketing zu steigern. Richtig verwendet kann Employer Branding als Entwickeln und Führen einer Arbeitgebermarke (Petkovic 2008) verstanden werden und beantwortet die grundsätzlichen, strategischen Fragen eines Arbeitgebers und definiert dessen Identität:

• Wer ist der Arbeitgeber? Welche Eigenschaften und Stärken, welche Historie machen ihn aus?

- Wie viel hat das Unternehmen mit den Wettbewerbern auf dem Arbeitsmarkt gemein und worin unterscheidet es sich von diesen?
- Welchen Mehrwert bietet das Unternehmen als Arbeitgeber den Zielgruppen? Das heißt, was spricht die heutigen Mitarbeiter und Führungskräfte an, und was erwarten externe Kandidaten?

Das Personalmarketing dient der externen und internen Vermarktung der Arbeitgebermarke mit den Zielen, die heutigen Mitarbeiter zu motivieren und zu binden sowie externe, relevante Kandidaten zu gewinnen. Als Personalmarketing-Instrumente werden häufig Stellenanzeigen, Karriere-Websites, Broschüren und Flyer genutzt. Manche Organisationen investieren in die Pflege eines Social-Media-Kanals, z. B. in ein Profil bei Xing, LinkedIn, Praktikum.de sowie in die Etablierung einer Facebook-Fanpage oder einer Unternehmensdarstellung auf der Arbeitgeber-Bewertungsplattform kununu.

Die Methode des Active Sourcings oder die Direktsuche – synonym Headhunting, Direct Recruiting, Direktansprache und Executive Search –, also die eigenständige Recherche, Ansprache und Rekrutierung von Kandidaten, hat sich als Erfolgsrezept in der Mitarbeitersuche bewährt (Hay Group 2013; Kienbaum 2013).

Nachdem viele Mitarbeiter aus unterschiedlichen Ängsten ihren Arbeitgebern treu geblieben sind, steigt aktuell wieder die Wechselfreudigkeit. Viele Deutsche werden auch künftig verstärkt ihre Arbeitgeber verlassen, um bei einer neuen Firma zu starten (Hay Group 2013). Über die Hälfte der Arbeitnehmer würde ein alternatives Jobangebot interessieren oder ist offen für einen Arbeitgeberwechsel; dabei suchen nur 4 Prozent der angestellten Arbeitskräfte aktiv (Kienbaum 2013).

4.4.2   Employer Branding und Personalmarketing im demografischen Wandel

Der Fachkräftemangel ist in vielen Branchen und Regionen bereits Realität und in manchen gar kein Thema. Zukünftig wird sich dieses Problem jedoch flächendeckend und über alle Branchen hinweg dramatisch verstärken. In diesem Kontext müssen Unternehmen auf sich aufmerksam machen, um den Wettbewerb um Talente als Gewinner zu verlassen, national wie auch international.

Keine Frage: Für die Entwicklung und Betreuung einer Employer Brand bedarf es Zeit und personeller Kapazitäten. Wird eine Employer Brand mit Hilfe eines externen Dienstleisters eingeführt, weil intern die Kompetenzen fehlen, ist so oder so auch ein Budget notwendig. Spätestens jetzt stellt sich die Frage, warum sollten so viele Ressourcen darauf verwendet werden? Ist zurzeit die Mitarbeiterzufriedenheit hoch, die Fluktuation gering und bei der Rekrutierung gibt es nur partiell Schwierigkeiten, fällt es manchem Unternehmen noch schwerer, sich für die Arbeitgebermarken-Entwicklung zu entscheiden. Was passiert, wenn die Organisation dann im Employer Branding nicht aktiv wird? Ähnlich wie im Produktmarkt gilt auch hier: Der Wettbewerb schläft nicht! Arbeitgeber können dann schlichtweg in Vergessenheit geraten, weil sie von den Kandidaten nicht wahrgenommen werden. Dies wiederum erschwert die künftige Rekrutierung. Ob wahrnehmbar oder nicht, jeder Arbeitgeber konkurriert stets mit anderen, die ggf. über attraktivere Entwicklungsmöglichkeiten, Standorte und Produktmarken verfügen – oder einfach „nur" präsenter sind, als das eigene Unternehmen.

Was hat Employer Branding mit Demografie Exzellenz zu tun?
Employer Branding ist kein Selbstzweck und sollte keineswegs „auf der grünen Wiese" entstehen. Ist Demografie Exzellenz ein strategisches Ziel im Unternehmen, gibt sie eine wesentliche Orientierung für die Entwicklung und Pflege der Arbeitgebermarke, nämlich für die Definition

- der idealen Mischung von Mitarbeitern und Führungskräften. Dabei setzt sich dies zusammen aus Fachkompetenzen und sozialen Eigenschaften (gegenseitige Unterstützung, Kommunikationsfähigkeit etc.) sowie Erfahrungen im Arbeitsleben.
- der Botschaften als Arbeitgeber unter der Beachtung der Glaubwürdigkeit und der Relevanz für externe Kandidaten sowie für Mitarbeiter und für Führungskräfte.

Wie lässt sich eine Employer Brand entwickeln?
Es gibt verschiedene Wege, eine Employer Brand zu entwickeln. Ein Weg ist, zu Beginn des Prozesses so viele Informationen wie möglich über das eigene Unternehmen als Arbeitgeber, über die Wünsche der Kandidaten, der Mitarbeiter und der Führungskräfte sowie über die Personalmarketingaktivitäten der Arbeitgeber-Wettbewerber zu sammeln. Diese Informationen gilt es anschließend in relevante bzw. weniger relevante einzustufen. Recherche- und Analyse-Ergebnisse bilden die Grundlage für die Definition der Arbeitgebermarke. Ein anderer Weg ist, auf einer zunächst geringen Informationsbasis eine Employer Brand zu formulieren und im Folgenden von den Mitarbeitern und den Führungskräften validieren zu lassen, indem sie befragt werden, inwiefern die Arbeitgebermarke schon heute gelebt bzw. nicht gelebt wird. Hierbei kann auch die Option genutzt werden, aus der Organisation heraus Optimierungspotenziale zu evaluieren. Beide Wege haben ein Für und Wider, das vor dem Projektstart abzuwägen sind (siehe Abb. 4.4).

Das Gros der Unternehmen, nationale und internationale, entscheidet sich für den ersten Weg (Kienbaum 2011). Egal, welche Variante gewählt wird, die Employer Brand sollte stets mit der Corporate bzw. Product Brand und der Personalstrategie abgestimmt werden, um eventuelle Widersprüche zu vermeiden. Auch ist es empfehlenswert, von Beginn an die Geschäftsführung als Projektsponsor zu gewinnen, um intern ein Zeichen für die strategische Wichtigkeit der Arbeitgebermarke zu setzen und um sie nach außen abgestimmt und authentisch zu kommunizieren. Die erarbeitete Employer Brand unterstützt dann nachhaltig bei der Gewinnung externer Talente.

Im nächsten Schritt werden auf der Basis der Arbeitgebermarke die HR Leerzeichen löschen Kommunikationsbotschaften entwickelt. Für die Glaubwürdigkeit und somit auch

	Beschreibung	Pro	Contra
1. Weg	1. Tiefgehende Analyse 2. Employer Brand-Entwicklung	» Fundierte Basis für die Arbeitgebermarkenentwicklung » Von Beginn können die Themen in der Breite und Tiefe analysiert werden	» Ggf. ist der Blick zu sehr auf den Status Quo gerichtet
2. Weg	1. Kurze Analyse 2. Employer Brand-Entwicklung 3. Validierung der Employer Brand	» Solide Rückmeldung zur Employer Brand-Definition	» Employer Brand-Entwicklung basiert ggf. auf zu wenigen validen Informationen

Abb. 4.4 Pro- und Contra-Argumente für die Entwicklungswege im Employer Branding (Quelle: Kienbaum)

für die Akzeptanz ist es unabdingbar, dass sie nicht nur oberflächlich den Arbeitgeber und die Arbeitswelt beschreiben, sondern detaillierte, greifbare Einblicke geben. Aussagen wie „herausfordernde Aufgaben" sind mit einer detaillierteren Beschreibung der Herausforderung zu ergänzen, z. B. dass Entwicklungsingenieure eng mit anderen Disziplinen, wie z. B. mit dem Informationstechnologie-Bereich (IT) und mit dem Vertrieb zusammenarbeiten.

Da die Botschaften eine wesentliche Verknüpfung zwischen der Employer Brand und den Kandidaten sowie den Mitarbeitern bilden, sollten sie stets in Balance zwischen den Anforderungen des Arbeitgebers und den Wünschen der Zielgruppen stehen, ansonsten wirken sie auf (potenzielle) Mitarbeiter als unglaubwürdig (Stepstone 2011, S. 9). Es ist üblich, allgemeine Aussagen über die Organisation als Arbeitgeber und darüber hinaus zielgruppenspezifische Botschaften zu entwickeln. Dabei ist stets zu beachten, dass jeder Kandidat eine sehr „egoistische" Perspektive hat – und vom (potenziellen) Arbeitgeber die Erfüllung seiner Vorstellungen erwartet. Dementsprechend sind Auszubildenden andere Botschaften zu kommunizieren als Berufserfahrenen, die sich in einer vollkommen anderen Lebens-, Erfahrungs- und Wunschsituation befinden. Eine Differenzierung kann bzw. sollte auch geschlechterspezifisch sein. Es ist ratsam, Frauen mit anderen Botschaften anzusprechen als Männer.

Die Employer Branding-Strategie steht. Und wie nimmt sie nun Gestalt an?

Jede Strategie ist nur ein „Papiertiger", wenn sie nicht auf den (Arbeits-)Markt gebracht wird. Vor der Vermarktung benötigt eine Arbeitgebermarke ein „Gesicht" in Form von Farben, Schriften, Layout/Gestaltungskomposition, Bildwelt, Personal-Claim sowie Tonalität und Wortwahl. Alle Gestaltungselemente sollten einzeln und in Summe die Employer Brand und somit auch die Demografie Exzellenz widerspiegeln. Dabei ist darauf zu achten, dass jede gestalterische Entscheidung von Beginn an dahingehend entwickelt wird, dass die Strategie „visualisiert" wird, d. h. zum Beispiel:

- Liegt der Markenkern auf „Miteinander", sollten die Bilder tendenziell zwei oder mehrere Personen darstellen. Und in Texten sollten Begriffe wie „wir, gemeinsam, Mitarbeiter und Führungskraft etc." häufiger genutzt werden.
- Ist es das Ziel des Unternehmens, sich „innovativ" darzustellen, sollte der Mut aufgebracht werden, auch gestalterisch und textlich einen ungewöhnlichen Weg zu gehen, z. B. auf die klassische Darstellung von Personen zu verzichten und stattdessen Reize in unkonventioneller Kombination abzubilden etc.

Ähnlich wie bei der Employer Brand-Strategie muss die Frage beantwortet werden, wie nah oder weit sich die Corporate bzw. Product Brand in der Gestaltung der Arbeitgebermarke widerspiegeln soll. Diese Antwort ist immer ganz individuell zu entwickeln. Wichtig bei dieser Entscheidung und der grundsätzlichen Ausgestaltung der Employer Brand sind letztendlich das Ziel „Steigerung der Arbeitgeberattraktivität" und der in Abb. 4.5 dargestellte Dreiklang von Zielgruppenorientierung, Authentizität und Differenzierung.

Die beschriebenen Schritte sind als allgemeingültig zu betrachten, da sie nicht nur von nationalen, sondern auch von internationalen Unternehmen beachtet und umgesetzt werden (Kienbaum 2011).

Abb. 4.5 Dreiklang bei der Gestaltung einer Employer Brand (Quelle: Kienbaum)

	Instrumente zur Stärkung des Arbeitgeberimages	**Instrumente zur Rekrutierung**
Zielgruppe 1 z.B. Studenten und Absolventen	» Social Media, z.B. Facebook-Fanpage » Imagevideos, z.B. auf Youtube » Etc.	» Online-Banner, die auf Stellenanzeige verweisen » Hochschulmessen » Etc.
Zielgruppe 2 z.B. Berufserfahrene	» Social Media, z.B. Profil auf Xing » Employer PR, z.B. in Fachmedien » Etc.	» Rekrutierungsmessen/-events » Mitarbeiter-werben-Mitarbeiter » Etc.

Abb. 4.6 Parameter für die Vermarktung der Employer Brand (Quelle: Kienbaum)

Wie wird die Employer Brand vermarktet?

Im nächsten Schritt werden die Medien für die Vermarktung definiert und umgesetzt. Zu den Standardinstrumenten gehören Stellenanzeigen (Print- und Online-Variante) und eine Karriere-Website. Die Auswahl weiterer Instrumente ist anhand der Parameter Zielgruppe und Effekt durchzuführen (siehe Abb. 4.6).

Vor dem Einsatz ist jedoch zu prüfen, inwiefern die ausgewählten Instrumente praktikabel sind. Social Media ist ein schnelles Medium, d. h. in regelmäßigen und kurzen Abständen werden immer wieder neue Meldungen erwartet. Sollten hier weder die Inhalte noch die personellen Kapazitäten ausreichen, ist von dieser Möglichkeit besser abzusehen. Denn letztendlich ist Employer Branding eine ganz individuelle Entscheidung und Entwicklung, die stets auf die eigenen Bedürfnisse und Rahmenbedingungen angepasst werden sollte.

Wie werden am besten die externen Kandidaten gezielt erreicht?

Auch mit einer passenden Arbeitgebermarke und definierten Kommunikationskanälen gibt es nicht die eine Rekrutierungsmethode, die für alle Suchstrategien am besten passt. Und oft ist es die richtige und geschickte Kombination der einzelnen Maßnahmen, die zum schnellen Erfolg führt. Die wichtigsten Methoden im Überblick zeigt Abb. 4.7.

4.4.3 Praktische Tipps für die Umsetzung

Zunächst sollten Unternehmen festlegen, welche Ressourcen (Mitarbeiter, Kompetenzen, Budget, Zeit) zur Verfügung stehen und diese mit den eigenen Zielen vergleichen, um eine pragmatische Balance zwischen diesen Aspekten zu definieren. Im nächsten Schritt gilt es, einen Projekt- und Zeitplan für die kommenden sechs bis zwölf Monate zu erstellen. Dieser sollte beinhalten, welche Projekte welche Priorität haben, von wem verantwortet und in welcher zeitlichen Abfolge sie umgesetzt werden. Hierbei ist die Definition von Meilensteinen wichtig, um den Zeitplan fristgerecht einzuhalten. Dies kann z. B. ein Workshop oder eine Freigabe von der Geschäftsleitung sein. Parallel hierzu

Instrumente	Pro	Contra
1. Print-Anzeigen 2. Online-Anzeigen	» Relativ kostengünstig » Branchen und Regionen können vorab definiert werden » Höhere Quantität an Bewerbern	» Erreicht nur die Zielgruppe der aktiv Suchenden » Ist zeitlich punktuell » Sinkende Qualität der Kandidaten
1. Mitarbeiter: persönliche Empfehlung 2. Direktsuche- Active Sourcing	» Persönlicher Bezug » Höhere Qualität stattQuantität » Fachkräfte müssen umworben werden	» Zeit- oder kostenintensiv » Personelle Ressourcen » Moralische und juristische Grenzen

Abb. 4.7 Zentrale Rekrutierungswege (Quelle: Kienbaum)

ist die Entwicklung einer Checkliste hilfreich, um die Aufgaben im Detail zu definieren und dementsprechend den Zeit- und Arbeitsaufwand besser einzuschätzen.

Wesentlich ist es, von Beginn an die Geschäftsleitung zu integrieren, damit intern die Organisation erkennt, dass es sich um ein wichtiges, strategisches Projekt handelt – und nicht nur um ein Wunschprojekt einzelner Kollegen. Dies gilt gleichermaßen für das externe sowie interne Employer Branding.

Diese Integration der Geschäftsleitung auch in das Active Sourcing ist noch bedeutender. Zum einen sollte der Vertraulichkeitslevel und die strategische Relevanz vorab geklärt werden, um daraus die Suchmethode, v. a. ob mit oder ohne externen Berater, festzulegen. Als Grundsatz gilt, je strategischer oder vertraulicher der Bedarf ist, umso eher sollte das Active Sourcing oder die Direktansprache einem spezialisierten Executive Consultant mit Branchen-Know how übergeben werden. Ein Externer kann im ersten Schritt neutral und ohne Nennung des Unternehmens agieren und erweckt im Markt bei den Kunden und Partnern sowie bei den eigenen Mitarbeitern keine Unsicherheiten bzgl. aufkommender Vakanzen. Potentielle Kandidaten werden in einem neutralen Umfeld ausgesucht und zu ihren Vorstellungen und Wünschen be- und hinterfragt.

Im Employer Branding ist ein weiterer wesentlicher Erfolgsfaktor die frühzeitige und kontinuierliche Kommunikation mit den Stakeholdern, z. B. mit den Vertretern des Betriebsrats, den Fachkräften aus einem bestimmten Fachbereich etc. Da die Employer Brand kein Selbstzweck ist, sondern dem gesamten Unternehmen dient, ist dies unumgänglich, um mögliche Falschinformationen, dem so genannten „Flurfunk" o. ä., entgegen zu wirken.

Die Methodik des Active Sourcings aus Sicht des Unternehmens beinhaltet die Schritte

- Bedarf und Umfeld klären,
- Kandidaten identifizieren,
- Kandidaten ansprechen und
- Kandidaten schlussendlich gewinnen (siehe Abb. 4.8).

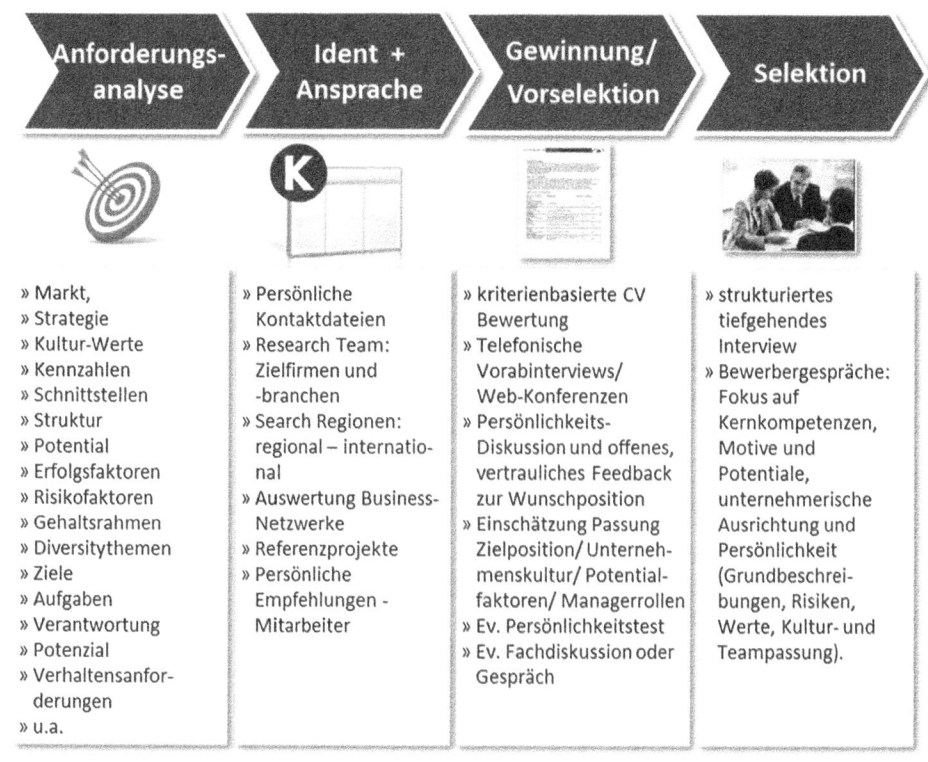

Abb. 4.8 Beispiel Suchprozess im Active Sourcing (Quelle: Kienbaum)

Um in der Mitarbeitersuche zielgerichtet vorzugehen, ist vorab eine genaue Analyse des Bedarfs vorzunehmen und zudem das rekrutierungsrelevante Umfeld zu betrachten. Hierzu gehören Untersuchungen zum Gehaltsrahmen, zum grundsätzlichen Volumen verfügbarer potentieller Kandidaten, zur Marktsituation relevanter Branchen usw.

Die konkrete Identifikation einzelner Kandidaten war in der Vergangenheit noch ein deutlich schwierigeres Unterfangen. Da es heute viele Online-Kanäle – XING, LinkedIn, Experteer, diverse Suchmaschinen usw. – für diesen Schritt gibt, ist es viel einfacher geworden. Die Übersicht und die Priorisierung in der Vielzahl der Sozialen Medien zu behalten, entwickelt sich zu einer bedeutenden Herausforderung. Nicht zuletzt ist auch deren Preisgestaltung sehr unterschiedlich (grundsätzlich Weinberg 2014; Kreutzer 2014).

Nach der erfolgreichen Identifizierung gehört eine adäquate und gewinnende Ansprache der Kandidaten zu der größten Hürde in der Direktansprache. Die Rücklaufquote ist dabei ein Maß für die Qualität der Ansprache. In strategisch wichtigen Positionen werden nach wie vor entsprechende Executive Consulting-Unternehmen hinzugezogen. Eine Übersicht zu einschlägigen Dienstleistern findet sich z. B. auf der Berater-Datenbank des Bundesverbands Deutscher Unternehmensberater BDU e.V.

Im maßgeblich wichtigsten Schritt, dem Gewinnen bzw. Überzeugen eines Kandidaten, werden die speziellen fachlichen sowie persönlichen Anforderungen des Unternehmens mit den Wünschen und Vorstellungen des Kandidaten abgeglichen. Dies erfolgt nach wie vor zuerst telefonisch und endet mit einem oder mehreren persönlichen Gesprächen.

Für das Abwerben von Leistungsträgern aus einem anderen Unternehmen sind neben den moralischen die relevanten datenschutz- und wettbewerbsrechtlichen Besonderheiten zu beachten. Hierzu zählen geschäftliche Gesichtspunkte. Eine vertrauensvolle Geschäftsbeziehung mit Kunden und Lieferanten oder Partnern ist ein hohes Gut. Vor diesem Hintergrund können interne Recruiter einen großen Schaden bei Nichtbeachtung anrichten. Dass aus juristischer Sicht von einem anderen Unternehmen Mitarbeiter abgeworben werden dürfen, ist nach einem BGH Urteil von 2007 (BGH 11.01.2007 Az. I ZR 96/04) grundsätzlich erlaubt, bedarf aber der Einwilligung der Kandidaten. Das ist genau die Schwierigkeit, wenn ein Bewerber die Wechselwilligkeit vorher in einem sozialen Netz signalisiert hat, wäre dies z. B. gegeben. Externe Berater tun sich hier durch ihren eigenen Datenpool, eventuell ist der Kandidat schon bekannt, und dem engen regelmäßigen Austausch mit den potenziellen Kandidaten deutlich leichter. Um zu verhindern, dass die eigenen Leistungsträger abgeworben werden, müssen die Unternehmen noch stärker als früher bindungsförderliche Maßnahmen implementieren, wie z. B. Führungsverantwortung wahrnehmen und Total Rewards Systeme etablieren und an den Bedürfnissen der Mitarbeiter ausrichten (vgl. Abschn. 4.5 in diesem Buch). Nur Unternehmen, die hier adäquat agieren, werden Mitarbeiter zukünftig erfolgreich rekrutieren und auch halten können.

4.4.4 Fazit

Mitarbeitersuche, Employer Branding und Active Sourcing haben viel mit gesundem Menschenverstand zu tun. Sollten sich die Beteiligten in einem Projektschritt unsicher sein, sollten sie versuchen, die Perspektive auf die Situation zu wechseln und sich fragen: „Wie würde ich in solch einer Situation reagieren? Würde es mir als Kandidat gefallen?". Zudem müssen Unternehmen erkennen, dass sie auf geeignete Kandidaten aus kritischen Zielgruppen zugehen müssen, da diese oft nicht aktiv nach Stellen suchen. Fachkräfte wollen und müssen umworben und proaktiv angesprochen werden.

4.5 Integration und Bindung

4.5.1 Einleitung

Das größte Potenzial, über das Unternehmen zur personalpolitischen Bewältigung der demografischen Herausforderungen verfügen, sind die bereits vorhandenen Mitarbeiter. Aus diesem Grund ist auch dafür zu sorgen, dass neue Mitarbeiter mit geeigneten

Maßnahmen positiv in das Unternehmen integriert werden und sich ebenfalls dauerhaft in die Organisation einfinden. Ziel ist, dass die Mitarbeiter gerne im Unternehmen arbeiten und sich engagiert einbringen – und zwar primär auf der Basis einer freiwilligen Verbundenheit und nicht, weil sie mit Zwangsmaßnahmen wie langen Kündigungsfristen oder überzogenen Rückzahlungsverpflichtungen an das Unternehmen „gefesselt" werden (Hofe vom 2005, S. 38; Schirmer 2007, S. 49). Mitarbeiterbindung bzw. Retentionmanagement als unternehmerische Gestaltungsaufgabe zur Steigerung der Verbundenheit von Mitarbeitern muss dafür bereits deutlich vor der eigentlichen Arbeitsaufnahme einsetzen und sollte sich idealerweise über das – vorübergehende – Ende des Arbeitsverhältnisses hinaus fortsetzen (Schirmer 2013, S. 32). Typischerweise bezieht sich Retentionmanagement nicht auf alle Mitarbeiter, sondern ressourcenbedingt oftmals auf strategisch relevante Mitarbeiter (Braunweiler 2014, S. 83).

4.5.2   Von der Integration zur dauerhaften Bindung

Mitarbeiterbindung ist grundsätzlich eine prozessübergreifende Querschnittsfunktion im Personalmanagement, die zum Ziel hat, eine ganzheitlich positive Beziehung zum Mitarbeiter zu entfalten (Schirmer 2013). Dafür ist der Mitarbeiter, ausgehend von der Rekrutierung, über die Ausgestaltung des Anreizsystems bis hin zum eventuellen Exit- und Alumniprozess, wertschätzend zu behandeln. Wichtig ist auch, dass die Vorgesetzten verstehen, dass Retentionmanagement vor allem eine Führungsaufgabe ist und durch das Management gelebt werden muss: Mitarbeiter kommen wegen dem Unternehmen und dem Arbeitsplatz, sie gehen wegen der Führungskraft! Führungskräfte haben als Repräsentanten des Unternehmens eine zentrale Rolle im Bindungsprozess.

Die angestrebte Verbundenheit der Mitarbeiter dem Unternehmen gegenüber gründet sich auf einer besonderen Einstellung, dem organisationalen Commitment. Dieses stellt das psychologische Band zwischen Organisation und Mitarbeiter dar. Organisationales Commitment beschreibt, in wieweit sich Mitarbeiter ihrem Unternehmen zugehörig und verbunden fühlen (Dick van 2003). Das Commitment ergibt sich wiederum aus mehreren Dimensionen, die auf gefühlsbezogenen, kalkulierenden und selbstverpflichtenden Aspekten basieren (Meyer und Allen 1997). Affektives Commitment bezeichnet die gefühlsbezogene Verbundenheit gegenüber dem Unternehmen. Dazu tragen positive Erfahrungen während der Arbeit bei. Werden z. B. Erwartungen an die Arbeitsinhalte oder den Führungsstil erfüllt, stellt sich bei den Mitarbeitern Arbeitszufriedenheit ein. Das Zufriedenheitsempfinden und das damit verbundene Wohlfühlen in der Organisation sind ganz wesentliche Entstehungsursachen für affektives Commitment. Auch die erlebte Übereinstimmung von eigenen und organisationalen Werten fördert die emotionale Verbundenheit (Wolf 2013, S. 76 ff.). In Folge dieses ganzheitlichen Wohlfühlens „Wollen" Mitarbeiter im Unternehmen bleiben. Dabei ist hervorzuheben, dass das affektive Commitment besonders wichtig dafür ist, dass Menschen in einer Institution verbleiben (Meyer und Allen 1997, S. 107). Diese Erkenntnis ist gerade für kleinere und mittelgroße

Unternehmen wichtig, die sich an dieser Stelle durchaus gegenüber großen Unternehmen und Konzernen positiv profilieren können. Die zweite Dimension, das selbstverpflichtende Commitment, beschreibt die Verbundenheit einer Person auf der Basis einer moralischen Verpflichtung, weil das Unternehmen den Mitarbeiter gut behandelt hat und immer fair ihm gegenüber war. Auch gesellschaftliche Normen im Sinne von „Man steht zu seinem Wort!", die eine Bindung an eine gegebene Vertragsunterschrift induzieren, gehören hierzu. In diese normative Verbundenheitsdimension fallen auch die vom Mitarbeiter durchaus akzeptierten vertraglichen Regelungen zu Kündigungsfristen oder nachlaufenden Wettbewerbsverboten. All diese Überlegungen führen bei den Mitarbeitern zu einem Empfinden, dass sie bleiben „Sollen". Mitarbeiter wägen weiterhin sehr genau ab, ob es sich für sie „rechnet", ihr Unternehmen zu verlassen. Das hängt u. a. schlussendlich auch davon ab, ob es auf dem Arbeitsmarkt überhaupt alternative, attraktive Stellenangebote gibt und wie hoch das Risiko eingeschätzt wird, in dem neuen Unternehmen zu scheitern und eventuell einen Karrierebruch zu erleiden. Aber auch die Sorge um den Verlust von interessanten Arbeitszeitregelungen und Entgeltbestandteilen fallen in diese Commitmentdimension. Diese Überlegungen führen dazu, dass Mitarbeiter glauben, dass sie aus Kosten-Nutzen-Überlegungen bleiben „Müssen" (Felfe und Franke 2012, S. 14).

Unter Berücksichtigung des Commitmentkonzeptes ist es möglich, eine ganzheitliche Personalbindung zu realisieren. Durch inhaltlich auf die drei Verbundenheitsdimensionen ausgerichtete Maßnahmen kann dann ein dauerhafter Verbleib der Mitarbeiter in der Organisation erreicht werden. Der psychologische Erlebensprozess eines Mitarbeiters während der Integration in ein Unternehmen lässt sich in fünf Phasen aufteilen (vgl. Abb. 4.9). Diese bieten gezielte Ansatzpunkte für Maßnahmen zur Steigerung der Verbundenheit.

Die Entwicklung der Verbundenheit beginnt sehr viel früher, als häufig in den Unternehmen angenommen wird. Bereits bei dem ersten Kontakt des Bewerbers, sei es in Form

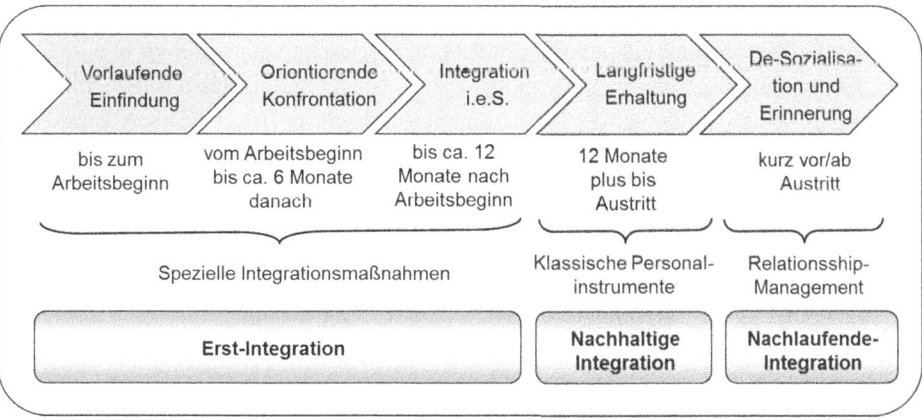

Abb. 4.9 Phasen des Integrationsprozesses (Quelle: nach Schirmer 2013, S. 44, leicht modifiziert)

einer gestalteten Anzeige oder im Vorstellungsgespräch, entwickeln sich bei ihm Vorstellungen über seine Zukunft im Unternehmen. Er beginnt sich gleichsam gedanklich in die Organisation einzufinden, obwohl er physisch noch gar nicht vor Ort ist. In dieser Phase, die auch als vorlaufende Einfindung bzw. antizipatorische Sozialisation bezeichnet wird, bildet der Bewerber Erwartungen an die Institution aus, auf deren Basis er entscheidet, ob er die Stelle annimmt. Werden diese Hoffnungen später durch das Unternehmen nicht eingelöst, entstehen bereits hier die Ursachen für spätere Fluktuationsentscheidungen auf Seiten des Mitarbeiters. Mit der faktischen Arbeitsaufnahme am ersten Arbeitstag beginnt eine mehrmonatige Phase, aus Unternehmensperspektive häufig auch als Onboarding bezeichnet, in der individuelle Vorstellungen und tatsächliche Gegebenheiten miteinander abgeglichen werden. Muss der neue Mitarbeiter hier zu große Erwartungsenttäuschungen hinnehmen, z. B. aufgrund überhöhter Versprechungen im Bewerbungsprozess seitens des Unternehmens, kann im schlimmsten Fall sogar der Abbruch der Beziehung durch eine Kündigung erfolgen. Im positiven Fall beginnt sich der neue Mitarbeiter in das Unternehmen zu integrieren, seine Rolle zu erkennen und ein erstes Profil von sich abzugeben. In einer dritten, als Integration im eigentlichen Sinn bezeichneten Phase, transformiert der Mitarbeiter vom Neuling zum vollwertigen Organisationmitglied. Er kennt sein Aufgabenfeld, ist sozial eingegliedert und hat die Anforderungen an seine Rolle identifiziert und akzeptiert. Die vierte Phase der Integration, die langfristige Erhaltung, kann sich über viele Jahre erstrecken. In dieser Zeit ist durch den lebensphasenorientierten Einsatz klassischer Personalinstrumente dafür zu sorgen, dass sich der Mitarbeiter wohlfühlt, seine Bedürfnisse befriedigt werden und er sich insgesamt gerecht behandelt fühlt. Dadurch wird sein Commitment gefördert. Trotzdem kann es immer wieder dazu kommen, dass Mitarbeiter aus privaten Gründen oder wegen attraktiver Alternativangebote das Unternehmen verlassen. Diese fünfte Phase im Bindungsprozess ist durch das gegenseitige „Loslassen" geprägt und wird durch das Lösen sozialer Bindungen und der Ausrichtung auf das neue Unternehmen beeinflusst. In dieser Phase ist es wichtig, dass sich das abgebende Unternehmen fair verhält und die sich oftmals einstellenden Gefühle der Isolation bei dem Mitarbeiter auffängt und reduziert. Gelingt es hier, einen positiven Eindruck bei dem Mitarbeiter zu hinterlassen, besteht durchaus die Chance, dass dieser später wieder einmal in das Unternehmen zurückkehrt. Dieses „Boomerang-Hiring" kann durch ein professionelles Alumni- und Kontakthaltemanagement gefördert werden.

Für Unternehmen besteht in der dritten Phase des Bindungsprozesses, d. h. während der nachhaltigen Integration, eine hervorragende Möglichkeit dafür zu sorgen, dass sich die Mitarbeiter intensiv mit dem Unternehmen identifizieren. Dies steigert das Commitment weiter. Voraussetzung dafür ist, dass die identifikationsstiftenden Merkmale durch ein zielgruppenspezifisches Employer Branding zum Ausdruck gebracht werden (Petkovic 2008 sowie Abschn. 4.4 dieses Buches). Die Arbeitgebermarke dient dazu, dass der Mitarbeiter mit der Organisation sofort charakteristische Eigenschaften als Arbeitgeber verbindet, die auf einem stimmigen Gesamtbild bzgl. der angebotenen Werte und

Attraktivitätsmerkmale basieren und die eine Unterscheidung gegenüber anderen Unternehmen ermöglichen. An der formulierten Arbeitgebermarke ist dann das personalwirtschaftliche Anreizsystem konsequent auszurichten. Hierbei sind die Bedürfnisse der Mitarbeiter durch ganzheitliche Anreizsysteme zu befriedigen. Mögliche monetäre und nichtmonetäre Elemente eines solchen Total Rewards Systems sind z. B.:

Vergütung
- Marktgerechte Grundvergütung
- Leistungsorientierte Vergütung
- Zielerreichungsprämien
- Sonderzahlungen
- Erfolgsbeteiligungen

Monetäre Nebenleistungen
- Altersvorsorge
- Gesundheitsvorsorge
- Risikovorsorge
- Dienstwagen
- Überdurchschnittliche Sozialleistungen

Nicht monetäre Anreize: Lernen und Entwicklung
- Personalentwicklung
- Berufsbegleitende Masterprogramme und Promotionsmöglichkeiten
- Karriereplanung
- Herausfordernde Aufgaben
- Sabbatical für Weiterbildung
- Weiterbildung in der Elternzeit
- Coaching und Mentoring-Programme

Nicht monetäre Anreize: Arbeitsumfeld
- Familienfreundliche Maßnahmen (Kinderbetreuung, Eltern-Kind-Zimmer, Pflegeplätze)
- Flexible Arbeitszeitmodelle
- Entscheidungsspielräume
- Diversity Management
- Betriebsklima
- Führungsstil
- Bürogestaltung

Bei der zielgruppenbezogenen Gestaltung des Anreizsystems sind grundsätzlich auch die unterschiedlichen Bedürfnisse der verschiedenen im Unternehmen vorhandenen Mitarbeitergenerationen zu beachten. Die durch die Geburtsperiode und prägende Kollektivereignisse in Jugend und Kindheit entwickelte gemeinsame Werte- und Bedürfnisklammer der verschiedenen Alterskohorten führt als kollektive Grundprogrammierung zu den Generationenunterschieden. Diese sind allerdings nicht überzubewerten und dürfen nicht im Sinne einer simplifizierenden, verallgemeinernden „Ent-Individualisierung" umgesetzt werden, da es „die" Generationen Babyboomer, X, Y oder Z als komplett homogene Gruppierung nicht gibt. Die gemeinsame Werte- und Bedürfnisbasis wird neben den Einflüssen des Alters- und des Lebensphaseneffektes sehr stark durch individualisierende Einflüsse der primären (Familie, Kindergarten), sekundären (Schule, peer groups), tertiären (Ausbildung, Studium, Beruf) und quartiären (berufsständisch, Betrieb) Sozialisierung beeinflusst. Damit kommt es zu erheblichen Differenzen in den Werte- und Bedürfniskatalogen der verschiedenen Individuen einer Generation (siehe auch Abschn. 4.3 dieses Buches). Vielmehr liegt die Herausforderung in der Gestaltung von Anreizsystemen mit Individualisierungsmöglichkeiten, welche sich z. B. durch Cafeteria-Systeme abbilden lassen.

Spezielle Anreizfaktoren für ältere Mitarbeiter sind z. B. Angebote zur betrieblichen Altersvorsorge, altersgerechte Laufbahn- und Personalentwicklungskonzepte, Begrenzung von Schichtzeiten oder die Aufnahme von Senior Potentials in ein intergeneratives Talentmanagement (Braunweiler 2014).

Zum instrumentellen Gestaltungsfeld im Retentionmanagement gehört auch, qualifizierten Mitarbeitern ausreichend Handlungs- und Entscheidungsspielräume zu gewähren. Zentralistische Einlinien-Systeme mit hierarchischer Steuerung oder patriarchalisch-autoritär geprägte Führungssysteme sind hierfür wenig geeignet. Maßnahmen zur Institutionalisierung von partizipativen Spielräumen sind z. B. teilautonome Arbeitsgruppen, Qualitätszirkel, Führen durch Zielvereinbarungen, Empowerment, Job enrichment oder agile Führungskonzepte.

Das Commitment von Arbeitnehmern wird in der nachhaltigen Integrationsphase intensiv durch das Verhalten der Führungskräfte beeinflusst (Felfe 2008, S. 135 ff.). Führung als ein sozial akzeptierter Einflussprozess hat als leistungsbestimmende Bedingung auch das ganzheitliche Wohlbefinden der Mitarbeiter zu fördern (Schirmer und Woydt 2012, S. 1). Vorteilhaft ist es, wenn die Führungsphilosophie des Unternehmens in Führungsgrundsätzen veröffentlicht wird, damit sich diese dem Mitarbeiter transparent eröffnet. Bindungsförderliche, weil sozial unterstützende Führungsverhaltensweisen der Vorgesetzten, sind z. B. helfendes Verhalten und Beistand in schwierigen Situationen, Partizipation und Einbindung, Wertschätzung sowie Lob und Anerkennung. Wichtig ist es zudem, den einzelnen Mitarbeiter entsprechend seiner Fähigkeiten, seines Selbstvertrauens usw. altersgerecht und individuell zu führen. Dies impliziert eine konsequente Abkehr von falsch verstandenen Überzeugungen wie „Ich behandele alle meine Mitarbeiter gleich. Damit führe ich gerecht!".

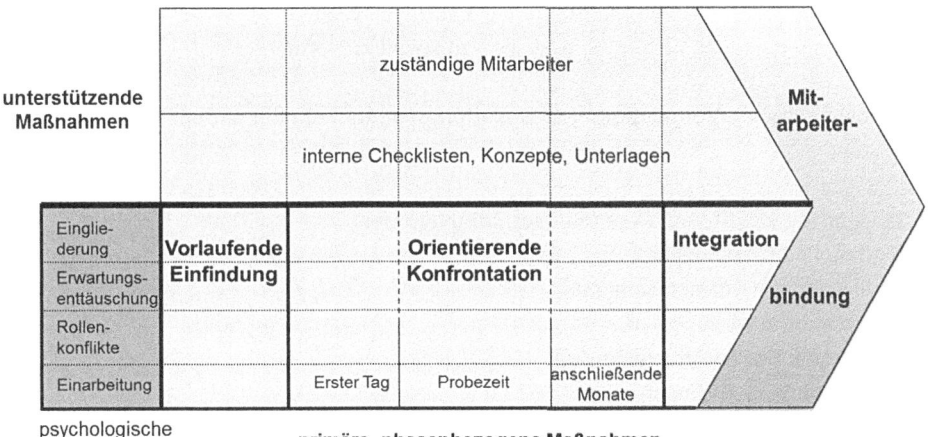

Abb. 4.10 Integrationskette (Quelle: nach Schirmer 1997a, S. 99 ff., modifiziert)

4.5.3 Praxistipps zur Integration und Bindung

Der Onboardingprozess neuer Mitarbeiter kann umfassend und wirkungsvoll mithilfe des Analyse- und Gestaltungs-Tools „Integrationskette" (vgl. Abb. 4.10) konzipiert werden. Für die Betriebe stellt sich dabei die Aufgabe, die Erst-Integration so zu gestalten, dass die Verbundenheit der neuen Mitarbeiter positiv beeinflusst wird. Dies kann gerade dann erreicht werden, wenn alle Detailphasen und psychologischen Erlebensbereiche berücksichtigt werden.

Die Integrationskette setzt sich aus direkten und unterstützenden Maßnahmen zusammen. Dabei gliedert sie den zu gestaltenden Onboardingprozess in ein System differenzierter und phasenbezogener Aktivitätsfelder, die Eingriffsmöglichkeiten für betriebliche Integrationsmaßnahmen bieten. Unternehmen können mit diesem Hilfsmittel ihr Onboardingprogramm in Bezug auf die verschiedenen Aktivitätsfelder analysieren und sie im Rahmen ihrer situativen Möglichkeiten effektiv gestalten.

Neue Mitarbeiter sind während ihres Integrationsprozesses besonders sensibel für ihre soziale Eingliederung, für mögliche Erwartungsenttäuschungen durch nicht eingehaltene Versprechen (kognitive Dissonanzen), für eventuell auftretende Rollenkonflikte und für ihre Einarbeitung. Entsprechend dieser Wahrnehmungspräferenzen können die verschiedenen Onboardingphasen dahingehend analysiert und mit geeigneten Maßnahmen beeinflusst werden. Beispielhafte Maßnahmen, die z. B. vor dem eigentlichen Arbeitsantritt in der Phase der vorlaufenden Einfindung zur Förderung der späteren sozialen Eingliederung durchgeführt werden können, sind

- Unbeaufsichtigtes Informationsgespräch mit künftigen Kollegen im Bewerbungsprozess
- Einladung zu Betriebsausflügen/Feiern

- Zusendung einer Willkommenskarte des künftigen Teams
- Beachtung eines „Realistic job preview" zu sozialen Normen

Maßnahmen zur Vermeidung von Erwartungsenttäuschungen am ersten Tag können z. B. sein:

- Persönliche Begrüßung (Vorgesetzter, Stellvertreter)
- Vorbereiteter Arbeitsplatz
- Willkommens-Aufmerksamkeit
- Gemeinsames Mittagessen
- Vorgesetzter hat ausreichend Zeit
- Vorstellung der Kollegen
- Übertragen der ersten Arbeitsaufgabe
- Informeller Nachmittagskaffee

Alle primären Maßnahmen des Onboardingprozesses können dann in eine Checkliste überführt werden, die in die verschiedenen Phasen gegliedert ist, die jeweilige Maßnahmen mit dem Umsetzungszeitpunkt enthält und definiert, wer dafür verantwortlich ist, z. B. Personalabteilung, IT-Abteilung oder die aufnehmende Führungskraft usw. Eine derartige Checkliste ist dann wiederum Teil der unterstützenden Prozesse, die die organisatorische Umsetzung des Onboardingprozesses sicherstellen. Hierunter fallen z. B. das Erstellen von Checklisten, Rollendefinitionen der beteiligten Mitarbeiter, Verantwortlichkeiten usw.

Wie oben dargestellt, bietet sich für Organisationen nach der Erst-Integration, die durch den Onboardingprozess gesteuert wird, die Möglichkeit, in der darauf folgenden Phase der nachhaltigen Dauerintegration das identifikationsgestützte Commitment der Mitarbeiter zu steigern. Bei der Bestimmung der Employer Brand bzw. des Markenkerns, also der Beantwortung der Fragen, „Was macht uns besonders? Wer sind wir?", sollten auch kleinere und mittelgroße Organisationen keine Angst haben, dass sie hier keine attraktiven Angebote machen könnten. Gerade kleinere und mittelgroße Unternehmen verfügen über erhebliche Attraktivitäts- und Identifikationspotenziale, die sie gegenüber Großunternehmen und Konzernen positiv profilieren, so z. B.:

- Langfristiges Denken anstatt kurzfristiger Gewinnoptimierung
- Nicht nur Beschäftigungsfähigkeit fordern, sondern auch Beschäftigung bieten
- Personalentwicklung ist langfristig ausgelegt mit persönlichen Perspektiven
- Tragfähige, intensive soziale Beziehungen
- Schnelle Verantwortungsübernahme und breite Aufgaben (Aufstieg)
- Flache Hierarchien und große Flexibilität
- Regionale „Verwurzelung" und soziale Verantwortung
- Mitarbeiter werden im Falle wirtschaftlicher Probleme nicht als anonyme Manövriermasse zur Kostensenkung gesehen, sondern als soziale Wesen betrachtet

Um ein bedürfnisgerechtes Anreizsystem zu entwickeln, ist es hilfreich im Rahmen von Workshops mit einer betrieblichen Fokusgruppe, d. h. Vertretern aller Mitarbeitergruppen, Niederlassungen usw., eine so genannte Präferenz-Image-Matrix zu erarbeiten. Hierbei werden mit den Teilnehmern aus der Zielgruppe zuerst die Präferenzen in Bezug auf die Attraktivität eines Arbeitgebers abgefragt und nach einer anschließenden Priorisierung auf der Y-Achse einer Vier-Felder-Matrix abgetragen (vgl. Abb. 4.11).

In einem zweiten Schritt wird dann der aktuell subjektiv wahrgenommene Erfüllungsgrad dieser Attraktivitäts- und Bindungsfaktoren bei den teilnehmenden Mitarbeitern erfasst und auf der X-Achse eingetragen. So ergibt sich ein Handlungsportfolio, das aufzeigt, in welchen Bereichen Optimierungsbedarfe dringend angegangen werden müssen, um die Verbundenheit der Mitarbeiter zu steigern. Aus der Abb. 4.11 zeigt sich, dass im Bereich des Themenfeldes Total Compensation sowie im Bereich Karriereplanung und -wege Handlungsbedarfe bestehen, soll die Verbundenheit der Mitarbeiter gesteigert werden. Die vorhandenen Instrumente zur Work-Life-Balance stellen dagegen eine echte Retention-Stärke dar. Ein Ausbau internationaler Einsatzmöglichkeiten ist unter Bindungsgesichtspunkten in diesem Beispiel nicht prioritär, da dies von den Mitarbeitern als relativ unwichtig erachtet wird.

Damit die Führungskräfte sich ihrer Verantwortung und ihrer zentralen Rolle im Bindungsprozess bewusst werden, ist das Thema Mitarbeiterbindung als thematischer Block in die Seminare zur Führungskräfteentwicklung zu integrieren. Hierfür reicht ein Umfang von ca. zwei Zeitstunden gut aus. In diesen Bildungsblöcken kann die Rolle der Führungskräfte im Bindungsprozess, bindungsförderliche Verhaltensweisen usw.

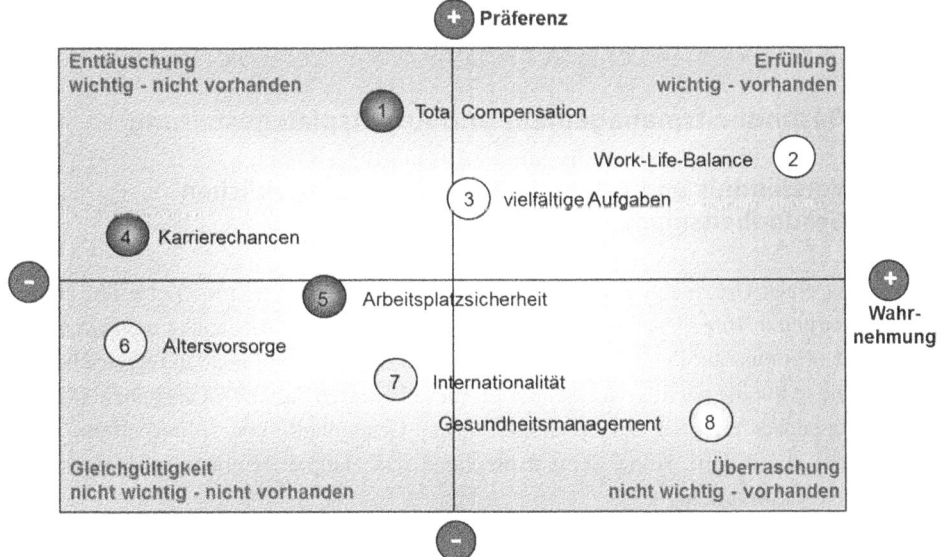

Abb. 4.11 Präferenz-Image-Matrix (Quelle: nach Schirmer 2013, S. 41, leicht modifiziert)

bearbeitet werden. Falls noch nicht vorhanden, ist es unbedingt zu empfehlen, Führungs-grundsätze für das Unternehmen zu erarbeiten, um hier für Transparenz bei den Mit-arbeitern und eine einheitliche, bindungsförderliche Führungskultur zu sorgen. Kon-sequenterweise sollte die Förderung der Mitarbeiterverbundenheit dann auch als Kriterium in die Zielvereinbarung bzw. Beurteilung von Führungskräften aufgenommen werden (Schirmer 2012, S. 5 f.).

4.5.4 Fazit

Für eine erfolgreiche Verbundenheit der Mitarbeiter ist ein ganzheitliches und lang-fristiges Retentionmanagement nötig. Insbesondere Aktivitäten im Bereich zur Entwick-lung einer Employer Brand oder einer angepassten Unternehmenskultur benötigen Zeit, um Commitment positiv zu beeinflussen. Personalerhaltung muss die verschiedenen Kerndimensionen des Commitments berücksichtigen. Isolierte Insellösungen sind kaum in der Lage eine tragfähige Loyalität zu generieren, welche dazu beiträgt, schwierige Phasen in der Arbeitnehmer-Arbeitgeber-Beziehung positiv zu überbrücken. Zur opti-malen inhaltlichen Ausgestaltung ist Retentionmanagement zielgruppenspezifisch und eventuell sogar individualisiert zu betreiben, da sich verschiedene Mitarbeiter unter-schiedlich stark durch die einzelnen Commitmentdimensionen binden lassen. Damit nachhaltige Personalerhaltung möglich wird, muss dies als Grundsatz in der Personalpo-litik verankert sein. Zu achten ist darauf, dass Retentionmanagement nicht zum Selbst-zweck wird. Ein Korrektiv für die Umsetzung von Bindungsaktivitäten ist dabei immer deren Kosten-/Nutzen-Verhältnis sowie deren Auswirkungen auf die unternehmerischen Schlüsselgrößen Umsatz, Wertsteigerung und Gewinn.

4.6 Gesundheitsmanagement und Arbeitsplatzgestaltung

4.6.1 Verständnis und Erfolgsfaktoren eines betrieblichen Gesundheitsmanagements

Der Erfolg eines Unternehmens gründet sich auf leistungsfähige, motivierte und enga-gierte Mitarbeiter. Ihre Gesundheit und ihr Wohlbefinden am Arbeitsplatz nehmen einen erheblichen Einfluss auf ihre Leistungsfähigkeit und Zufriedenheit in allen Lebensphasen. Gesundheit stellt eine wichtige Ressource für diese Faktoren dar und ist als ganzheitlicher und umfassender Begriff zu verstehen. Die Gesundheit von Mitarbeitern aller Altersstufen zu fördern, sollte dementsprechend das Hauptaugenmerk einer positiven Unternehmenskultur sein.

In der heutigen Zeit kommt dem Gesundheitsmanagement im Setting Betrieb aufgrund der Veränderungen in der Arbeitswelt eine wachsende Bedeutung zu. Die Entwicklung von Informations- und Kommunikationstechnologien, der steigende globale Wettbewerb sowie der demografische Wandel machen diese Veränderung deutlich. Die Folge sind steigende psychische Belastungen sowie ein Mangel an körperlicher Aktivität. Resultierend daraus ergibt sich eine Erhöhung des Risikos chronischer Erkrankungen, welche eine häufige Ursache für langfristige Ausfälle darstellen. Krankheitsbedingte Fehlzeiten von Mitarbeitern stellen eine hohe finanzielle Belastung für das Gesundheitssystem sowie für das Unternehmen dar. Ein großes Interesse des Personalmanagements sowie der Führungskräfte sollte somit an der Erhaltung bzw. Förderung der Gesundheit, Motivation und Zufriedenheit der Mitarbeiter liegen. Eine zukunftsorientierte Personalpolitik mit einem professionellen betrieblichen Gesundheitsmanagement (BGM) ist zur erfolgreichen Bewältigung dieser Aufgabe essentiell.

Zur professionellen Implementierung und Etablierung eines Gesundheitsmanagements im Unternehmen sind verschiedene Kriterien zu beachten. Dabei stellt ein systematisches Vorgehen nach dem BGM-Zyklus das elementare Erfolgskriterium dar. Der Zyklus, siehe Abb. 4.12, beinhaltet die fünf Phasen Strukturaufbau, Analyse, Maßnahmenplanung und -umsetzung sowie Evaluation. Lediglich die Realisation des Zyklus als Kontinuum gewährleistet einen stetigen Verbesserungsprozess.

Die Begleitung der Kernprozesse des betrieblichen Gesundheitsmanagements durch einen externen Berater einer Krankenkasse, einen externen Dienstleister oder einen innerbetrieblichen Gesundheitsmanager ist empfehlenswert. Die Auseinandersetzung mit gesundheitlichen Aspekten fällt zudem in den Aufgabenbereich diverser weiterer, innerbetrieblicher Fachbereiche. Neben den Verantwortlichen eines Unternehmens (Unternehmensleitung, Geschäftsführer) beschäftigen sich u. a. die Personalabteilung, die Arbeitssicherheit sowie der betriebsärztliche Dienst mit der Gesundheitssituation im Betrieb.

Aufbau von Strukturen

Zu Beginn der Implementierung eines Gesundheitsmanagements ist der Aufbau von Strukturen maßgeblich. In dieser ersten Phase sollten Fragen bezüglich der Zielstellung und des Auftrages geklärt werden, d. h. „Wo wollen wir als Unternehmen mit Hilfe des Gesundheitsmanagements hin? Was wollen wir verändern und erreichen?". Weiterhin gilt es zu klären, wer beteiligt werden soll, beispielsweise Personalverantwortliche, Gesundheitsmanager, Betriebsarzt, eine Fachkraft für Arbeitssicherheit, der Betriebsrat und andere, sowie welche Aufgaben und Pflichten sie im zukünftigen Prozess übernehmen. Hieraus kann die Unternehmensleitung ein Steuerungsgremium BGM, ebenfalls im Kernprozess des Strukturaufbaus, einberufen. Dieses Steuerungsgremium, z. B. ein „Arbeitskreis Gesundheit", bietet die Möglichkeit, unternehmensspezifische, gesundheitliche Probleme, aber auch Ressourcen aufzudecken und zu erarbeiten sowie die daraus resultierenden Zielsetzungen festzulegen. Das Steuerungsgremium plant und leitet das Projekt. Die ganzheitliche, nachhaltige Erarbeitung eines professionellen Gesundheitsmanagements erfordert dabei nicht nur die Sichtweise der gesundheitlichen Expertise, sondern vielmehr die der betroffenen Mitarbeiter und Verantwortlichen des Unternehmens. Insbesondere ein gemeinsames Verständnis von Gesundheitsförderung ist in diesem Schritt von Bedeutung.

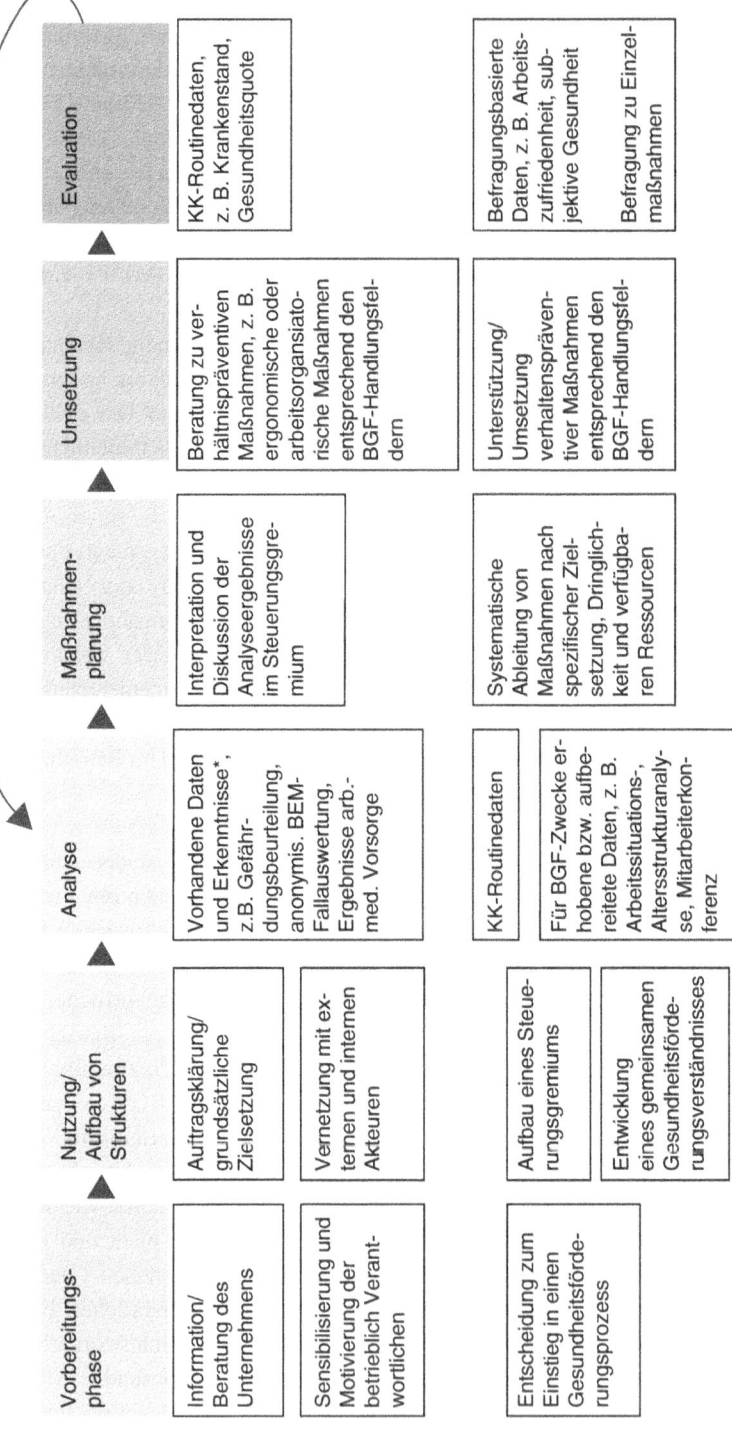

Abb. 4.12 Kernprozesse des Gesundheitsmanagements (Quelle: GKV Spitzenverband 2014, S. 73)

Analyse

Welche Ressourcen und Belastungen bestehen im Betrieb? Für diese Analyse können verschiedene Tools wie Gefährdungsbeurteilungen, Routinedaten der Krankenkassen, Mitarbeiterbefragungen oder moderierte Workshops mit Mitarbeitern eingesetzt werden, in denen bereits erste Lösungsansätze erarbeitet werden können. Ziel ist es, gesundheitsspezifische Arbeitspakete festzuhalten. Dabei werden schon erste Maßnahmen zur kurz- bis mittelfristigen Umsetzung mit den Mitarbeitern besprochen.

Maßnahmenplanung und -umsetzung

In der Phase der Maßnahmenplanung werden die Ergebnisse der Analysen, die durch Berater der Krankenkasse oder einen externen Dienstleister erhoben werden, interpretiert. Die Mitglieder des Steuerungsgremiums leiten Prioritäten und Ziele ab und erarbeiten eine schriftliche Vereinbarung, die Ziele, Inhalte und Instrumente des betrieblichen Gesundheitsmanagements vorsieht. Die Planung der Maßnahmen erfolgt unter Berücksichtigung der gesetzten Ziele, der vorhandenen und verfügbaren Ressourcen sowie der Dringlichkeit der Umsetzung. In der Phase der Maßnahmenumsetzung werden verhaltens- und verhältnispräventive Maßnahmen unterschieden, die im weiteren Verlauf noch erläutert werden.

Evaluation

Eine prozess- und ergebnisorientierte Evaluation in Bezug auf die eingeführten Maßnahmen und die angestrebten Ziele anhand ex ante definierter Kennzahlen unterstützen die fortlaufende Optimierung des BGM. Damit wird das Gesundheitsmanagement zu einem kontinuierlichen Verbesserungsprozess und Regelkreislauf (grundsätzlich auch Uhle und Treier 2015; Kaminski 2013).

4.6.2 Arbeitsgestaltung und Verhaltensprävention im betrieblichen Setting

Die Sicherstellung der Ganzheitlichkeit des betrieblichen Gesundheitsmanagements erfordert die Berücksichtigung der verhältnis- sowie verhaltenspräventiven Ansätze in der Umsetzung gesundheitsförderlicher Maßnahmen.

Ziel der Verhältnisprävention im betrieblichen Kontext stellt die Beratung zur gesundheitsförderlichen Arbeitsgestaltung der Organisation sowie des betrieblichen Umfeldes dar. „Die Gestaltung der Arbeit beeinflusst das Ausmaß körperlicher und geistiger Anforderungen, die jede Tätigkeit und jeden Arbeitsplatz kennzeichnen." (GKV Spitzenverband 2014, S. 84). Ein Unternehmen kann demnach durch gesundheitsförderliche Arbeitsbedingungen ein Arbeiten ohne physische oder psychische Einschränkungen und Belastungen der Beschäftigten begünstigen (Buck et al. 2002, S. 69). Hierbei ist es von Bedeutung, die Bedingungen der Arbeit individuell auf einzelne Mitarbeiter und ihre Situationen abzustimmen. Dies sollte sowohl für ältere Mitarbeiter in Hinblick auf ihre noch verbleibenden Arbeitsjahre als auch für jüngere Beschäftigte im Hinblick auf ihre Zukunft im Unternehmen und die Tatsache, dass sie die ältere Generation von morgen sind, erfolgen.

Im Leitfaden Prävention, einer gemeinsamen Handlungsgrundlage der gesetzlichen Krankenkassen zur Umsetzung der §§ 20 und 20a des SGB V, d. h. zur Primärprävention und betrieblichen Gesundheitsförderung, wird die Arbeitsgestaltung in vier Bereiche unterteilt: Neben der Ausgestaltung der Aufgabe selbst nehmen die Arbeitsorganisation, die Arbeitsumgebung sowie die sozialen Beziehungen am Arbeitsplatz Einfluss auf das Wohlbefinden und die Gesundheit eines Individuums.

Ausgestaltung der Aufgabe

Die Ausgestaltung der Arbeit impliziert sowohl den Handlungsspielraum eines Arbeitnehmers als auch die Ganzheitlichkeit der Aufgabe. Zudem hat eine Unter- oder Überforderung bei der Aufgabenbearbeitung negative Auswirkungen auf das gesundheitliche Befinden. Daraus folgend ist der Einsatz eines Mitarbeiters gemäß seiner Qualifikationen und orientiert an seinen Stärken und Ressourcen essentiell.

Arbeitsorganisation

Die Arbeitszeit, der Arbeitsablauf, die Arbeitsorganisation i.e.S. sowie die Kooperation werden der Arbeitsorganisation zugeordnet. Im Hinblick auf die altersgerechte Gestaltung der Arbeit steht die Unterstützung und Förderung der Beschäftigten hinsichtlich der einzubringenden Kompetenzen und Potentiale über den gesamten Verlauf der Erwerbstätigkeit im Vordergrund (Georg et al. 2005, S. 72).

Die Tätigkeit eines Beschäftigten ist oft von einseitigen Belastungen geprägt. Diese betreffen sowohl den körperlichen als auch den psychischen Zustand. Insbesondere im Hinblick auf die Lebensarbeitszeit weisen einseitige Belastungen ein großes Risiko gesundheitsschädigender Wirkung auf (Buck et al. 2002, S. 71). Vor dem Hintergrund der steigenden Zahl älterer Beschäftigter durch den demografischen Wandel wird es immer essentieller, diesen Beschwerden angemessen entgegen zu wirken. Von einem zwingenden Abbau der vorhandenen Belastungen sollte jedoch abgesehen werden. Vielmehr muss dem Ausbau der Rahmenbedingungen am Arbeitsplatz größere Beachtung zuteilwerden. Die Annahme, dass einseitige Belastungen nur bei einfachen Tätigkeiten mit niedrigen qualifikatorischen und relativ hohen körperlichen Anforderungen auftreten, ist ein Trugschluss. Gleichermaßen schaden komplexe Tätigkeiten mit niedrigen körperlichen Anforderungen am Schreibtisch den Beschäftigten, indem Fehlbelastungen der Bandscheiben und der Wirbelsäule hervorgerufen werden. Ein Wechsel zwischen gehenden, stehenden und sitzenden Tätigkeiten ist daher zur Entlastung des Muskel-Skelett-Systems von wesentlicher Bedeutung. Des Weiteren senkt ein Wechsel zwischen verschiedenen psychischen bzw. kognitiven Anforderungen – die beispielsweise einen Wechsel zwischen kreativen, problemlösenden Aufgaben und Routinetätigkeiten beinhalten – durch einseitige Belastung bedingte psychische Beschwerden.

Ältere Beschäftigte werden generalisiert als leistungsschwächer eingeschätzt als jüngere Beschäftigte. Dabei wird die Tatsache missachtet, dass das Älterwerden im Rahmen der Lebensarbeitszeit weniger zu einem generellen Abbau der Leistungsfähigkeit führt als zu einem Umbauprozess. Sicherlich nehmen Fähigkeiten wie die körperliche Kraft und Belastbarkeit, Gehör und Sehsinn, die Schnelligkeit der Informationsverarbeitung, beruflicher Ehrgeiz und Kreativität mit dem Älterwerden tendenziell ab. Dementgegen kennzeichnen Fähigkeiten wie das Erfahrungswissen, Zuverlässigkeit und Loyalität, Arbeitsmoral und Einstellung zur Qualität, soziale Fähigkeiten, Fähigkeit zum Gesamtüberblick, Führungsfähigkeit, wohlüberlegte Entscheidungen sowie die Kenntnis der innerbetrieblichen Zusammenhänge die Arbeitsweisen und -einstellungen vieler älterer Beschäftigter und nehmen im Altersverlauf eher zu. Es sollte daher stets beachtet werden, dass Ältere nicht weniger leistungsfähig sind als Jüngere, sondern dass es sich vielmehr um einen Wandel der Kompetenzen handelt (siehe Abschn. 2.1.2 dieses Buches).

Zur Sicherstellung einer gesunden Arbeitsorganisation der Beschäftigten – insbesondere im Hinblick auf ältere Mitarbeiter – kann der Arbeitsbewältigungsindex als sinnvolles Erhebungsinstrument angesehen werden (Bundesanstalt für Arbeitsschutz und Arbeitsmedizin 2013). Er dient der Überprüfung des Verhältnisses von Arbeitsanforderung und Leistungsfähigkeit. Diese Relation wird mit Hilfe eines Fragebogens ermittelt, welcher mit einem Zeitumfang von ca. 15 Minuten alleine oder beispielsweise mit dem Betriebsarzt zu beantworten ist. Die Selbsteinschätzung eines Mitarbeiters hinsichtlich seiner Leistungsfähigkeit ist ebenso ein thematisierter Bereich wie Beschwerden und Erkrankungen. Die aus dem Fragebogen gewonnenen Erkenntnisse bieten eine wissenschaftlich fundierte Grundlage für etwaige Veränderungen in der Arbeitsorganisation.

Soziale Beziehungen am Arbeitsplatz

Die gesundheitsfördernde Arbeitsgestaltung ist zudem durch das Wohlbefinden am Arbeitsplatz, die sozialen Beziehungen zum Vorgesetzten, zu den Kollegen sowie gegebenenfalls zu den Kunden positiv beeinflussbar. Dabei spielen positive soziale Interaktionen eine wesentliche Rolle für die „körperliche Gesundheit der Mitarbeiter und sind somit ein nicht zu vernachlässigender Erfolgsfaktor für Unternehmen, Teams und Mitarbeiter" (Müller 2013, S. 220). Hinsichtlich einer alternsorientierten Personalpolitik spielen auch Faktoren wie die soziale Anerkennung sowie eine altersgemischte Gruppenarbeit eine große Rolle. Oft sehen sich ältere Mitarbeiter mit Vorurteilen beispielsweise bezüglich ihrer IT-Kenntnisse konfrontiert. Zudem werden ihnen aufgrund ihres Alters geringere Kompetenzen in bestimmten Bereichen zugeschrieben als jüngeren Kollegen. Die Zusammensetzung von Arbeitsgruppen mit gemischten Altersstrukturen kann diesen Problemen entgegenwirken und dabei sowohl den älteren als auch den jüngeren Mitarbeitern einen Nutzen bringen. Während die jüngeren die älteren Mitarbeiter über neue Entwicklungen und Anwendungen – insbesondere im Rahmen der Informations- und

Kommunikationstechnologien – unterrichten, verfügen ältere über Erfahrungen, Routine und fachspezifisches Wissen (Pack et al. 2000, S. 34 ff.).

Alter(n)sgerechte Führung

Das Verhalten von Führungskräften spielt eine wichtige Rolle für das gesundheitliche Wohlbefinden und die Leistungsfähigkeit der Beschäftigten. Insbesondere bei älteren Mitarbeitern sind ein respektvoller Umgang und Wertschätzung wichtige Parameter für die Arbeitszufriedenheit, Motivation und das Engagement im Unternehmen. Deshalb sollte eine spezifisch alter(n)sgerechte Führung als bewusst wahrgenommene Aufgabe der Führungskraft im Gesundheitsmanagement verankert werden. Dieser Themenbereich wird in Abschn. 4.11 dieses Buches aufgegriffen und dort ausführlich behandelt.

Arbeitsumgebung

Unter dem Begriff Arbeitsumgebung werden physikalische Faktoren (z. B. Beleuchtung, Klima, Lärm), die Ergonomie, Arbeitsmittel sowie die betrieblichen Rahmenbedingungen erfasst. Eine bewegungsförderliche Umgebung, gesundheitsgerechte Verpflegung im Arbeitsalltag sowie eine verhältnisbezogene Suchtprävention, d. h. Alkohol- und Rauchverbote am Arbeitsplatz sowie die Thematisierung von Sucht, um ggf. interne und externe Hilfsangebote zu vermitteln, bilden die wesentlichen Faktoren einer gesundheitsförderlichen Gestaltung der betrieblichen Rahmenbedingungen (GKV Spitzenverband 2014, S. 83 f.).

Die Verhaltensprävention stellt den einzelnen Menschen – das Individuum – in den Mittelpunkt. Daher wird sie häufig gleichbedeutend als individuelle Gesundheitsförderung bezeichnet. Im betrieblichen Umfeld soll das Verhalten sowohl bezüglich des Arbeits- als auch des Lebensstils gesundheitsfördernd beeinflusst werden. Maßnahmen in den Handlungsfeldern Bewegungsgewohnheiten, Ernährung, Stressmanagement und Suchtmittelkonsum zielen auf die Vorbeugung gesundheitsgefährdender Faktoren sowie die Stärkung vorhandener Ressourcen ab (GKV Spitzenverband 2014, S. 41). Präventionsmaßnahmen im Bereich Bewegung können in Form von arbeitsplatzspezifischen Rückenschulen, Ergonomie am Arbeitsplatz und bewegten Arbeitsunterbrechungen vom Unternehmen unterstützt und gefördert werden. Eine arbeitsplatzspezifische Rückenschule beinhaltet beispielsweise eine individuelle Arbeitsplatzberatung durch einen Experten sowie die Vermittlung von Übungen, die einer einseitigen und gesundheitsschädigenden Belastung des Rückens entgegenwirken sollen.

Auch in den Bereichen Ernährung, Suchtmittelkonsum und Stressmanagement hat ein Unternehmen Einflussmöglichkeiten. So sind Workshops zum Thema Ernährung, Vorträge im Stressmanagement, ein ausgewogenes und vielseitiges Speiseangebot in der Kantine sowie Kurse zur Raucherentwöhnung potentielle Ansatzpunkte, um einen gesundheitsbewussten Lebensstil zu fördern. Das Angebot von Gesundheitskursen durch die Krankenkassen ist ebenfalls eine Möglichkeit, um das Gesundheits verhalten von Mitarbeitern individuell positiv zu fördern. Ein Aufzeigen dieser Möglichkeiten und der Anreiz zur Teilnahme können durch Informationen in Form von Flyern oder Hinweisen im Intranet durch das Unternehmen erfolgen. Gesundheitskurse werden im Bereich Bewegung (z. B. Walking, Rückenschule), Ernährung (z. B. Kurse zum Thema ausgewogene Ernährung) und Stressmanagement (z. B. autogenes Training, Qigong) angeboten. Wird der Kurs regelmäßig und über den geplanten Zeitraum besucht, so übernehmen die Krankenkassen einen Teil der Kosten. Darüber hinaus helfen Fehlzeitenprofile, Altersstrukturanalysen, Seminare zur gesundheitsgerechten Mitarbeiterführung oder eine Gesundheitswoche, die gesundheitliche Situation im Unternehmen zu erfassen und zu fördern.

Evaluation

Um den Erfolg des Gesundheitsmanagements zu überprüfen, wird die Evaluation kontinuierlich im Prozess des Gesundheitsmanagements durchgeführt. Hierbei stehen Fragen wie z. B. „Wurden alle geplanten Maßnahmen/Interventionen umgesetzt? Inwieweit sind die gesteckten Ziele erreicht worden? Wie hat sich die gesundheitliche Situation der Mitarbeiter verändert?" im Vordergrund. Im Rahmen der Evaluation können Daten zum Krankenstand, zur Gesundheitsquote und zur Zahl der Teilnahmen an Maßnahmen erhoben werden, um einen Vergleich zum Ausgangszustand zu ermöglichen. Zudem bietet ein Vorschlagswesen den Mitarbeitern des Unternehmens die Möglichkeit, Anregungen und Wünsche bezüglich der Maßnahmen einzubringen. Erneute Befragungen zur Arbeitszufriedenheit, zur subjektiven und körperlichen Gesundheit zeigen in dieser Phase zudem die Effekte und Wirksamkeit der Interventionen auf.

Die Evaluation macht es folglich möglich, einen Soll-Ist-Vergleich anzustellen, d. h. die Zielsetzung und die Ergebnisse gegenüber zu stellen. Hieraus wird der Handlungsbedarf für den folgenden Zyklus bestimmt, um das Gesundheitsmanagement stetig weiterzuentwickeln, anzupassen und zu optimieren.

4.6.3 Hinweise zur praktischen Umsetzung

Die Implementierung eines Gesundheitsmanagements im Betrieb sowie die Beratung diesbezüglich sind Leistungen, die die Krankenkassen zur Erfüllung ihres gesetzlichen Auftrages (§ 20a SGB V), wahrnehmen. Im Rahmen dieses Auftrages sind folgende Leistungen durch die Krankenkassen möglich (GKV Spitzenverband 2014, S. 76):

- „Analyseleistungen (z. B. Arbeitsunfähigkeits-, Arbeitssituations- und Altersstrukturanalysen, Befragungen von Mitarbeitern, Durchführung von Workshops und andere Verfahren) zur Bedarfsermittlung.
- Beratung zur Gestaltung gesundheitsförderlicher Arbeitsbedingungen.
- Beratung zur Ziel- und Konzeptentwicklung sowie zu allen Themen der Beschäftigtengesundheit einschließlich Unterstützungsmöglichkeiten zur Vereinbarkeit von Beruf und Privatleben.
- Unterstützung beim Aufbau eines Projektmanagements.

- Moderation von Arbeitsgruppen, Gesundheitszirkeln und ähnlichen Gremien.
- Qualifizierung/Fortbildung von Multiplikatoren in Prävention und Gesundheitsförderung.
- Umsetzung verhaltenspräventiver Maßnahmen.
- Interne Öffentlichkeitsarbeit.
- Dokumentation, Evaluation und Qualitätssicherung."

Dieses Angebot soll Unternehmen befähigen, gesundheitsförderliche Maßnahmen zu implementieren und langfristig umzusetzen, d. h. „Hilfe zur Selbsthilfe" (GKV Spitzenverband 2014, S. 77) geben. Möglichkeiten, die Arbeit so zu gestalten, um die Gesundheit der Mitarbeiter in allen Lebensphasen zu fördern, zeigt Abb. 4.13.

4.6.4 Fazit

Die Implementierung eines Gesundheitsmanagements und der hier inkludierten gesundheitsgerechten Arbeitsplatzgestaltung tragen maßgeblich zum Erfolg eines Unternehmens bei. Die Mitarbeiter eines Unternehmens, die von verhaltens- und verhältnispräventiven Maßnahmen profitieren und ihre Ressourcen durch diese stärken können, sind der Schlüssel dieses Erfolges. Sie agieren und arbeiten als gesunde, motivierte und leistungsfähige Mitglieder des Unternehmens und das in allen Lebensphasen. Die Unterstützung zur Implementierung eines betrieblichen Gesundheitsmanagements kann durch die Beratung einer Krankenkasse oder eines externen Dienstleisters erfolgen. Diese beraten und agieren aktiv sowohl in den Prozessen des Strukturaufbaus, der Analyse, der Maßnahmenplanung sowie -umsetzung als auch im Evaluationsprozess, um eine unternehmensspezifische, ganzheitliche und dauerhafte Etablierung des betrieblichen Gesundheitsmanagements zu gewährleisten. In den Kernprozessen des betrieblichen Gesundheitsmanagements kann auf unternehmensspezifische Besonderheiten eingegangen und somit individuelle Anpassungen umgesetzt werden. Die Reihenfolge der Kernprozesse sollte jedoch keinen Veränderungen unterliegen. Der Einbezug und die Beteiligung der Mitarbeiter in alle Phasen des betrieblichen Gesundheitsmanagements ist ein ausschlaggebender Faktor für die Akzeptanz und die erfolgreiche Umsetzung der Maßnahmen.

4.7 Lebenphasenorientierte Arbeitszeitgestaltung

4.7.1 Einleitung

Die demografischen Entwicklungen in Europa und der damit verbundene Anstieg des Durchschnittsalters der Beschäftigten stellen neue Anforderungen an den Erhalt der Arbeitsfähigkeit. Menschen müssen deutlich länger als bisher im Arbeitsprozess gehalten werden – und zwar so gesund und leistungsfähig wie möglich. Diese Erkenntnis ist

Arbeitsgestaltung	Praxistipp
Arbeitsorganisation	• Sinnvolle Organisation der Arbeit: Hierzu gehören die flexible Gestaltung der Arbeits- und Pausenzeiten, um auftretende Erholungsbedürfnisse individuell wahrnehmen zu können, folglich die Leistungsfähigkeit aufrecht zu erhalten und Erschöpfungserscheinungen zu vermeiden. Eine abwechslungsreiche Tätigkeit, die z.B. durch wechselnde Aufgabenbereiche, Job Rotation oder Hospitation geschaffen werden kann, trägt zur Erhöhung der Handlungskompetenz bei und vermeidet eine Unterforderung am Arbeitsplatz. Weiterhin wichtig ist die Anpassung des Arbeitsplatzes an die individuellen Leistungsmöglichkeiten der Beschäftigten. Dies zeigt zum einen Unterstützungsbereitschaft und gleichzeitig Wertschätzung an. • Arbeitsbewältigungsindex: organisationsweiter Einsatz • Betriebliches Eingliederungsmanagement: Das betriebliche Eingliederungsmanagement ist seit 2004 durch den Gesetzgeber vorgeschrieben, d.h. Unternehmen müssen Mitarbeiter mit gesundheitlichen Problemen durch gezielte Maßnahmen unterstützen, sich nach längeren Arbeitsunfähigkeitszeiten wieder in den Arbeitsalltag einzugliedern (z.B. durch Modelle zur stufenweisen Wiedereingliederung, Hamburger Modell)
Arbeitsumgebung	• Ergonomie – Sitzmöglichkeiten, Schreibtisch, Arbeitsgeräte • wenn möglich: wechselnde Tätigkeiten sitzend, stehend • Möglichkeit der (bewegten) Pause • ausgewogene, abwechslungsreiche Ernährung in der Kantine
Soziale Beziehungen am Arbeitsplatz	• Wissen weitergeben: Ältere Mitarbeiter verfügen über ein großes Fach- und Erfahrungswissen, das es zu bewahren und zu pflegen gilt. Um durch "altes" und "neues" Wissen wettbewerbsfähig zu bleiben, sollte dieses Wissen an nachfolgende Mitarbeitergenerationen vermittelt werden. • Tandems, Paten, altersgemischte Teams: Ein Tandem aus einem jüngeren und einem älteren Mitarbeiter bringt Vorteile für beide Beteiligten. Die theoretischen Inhalte der Ausbildung werden durch praktisches Tun unter Anleitung eines erfahrenen Beschäftigten vertieft und andersherum kann ein älterer Mitarbeiter von Informationen über neue Lehrinhalte profitieren. Durch das Konzept einer Patenschaft wird einem Berufseinsteiger ein erfahrener Mitarbeiter zur Seite gestellt, um den Einstieg in das Unternehmen zu begleiten. Der Pate kann dem Berufsanfänger sowohl Einblicke in die Unternehmensabläufe geben und informelles Wissen bezüglich unternehmensinterner Gepflogenheiten vermitteln als auch beim Aufbau sozialer Netzwerke helfen. In altersgemischten Teams verknüpft und ergänzt sich Erfahrungswissen mit aktuellem Know How, sodass Erfahrungen und Wissen von Menschen mit unterschiedlichen Lebenshintergründen in die Arbeit einfließen können. • Wertschätzung, Anerkennung und Lob durch Führungskräfte
Verhaltens- prävention	• Arbeitsplatzspezifische Rückenschule, Ergonomie am Arbeitsplatz: Angebot durch die gesetzlichen Krankenkassen • bewegte Pausen • Gesunde Ernährung am Arbeitsplatz • Seminare zum Thema Ernährung • Angebot des Betriebssports • Workshops zum Thema Stressmanagement • Vermittlung von Techniken zur Entspannung (Autogenes Training, Progressive Muskelrelaxation) • Verweis auf das Angebot von Gesundheitskursen durch Krankenkassen

Abb. 4.13 Praxistipps (Quelle: eigene Darstellung Ahlers, G. und Holm, Th.)

keineswegs neu und hat sich schon in den 1980er-Jahren mit der Forderung nach einer besseren „Work-Life"-Balance etabliert, also einer ausgewogenen Balance von beruflichem Fortkommen und individueller Lebensplanung. Allerdings hat dieser Ansatz den unstrittigen Nachteil, dass lange davon ausgegangen wurde, dass „Arbeit" und „Privatleben" – Privatleben bezeichnet dabei nicht nur Familie, sondern vielfältige Lebensrealitäten – grundsätzlich Gegensatzpaare sind, die es zu harmonisieren gilt, anstatt von einer beidseitigen Durchdringung auszugehen, die fließende Übergänge und Gleichzeitigkeit beinhaltet (vgl. Bessing und Mahler Walther 2011, S. 501 f.). Berufs- und Privatleben finden in der Praxis aber nicht gesondert oder nacheinander, sondern parallel und zeitgleich statt. In der Konsequenz bleibt die berufliche Weiterentwicklung bislang oft einer „entweder-oder-Entscheidung" unterworfen, statt eines „sowohl als auch". Um dieser Segmentierung zu entgegnen, nützt es allerdings wenig, wenn versucht wird, die „Rush-hour des Lebens", also die Zeit zwischen Mitte Zwanzig und Anfang Vierzig, „zu Tode zu optimieren". Unternehmensseitig muss daher verstanden werden, dass Arbeitszeit immer zugleich auch Lebenszeit ist und sich Entscheidungen über wichtige berufliche und private Etappen nicht auf ein Zeitfenster von 15 Jahren reduzieren lassen. Es müssen daher nachhaltige Ansätze für individualisierte Karriereplanungen entwickelt werden, die die unterschiedlichen materiellen und zeitlichen Anforderungen an die jeweiligen Lebensphasen der Beschäftigten berücksichtigen – und zwar unabhängig vom Geschlecht. So wird etwa in der Studie der National Academy of Science dargestellt, dass sich insbesondere arbeitstätige Mütter noch immer unbewussten Vorurteilen (unconscious biases) hinsichtlich ihres Commitments zur Arbeit, ihrer Leistungsfähigkeit und ihrer Kompetenzen ausgesetzt sehen. Allerdings erhalten auch berufstätige Väter, die sich tatsächlich für ihre Familie einsetzen, schlechtere Leistungsbeurteilungen als Männer ohne Kind (National Academy of Sciences 2007, S. 176). Die grundlegende Transformation des Verständnisses von Karriere und die damit einhergehende Entzerrung von Karrierestufen sind dabei zentrale Elemente. So werben Benko und Weisberg seit Jahren für eine „individualisierte Karriereplanung", die eine netzwerkartige Karriereentwicklung mit unterschiedlichen Wahlmöglichkeiten statt der bislang vielfach praktizierten, starr vertikalen Ausrichtung vorsieht. Vorteile der von ihnen favorisierten „Karrieregitter" anstatt der klassischen Karriereleiter sehen sie unter anderem darin, dass sich Karriere und Leben einander besser anpassen (Benko und Weisberg 2008). Ein Vehikel, um diesem Anspruch näher zu kommen, sind Arbeitszeitmodelle, die den Lebensphasen stärker gerecht werden, statt diese als reinen privaten Belang zu betrachten und folglich auszublenden. Dafür gibt es etliche Beispiele, wie dies gelingen kann.[1]

---

[1] Dieser Artikel stellt eine generelle Übersicht verschiedener existierender Arbeitszeitmodelle dar, nicht alle davon werden auch von EY angeboten.

4.7.2 Lebensphasenorientierte Arbeitszeitmodelle

Arbeitszeit ist grundsätzlich gestaltbar bezüglich der Variation der Dauer (Chronometrie), der Veränderung der Lage (Chronologie) und der Verteilung (Chronomorphie) des Arbeitszeitvolumens. Durch gesetzliche und tarifvertragliche Regelungen, aber auch arbeitsprozessuale Erfordernisse, wird die völlig freie Arbeitszeitgestaltung begrenzt. Des Weiteren hat ein eventuell vorhandener Betriebs- oder Personalrat bei der Festlegung von Beginn und Ende der täglichen Arbeitszeit einschließlich der Pausen sowie der Verteilung der Arbeitszeit auf die einzelnen Wochentage mitzubestimmen. Vorteile für eine Flexibilisierung der Arbeitszeit gibt es viele – und zwar auf Seiten von Arbeitgeber und Arbeitnehmer (siehe Abb. 4.14). Dabei gibt es nicht nur zu den gefühlten Effekten einer guten Vereinbarkeit von beruflichen und privaten Interessen zahlreiche Untersuchungen (Kloimüller 2011, S. 468), sondern auch konkrete Rechenbeispiele, wie sich dies für den Betrieb amortisiert. Dies zeigen etwa Beiträge wie die Bereitstellung von Telearbeit im Fall einer werdenden Mutter (Vereinigung der hessischen Unternehmensverbände et al. 2007, S. 42 f.).

Insgesamt sind die Möglichkeiten zur lebensphasenorientierten Arbeitszeitgestaltung vielfältig und basieren teilweise auf rechtlichen Ansprüchen der Arbeitnehmer. Viel öfter aber sind sie Ergebnis einer partnerschaftlichen Übereinkunft von Arbeitgeber und Belegschaft. Nachfolgende Beispiele einer lebensphasenorientierten Arbeitszeitgestaltung

Arbeitgeber	Arbeitnehmer
Auslastung der Betriebsmittel (z.B. Maschinen)	Vereinbarkeit von Arbeits- und Privatleben
Optimierung von Betriebs- und Servicezeiten	Vermeidung von Überlastung
Abfederung konjunktureller und saisonaler Schwankungen	Erhalt und Erhöhung von Arbeitsmotivation und -zufriedenheit
Stärkere Orientierung an Kundenwünschen	Höhere Zeitsouveränität durch individuelle Handhabung von Dauer und Lage der Arbeitszeiten
Erhöhte Arbeitsproduktivität	Steigerung der Arbeitsplatzattraktivität
Vermeidung kostspieliger Leerzeiten	Verringerung des Wissensverlustes durch allmähliches Ausgleiten aus dem Berufsleben
Anreiz für höhere Beschäftigungsquote von Frauen	Mehr Zeit für Aus- und Weiterbildung
Positionierung als attraktiver Arbeitgeber	Vermeidung von Stress und Arbeitsunfähigkeit
Verringerung der Mitarbeiterfluktuation	Mehr Lebensqualität

Abb. 4.14 Argumente und Vorteile von flexibler Arbeitszeitgestaltung (Quelle: Institut der deutschen Wirtschaft 2011, S. 59, angepasste Darstellung)

können dabei als einzelne Bausteine an den konkreten individuellen Bedarf angepasst werden. Zugleich ist es sinnvoll, die einzelnen Maßnahmen in ein Gesamtkonzept zu betten, das den ganzen Erwerbs- und Lebenslaufzyklus fokussiert und damit auch die betriebliche Machbarkeit im Blick behält.

Beispiel: Lebensphasenorientierung bei EY(Ernst & Young)
Als weltweit tätiges Wirtschaftsprüfungs-, Steuer- und Managementberatungsunternehmens ist EY in ganz besonderer Weise auf die unterschiedlichen Kompetenzen und Erfahrungen seiner Mitarbeiter angewiesen. Mit dem Know-how und der Expertise von 212.000 Beschäftigten weltweit will EY den Anspruch einlösen, zu einer „better working world" beizutragen und damit der Wirtschaftswelt von morgen mit nachhaltigen Lösungen zur Seite zu stehen.

Daher ist Vielfalt (Diversity) ein ganz wichtiger Bestandteil der Firmenidentität von EY: Diversity zählt zu den sechs Säulen der globalen Firmenstrategie, der Vision 2020. Das Potenzial von Vielfalt voll zu heben, ist daher auch eine höchst wirtschaftliche Angelegenheit – und das setzt bei der Flexibilität als Antwort auf die individuellen Bedürfnisse der Beschäftigten bei EY an (vgl. Abb. 4.15).

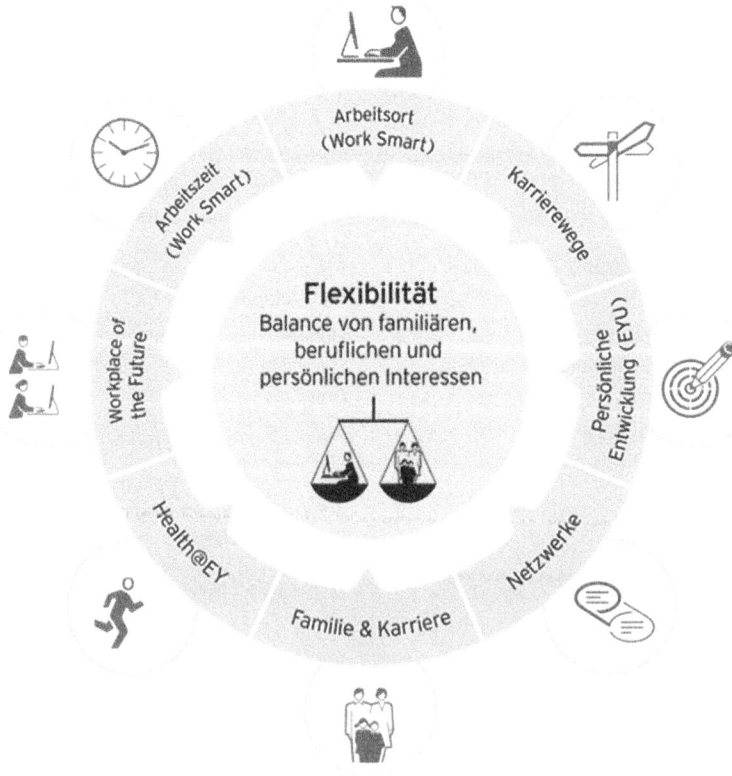

Abb. 4.15 Aspekte von Flexibilität bei EY (Quelle: eigene Darstellung EY)

Flexibilität als ein elementarer Baustein der Talent Agenda (Personalstrategie bis 2020) in Deutschland mit ca. 8.200 Beschäftigten in 22 Offices (EY Nachhaltigkeitsbericht 2013) stellt daher einen der wichtigsten Faktoren zur Stärkung der Employer Brand, der Value Proposition („Whenever you join, however long you stay, the exceptional EY experience lasts a lifetime."), der Unternehmenskultur sowie des Engagements der EY-Mitarbeiter dar. Durch eine flexible, ergebnisorientierte Kultur will EY seine Mitarbeiter dabei unterstützen, „highest performing teams" zu bilden und den Arbeitsplatz der Zukunft mitzugestalten. EY bietet verschiedene Möglichkeiten, die Arbeitszeit flexibel zu gestalten. Unter dem Oberbegriff von „Work Smart" (darunter fallen beispielsweise auch Flexibilisierungen des Arbeitsortes) hat sich EY daher zu den folgenden Prinzipien (Flexibility Principles) bekannt:

- Jeder Mitarbeiter hat die Möglichkeit, flexibel zu arbeiten.
- Die Nutzung von flexiblen Arbeitsmodellen ist kein Karrierehindernis.
- Flexibilität findet auf formeller und informeller Ebene statt.
- Flexibilität fördert Balance und Gesundheit – das wirkt sich positiv auf unser Geschäft, unsere Mitarbeiter und unsere Kunden aus.
- Es wird in Infrastruktur und Programme investiert, die die Vereinbarkeit von Karriere und Privatleben fördern.
- Eine regelmäßige, offene und transparente Kommunikation unterstützt die Flexibilitätsziele.
- Für die nachhaltige Umsetzung der Prinzipien, Richtlinien und verschiedenen Arbeitsmodelle stehen die Führungskräfte persönlich ein.
- Es zählt Produktivität, nicht Präsenz.

In diesem Kontext sieht EY die Ermöglichung einer lebensphasenorientierten Arbeitszeitgestaltung, siehe Abb. 4.15, als eine konkrete Unterstützungsleistung, um private Interessen oder Erziehungs- bzw. Pflegeaufgaben mit dem Beruf zu vereinbaren. In der praktischen Umsetzung können dabei insbesondere spezifische Arbeitszeitmodelle die Ziele der Personalstrategie unterstützen. Hierbei gilt es, eine ausgewogene Mischung aus kurzfristig stunden- oder tageweise nutzbarer sowie langfristig einsetzbarer Modelle zu definieren.

Unbefristete Teilzeitbeschäftigung

Nach § 8 Teilzeit- und Befristungsgesetz (TzBfG) kann jeder Arbeitnehmer nach mindestens 6-monatiger Betriebszugehörigkeit eine unbefristete oder auf Dauer angelegte Reduzierung der Wochenarbeitszeit beantragen. Teilzeitbeschäftigungen sind vielfach gelebte Praxis, bei deren Anwendungsmöglichkeiten und Gestaltung etliche Freiräume bestehen. Die regelmäßige wöchentliche Arbeitszeit kann beispielsweise auf einzelne Tage oder werktäglich einige Stunden verteilt werden. Darüber hinaus können Blockmodelle vereinbart werden, bei denen z. B. in arbeitsintensiven Phasen in Vollzeit gearbeitet wird, um anschließend wiederum vollständig von der Arbeitsleistung freigestellt zu werden. Gleichzeitig erfolgt über die gesamte Dauer des Blockmodells eine gleichmäßige Entlohnung auf Basis der vertraglich vereinbarten Jahresarbeitszeit. Zu beachten ist allerdings beim Wechsel von einer Vollzeit- in eine Teilzeittätigkeit, dass nach aktueller Rechtsprechung bereits in Vollzeit erworbener, aber noch nicht geltend gemachter Urlaubsanspruch nicht mehr auf das Teilzeitäquivalent gekürzt werden darf. Dieser ist stattdessen in voller Höhe zu gewähren (BAG, Urteil vom 10. Februar 2015 - 9 AZR 53/14 (F)). Daraus können sich unter Umständen lange Abwesenheitszeiten zum Urlaubsabbau ergeben.

Befristete Teilzeitbeschäftigung

Darüber hinaus können Unternehmen bewusst befristete Teilzeitmöglichkeiten einsetzen, um vorübergehenden Anforderungen der Mitarbeiter gerecht zu werden. Hierbei ist allerdings zu berücksichtigen, dass unter Umständen nicht verlangt werden kann, dass der Arbeitnehmer im Anschluss an das Ende der befristeten Teilzeitbeschäftigung tatsächlich wieder in eine Vollzeitbeschäftigung zurückkehrt. Zusätzlich können Arbeitgeber auch erwägen, bei gegebenenfalls bestehenden arbeitgeberfinanzierten Altersvorsorgemodellen die Beiträge während einer im Voraus befristeten Teilzeittätigkeit in voller Höhe weiterzuzahlen. So können die Unternehmen eine flexible Arbeitskultur und Vertrauen in die Organisation fördern.

Unbezahlte Freistellung

Die einfachste Variante zur Ermöglichung einer Freistellung liegt in der Vereinbarung von unbezahltem Urlaub. Die Anwendungsmöglichkeiten sind vielfältig und reichen von der Verlängerung von Eltern- und Pflegezeiten bis hin zur Ermöglichung von individuellen Reisevorhaben wie längeren Weltreisen. Arbeitgeber und Arbeitnehmer sollten allerdings hierbei beachten, dass eine unbezahlte Freistellung zur Unterbrechung von Sozialversicherungszeiten und vor allem des Krankenversicherungsschutzes führen kann. Insofern empfiehlt es sich, interessierten Mitarbeitern eine frühzeitige Klärung mit den entsprechenden Versicherungsträgern nahezulegen.

Kurz- und Langzeitkonten

Arbeitszeitkonten gehören „als Herzstück" flexibler Arbeitszeitgestaltung zu den am weitesten verbreiteten Arbeitszeitmodellen (Hoff 2007, S. 203), da sie vielseitig auf die Bedürfnisse des Unternehmens (Ausgleich von Konjunkturschwankungen, flexible Anpassung an Betriebs- und Servicezeiten etc.) und der Mitarbeiter (höhere Zeitautonomie, Umsetzung von individuellen Vorhaben wie längeren Weiterbildungsphasen usw.) abzielen. Mit den Arbeitszeitkonten werden traditionelle und starre Muster aufgebrochen, die eine gleichmäßige, über eine Arbeitswoche verteilte Vertragsarbeitszeit vorsehen, die nicht länger den Lebensrealitäten vieler Beschäftigter und auch nicht den oftmals volatilen Auftragslagen von Unternehmen entsprechen. Arbeitszeitkonten lassen sich dabei nach dem Bezugs- beziehungsweise Ausgleichszeitraum unterscheiden, weshalb in der Praxis verschiedene Varianten nebeneinander existieren: Kurzzeitkonten, die innerhalb eines

Jahres abzuleistende und abgeleistete Arbeitszeiten gegeneinander aufrechnen und Langzeitkonten, die über längere Zeiträume Stundenkontingente ansammeln, um diese in größeren Blöcken an freier Zeit einsetzen zu können.

Ausgleich von Mehrarbeitszeit

Die Möglichkeit, Überstunden etwa durch stunden-, tage- oder wochenweisen Freizeit-ausgleich zu kompensieren, kann für die Beschäftigten bereits eine deutliche Entlastung bewirken und zur Zufriedenheit beitragen. Die Gestaltung der Rahmenbedingungen sollte dabei natürlich unter Berücksichtigung der betrieblichen Gegebenheiten erfolgen. So lassen sich beispielsweise während des laufenden Geschäftsjahres Überstunden ansammeln, die dann – in Phasen geringeren Arbeitsaufkommens – vollständig oder teilweise wieder abgebaut werden können. Sofern die Überstunden im relevanten Geschäftsjahr nicht in Freizeit ausgeglichen werden können, ist es denkbar, einen bestimmten Anteil der Über-stunden per Übertrag auf ein dauerhaftes Zeitkonto (Zeitwertkonto) einzuzahlen.

Umwandlung von Bonus in Zeit

Sofern Beschäftigte Boni oder ein 13. Jahresgehalt beziehen, können Arbeitgeber erwägen, diese für eine Umwandlung in Zeitguthaben freizugeben. Diese Angebote lassen sich insbesondere für die berufliche Weiterbildung, verlängerte Urlaube oder größere Vorhaben wie einen geplanten Hausbau nutzen. Die Arbeitnehmer können hierbei beispielsweise einen Betrag bis maximal der vollen Bonuszahlung benennen, der in Zeitguthaben umgewandelt werden soll. Der Wert einer Zeitstunde errechnet sich dann aus dem Jahresbrutto ohne Bonus dividiert durch die Jahresarbeitszeit in Stunden. Diese Zeitguthaben können bei Wegfall des Umwandlungsgrundes vollständig ausbezahlt werden.

Arbeitgeberunterstützte Ansparmodelle für Sabbaticals

Für viele Arbeitnehmer ist eine mehrmonatige unbezahlte Freistellung oftmals finanziell nicht tragbar. Hier können Arbeitgeber ihren Mitarbeitern mit passgenauen Modellen entgegenkommen. So besteht mit sogenannten Block-Modellen die Möglichkeit, über mehrere Monate ein reduziertes Gehalt zu beziehen, währenddessen jedoch einige Monate in Vollzeit gearbeitet wird. Dadurch lassen sich Freistellungszeiten von einigen Wochen bis Monaten unter Fortzahlung der reduzierten Bezüge ansparen. Der Gestaltungs-spielraum solcher Modelle birgt vielfältige Möglichkeiten und kann gezielt am Bedarf und den individuellen Wünschen seitens der Arbeitnehmer ausgerichtet werden. Arbeit-geber können bei ähnlichen Modellen ebenfalls erwägen, eventuell bestehende arbeitge-berfinanzierte Altersvorsorgemodelle in voller Höhe weiter zu finanzieren.

Lebensarbeitszeitkonten (Zeitwertkonto)

Lebensarbeitszeitkonten dienen der Ansparung von Wertguthaben während des ganzen Erwerbslebens zum Zwecke einer längeren Freistellung während des Arbeitslebens oder vor Eintritt in den Ruhestand. Lebensarbeitszeitkonten werden in Geld geführt und können zur Alterssicherung verwendet werden. Das Lebensarbeitszeitkonto ist ein

Langzeitkonto mit spezieller Zielsetzung, der entscheidende Unterschied zum klassischen Langzeitkonto ist die Zweckbindung des Guthabens. Die gesetzlichen Regelungen zu Wertguthaben finden sich überwiegend im Vierten Buch Sozialgesetzbuch (SGB IV). Durchführungs- und Detailvorschriften sind in den Hinweisen der Sozialversicherungsträger enthalten sowie durch Vorgaben des Bundesfinanzministeriums festgelegt. Mit dem Gesetz zur sozialrechtlichen Absicherung flexibler Arbeitszeitregelungen (Flexi I-Gesetz) wurden Wertguthaben 1998 erstmals gesetzlich geregelt. Mit dem Gesetz zur Verbesserung der Rahmenbedingungen für die Absicherung flexibler Arbeitszeitregelungen (Flexi II-Gesetz) wurden im Jahr 2009 für Wertguthaben erhebliche Verbesserungen erreicht. Der Begriff des Wertguthabens ist im Rahmen des Flexi II-Gesetzes § 7b SGB IV konkretisiert worden. In Langzeitkonten können grundsätzlich Zeit- oder Entgeltbestandteile durch den Arbeitnehmer eingebracht werden. Der Aufbau eines Wertguthabens erfolgt in der Ansparphase, die typischerweise vor der Freistellungsphase liegt. Laut Flexi II-Gesetz dürfen Wertguthaben nur in Geld geführt werden. Eingebrachte Zeitbestandteile müssen in Geldeinheiten umgerechnet werden (zu den wichtigsten rechtlichen Rahmenbedingungen siehe Hoff 2007, S. 204 ff.). Die in der Vergangenheit zulässige Führung von Wertguthaben „in Zeit" ist nur noch für Wertguthaben erlaubt, die vor dem 1.1.2009 in Zeit geführt wurden. Das Ansparen ist für die Beschäftigten steuer- und sozialversicherungsfrei.

Nachteile der Lebensarbeitszeitkonten liegen darin, dass sie durch die lange Ansparzeit (um etwa eine relevante Verkürzung der Erwerbstätigkeit um drei Jahre anzusparen, sind über 20 Jahre Vorlauf durch regelmäßige Mehrarbeit nötig, Hildebrandt 2007, S. 198) nicht mehr der Lebenslaufflexibilisierung entsprechen, die sich immer weniger durch lebenslange Gebundenheit an ein einziges Unternehmen und durch unkalkulierbarere Risiken an private Zeitanforderungen auszeichnen.

Vertrauensarbeitszeit

Es steckt bereits im Namen und ist tatsächlich die Basis für das Gelingen dieses Arbeitszeitmodells: Vertrauen. Denn von den Beschäftigten selbst wird keine Erfassung von Tages- oder Wochenarbeitszeiten verlangt. Oft gibt es bei diesem Modell jedoch parallel noch individuelle Zeiterfassungslisten oder auch elektronische Masken, über welche die Arbeitszeiten im ganzen Unternehmen eingespeist werden. Trotz hoher Freiheitsgrade seitens der Mitarbeiter gibt es auch bei diesem Modell arbeitsvertragliche Pflichten über zuvor vereinbarte Arbeitszeiten. Auch die Einhaltung der gesetzlichen und tariflichen Arbeitszeitregelungen (z. B. regelmäßiges Überschreiten der gesetzlich vorgesehenen Tagesarbeitszeit, Inanspruchnahme von Erholungsurlaub usw.) muss weiterhin vom Arbeitgeber auf Einhaltung überprüft werden.

Insgesamt steht in diesem Modell jedoch weniger die zeitliche Präsenz im Vordergrund als das Erreichen bestimmter vereinbarter Projektziele oder Meilensteine. Damit ist Vertrauensarbeitszeit besonders dort geeignet, wo Beschäftigten Eigenverantwortung zugetraut, unternehmerisches Handeln unterstützt und Zuverlässigkeit erwartet werden kann. Das erfordert von Führungs- und Mitarbeiterseite jedoch ein anderes Verständnis der Zusammenarbeit, in dem nicht physische Präsenz am Arbeitsplatz kontrolliert werden oder besonders hohe Überstunden-Salden karriereförderlich wirken, sondern das Ergebnis im Mittelpunkt der betrieblichen Anstrengungen steht. Da dies zugleich auch die Gefahr birgt, dass durch nicht erfasste und zugleich entgrenzte Arbeitszeiten Formen der Arbeitsverdichtung und damit ein permanenter Zwang zur zeitlichen Selbstoptimierung entsteht, muss bereits in der Planung von Projekten und Kundenanfragen sehr viel genauer auf Ressourcen geachtet und eine realistische Zielsetzung vereinbart werden.

Es darf für Unternehmen kein Freifahrtschein sein, das Management von Arbeitszeiten an die Beschäftigten zu delegieren, ohne gleichzeitig für ein passendes Management von Aufgaben und damit verbundenen Ressourcen zu sorgen. Nur so kann dieses Modell zur gegenseitigen Zufriedenheit beitragen: denn Beschäftigte, die selbstbestimmt und zeitlich flexibel ihre Ziele erreichen können und ihre Work-Life Balance in Einklang bringen, sind zufriedener und loyaler. Das führt schließlich zu einer besseren Ausschöpfung des Potenzials und damit zu mehr Produktivität und Innovationskraft für das Unternehmen.

Beispiel: Kontakthalteprogramm während beruflicher Abwesenheiten
Nicht nur die Flexibilitätsangebote selbst, sondern auch die Gestaltung der eigentlichen Abwesenheitsphasen sind wichtig, um die Leistungsträger und ihr Know-how im Unternehmen zu halten. Für alle Mitarbeiter bei EY, die eine Abwesenheitszeit von sechs Monaten oder länger antreten (z. B. Elternzeit, Entsendung, Sabbatical, Pflege von Angehörigen) bietet EY das Kontakthalteprogramm „Stay in Touch". Damit möchte EY auch während einer Abwesenheit den Kontakt aufrechterhalten, mit dem Ziel, Karrieremöglichkeiten für Mitarbeiter zu verbessern, die nicht oder nicht dauerhaft standardmäßig in Vollzeit arbeiten – ein wichtiger Baustein auf dem Weg in eine „Better Working World". „Stay in Touch" sieht dabei drei gemeinsame Gespräche zwischen Counselor (Führungskraft), Counselee (geführtem Mitarbeiter) und zuständigem HR Business Partner vor. Vor der anstehenden Auszeit gibt es das erste Informations- und Planungsgespräch (zur Vorstellung des Programms und Festlegung der genutzten Module). Etwa zwei bis drei Monate vor Rückkehr findet dann das Wiedereinstiegsgespräch zur Entwicklung und Vereinbarung eines Reintegrationplanes statt. Schließlich gibt es mit dem Rückkehrgespräch die Möglichkeit zum Review des Wiedereinstiegs und zur Diskussion weiterer Karriere- und Entwicklungsmöglichkeiten. Während der Auszeit werden Counselor und Counselee dann – wie im Informations- und Planungsgespräch vereinbart – regelmäßig in Kontakt bleiben und Informationen zu EY oder persönlichen Entwicklungen aufgreifen. Der gesamte Prozess wird durch verschiedene Handreichungen und die persönliche Beratung durch die Personalabteilung professionell unterstützt.

4.7.3 Umsetzungstipps für die Praxis

Der dreigeteilte „Standard"-Lebenslauf Ausbildung/Studium, Beruf und Ruhestand zählt zunehmend zu einem Auslaufmodell und wird durch extrem individualisierte, vermeintlich „brüchige" und insgesamt durchlässigere Übergänge in den Lebensphasen ersetzt. Das stellt andere Herausforderungen an das Recruiting, Retentionmanagement und Austritts- bzw. Übergangsmanagement, birgt aber gerade für kleinere und mittelständische Unternehmen (KMU) die Chance, sowohl gezielt auf die zeitlich unterschiedlich intensiven Auftragslagen als auch auf die individuellen Bedürfnisse der Beschäftigten ganz konkret eingehen zu können (eine sehr gute Übersicht bietet etwa Prognos 2012 mit dem Instrumentenkasten für eine altersgerechte Arbeitswelt in KMU).

Dabei können Übersichten über die Verteilung der Altersgruppen im Unternehmen, Analysen von Arbeitsplätzen und -prozessen im Rahmen von Demografieberatungen, eigene Befragungen der Belegschaft oder (extern) moderierte Workshops hilfreich sein, bei denen erarbeitet wird, welche Modelle für die jeweiligen Zielgruppen den meisten Nutzen bringen würden. Da flexible Arbeitszeitmodelle kein Selbstzweck an sich sind, ist es unabdingbar, dass mit den Modellen tatsächliche Bedarfe adressiert und die Beschäftigten in die Gestaltung der Arbeitszeitmodelle direkt involviert werden.

KMUs können bei der Ausgestaltung der einzelnen Handlungsfelder und der Ableitung konkreter Maßnahmen (z. B. Berechnung von Ansparmodellen für Lebensarbeitszeitkonten) auf die Unterstützung der lokalen Kammern und der Bundesagentur für Arbeit zurückgreifen. Auch die Initiative Neue Qualität der Arbeit bietet diverse Online-Tools zur Bewertung von Arbeitszeiten, konkrete Handlungshilfen für die Praxis sowie eine Übersicht über Bildungsangebote und externe Beratungen an. Nicht-Handeln ist also keine Option.

4.7.4 Fazit

Die Möglichkeiten Arbeitszeitmodelle so zu gestalten, dass sie auf die unterschiedlichen Bedürfnisse im Leben eines Mitarbeiters abzielen, sind beinahe unerschöpflich und nach Branche und Größe der Unternehmen variabel. Allerdings reicht die alleinige Bereitstellung der Modelle noch nicht für den Wandel hin zu einer flexiblen und tatsächlich lebensphasengerechten Arbeitskultur aus. Eine bisher von Präsenz geprägte Arbeitskultur wird sich nur schrittweise in ein flexibles Arbeitsumfeld wandeln lassen, wenn es keine anderweitigen Anreize für die Inanspruchnahme der Angebote gibt. Zudem sind auch die unterschiedlichen Arbeitszeitmodelle nur dann wirklich förderlich, wenn sie nicht nur kurzfristig auf die individuellen Bedürfnisse der Mitarbeiter reagieren, sondern auch langfristig keinen negativen Einfluss auf die Karriereentwicklung haben. Es geht um eine grundsätzliche Hinterfragung tradierter Karrieremodelle, die auf geradlinige und kontinuierliche Karrierewege im Rahmen einer Vollzeittätigkeit bauen. Erst wenn hier ein Kulturwandel hin zu einer flexiblen, langfristig und individualisierten Karriereentwicklung erreicht wird, können die lebensphasenorientierten Arbeitszeitmodelle ihre volle Wirkung entfalten und zu den eingangs genannten individuellen wie auch unternehmensförderlichen Vorteilen führen. Dazu allerdings braucht es eine neue Diskussion und Verantwortlichkeit in den Unternehmen, um ein nachteilsfreies, vereinbarkeitsorientiertes Klima zu schaffen. Voraussetzung sind zweifelsohne neue Definitionen von Karriere, Erreichungsformen und darauf abgestimmte Kompetenzmodelle.

Flankierende Unterstützung auf dem Weg dorthin sind dabei die regelmäßige positive Würdigung von Mitarbeitern über alle Funktionen und Karrierestufen hinweg, die erfolgreich in flexiblen Arbeitsmodellen tätig sind. EY hat in Deutschland beispielsweise im Jahr 2015 eine Kampagne initiiert, die Rollenvorbilder (Flexibility Role Models) zeigen – in kurzen Clips werden Mitarbeiter sowie Führungskräfte porträtiert und ihr Umgang mit den EY Angeboten der Flexibilisierung gezeigt. Die Clips finden eine hohe Resonanz, da sie in sämtliche Formate der Team-Meetings, Führungskräfte-Schulungen, Recruiting-Events usw. eingebunden werden. Beispiele finden sich aktuell auch öffentlich zugänglich unter: https://www.youtube.com/watch?v=GRBI5-nvS30. Weiterhin ist die Aufklärung der Führungskräfte, beispielsweise zu unbewussten Vorurteilen und Entscheidungsmechanismen sehr wichtig. EY zählt zu den Vorreitern bei der Adressierung von „unconscious bias" und hat dazu sowohl im Recruiting als auch in den Beurteilungsverfahren mehrere Schulungs- und Trainingskonzepte etabliert (Voß 2014). Abzurunden ist das Vorgehen durch eine regelmäßige und ausdauernde Kommunikation zu den vorhandenen Angeboten. Für eine zukunftsgerechte Weiterentwicklung der Unternehmenskultur sollte hierbei bewusst nicht unterschieden werden, aus welchem Grund (etwa aus familiären Gründen, für Ehrenämter oder Hobbies) oder von welchen Mitarbeitergruppen (Geschlecht, Führungskräfte) flexible Arbeitsmodelle in Anspruch genommen werden. Nur so wird sich langfristig eine tatsächlich gelebte lebensphasenorientierte Arbeitsgestaltung für alle Beschäftigten mit den Unternehmenszielen in Einklang bringen lassen.

4.8 Personalentwicklung

4.8.1 Lebenslanges und intergeneratives Lernen

Deutschland befindet sich in einem strukturellen Wandlungsprozess, weg von der klassischen Industrie- hin zu einer modernen Dienstleistungs- und Wissensgesellschaft. In einem stark auf Wissen basierenden Wirtschaftssystem beruht unternehmerischer Erfolg noch weniger als in der Vergangenheit auf Leistungen von gestern. Stattdessen gilt es, den Erfolg mit hoch qualifizierten Mitarbeitern durch ständige Innovation und technischen Fortschritt im Sinne einer Evolutionsökonomik sicherzustellen. Dabei führt der global ausgetragene Wettbewerb dazu, dass Wissenstatbestände immer schneller an Bedeutung verlieren, mithin veralten. Die Halbwertszeit von Fachwissen beträgt heute branchenabhängig im Durchschnitt drei bis fünf Jahre. Durch lebenslanges Lernen können die notwendige Kompetenzentwicklung der Mitarbeiter und damit die relevante Wissensbasis sowie die Innovationskraft der Unternehmen sichergestellt werden (Nies et al. 2014).

Die Bereitschaft zum lebenslangen Lernen ist aber keine Selbstverständlichkeit. Für die Mitarbeiter und Bildungsverantwortlichen in den Unternehmen bedeutet dies einen radikalen Umbruch klassischer Lebensentwürfe und Lerngewohnheiten, die sich noch nicht in ausreichendem Maße in der Gesellschaft und in den Unternehmen Bahn gebrochen haben. Die in der Vergangenheit vorherrschende sukzessive Lebensplanung ist durch parallele Strukturen abzulösen. Es gilt nicht mehr: erst Lernen, dann Arbeiten und anschließend wohlverdienter Ruhestand. Vielmehr sind bereits heute Lernen, Arbeiten und Freizeit als parallele, lebensbegleitende und ineinandergreifende Bereiche zu verstehen (Schirmer 2006a, S. 46). So können die privaten Erfahrungen als ehrenamtlicher Trainer einer Jugend-Fußballmannschaft gut für die Mitarbeiterführung genutzt werden, genauso wie ein betriebliches Kommunikationstraining wiederum die Traineraufgabe erleichtern kann. Grundsätzlich gilt, dass die einmal absolvierte Ausbildung bzw. akademische Qualifikation nicht mehr ausreichend ist, eine erfolgreiche Beschäftigungsfähigkeit über Jahrzehnte hinweg zu garantieren. Dies gilt umso mehr im Kontext eines bis zum Jahr 2029 ansteigenden Renteneintrittsalters von 67 Jahren. Auch die demografisch bedingte Veränderung im Erwerbspersonenpotenzial, die dazu führt, dass künftig erheblich mehr ältere Arbeitnehmer die Belegschaftsstrukturen in den Unternehmen prägen, vergrößert bei vielen Beschäftigten den zeitlichen Abstand zur Erstqualifikation – bei ständig sinkender Halbwertszeit des Wissens! Ein vorausschauendes, strategieintegriertes und ständiges Erneuern des Kompetenzportfolios der Arbeitnehmer ist unumgänglich, um individuelle Beschäftigungsfähigkeit sicherzustellen und um notwendige Innovationen mit einer alterspluralistischen Belegschaft verwirklichen zu können. Dabei gewinnen insbesondere das transferförderliche, arbeitsintegrierte Lernen sowie daran angelehnte Lernsettings wie die induktiv-deduktive Lernschleife der handlungsorientierten Didaktik (Schirmer 2006b) an Bedeutung. Das Lernen im Prozess der Arbeit ist hoch effektiv und motivierend, da die erworbenen Kompetenzen ohne Transferverlust direkt anwendbar sind.

Damit das erforderliche Lernen stattfinden kann, müssen Bildungsangebote die Situation und Lernbedürfnisse aller Mitarbeitergruppen berücksichtigen. Typischerweise sind viele interne und externe Weiterbildungskonzeptionen in den Betrieben immer noch sehr an das schulisch eintrainierte Lernen jüngerer Arbeitnehmer ausgerichtet. Ältere Mitarbeiter sind intensiv in Familie und berufliche Verantwortung eingebunden, in unterschiedlichem Ausmaß lernentwöhnt und verschieden mobil in Bezug auf den Besuch von Bildungseinrichtungen außerhalb des Unternehmens. Vor diesem Hintergrund sind selbststeuerbare, modularisierte Angebote wichtig, die neben Präsenzveranstaltungen medial gestützte Komponenten wie e-Learning und Blended Learning beinhalten und zumindest partiell als Fernstudien konzipiert sind. Für ältere Erwachsene ist die Einbeziehung vorhandener Erfahrungen sehr wichtig für ein motiviertes und erfolgreiches Lernen. Neben der Berücksichtigung einer generationenspezifischen Ausgestaltung von Lernsettings ist gerade das intergenerative Lernen zu organisieren und sicherzustellen. Das wechselseitige Vermitteln von Kompetenzen von Alt zu Jung und umgekehrt ist eine zentrale Herausforderung in Belegschaften mit einer bisher noch nie da gewesenen Altersspanne (siehe Abschn. 4.10 dieses Buches). Erfahrungskompetenz in Form impliziten Wissens muss an die jungen Mitarbeiter transferiert werden ebenso wie neues, formales Wissen der jungen Mitarbeiter an die seit vielen Jahren im Unternehmen Beschäftigten übertragen werden muss. Hierfür eignen sich gut so genannte Reverse-Mentoring-Programme.

4.8.2 Ganzheitliche Personalentwicklung im demografischen Kontext

Kernprozess der Personalentwicklung

Für eine den wirtschaftlichen Erfolg unterstützende Personalentwicklung ist der notwendige Ausgangspunkt immer die Unternehmensstrategie und die daraus abgeleiteten aktuellen und künftigen Kompetenzbedarfe. Personalentwicklung erfolgt im Grundsatz in einem dreigliedrigen Prozess, der sowohl auf strategischer als auch auf operativer Ebene zu bearbeiten ist. Dabei handelt es sich um den „BIC"-Prozess: Bedarfsanalyse, Intervention und Controlling (Lindner-Lohmann et al. 2012, S. 144 f.).

Ausgangspunkt der Personalentwicklung ist die strategische Bedarfsanalyse, welche aus den Anforderungen der Unternehmensstrategie und der Geschäftsprozesse im Abgleich mit den vorhandenen Mitarbeiterkompetenzen die notwendig einzuführenden Instrumente einer Personalentwicklung und die zu vermittelnden Kompetenzen definiert. Idealerweise werden letztere in einem Kompetenzmodell zusammengestellt, das dann als inhaltliche Orientierung für alle Prozesse der Personalentwicklung, von der Potenzialanalyse über die Weiterbildung bis zur Talentförderung, genutzt werden kann (siehe zum Kompetenzmanagement Lindner-Lohmann 2012, S. 149 f. sowie zum Kompetenzmodell Abschn. 4.9.2 dieses Buches). Ergänzend zur strategischen Bedarfsanalyse sind auf taktisch-operativer Ebene durch einen Abgleich der Arbeitsanforderungen, der Arbeitsplätze und der individuellen Kompetenzprofile der dort beschäftigten Mitarbeiter die individuellen Entwicklungsbedarfe zu bestimmen. Der Qualifikationsbedarf der Beschäftigten wird auf einfache Weise durch ein jährliches Mitarbeitergespräch ermittelt. Es dient der Durchsprache der gemeinsamen Zielsetzung der Zusammenarbeit, der Führung und Förderung des Mitarbeiters. Zwingender Bestandteil sollte eine Zielvereinbarung i.S. eines Learning-Agreements über die notwendigen Qualifizierungsmaßnahmen des Mitarbeiters sein. Darüber hinaus dient das Gespräch der Identifikation der Potenzialträger im Unternehmen. Die Führungskraft prüft, ob Mitarbeiter für weitere Aufgabenstellungen gefördert werden können und diskutiert zusammen mit der Personalentwicklung die Übernahme der Kandidaten in eventuell existierende Talentförderprogramme. In Abhängigkeit von den erkannten Handlungsnotwendigkeiten auf qualifikatorischer Ebene sind dann als Interventionsmaßnahmen entsprechende Ausbildungsberufe, Studiengänge, Weiterbildungen oder Förderprogramme usw. einzuführen bzw. zu ergänzen. Wichtig ist immer, dass bei Bildungsmaßnahmen der Transfer der Inhalte in den Arbeitsalltag gesichert ist. Sämtliche Maßnahmen sowie die strategische Ausrichtung der Personalentwicklung sind durch ein Bildungs-Controlling zu überwachen und zu steuern. Das Controlling kann sich dabei auf pädagogische oder ökonomische

Zielwerte wie Lernzielerreichung oder messbare Effekte der Weiterbildung beziehen sowie prozessbegleitend oder ergebnisbezogen organisiert werden. Grundsätzlich spielt die monetäre Bewertung des Nutzens von Interventionsmaßnahmen als Teil der Wirtschaftlichkeitsbetrachtung der Personalentwicklung eine große Rolle.

Lebenslanges Lernen und Lernsettings für ältere Mitarbeiter

Eine derart konzipierte Personalentwicklung, die ausgehend von wertschöpfungsorientierten Inhalten, über passend ausgewählte Instrumente und Lernmethoden die Mitarbeiter entwickelt, muss über alle Lebenszyklen des Unternehmens und der Beschäftigten hinweg durchgängig ausgestaltet sein und wird gerade dann erfolgreich sein, wenn sie die Lernbedürfnisse alle Mitarbeitergruppen berücksichtig. Das setzt zwingend voraus, dass die Mitarbeiter über ihr ganzes Erwerbsleben zur Weiterqualifizierung aufgefordert werden. Damit wird lebenslanges Lernen bis zum Renteneintritt und darüber hinaus selbstverständlich (Schirmer 2006a). Durch die kontinuierliche Weiterentwicklung der Kompetenzen der Mitarbeiter erhalten Arbeitgeber deren Beschäftigungsfähigkeit, sichern diese langfristig und beugen so Arbeitslosigkeit vor. Dies steigert weiter den Human Asset der Belegschaft und in hohem Maße auch die Motivation und Identifikation mit dem jeweiligen Unternehmen.

Grundsätzlich gilt, dass ältere Mitarbeiter sich ebenfalls neue Kompetenzen aneignen können (siehe Abschn. 2.1 dieses Buches) und mit den gleichen Methoden und Weiterbildungsangeboten lernen können wie junge Mitarbeiter. Unterstützt werden kann der Lernprozess älterer, erfahrener Mitarbeiter aber durch die Beachtung verschiedener methodisch-didaktischer Gestaltungsaspekte (Schmidt-Hertha 2014). Wichtig ist es zudem, dass von betrieblicher Seite Maßnahmen ergriffen werden, um Zugangsbarrieren für ältere Arbeitnehmer zur Weiterbildung in Form selbsthemmender Stereotype zu reduzieren. So sind bei älteren Mitarbeitern oftmals Grundüberzeugungen nach dem Motto „Ich gehöre eh' zum alten Eisen" oder „Das begreife ich nicht mehr" vorhanden, die dazu führen, dass sich diese Arbeitnehmer den Bildungsangeboten verweigern. Maßnahmen für eine erfolgreiche Weiterbildung älterer Mitarbeiter sind z. B. (Schirmer 2013, S. 115)

- bei Lernentwöhnten die Vorbereitung auf den Lernprozess.
- das Zurückgreifen auf Vor- und Erfahrungswissen.
- das Eingehen auf individuelle Lerntempi bzw. Ermöglichung der Selbststeuerung des Lerntempos sowie individuell bestimmter Wiederholungsschritte zum Üben.
- die Integration von Arbeit und Lernen bei Vermeidung schulischer „Lern-Settings".
- der Einsatz teilnehmeraktivierender Lernmethoden.
- die benutzerfreundliche Gestaltung von Selbstlernmedien (e-Learning, Leittexte usw.).
- die Verteilung der Lerninhalte auf mehrere, kürzere Blöcke.
- das soziale Lernen in der Gruppe.
- die hohe Praxisnähe.

- das Anbieten von ganzheitlichen Lernaufgaben, die Planung, Ausführung und Kontrolle beinhalten.

Vollständige Arbeitsaufgaben mit Herausforderungscharakter und Lernpotenzialen sind im Sinn des handlungsregulatorischen Lernens (Hacker und Sachse 2013 sowie Schirmer 1997, 2006b) sehr gut geeignet, um echte Handlungskompetenz bei den Mitarbeitern zu entwickeln. Zu vermeiden sind dagegen typische Fehler im Umgang mit älteren Mitarbeitern, die zu einer Kompetenzstagnation oder sogar -reduzierung führen. Nachteilig auf die Qualifizierung älterer Arbeitnehmer wirkt es sich aus, wenn (Schirmer 2013, S. 115)

- eine altersbezogene Segmentierung unbewusst entsteht und nicht mehr hinterfragt wird, d.h. traditionelle Produkte mit traditionellen Herstellungsverfahren werden von älteren Mitarbeitern gefertigt, innovative Produkte mit modernen Technologien von jungen Mitarbeitern.
- älteren Mitarbeitern keine Transfermöglichkeiten für neu Erlerntes geboten wird. Dies führt zur Demotivation.
- ältere Mitarbeiter nur in Bereichen eingesetzt werden, in denen sie Spezialisten sind (Spezialisierungsfalle).
- ältere Mitarbeiter nur noch Tätigkeiten ohne Lernpotenzial ausüben.
- überholte Erkenntnisse die Aufnahme neuen Wissens behindern, dann wird „Entlernen" nötig.

Vorsicht ist, im Gegensatz zu altersgemischten Lerntandems, durchaus bei altersgemischten Lerngruppen geboten. Hier kann es sein, dass es zu lernerfolgshinderlichen Problemen kommt. Erbringen die Jungen gleiche oder bessere Leistungen, kann das zu Unmut und Neid bei den älteren Kollegen führen, bis hin zum Auftreten von Versagensängsten. Als problematisch kann sich auch das höhere Lerntempo der Jüngeren, die noch im Lernprozess geübt sind, herausstellen. Ältere Teilnehmer in Weiterbildungsveranstaltungen könnten sich dadurch evtl. schnell überfordert fühlen.

Zu einer Personalentwicklung, welche die Beschäftigten über alle beruflichen Lebensphasen ein Leben lang hinweg unterstützt, gehören auch spezifische Qualifizierungsprogramme, die Kompetenzen umfassend, systematisch und eingebettet in einen Entwicklungspfad vermitteln. Dabei können Unternehmen auf fundamentale Veränderungen in Bezug auf die benötigten Kernkompetenzen innerhalb der Belegschaft reagieren. Dies gilt gerade auch für gering qualifizierte Arbeitnehmer, die als eine Reserve im Rahmen des Fachkräftemangels betrachtet werden können.

Beispiel: Qualifizierungsoffensive – Lo-Quo bei der SICK AG
Durch die fortschreitenden Veränderungen in Industrieunternehmen in Verbindung mit den steigenden Anforderungen an Produktion und Logistik verändern sich auch die Herausforderungen für die Mitarbeiter (Kast 2014). Der Bereich der Logistik z.B. hat

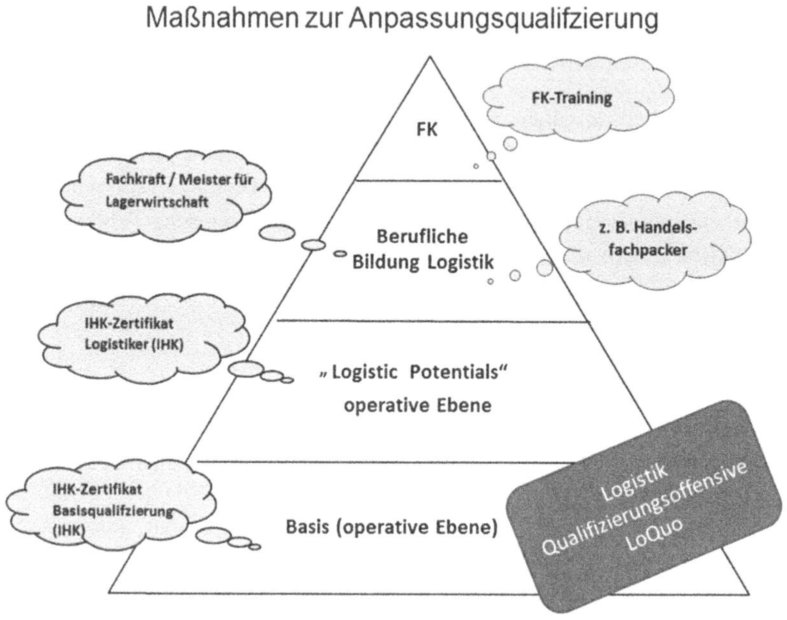

Maßnahmen zur Anpassungsqualifzierung

Abb. 4.16 Logistik-Qualifizierungsoffensive LoQuo (Quelle: Kast 2014, S. 185)

sich in den letzten Jahren sowohl technologisch als auch qualifikatorisch sehr stark weiterentwickelt. In vielen Unternehmen entstanden in den letzten Jahren Logistik-Zentren mit anspruchsvollen Arbeitsplätzen, hohem Flexibilitätsanspruch und variablen Arbeitsmethoden. Diese Veränderungen werden aktuell auch von Mitarbeitern verlangt, die als frühere Lagermitarbeiter diese Qualifikationen nicht hatten. Dies führte bei der SICK AG zu einem Weiterbildungsprogramm mit der Zielsetzung, den Mitarbeitern eine logistikspezifische Basis zu schaffen, sie „über den Tellerrand hinaus" zu qualifizieren. Gemeinsam mit einem externen Schulungsanbieter wurde der Schulungsbedarf entwickelt, woraus das in Abb. 4.16 dargestellte Konzept entstand: die „Logistik-Qualifzierungsoffensive – Lo-Quo", von der Basis bis zur Führungsebene.

Insgesamt nahmen bisher ca. 70 Mitarbeiter aus dem operativen Bereich, meist Angelernte oder Arbeitnehmer mit einer logistikfremden Ausbildung, an mindestens einem Qualifizierungsbaustein teil. Parallel wurden zehn Führungskräfte on- bzw. off-the-job qualifiziert. Im Fokus der Qualifizierungen für Führungskräfte standen Führungskompetenzen und die strategische Ausrichtung des Bereichs. Die erfolgreiche Teilnahme mit einem Zertifikatsabschluss stellt für den einzelnen Mitarbeiter eine offizielle Anerkennung der angelernten Tätigkeit, verbesserte Arbeitsmarktfähigkeit und somit einen weiteren Meilenstein in seiner individuellen Weiterentwicklung dar. Diese zielgruppenorientierte Weiterbildung läuft derzeit in der sechsten Auflage.

Die Qualifizierung umfasst folgende fünf Module:

1. Der Logistikmitarbeiter in seinem Arbeitsalltag als Teamplayer
2. Lern- und Arbeitsorganisation/Lernen lernen
3. Allgemeine Grundlagen der Logistik
4. Produkt- und Kundenaufträge serviceorientiert ausführen
5. Abschluss und Erlangen des Zertifikats

Das Konzept ist auf eine spezifische Zielgruppe und unmittelbar auf die Bedarfe des Unternehmens ausgerichtet. Besonders erfolgversprechend sind der hohe Anteil an Interaktion und die Qualitätsstandards in der Transfersicherung. Nachhaltige Lernerfolgskontrollen erfolgen durch Transferworkshops (Entwickeln von Aktivitätenplänen und Umsetzen des Gelernten in Problem-/Aufgabenstellungen aus dem Alltagsbereich) am Ende eines jeden Moduls und insbesondere durch die Projektarbeiten am Ende der Qualifizierung. Die Teilnahme an der Basisqualifizierung Logistik ist integraler Bestandteil des Mitarbeitergesprächs mit der Führungskraft. Hier wird gezielt über die Maßnahme, die Unterstützung der Führungskraft bei der Umsetzung des Gelernten und mögliche Weiterentwicklungen gesprochen. Weiter wird eine nachgelagerte „Kalt"-Evaluation durch den externen Schulungsanbieter bei der Basisqualifizierung Logistik erhoben. Diese erfolgt 100 Tage nach Abschluss der Weiterbildung. Die Personal- und Organisationsentwicklung geht während der Maßnahmen kontinuierlich auf die Mitarbeiter zu und erhält im direkten Gespräch ein Feedback zu Reaktionen und Stimmungen der Teilnehmer.

Intergeneratives Lernen
Eine wesentliche Komponente einer demografiesensiblen Personalentwicklung ist es zudem, die verschiedenen, im Unternehmen vorhandenen Generationen lernend miteinander in Kontakt zu bringen (Franz und Scheunpflug 2015). Dabei geht es nicht nur um einseitige Wissensvermittlung, vielmehr sollen die Generationen miteinander, voneinander und übereinander lernen.

Das gemeinsame Lernen der Generationen kann z. B. durch die Arbeit an einem Projekt, das für alle Beteiligten, egal ob jung oder alt, neu und bedeutsam ist, gefördert werden. Durch die Fokussierung auf die Aufgabe treten ggf. hinderliche generationenspezifische Prägungen in den Hintergrund und Wissen und Kompetenzen werden individuell erweitert. Das voneinander Lernen lässt sich gut mit altersgemischten Lerntandems, Mentoring- sowie Reverse-Mentoring-Programmen oder speziell initiierten Transferprojekten im Sinne eines Wissensmanagements umsetzen. Das übereinander Lernen verläuft zum Teil bei der gemeinsamen Arbeit an Projekten etc. als unbewusster Prozess. Durch die Kommunikation miteinander, den Gedankenaustausch und die Diskussion von Vorgehensweisen erfahren die verschiedenen Generationen viel über das Denken, die Werthaltungen etc. der anderen Generationen. Eine intergenerative Personalentwicklung sollte das übereinander Lernen aber auch zum expliziten Lerngegenstand machen und z. B. über stereotype Altersbilder aufklären.

4.8.3 Tipps für die Praxis

Die Personalentwicklung erfordert neben der strategischen Einbindung auch eine offene und motivierende Lernkultur. Darüber hinaus ist darauf zu achten (Lindner-Lohmann et al. 2012, S. 146), dass

- die Instrumente wie Leistungsbeurteilung, Potenzialanalyse, Weiterbildung und För-derprogramm etc. aufeinander abgestimmt und miteinander vernetzt sind.
- die Arbeitnehmer in allen Phasen ihrer beruflichen Entwicklung unterstützt werden.
- selbstorganisiertes Lernen gefördert wird. Die Mitarbeiter müssen Verantwortung für ihre Beschäftigungsfähigkeit übernehmen und sich für die Kompetenzentwicklung eigenständig engagieren.
- die Personalentwicklung überschaubar konzipiert ist und nicht unnötig komplex ausgearbeitet wird. Damit steigt die Wahrscheinlichkeit, dass die Angebote von den Mitarbeitern und Führungskräften genutzt werden.
- ein echter Beitrag zur Wertschöpfung und zum Unternehmenserfolg mit einem positiven Kosten-Nutzen-Verhältnis realisiert wird.
- Personalentwicklung dauerhaft umgesetzt wird. Punktuelle Bildungsangebote sind meist wenig geeignet, die kontinuierlichen Änderungen in Bezug auf die benötigten Kompetenzen auszugleichen.
- sinnvolle, altersgerechte didaktisch-methodische Gestaltungsprinzipien umgesetzt werden, ohne aber eine unnötige Altersdiskriminierung im Lernprozess zu schaffen.
- junge und ältere Mitarbeiter ganz selbstverständlich bereit sind, voneinander und miteinander zu lernen und sich gegenseitig unterstützen. Dafür sind konkrete Lernarrangements zu planen.

Damit kann das zentrale Ziel der betrieblichen Weiterbildung, die Versorgung des Unternehmens mit den notwendigen mitarbeitergebundenen Kompetenzen, gefördert werden. Die Arbeitsanforderungen bestimmen, über welche Qualifikationen und Kompetenzen die Arbeitnehmer heute und künftig verfügen müssen. Mit dem in Abb. 4.17 dargestellten Kompetenzabgleich kann im Rahmen des jährlichen Mitarbeitergesprächs vor dem Hintergrund des jeweiligen Arbeitsplatzes pragmatisch ermittelt werden, welche Kompetenzen der Mitarbeiter benötigt (Soll-Kompetenzprofil), über welche Kompetenz er aktuell bereits verfügt (Ist-Kompetenzprofil) und welche noch ausgebaut werden müssen. Damit kann gerade in kleinen und mittelständischen Unternehmen der Grundstein für eine weiter fortzuführende Personalentwicklung gelegt werden. So können z. B. in einem nächsten Schritt, aufbauend für die Kernkompetenzen im Unternehmen, passende Weiterbildungsangebote in Kooperation mit externen Dienstleistern organisiert werden. Idealerweise sind die Bildungsangebote nach den im Unternehmen verwendeten Kompetenzstufen zu differenzieren, so dass sich die Mitarbeiter systematisch entwickeln können. Für die Praxis gut nutzbare Kompetenzstufen, um danach Bildungsangebote auszurichten, sind z. B. „Einsteiger", „Könner" und „Experte".

Mitarbeiter:_____ Funktion:_____

Fach-/Sozial-/Methodenkompetenz (für jede Funktion zu bestimmen)	Soll-Ausprägung gering — hoch 1 2 3 4 5	Ist-Stand gering — hoch 1 2 3 4 5	Defizit
1._____			
2._____			
3._____			
4._____			
5._____			
6. Unternehmerisches Denken			

Abb. 4.17 Bedarfsermittlung im Mitarbeitergespräch (Quelle: Schirmer 2013, S. 110)

4.8.4 Fazit

Die sich dynamisch entwickelnden Anforderungen der modernen Arbeitswelt im Zusammenwirken mit der weiter auseinander driftenden Zeitspanne von Erstqualifikation bis zum Renteneintritt sowie der zunehmenden Altersspanne zwischen jungen und alten Mitarbeitern erfordern von den Unternehmen zwingend, eine systematische Personalentwicklung zu etablieren. Eine solche muss durchgängig alle beruflichen Lebensphasen der Mitarbeiter mittels aufeinander abgestimmter Instrumente unterstützen, die möglichst auf ein unternehmensweit gültiges Kompetenzmodell zurückgreifen. Ein solches Konzept benötigt zudem zielgruppenbezogene Qualifizierungsprogramme, auch für gering qualifizierte Mitarbeiter, und muss eine altersgerechte Ausgestaltung der Lernprozesse sowie die intergenerative Kompetenzvermittlung berücksichtigen.

4.9 Karriere- und Rentenübergangsmodelle

4.9.1 Einleitung

Hierarchie und Karriere entkoppeln sich derzeit schon in den Unternehmen. Die Merkmale von Karriere bestehen nicht mehr oder immer weniger im Erwerb eines wohlklingenden Titels oder einer ranghöheren Position samt größerem Büro, Schreibtisch oder Firmenwagen. Zum entscheidenden Merkmal wird sowohl für die Unternehmen als auch für den Einzelnen die Fähigkeit, immer komplexere Aufgaben zu bewältigen. Die Vorstellung, die hinter herkömmlichen Karrieremodellen steht, ist geprägt vom Bild der Leiter, auf der Beschäftigte im Laufe ihres Berufslebens Sprosse für Sprosse nach oben steigen. Die Anforderungen der Unternehmen heute bestehen im Wachstum der

Individuen durch Mehrfachqualifikation und Entwicklung ihrer Kompetenzen. Verlangt wird von den Beschäftigten die Bereitschaft, ihre Fähigkeiten immer wieder an den Anforderungen des Marktes auszurichten und permanent dazuzulernen. Der Arbeitgeber muss im Umkehrschluss die Mitarbeiter informieren und sie beim Erwerb der benötigten Kompetenzen der Zukunft unterstützen. Für derart qualifizierte Mitarbeiter ist dann eine – gegebenenfalls auch vorübergehende und in Teilzeit ausgeführte – Beschäftigung nach dem Renteneintritt denkbar und kann eine erfüllende und sinnstiftende Tätigkeit darstellen. Für solche Rentenübergangs- bzw. Beschäftigungsmodelle sind durch die Unternehmen entsprechende Rahmenbedingungen zu definieren.

4.9.2 Kompetenzrad, Karriere und Rentenübergang

Die Kernkompetenzen eines Unternehmens oder einer einzelnen Organisationseinheit werden z. B. in einem Kompetenzrad (siehe Abb. 4.18) erarbeitet und dokumentiert. Diese

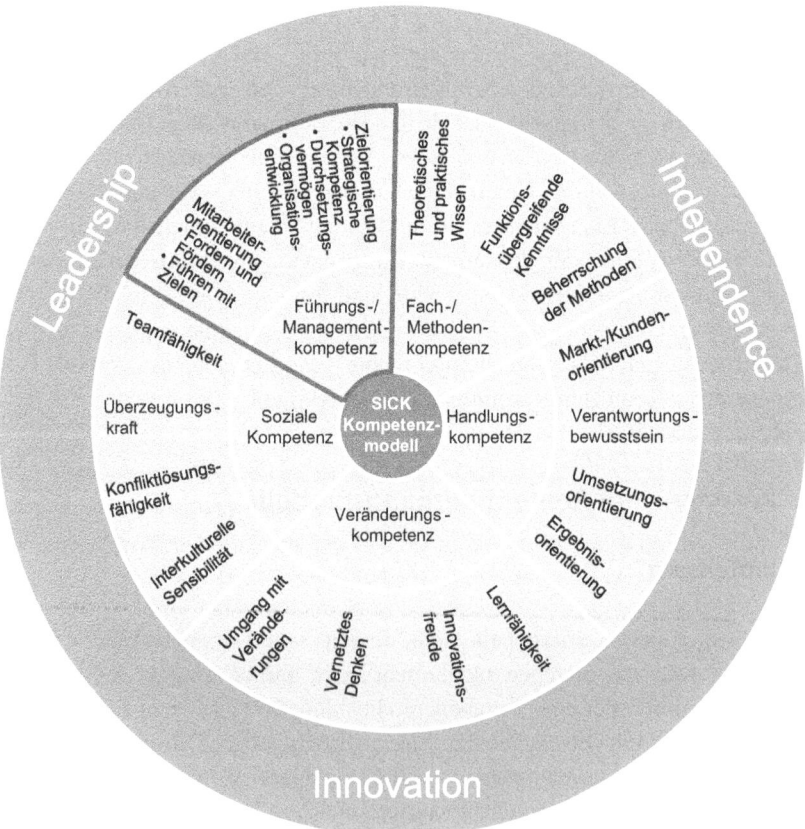

Abb. 4.18 SICK-Kompetenzrad (Quelle: Kast 2014, S. 174)

Kompetenzen und die einzelnen Kriterien werden in einem Dialog mit Geschäftsleitung, Führungskräften und Mitarbeitern, moderiert durch die Personalentwicklung, im Unternehmen erarbeitet. Auf der Basis dieser, einmal im Unternehmen definierten Anforderungen für die Zukunft lassen sich dann in den Jahres- oder Mitarbeitergesprächen zwischen Führungskraft und Mitarbeiter die notwendigen weiteren Schritte zur individuellen Personalentwicklung inklusive der Weiterbildungsmaßnahmen besprechen. Karriere heißt in der Anwendung der Kompetenzen dann Wachstum der gesamten Persönlichkeit. Permanentes Lernen, wechselnde Aufgaben, Tätigkeiten und Teamzugehörigkeiten fördern die Kompetenzentwicklung der Beschäftigten. Darüber hinaus wird durch die Einführung von heterogenen Entwicklungswegen nicht nur die Führungsentwicklung unterstützt, sondern auch die parallele Förderung von Projekt- oder Fachkarrieren, die im Unternehmen als gleichwertige Alternativen aufgebaut werden müssen.

Karriere ist eben nicht mehr nur der Aufstieg in der betrieblichen Hierarchie mit Beförderung, mehr Geld und beruflicher Anerkennung. Das französische Wort „Carriere" bezeichnet zwar den vollen Lauf, den Galopp oder ein schnelles Vorwärtskommen, aber nicht nur „nach oben". In den Unternehmen hat sich die Bedeutung von Karriere in den letzten Jahren auch dementsprechend verändert. Karriere wird mehr und mehr als Spiegel der gesamten beruflichen Entwicklung verstanden. Karriere erfolgt durch die ständige Erweiterung der Kompetenzen, und damit ist nicht nur die Fachkompetenz gemeint, sondern auch die persönliche und soziale Kompetenz. Die Bedeutung der Spezialisten für den Unternehmenserfolg hat in den letzten Jahren zugenommen. Gerade die deutsche Industrie profitiert im Export von wissensbasierten Produkten, deren Herstellung ohne Ingenieure, Softwareentwickler und Spezialisten undenkbar wäre. Die notwendigen Innovationen, mit denen Unternehmen sich unverwechselbar auf den Märkten positionieren wollen, sind ohne diese Experten nicht möglich. Mit dem sich in der derzeitigen Wirtschaftslage abzeichnenden Fachkräftemangel, der durch die demografische Entwicklung verschärft wird, steigt die Chance für die Anerkennung der Experten im Vergleich zu den Führungskräften mit Generalisten-Wissen. Wollen die Unternehmen ihre Experten nicht verlieren, müssen sie ihnen eine Antwort auf deren Frage nach Entwicklung und Förderung geben.

Noch mindestens zwei weitere Herausforderungen sprechen aus Sicht der Unternehmen für die Einführung der Spezialisten-Karriere: erstens die Chance, ältere, erfahrene Mitarbeiter auf deren Wunsch hin im letzten Berufsabschnitt als Experten zu halten. Zweitens sehen sich viele Unternehmen mit dem Wunsch von Berufseinsteigern konfrontiert, anspruchsvolle Fachaufgaben zu erhalten und nicht in die immer schwieriger werdende Führungsrolle einzusteigen.

Der Vorteil der Fachkarriere liegt demgegenüber schon darin, dass der Berufsweg ruhiger und kontinuierlicher verläuft. Die Anforderungen an die Fachexperten sind indes hoch. Ingenieure, Softwareentwickler, Naturwissenschaftler und Betriebswirte müssen ihr Fachgebiet beherrschen und sich auf mindestens ein Teilgebiet spezialisiert haben. Hervorragende theoretische Kenntnisse sind auf den praktischen Fall mit Erfolg anzuwenden. Es ist also nicht nur Erfindergeist gefragt, sondern die Fähigkeit, diesen

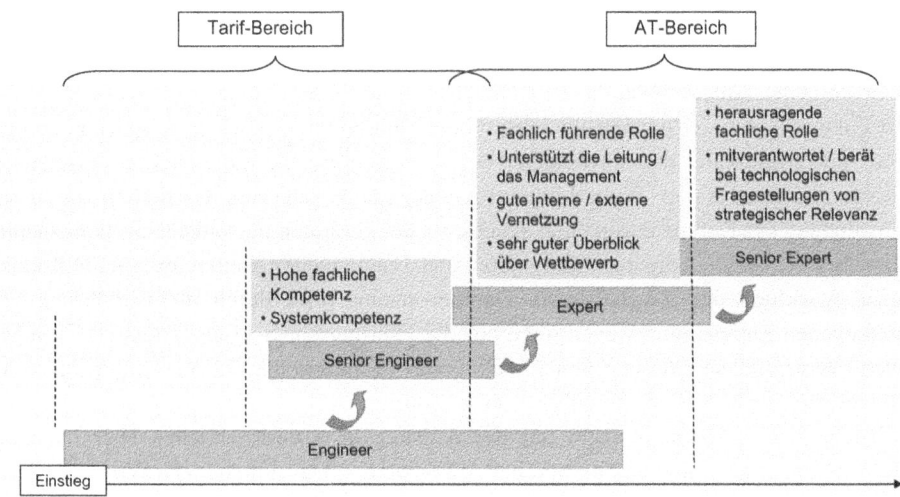

Abb. 4.19 Beispiel: Entwicklungsperspektiven Forschung und Entwicklung (Quelle: eigene Darstellung Kast, R.)

auch im wirtschaftlichen Umfeld praktisch anzuwenden. Dabei spielen methodische Kompetenzen eine wichtige Rolle: die Beherrschung von Arbeitstechniken, um neue Fragestellungen zu analysieren, neue Ideen zu entwickeln und Lösungen zu planen. Ferner brauchen die Spezialisten auch Sozialkompetenz: sie beraten Kunden, Entscheider und Führungskräfte im eigenen und fremden Unternehmen. Je höher die Kommunikationsfähigkeit, desto erfolgreicher der Spezialist.

Insofern ist klar, dass die Unternehmen gut beraten sind, auch für die Experten ein personalpolitisch ausgereiftes Konzept zur Einführung und Implementierung der Fachlaufbahn zu gestalten. Dies setzt ein System zur Identifizierung und Potenzialerkennung von Fachleuten voraus. Im Vorfeld sollte klar sein, wie viele Positionen mit Experten-Know-How in Zukunft benötigt werden. Dann muss eine klare Systematisierung der Karrierestufen innerhalb der Fachexpertenlaufbahn gefunden und veröffentlicht werden. Also zum Beispiel von einem Junior-Berater über den Senior-Berater bis zum Prinzipal oder in der Forschung vom Experten über den Senior-Experten zum Chef-Experten (vgl. Abb. 4.19). Für die Anerkennung der Fachlaufbahn im Unternehmen ist dann die Vergleichbarkeit zur Führungslaufbahn entscheidend. Die einzelnen Stufen der Entwicklung müssen eine Parallelität in der Gehaltsentwicklung aufzeigen. Je nach Fortschritt der Unternehmenskultur sollten diese Gehaltsstufen sichtbar und öffentlich sein. Auch damit kann dem weitverbreiteten Vorurteil „Der Prophet gilt nichts im eigenen Land" positiv begegnet werden.

Die Entwicklung einer Persönlichkeit im Unternehmen als Beschäftigter mit einer derartig zugrunde gelegten Kompetenzförderung ist dann auch die Basis dafür, dass

Arbeitnehmer beim grundsätzlichen Ausstieg aus dem Unternehmen auf freiwilliger Basis noch teilweise weiterarbeiten wollen und ihr Wissen und ihre Kompetenzen dem Arbeitgeber weiterhin zur Verfügung stellen. Die Zusammenarbeit in altersgemischten Teams ist für das Unternehmen einerseits ein wichtiger Bestandteil der Diversity-Kultur. Andererseits trägt es der demografischen Entwicklung Rechnung, wonach viele Berufstätige heute länger und gesünder leben als früher: Viele ältere Menschen fühlen sich fit und würden ihre Erfahrungen gerne auch im Rentenalter einbringen. Eine Studie der Leuphana Universität Lüneburg zeigt: Etwa ein Viertel aller Befragten (26 Prozent) möchte in der Rente weiterhin für den alten Arbeitgeber und genauso viele (26 Prozent) für andere Arbeitgeber tätig sein. Für die Hälfte der Befragten (50 Prozent) käme auch eine selbstständige Tätigkeit in der Rente in Frage (Hanser 2014, S. 111 sowie grundsätzlich Schneider et al. 2015).

Beispiel: Bosch Management Support GmbH (BMS)
Die Firma Bosch z. B. setzt auf die berufliche Erfahrung älterer ehemaliger Beschäftigter und sieht in altersgemischten Teams einen wichtigen Wettbewerbsvorteil. Bosch hat deshalb bereits Ende der 1990er-Jahre die Bosch Management Support GmbH (BMS) mit dem Ziel gegründet, unternehmensintern zeitlich befristete Beratungsleistungen durch Bosch-Pensionäre zu ermöglichen (siehe im Folgenden Hanser 2014). BMS ist eine interne Beratungsgesellschaft, die aus einem Pool von Bosch-Senior-Experten und der BMS-Koordinationsstelle mit Sitz in Leonberg bei Stuttgart besteht. Bosch verfügt über ein weltumspannendes Netzwerk mit mehr als 1.600 Senior-Experten. 2014 absolvierten die Pensionäre im Alter von 60 bis 75 Jahren mehr als 1.000 Einsätze mit insgesamt über 60.000 Beratertagen, davon die Hälfte außerhalb Deutschlands.

Die Idee ist so einfach wie einleuchtend: Senior-Experten sind überall dort gefragt, wo es bei kurzfristigen Engpässen einen Bedarf an hochprofessioneller Beratung oder Unterstützung gibt – sei es beim Anlauf einer Fertigungslinie in einer Auslandsgesellschaft, sei es bei der Reorganisation des Rechnungswesens, des Vertriebs in einem Geschäftsbereich oder der Qualitätssicherung in einer Produktionsstätte.

Sobald eine Bosch-Abteilung eine Beratungsanfrage an BMS heranträgt, wird ein erprobtes Programm zur Auftragsabwicklung gestartet. Zunächst wird präzise geklärt, wie das Anforderungsprofil des Einsatzes aussieht. Im nächsten Schritt werden dem Auftraggeber von der BMS-Koordinierungsstelle in Leonberg bzw. den BMS-Niederlassungen in USA, Brasilien, Japan, Indien und Großbritannien die geeigneten Experten vorgeschlagen. Nach Kontaktgesprächen wählt der Auftraggeber den für ihn infrage kommenden Experten aus. Ebenso kann sich der Senior-Experte danach entscheiden, ob er den Auftrag übernehmen will. Ein wesentlicher Erfolgsfaktor für die steigende Nachfrage an Senior-Experten ist deren Fachqualifikation, Beratungskompetenz und Persönlichkeit. Dies gewährleistet eine hohe Qualität der Expertenprofile und stellt sicher, dass eine hohe Kundenzufriedenheit erreicht wird – denn BMS stellt sich dem Wettbewerb mit externen Beratungsdienstleistern. Wären nicht frühzeitig die Kompetenzen der Mitarbeiter auf die sich verändernden Anforderungen des Marktes ausgerichtet worden, wäre es nicht möglich, die Senior-Experten weiter zu beschäftigen.

Der große Pool an Experten ist so schlagkräftig, weil jeder Einzelne jahrzehntelang spezifisches Bosch-Know-How gesammelt und die internen Arbeitsabläufe verinnerlicht hat. Und jeder hat die Besonderheiten und Kultur des Unternehmens Bosch nicht nur erlebt, sondern selbst mitgeprägt. Damit sind diese Experten ohne wesentliche Einarbeitungszeit sofort wirksam, wenn sie zum Einsatz kommen.

4.9.3 Hinweise zur praktischen Umsetzung

Wenn Unternehmen auch nach Eintritt in den Ruhestand die ehemaligen Mitarbeiter weiterbeschäftigen wollen, sollten sie mit diesem Personenkreis klären, wie der Kontakt aufrecht erhalten und Arbeitseinsätze koordiniert werden können, ohne dass das Prinzip der Freiwilligkeit bei der partiellen Weiterarbeit Schaden nimmt. Also sind regelmäßige Anschreiben und Angebote durch das Unternehmen willkommen. Arbeitsrechtlich ist das Thema der Weiterarbeit von Rentnern im Unternehmen gelöst und seit Inkrafttreten des Gesetzes zur Rente mit 63 unproblematisch. Im Einzelfall sind die Fragen der Sozialversicherungspflicht und der steuerlichen Regelungen in Absprache mit externen Experten zu lösen, dies auch in Abhängigkeit davon, ob ein Rentner im vorgezogenen Ruhestand ist oder schon die Vollrente in Anspruch nimmt.

4.9.4 Fazit

Karriere und Beschäftigung nach dem Renteneintritt sind heute erheblich flexibler zu denken als in den vergangenen Jahrzehnten. Umfänglich ausgebildete Kompetenzen der Beschäftigten sind die Grundlage für Employability und Employment und bieten diesen damit die Möglichkeiten zu vertikalen und horizontalen Karrierewegen. Für solche bewährten und erfahrenen Mitarbeiter, unabhängig ob als Führungskraft oder Fachexperte, empfiehlt es sich dann, über die Einführung von Beschäftigungsmöglichkeiten auch nach dem Renteneintritt nachzudenken. So kann hervorragendes, personengebundenes Führungs- und Fachwissen noch länger wertschöpfend im Unternehmen gebunden werden und hilft dem demografieinduzierten Personalmangel entgegenzuwirken.

4.10 Wissensmanagement

4.10.1 Einleitung

Nur sehr wenige Firmen betreiben bereits eine strukturierte Wissensweitergabe. Dabei geht beim Ausscheiden von Fachkräften, aber auch beim Wechsel zwischen verschiedenen Positionen im Unternehmen immer wichtiges Expertenwissen verloren.

Das Kernproblem dabei ist, dass die Mitarbeiter meist über viel Erfahrungswissen verfügen, dies aber oft gar nicht wahrnehmen und schon gar nicht in der Lage sind, es strukturiert weiterzugeben. Es gibt inzwischen aber genügend Technologien, dies geordnet und ohne allzu großen Aufwand zu tun.

4.10.2 Management und Weitergabe von Wissen

Wissen ist kompliziert, denn es ist in den Köpfen der Mitarbeiter. Wissen ist wichtig, denn es ist in der Informationsgesellschaft der zentrale Wettbewerbsvorteil. Wissen ist spannend, denn die allermeisten ahnen gar nicht, wie viel sie davon zwischen ihren beiden Ohren haben.

Es lohnt, sich mit Wissensmanagement zu beschäftigen. Und dennoch tun es nur die allerwenigsten Unternehmen systematisch. Und nur in Einzelfällen engagieren sich Firmen, um das erworbene Fach- und Erfahrungswissen ihrer Mitarbeiter bei deren Ausscheiden in den Ruhestand für ihre Nachfolger und die Firma nutzbar zu machen.

Einer der Gründe dafür dürfte sicher sein, dass Wissensmanagement kompliziert ist: „Wissensmanagement beschäftigt sich mit dem Erwerb, der Entwicklung, dem Transfer, der Speicherung sowie der Nutzung von Wissen. Wissensmanagement ist weit mehr als Informationsmanagement" (Frost 2015).

Denn Informationen sind nur „die notwendige Voraussetzung zur Generierung von Wissen" (Frost 2015). Sie können eingekauft werden, sind handelbar und im Internet-Zeitalter inzwischen eigentlich auch überall verfügbar. Im Englischen gibt es dafür auch den prägnanten Begriff des „Know-what".

Wissen hingegen ist das „Know-why" – die Verknüpfung der Informationen durch bereits vorhandenes Vorwissen. Ein wissenschaftlicher Fachartikel ist für ein fünfjähriges Kind in diesem Sinne nicht nutzbar, es hat kein Vorwissen. Für eine Ingenieurin kurz vor dem Universitätsabschluss ist er hingegen möglicherweise der Kick, der ihr Jahrzehnte später den Nobelpreis einbringen wird – denn sie hat das notwendige Vorwissen, diese neue Information zu bewerten und nutzbringend zu verarbeiten.

Dabei ist zu unterscheiden zwischen explizitem und implizitem Wissen: Ersteres ist formulierbar und reproduzierbar. „Es kann ohne Schwierigkeiten durch eine formale, systematische Sprache vermittelt werden, etwa durch Wörter und Zahlen. Es kann in seiner Anwendung logisch nachvollzogen und beschrieben werden und stellt deshalb spezifisches oder methodisches Wissen dar." (Frost 2015).

Implizites Wissen hingegen ist in den Köpfen. Es ist verborgen und nur schwer dort herauszuholen. Oft ahnen Menschen selbst gar nicht, was sie alles wissen. In einem Leitfaden des Bundesministeriums für Wirtschaft wird dazu das Bild eines Eisbergs bemüht (Orth 2013, S. 7): Oben heraus aus dem Wasser ragt ein Eisberg mit dem expliziten Wissen, unter der Wasseroberfläche findet sich die weitaus größere Eisbergfläche mit implizitem Wissen.

Implizites Wissen ist, wenn der Endkontrolleur im Autowerk nur mit dem Finger über das frischlackierte Auto streichen muss, um die Qualität zu überprüfen. Implizites Wissen ist, wenn die Vertriebsexpertin schon zwei Sekunden nach Beginn des Telefonates weiß, ob es zu einem Abschluss kommen wird. Und implizites Wissen ist beispielsweise auch, wenn die Gruppenleiterin Teammitglied X mit Aufgabe Y betraut – eben weil sie aus langjähriger Erfahrung weiß, dass er die Herausforderung zur vollsten Zufriedenheit lösen wird.

Der Begriff des impliziten Wissens wurde von Michael Polanyi (1966) geprägt. Darauf aufbauend haben die beiden japanischen Wissenschaftler Ikujiro Nonaka und Hirokata Takeuchi (1995) in ihrem Buch „The Knowledge Creating Company" das Modell der „Wissensspirale" entwickelt. Es zeigt, wie implizites Wissen über unterschiedliche Prozesse zu explizitem Wissen und damit für alle im Unternehmen zugänglich wird.

Die Wissensspirale beginnt mit dem Erfahrungswissen der Einzelnen. Es entsteht durch die jeweilige Sozialisation, der ersten Stufe der Spirale: Darunter wird alles verstanden, was Menschen im Laufe ihres Lebens lernen, vor allem natürlich ihr Fachwissen. In der zweiten Spiralstufe, der Externalisierung, wird versucht, dieses implizite Wissen quasi „ans Licht" zu befördern – indem darüber geredet wird, es aufgeschrieben oder auf andere Weise kommuniziert wird. Dann folgt mit der Kombination die dritte Stufe der Spirale: Nun wird versucht, unterschiedliche Wissensfelder so miteinander zu kombinieren, dass Neues entsteht. In der letzten Stufe, der Internalisierung, wird dieses nun dokumentierte und für alle zugängliche Wissen wieder vom Einzelnen so verarbeitet, dass er oder sie es lernt und damit nutzen kann. So ist es dann wieder zu Erfahrungswissen geworden, also implizit. Und so dreht sich die Spirale dann in eine neue Windung.

Für ein ganzheitliches Wissensmanagement sind acht Bausteine umzusetzen (Probst et al. 2013):

- Wissensziele
- Wissensindentifikation
- Wissenserwerb
- Wissensentwicklung
- Wissensverteilung
- Wissensnutzung
- Wissensbewahrung
- Wissensbewertung

Die „Wissensziele" beschreiben dabei, welche Fähigkeiten aufgebaut werden sollen. Dies ist wichtig, um den Prozess zu strukturieren und eben die Ziele des Ganzen zu definieren. Bei der „Wissensidentifikation" geht es darum, das Wissensumfeld eines Unternehmens transparent zu beschreiben: Wer verfügt über welches Erfahrungswissen, wo ist was nachzulesen? Falls manche Fähigkeiten im Unternehmen nicht verfügbar sind, müssen sie von außen über den „Wissenserwerb" eingekauft werden. Die „Wissensentwicklung" schließlich beschreibt den Prozess, wie neues Wissen in der Organisation entsteht.

Bei der „Wissensverteilung" geht es dann darum, wie die neuen Erkenntnisse im Unternehmen an die richtigen Mitarbeiter gelangen. Es stellt sich also die Frage, wer was in welchem Umfang wissen und/oder können muss und wie dieser Prozess des Wissenserwerbs so leicht wie möglich gemacht werden kann. Nicht immer aber wird das Gelernte auch angewandt und dieser Frage widmet sich die „Wissensnutzung": Wie kommt es, dass der Mitarbeiter das Neue nicht umsetzt – und was kann dagegen getan werden? Ist auch diese Frage gelöst, stellt sich die der „Wissensbewahrung": Das neue Know-how muss für alle zugänglich sein und darf nicht in Vergessenheit geraten. Als letzter Baustein folgt die „Wissensbewertung" und damit die Erfolgsmessung des gesamten Prozesses: Konnten die Wissensziele erreicht werden? Dieses Controlling ist entscheidend, um den Lernprozess nachhaltig zu machen und dauerhaft in der Firmenkultur zu verankern.

Ein entscheidender Punkt für die praktische Arbeit bei der Wissensweitergabe ist zudem eine wertschätzende Firmenkultur. Nur wer sich in seinem Unternehmen wohl-fühlt, wird freigiebig Wissen weitergeben. Wer seinen Kollegen und Chefs nicht vertraut, wird sein Wissen kaum in den gemeinsamen Kompetenzpool mit einbringen. Denn einerseits würden davon auch Konkurrenten im eigenen Unternehmen profitieren, ande-rerseits gibt es keinen Grund, Wissen an eine Organisation weiter zu geben, in der man sich nicht geschätzt fühlt.

4.10.3 Tipps für die Praxis

Eine Herausforderung im Wissensmanagement ist es, vorhandenes Wissen für alle sicht-bar und verfügbar zu machen. Hier nun haben sich Wissenslandkarten als außerordentlich hilfreich erwiesen. Sie sind eine strukturierte Form der Wissensidentifizierung. Dabei wird das Wissen meist in grafischer Form verarbeitet. Eine Möglichkeit dafür ist die Mindmap-Technologie, die von dem US-Amerikaner Tony Buzan entwickelt wurde. Es handelt sich dabei um eine kognitive Technik zum Erschließen und Darstellen eines Themengebietes mittels assoziativer Techniken. Auf einem Blatt – oder im Computer mit der entsprechenden Software – wird dabei das Thema festgelegt und zentral im Blatt in einem Kreis festgehalten. Nun können die Gesprächspartner frei und unstrukturiert über das Thema reden, jeder neue Aspekt wird als vom Kreis ausgehender Zweig festgehalten. Sinnvoll sind fünf bis sieben dieser Zweige, die ihrerseits wieder Unteraspekte bekommen können. So entsteht im Laufe des Gespräches ein Wissensgeflecht, das die jeweiligen Wissensinhalte grafisch strukturiert.

Beispiel: Wissenslandkarten bei Gore
Bei der Hightech-Firma W. L. Gore & Associates im bayerischen Putzbrunn wird mit Hilfe von sogenannten Wissenslandkarten erfolgreich versucht, das explizite und impli-zite Expertenwissen der Betroffenen aufzuzeichnen (Heckel 2013).

Explizites Wissen umfasst dabei alles, was in schriftlicher oder auch mündlicher Form bereits im Unternehmen verfügbar ist. Weit schwieriger ist es, an das implizite Wissen der

Experten zu kommen: Implizites Wissen (engl. tacit knowledge) ist persönliches, kontextabhängiges Wissen, das sich nur schwer kommunizieren lässt. Es ist in den Köpfen der Mitarbeiter und beruht auf Erfahrungen.

Wie das Beispiel von W.L. Gore sehr deutlich zeigt, sind sich die Experten ihres kompletten und umfassenden Wissens oft gar nicht bewusst. Das macht es sehr schwer, dieses Wissen erstens zu identifizieren und zweitens auch zu dokumentieren.

Bei W.L. Gore hat der Ingenieur Ludwig Harrer gemeinsam mit Kollegen das Projekt zur Wissensweitergabe entwickelt. „Alle kommen ohne Unterlagen in die Gespräche", erzählt Harrer, „und die beiden Moderatoren reden getrennt mit dem Wissensgeber und dem Wissensnehmer." Bis zu insgesamt zehn Stunden können diese Gespräche in Anspruch nehmen. Einer der beiden Moderatoren ist nur für das Protokollieren des Gespräches da. Das geschieht mithilfe einer sogenannten Mindmap – also einer Gedanken- oder Gedächtnislandkarte.

Über Assoziationen sollen sich die Gedanken hier frei entfalten, um alle Wissensbereiche zu berücksichtigen. „Das Arbeiten mit der Mindmap muss jeder Moderator vorher intensiv lernen", erklärt Harrer diese Besonderheit, „aber wenn er es einmal beherrscht, lassen sich auf diese besondere Weise alle Wissensbereiche ganz wunderbar systematisieren und konkretisieren." Denn das Tückische, aber eben auch das Kreative und Faszinierende bei solchen Gesprächen ist, dass die Gesprächspartner von Thema zu Thema hüpfen – und viel Erkenntnisgewinn gerade aus solchen Assoziationen kommt.

Nach dem Interview mit dem Wissensgeber wird die Mindmap im Maximalformat von DIN A3 angefertigt und mit der des Wissensnehmers zusammengeführt. „Die Dynamik entsteht aus den Überlappungen", sagt Harrer. Es sind oft gerade die kleinen Nebenbemerkungen oder ein Halbsatz zu einem ganz anderen Thema, die einen kreativen Impuls auslösen.

So wird die Mindmap von der Landkarte zur Schatzkarte – aber man muss sie richtig zu nutzen wissen: „Das Interview stirbt sofort, wenn der protokollierende Moderator nicht mitkommt, beispielsweise weil er die Mindmap nicht richtig beherrscht." Harrer selbst hat bereits über 30 Gespräche geführt: „Insgesamt haben wir in der Firma 50 Gespräche gemacht." Dennoch ist er überzeugt, dass sich dieser immense Aufwand lohnt: „Wir setzen das Wissensmanagement inzwischen längst nicht nur bei den Bald-Ruheständlern ein, sondern vorrangig bei Bereichswechseln von jüngeren Mitarbeitern", sagt Harrer. „Denn auch dort gehe jedes Mal wertvolles Wissen verloren".

Somit ist auch die Wissensweitergabe ein Instrument, das zwar für Ältere entwickelt wurde, aber letztlich allen Generationen in der Firma nutzt. „In vier von fünf Fällen nutzen wir es heute bei 30- bis 50-Jährigen, die den Bereich wechseln" sagt Ludwig Harrer.

Entwicklung einer Wissensbilanz

Eine Wissensbilanz stellt das intellektuelle Kapital eines Unternehmens dar. Beim Wissensmanagement geht es darum, den im Unternehmen vorhandenen Erfahrungsschatz operativ zu nutzen und ständig zu erweitern. Die Wissensbilanz hingegen ist ein strategisches Instrument, um in Zukunft die Wertschöpfung durch die Nutzung des angehäuften intellektuellen Kapitals zu erhöhen. So beschreibt die Wissensbilanz zum einen das Humankapital des Unternehmens, also die Fähigkeiten der Mitarbeiter. Zum anderen zeichnet sie das Strukturkapital nach, also die Organisations- und Kommunikationsstruktur. Ein drittes Element ist das Beziehungskapital, also die Beziehungen der Mitarbeiter intern und extern mit Kunden, Lieferanten und der Öffentlichkeit.

Gute Wissensbilanzen können auch in Gesprächen mit Banken eingesetzt werden, weil sie die Entwicklungsmöglichkeiten eines Unternehmens beschreiben. Gerade bei Wissensunternehmen, aber nicht nur dort, ist die entscheidende Ressource in den Köpfen der Mitarbeiter – und die Wissensbilanz bringt sie an den Tag.

Beispiel: Wissensbilanz bei domino world

Lutz Karnauchow, Chef und Gründer der Berliner domino-world stellt seit 2004 für die gut 600 Mitarbeiter in seinen Pflegeheimen eine „Wissensbilanz" auf (Heckel 2013). Mit über 120 Indikatoren wird dabei das Wissenskapital der Führungskräfte und der Mitarbeiter erhoben. Der Diplom-Psychologe nutzt dieses innovative Instrument sowohl in der Firma als auch für die Darstellung nach außen: „Die Wissensbilanz zeigt allen Interessierten, was domino-world kann und wo wir uns in den letzten Jahren verbessert haben", sagt er. Und intern zeige sie auf, „woran genau wir weiter arbeiten müssen, um zukünftig noch besser zu werden". Somit ergänzt die Wissensbilanz die normale Bilanz in ganz entscheidender Weise: Sie benennt die immateriellen Vermögenswerte des Unternehmens, also das „Können und Wissen der Mitarbeiter, die Effizienz betrieblicher Abläufe, die Güte der Beziehungen zu Geschäftspartnern und Kunden". Manchmal wird das auch abwertend „soft skills" genannt, grob übersetzt „zwischenmenschliche Fähigkeiten".

Das wird schließlich in Kontrast zu den „hard skills" gesetzt, also den Zeugnissen, Diplomas und sonstigen Leistungsnachweisen. Doch Karnauchow ist davon überzeugt, dass Ersteres nicht nur in seiner Branche viel wichtiger ist: „Menschen kann man nicht kaufen. Und nur gute Führung macht gute Motivation."

23 Fragen beispielsweise hatte der Fragebogen, mit der die Mitarbeiter im Jahr 2008 ihre jeweilige Führungskraft beurteilen konnten. Informiert sie „zeitnah über Entwicklungen im Unternehmen, die für mich/unser Team wichtig sind"? Unterstützt sie den „Austausch von Gedanken, Hinweisen, Erfahrungen, gerade bei der Einführung von Neuerungen"? Führt sie „Workshops/Meetings, die ich als aufbauend und nutzbringend erlebe"? Fragt sie „nach Problemen bei der Arbeit"? Gibt sie „uns Gelegenheiten, neue Ideen auszuprobieren?" Ein wichtiger Teil der Beurteilung ist mit sieben Fragen dem Umgang untereinander gewidmet.

Daraus entstehen dann drei DIN-A4-Seiten mit Balkencharts, die die Führungsqualitäten des jeweiligen Mitarbeiters abbilden und mit den Werten von vor zwei Jahren vergleichen. Firmengründer Karnauchow lässt sich selbstverständlich auch bewerten, und zwar von den zwei Ebenen direkt unter ihm, also den Leitern der Pflegeheime und den Teammanagern. „Das gibt ein hervorragendes Feedback", sagt er.

4.10.4 Fazit

Es lohnt sich auch für kleine Unternehmen, sich systematisch mit dem Wissen in den Köpfen der Mitarbeiter zu befassen. Hier steckt im wahrsten Sinne des Wortes ein „Goldschatz", den es zu entdecken, zu fördern und zu nutzen gilt. Der obige Beitrag stellt kurz und prägnant die wichtigsten Technologien dafür vor. Wichtig ist aber zudem, eine wertschätzende Firmenkultur aufzubauen: Wo sich Mitarbeiter nicht wohl fühlen, werden sie ihr Wissen auch nicht teilen. Der Aufbau eines Wissensmanagements allein wird nicht ausreichen, das implizite Erfahrungswissen im Unternehmen explizit, also für alle nutzbar, zu machen. Hinzukommen muss eine Kultur der Wertschätzung, in der alle Mitarbeiter den „Goldschatz" in ihren Gehirnen zur Verfügung stellen. Firmen, die beides schaffen, sind für die Zukunft exzellent gerüstet.

4.11   Altersgerechte Personalführung

4.11.1 Einleitung

Die klassische Altersspanne innerhalb einer Belegschaft reicht von 18 bis zu 65 Jahren: Innerhalb einer Belegschaft arbeiten Auszubildende gemeinsam mit Vorruheständlern; die Mitarbeiter befinden sich in unterschiedlichen Lebensaltersstufen. Eine Aufgabe von Personalführung besteht darin, den verschiedenen Anforderungen der jeweiligen Lebensaltersstufen – hier insbesondere auch den Anforderungen von lebenserfahrenen und damit älteren Mitarbeitern und Führungskräften – gerecht zu werden.

Beim Thema Führung älterer Mitarbeiter stehen immer wieder auch Vorannahmen im Raum, die zu überprüfen sind:

- Wer ist ein „älterer" Mitarbeiter? Sind das automatisch die Kollegen, die älter als 50 Jahre sind, die sogenannten „50plus"? Oder zählt das „gefühlte" Alter?
- Ist ein älterer Mitarbeiter aufgrund seines Alters automatisch in seinen Leistungen eingeschränkt? Oder ist es eher ein Zeichen der Reife und Lebenserfahrung, unnötige Belastungssituationen nicht mehr einzugehen?
- Welches Selbstbild hat ein älterer Mitarbeiter von sich? Und wie unterscheidet es sich von dem jüngerer Mitarbeiter?
- Wo liegen die Herausforderungen für Führungskräfte im Führen älterer Mitarbeiter und verschiedener Generationen? Und: Welche Konsequenzen ergeben sich daraus für die Führungsarbeit?

4.11.2 Personalführung in intergenerativen Belegschaften

Personalführung bedeutet, das Verhalten der Mitarbeiter in einer interaktionalen Beziehung und in einer ethisch legitimierten Form auf die Erreichung der Werte und Ziele des Unternehmens hin auszurichten. Es handelt sich dabei um eine aktive Aufgabe, welche die jeweiligen Rahmenbedingungen einer Organisation berücksichtigen muss (Schirmer und Woydt 2012, S. 1 f.). Dabei steigen die Anforderungen an eine Individualisierung der Führung, da die Zukunft der Arbeitswelt – nicht zuletzt durch die steigende Lebenserwartung – bezüglich des Lebensalters der Einzelnen deutlich facettenreicher wird. Diesen Facettenreichtum zu erkennen, zu würdigen und positiv auszuschöpfen, stellt eine zentrale Herausforderung intergenerativer Personalführung dar, welche auch ein offeneres Mindset bei Führungskräften erfordert. Franz Müntefering hat es bei der Verleihung des Demografie Exzellenz Awards 2013 passend auf den Punkt gebracht: „Wir brauchen eine breite gesellschaftliche Debatte, um einen Einstellungswandel den Älteren gegenüber zu erreichen".

Dabei gilt: Alter ist relativ! Die Diskussion um das Thema höheres Lebensalter und Mitarbeiterschaft bedarf einer detaillierten Betrachtungsweise (vgl. auch Abschn. 2.1 und 4.3 dieses Buches). Zwar wirkt Alter im Sinne von Lebensalter eindeutig – so feiert ein 47-jähriger Mitarbeiter als nächstes seinen 48. Geburtstag. Allerdings: Es gibt 47-jährige Mitarbeiter, die bereits zu den älteren Kollegen gehören, zumindest was ihre Grundeinstellungen und ihren Habitus betrifft. Und es kann im gleichen Betrieb sehr jung gebliebene 47-jährige Mitarbeiter geben. Alter ist mehr als nur „die Uhr aufaddiert", das chronologische Alter. Die Forschung spricht bei diesem Phänomen vom biologischen Alter, dessen wesentlicher Faktor die Vitalität des Mitarbeitenden ist. Lebensführung (Suchtmittel, Schlaf, Bewegungsverhalten…) und individuelle Voraussetzungen (vererbte Erkrankungen, Konstitution…) nehmen entscheidend Einfluss auf den biologischen Alterungsprozess. Dabei ist das biologische Alter nicht auf den Körper eingeschränkt zu betrachten, sondern umfasst auch Intellekt und Seele. Zudem ist die Bedeutung des chronologischen Alters auch von der Umgebung abhängig. Ein 40-jähriger App-Programmierer erscheint in seinem Berufsumfeld alt, die 40-jährige Führungskraft in einer IT-Entwicklungsabteilung wird akzeptiert, der 40-jährige Vorstand eines Softwarehauses wird bei Vorständen anderer Branchen noch als jung angesehen. Auch die Rede von älteren Mitarbeitern als der Generation 50plus, d. h. die Mitarbeitenden mit einem Alter von über 50 Lebensjahren, ist kritisch zu sehen. Ein Mitarbeiter, der heute 52 Jahre alt ist, hat bei Berufseintritt nach einer Hochschulausbildung häufig das letzte Drittel seines Arbeitslebens erst noch vor sich. Und er ist nicht mit einem 52-jährigen Mitarbeiter zu vergleichen, der in der Montage (z. B. Fließband), im Freien (z. B. Dachdecker) oder unter Tage gearbeitet hat.

Für die Vorgesetzten bedeutet dies eine konsequente Abkehr von pauschalisierenden Führungs empfehlungen in Bezug auf verschiedene Altersgruppen, die grundsätzliche Hinweise bieten können, hin zu einer echten vorurteilsfreien Betrachtung der Mitarbeiter als Individuen.

Ein erster, notwendig zu vollziehender Schritt dafür ist die eingangs geforderte Hinterfragung der Führungskräfte zu ihren eigenen Einstellungen dem Alter gegenüber: Jüngere Mitarbeiter werden mit Attributen wie geistig und körperlich fit, flexibel, aktuell gebildet, engagiert, mobil und auffassungsfähig in der Wahrnehmung von Führungskräften verbunden. Ältere Mitarbeiter werden gerade gegenteilig attribuiert. Dabei haben ältere Führungskräfte bezüglich ihrer eigenen Leistungsfähigkeit interessanterweise ein in der Regel viel positiveres Selbstbild, das u. a. mit hohem Gestaltungswillen und Durchsetzungsvermögen gekoppelt ist, während sie bei ihren Mitarbeitern eher davon ausgehen, dass deren Interesse an Weiterbildung und deren Bereitschaft, neue Aufgaben zu übernehmen, im Alter erlahmt (Krüger 2014). Erst wenn derart negativ konnotierte Einschätzungen bzgl. der Leistungsfähigkeit älterer Mitarbeiter bei den Führungskräften überwunden sind, besteht die Chance zu einem transformationalen, intergenerativen Leadership. Das Menschenbild prägt unbewusst das Führungsverhalten der Vorgesetzten.

Führung ist dialogisch und findet in einer sich wechselseitig beeinflussenden dyadischen Führungsbeziehung statt (Schirmer und Woydt 2012, S. 13 f.). Deshalb ist es wichtig, dass nicht nur ein Einstellungs-/Haltungswandel bei den Personalverantwortlichen, sondern auch bei den älteren Mitarbeitern selbst einsetzt: Auch sie müssen sich dessen bewusst werden, dass sie ab 50plus noch ein Drittel ihres Arbeitslebens vor sich haben. Trifft Führung als Impuls nicht auf einen entsprechenden Resonanzboden, bleibt sie ineffektiv.

Intergenerative Personalführung bedingt dann neben den klassischen Führungsaufgaben wie Ziele vorgeben, Organisieren, Entscheiden, Kontrollieren, Messen und Beurteilen, insbesondere auch, dass Mitarbeiter aller Altersstufen gefordert und gefördert werden. Geistige Trainierbarkeit ist bis ins hohe Alter gegeben. Zwar sinkt der Durchschnitt der älteren Mitarbeiter im Lerntempo etwas ab, doch häufig wird dies mit bereits vorhandenem Wissen aus anderen Bereichen erfolgreich kombiniert und kompensiert und somit der scheinbare Temponachteil mehr als Wett gemacht (siehe hierzu auch Abschn. 2.1.2 und 4.8 sowie Adenauer 2002, S. 26; Hacker 2003). Damit werden Mitarbeiter jeden Alters wertgeschätzt und die Vorgesetzten schaffen die führungsbezogenen Voraussetzungen, um mit ihren Teams die Sachziele erfolgreich erreichen zu können.

4.11.3 Tipps für die alternsgerechte Mitarbeiterführung

Um altersbedingte, sowohl physische als auch geistige Leistungseinbußen zu vermeiden bzw. Potenziale zu nutzen, ist im Rahmen der Personalführung eine altersgerechte Arbeitsumgebung zu gestalten (strukturale Personalführung) und eine individuelle Führung (persönliche Personalführung) präventiv umzusetzen.

Personalführung muss auf die Unterschiede zwischen den einzelnen Individuen eingehen, denn jeder Mensch altert zu unterschiedlichen Zeiten und in unterschiedlicher Weise. Die Art und Weise des persönlichen Alterungsprozesses ist stark von der Lebensbiografie des Einzelnen abhängig. Älteren Mitarbeitern werden gemeinhin folgende Altersspezifika zugeschrieben (Adenauer 2002, S. 25; Hertel 2012; Hertel et al. 2015; Zapf und Schweer o.J.), die im Führungsprozess durch die Vorgesetzten als Komponenten des persönlichen Reifegrades der Mitarbeiter aufgenommen und berücksichtigt werden müssen. Ältere Mitarbeiter

- haben Lebenserfahrung,
- verfügen über Berufserfahrung und berufliche Routine,
- kennen die betrieblichen Zusammenhänge,
- haben ein praktisches Urteilsvermögen,
- können eigene Fähigkeiten nüchterner einschätzen – kennen sich selbst,
- können Situationen realistischer einschätzen,
- haben Organisationstalent,
- haben eine positive Arbeitsmoral und eine positive Einstellung zur Arbeit,
- sind loyal dem Unternehmen gegenüber,
- sind zuverlässig, haben Verantwortungs- und Qualitätsbewusstsein,
- sind teamorientiert und können sich gut auf andere Menschen einstellen,
- sind stressresistent und verfügen über Gelassenheit,
- können mit Emotionen bei der Arbeit besser umgehen als jüngere Berufstätige,
- leiden weniger unter emotionaler Erschöpfung und sind zufriedener in der Arbeit und
- sind nicht grundsätzlich lernmüde.

Somit gilt es, im Rahmen personeller Entscheidungen die Leistungsfähigkeit der Einzelnen zu berücksichtigen und sie dort einzusetzen, wo die Qualifikationen und Erfahrungen gebraucht werden, über die die Älteren aufgrund ihrer Lebens- und Berufserfahrungen verfügen. Zudem sollten ältere Mitarbeitende in den Qualifizierungs- und Weiterbildungsprozess kontinuierlich eingebunden bleiben, um ihr Wissen auf dem neuesten Stand zu halten und gleichfalls in einen dauerhaften, kontinuierlichen Lernprozess integriert zu sein. Das heißt, auf Anpassungsfortbildungen in der bestehenden Tätigkeit Wert zu legen und dabei unbedingt die Anschlussfähigkeit an das vorhandene Wissen herzustellen. Dadurch wird ein wesentlicher Aspekt der Führungsaufgabe sichergestellt: den altersbedingten Leistungseinbußen die spezifischen Leistungsvorteile, die ältere Mitarbeitende entwickeln können, entgegenzuhalten (kompensatorischer Führungsansatz).

Für die Führung von älteren Mitarbeitern sind dann weiterführend drei Sachverhalte besonders zu beachten (Hien 2010; Hertel 2012). Zum einen ist ein respektvoller und würdiger Umgang durch Kollegen und Vorgesetzte sehr wichtig. Anders als jüngere nehmen erfahrende Kollegen Einschränkungen und Repressionen nicht mehr einfach in Kauf. Zum anderen ist das „Generativitätsmotiv", d. h. der Wunsch, eigenes Wissen und Erfahrungen weiterzugeben, hoch ausgeprägt. Dies können Vorgesetzte im Rahmen von Patenmodellen und Lerntandems motivationssteigernd nutzen. Drittens wünschen sich ältere Mitarbeiter, dass sie Aufgaben übernehmen können, in denen sie ihr Erfahrungswissen und Verantwortungsbewusstsein einbringen können. Generell streben sie danach, sinnvolle, sozial und persönlich angemessene und moralisch vertretbare Arbeit zu leisten.

Letztlich bedeutet intergeneratives Führen, individualisiertes Führen i.S. von situations-
angepasstem Leadership, das die generationenprägenden Kollektiverfahrungen genauso
wie die individuellen altersdiversen Anlagen jedes einzelnen Mitarbeiters berücksichtigt.
Das Reifegradmodell von Hersey und Blanchard (Hersey und Blanchard 1982) bietet sich
als Hintergrund für ein derartiges intergeneratives Führen geradezu an. Prägende Komponente dieses Modells ist der aufgabenrelevante Reifegrad des Mitarbeiters, der sich
zusammensetzt aus

- der Fähigkeit, eine Aufgabe zu erfüllen und
- der psychologischen Reife, d. h. dem Selbstvertrauen und der Motivation.

Wie aus der Abb. 4.20 zu entnehmen ist, empfehlen Hersey und Blanchard mit
zunehmendem Reifegrad des Mitarbeiters einen entsprechenden Wechsel im Führungsstil
(in der Abbildung die Felder S1–S4).

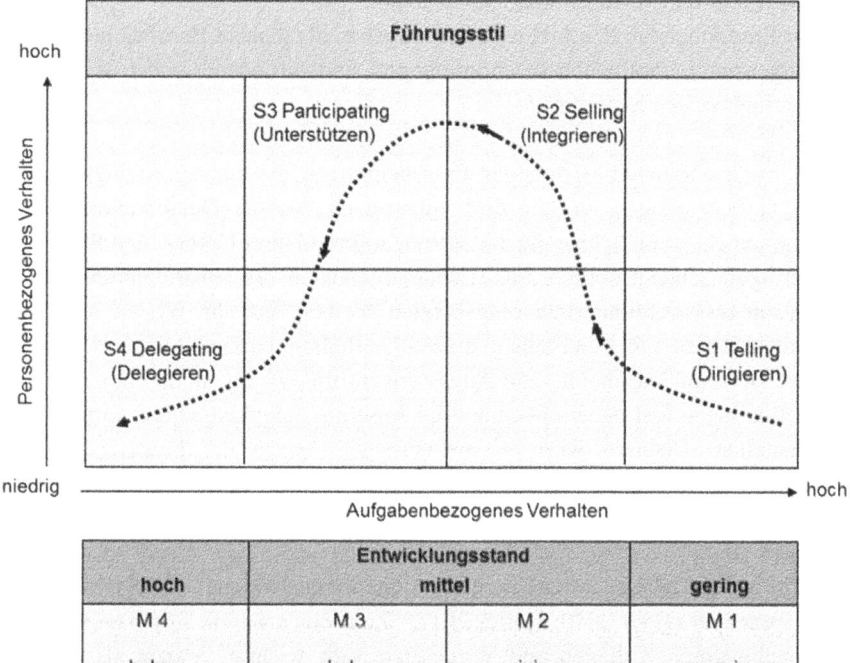

Abb. 4.20 Reifegradmodell der Führung (Quelle: Hersey et al. 2001, S. 196; leicht modifiziert;
zitiert nach Schirmer und Woydt 2012, S. 131)

Prinzipiell werden alle vier Möglichkeiten für angemessen gehalten, letztendlich aber doch die Entwicklung in Richtung Delegationsstil befürwortet. Bei der Anwendung dieses Modells wird zunächst der aufgabenrelevante Reifegrad des Mitarbeiters bestimmt. Dann wird der Mitarbeiter sukzessive in Richtung auf den Delegationsstil weiterentwickelt. Nur in Ausnahmefällen erfolgt eine Rückentwicklung im Führungsstil, bedingt durch eine aufgabengebundene Reduktion des Reifegrads des Geführten.

Die besondere Leistung des Modells von Hersey und Blanchard ist, dass die Art der Tätigkeit, Reife des Mitarbeiters, Beziehungsorientierung und Aufgabenorientierung im Führungsverhalten – unabhängig vom Alter eines Mitarbeiters – berücksichtigt werden. Das Modell fordert somit ausdrücklich, sich auf jeden Einzelnen individuell mit dem Führungsverhalten einzustellen – ihn gleichsam „dort abzuholen, wo er steht." Es ist zwar wahrscheinlich, dass ein älterer Mitarbeiter über einen höheren Reifegrad verfügt, doch eben nicht automatisch. Indem der situative Führungsstil den fachlichen und persönlichen Reifegrad als zwei Dimensionen, an denen sich das Führungsverhalten des Vorgesetzten ausrichtet, in den Fokus nimmt, werden diese Dimensionen auch innerhalb der Zusammenarbeit im Team relevant. Intergeneratives Führen bedeutet somit nicht nur die Führung durch den direkten Vorgesetzten, sondern auch die Form der Zusammenarbeit im Team, die natürlich wiederum auch durch den Vorgesetzen beeinflusst wird. Diese sollte von gegenseitiger Wertschätzung geprägt sein, was durch die Ausrichtung an den Dimensionen fachlicher und persönlicher Reife des einzelnen Mitarbeiters wesentlich gefördert wird.

Grundsätzlich ist es notwendig, dass Führungskräfte im Rahmen ihrer Kohäsions- und Lokomotionsfunktion den Zusammenhalt und die Leistungsfähigkeit von Teams und Arbeitstandems in ihrem Bereich steigern. Dabei gilt es einen „klugen Altersmix" in der Teamzusammensetzung zu realisieren. Aufgrund ihrer oben aufgeführten Berufserfahrung, ihrer Gelassenheit auch in stressenden Situationen Ruhe zu bewahren, und der Fähigkeit, sich auf andere einzustellen, sind ältere Mitarbeiter sehr wertvolle Teammitarbeiter. Dadurch sind Teams aus jüngeren und älteren Mitarbeitern in der Regel produktiver als altershomogene junge Teams. In altersheterogenen Teams zeigen ältere Mitarbeiter signifikant ein höheres Team-Commitment und stärkeres Selbstvertrauen (siehe Lehmann-Willenbrock et al. 2011).

Auf Grund von Studienergebnissen und Praxiserfahrungen zum Arbeitsverhalten älterer Arbeitnehmer bieten sich für sie Aufgaben wie Einarbeitung jüngerer Mitarbeiter oder eine Mentorenfunktion z. B. bei neuen Mitarbeitern an. Auch Spezialistenlaufbahnen oder die abteilungs- oder bereichsübergreifende Mitarbeit an oder Leitung von Projekten sind dafür geeignet, dass ältere Mitarbeiter gezielt ihre Stärken im betrieblichen Alltag einbringen. Bewährt hat es sich auch, ihnen Zusatzfunktionen zu übertragen, bei denen Fachwissen wie auch Fingerspitzengefühl gefordert sind. So können sie als Coach, Mediator oder Multiplikator sowie als Pate für Auszubildende fungieren. Das damit verbundene bestmögliche Nutzen von individuellen Talenten ist eine zentrale Aufgabe der Führungskraft.

Ein besonderer Aspekt in der Führung älterer Mitarbeiter ergibt sich zudem aus der Tatsache, dass diese Arbeitnehmergruppe mittel- bis kurzfristig in den Ruhestand übertreten wird. Aufgrund ihrer umfangreichen Berufserfahrung und dem absehbaren Ende der Berufstätigkeit, stellt das Thema Wissenstransfer an die nachfolgenden Arbeitnehmer ein fortlaufendes Handlungsfeld des Führens älterer Mitarbeiter dar. Insbesondere die Art und Weise, wie das Wissen dieser Experten abgefragt und aufbereitet wird, ist ein entscheidender Erfolgsfaktor. Während jüngeren Mitarbeitern oft vorgegeben wird, vorhandene Systeme für das Wissensmanagement zu pflegen, sind ältere Kollegen bei der Nutzung solcher Systeme oft zögerlich. Zum einen aufgrund der eventuell mangelnden Einarbeitung in das jeweilige System, zum anderen aufgrund ihres Selbstbewusstseins, dass ihr Wissen so spezifisch ist, dass es sich nicht in ein vorgegebenes System pressen lässt. Deshalb bieten sich hier für die Explikation des Wissens v. a. dialogorientierte Formen der Wissensweitergabe an wie z. B. Lerntandems, Story-Telling, Check-Listen für potenzielle Nachfolger, Erfahrungstagebücher, Yellow-Pages, Senioren-Beratermodelle, kleine personen- bzw. themenbezogene Firmen-Wikis, SharePoint-Lösungen oder Fachkollegen-Teams, die strukturierte Interviews mit dem Wissensgeber führen (Seitz und Wagner 2009, S. 157 ff.).

4.11.4 Fazit

Intergenerative Führung ist individualisiertes Leadership unter besonderer Beachtung kohortenspezifischer und individueller Altersdiversität. Dabei müssen nicht nur unzutreffende Stereotype in Bezug auf das Alter überwunden werden, sondern auch Führungskräfte sowie Personalabteilungen müssen ältere Mitarbeiter durch lebenslanges Fordern fördern. Es gilt, die Potenziale der älteren Mitarbeitenden allen Mitarbeitern und Führungskräften bewusst zu machen. Dann sollte das Schaffen von Rahmenbedingungen, die es den Älteren ermöglichen, sich optimal einzubringen und sie geradezu „einlädt", ihre Beiträge zu einer positiven Unternehmensentwicklung zu leisten, nicht länger als eine Frage des Budgets, sondern vielmehr als eine sinnvolle Investition gesehen werden.

Aus dieser Sicht ist der Fragestellung „Wie sollten unsere Führungskräfte die Führung Älterer und auch die intergenerativ ausgerichtete Führung im Unternehmen im Führungsalltag praktizieren?" ein größerer Reflexionsraum zu geben – sowohl unter dem Gesichtspunkt des demografischen Wandels als auch unter Beachtung der Entwicklung von Industrie 4.0. Letztendlich geht es um eine positive Bewertung der Altersdiversität in den Betrieben und Organisationen. Altersdiversität sollte als Lern- und Entwicklungschance positiv gesehen werden und der Umgang mit potenziellen Konflikten aufgrund der Altersdiversität in der Entwicklung von Führungskräften und der Begleitung von Teams stärker geschult werden.

4.12 Demografiecontrolling

4.12.1 Einleitung

Alle Demografiemaßnahmen sind in Bezug auf Effizienz und Effektivität hin zu kontrollieren und zu optimieren. Dabei können aus einer strukturgebenden Perspektive das maßnahmenbezogene und das ökonomische Demografiecontrolling unterschieden werden (siehe Abb. 4.21). Das maßnahmenbezogene Demografiecontrolling erfasst vorrangig die Wirksamkeit der eingeführten Instrumente und deckt Verbesserungsmöglichkeiten bei der inhaltlichen oder prozessbezogenen Ausgestaltung auf. Die Ergebnisevaluation kann nach Abschluss einer Maßnahme oder zu einem festgesetzten Zeitpunkt erfolgen, bei längerdauernden Interventionen sollte dies prozessbegleitend durchgeführt werden (Deller et al. 2008, S. 242 ff.). Dagegen fokussiert das ökonomische Demografiecontrolling auf die Effizienz der Maßnahmen und versucht, deren Auswirkungen auf übergeordnete Erfolgskennzahlen wie Human Capital-Wert, Umsatz, Gewinn und Wertsteigerung zu erfassen. Ohne positiven Einfluss auf unternehmerische Erfolgsgrößen bleibt Demografiemanagement „wertlos". Im Demografiecontrolling ist die strategische Perspektive sehr bedeutsam, da die langfristigen demografischen Veränderungen in der Bevölkerungsstruktur und damit im Erwerbspersonenpotenzial vorausschauend auf die betriebliche Situation reflektiert werden müssen. Oftmals müssen sehr frühzeitig Steuerungseingriffe vorgenommen werden, deren Effekte erst in mehreren Jahren sichtbar werden, so z. B. die alternsgerechte Gestaltung von Arbeitsplätzen für junge Mitarbeiter, die zu einem Erhalt der Arbeitsfähigkeit in höherem Erwerbsalter führt und sich damit erst in 20 Jahren bemerkbar macht. Strategische Versäumnisse in diesem Bereich sind meist nur unter hohem wirtschaftlichen Aufwand zu korrigieren.

Die wesentliche Aufgabe des Demografiecontrollings besteht darin, durch das Ermitteln von Planvorgaben, dem Erfassen von realisierten Ist-Zuständen, der Analyse von eventuell festgestellten Abweichungen und dem bedarfsbezogenen Ableiten von Steuerungsmaßnahmen, den Bereich des demografieorientierten Personalmanagement optimal zu gestalten. Dabei kann ein internes Benchmarking zu relevanten Kennzahlen zwischen verschiedenen Bereichen oder Niederlassungen bzw. der Vergleich mit externen Best-Practice-Partnern sehr informativ sein und Anregungen zur Prozessoptimierung bieten.

Zur Beantwortung der Frage, welche demografischen Ziele und welche daraus abgeleiteten Kennzahlen im jeweiligen Unternehmen gesteuert werden sollen, sind aus der Demografiestrategie die notwendigen Ableitungen zu treffen. Erst wenn durch die strategische Anknüpfung des HR-Controlling sichergestellt ist, dass letztlich solche Prozesse und operativen Ziele gesteuert werden, die einen nachweisbaren Beitrag zum Fortschritt des Unternehmens leisten, ist Controlling mehr als das klassische Reporting. Demografiecontrolling in diesem Sinne verkörpert eine werttreibende Funktion im Unternehmen (Wickel-Kirsch 2012, S. 23 ff.). Notwendig ist hierfür auch ein entsprechendes Selbstverständnis des Controllings, das sich nicht in einer Serviceorientierung erschöpfen darf, sondern weiterführend die aktive Beratungsfunktion für sich in Anspruch nehmen muss.

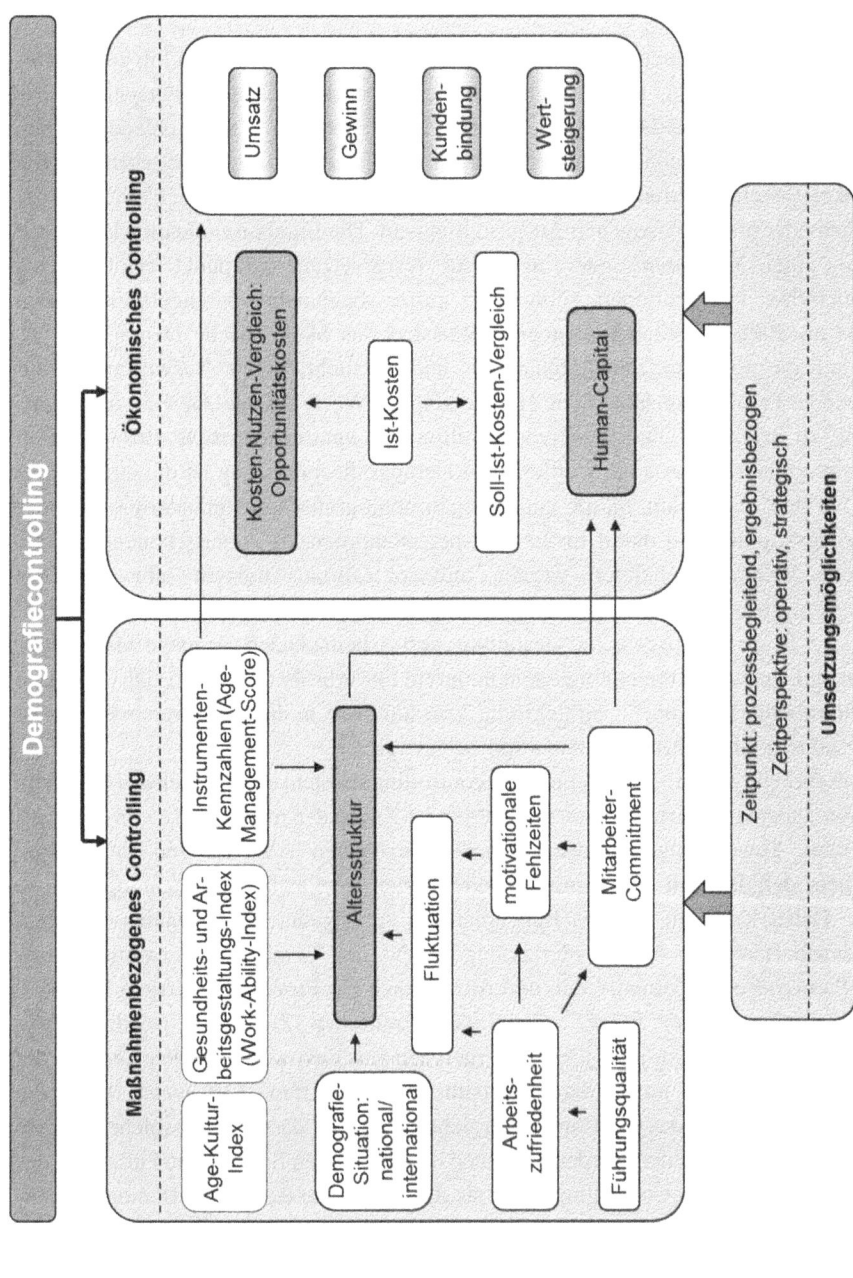

Abb. 4.21 Demografiecontrolling (Quelle: eigene Darstellung Schirmer, U.)

4.12.2 Maßnahmenbezogenes und ökonomisches Demografiecontrolling

Im maßnahmenbezogenen Demografiecontrolling steht die Steuerung der Veränderung im Vordergrund, bei der der Ausgangspunkt mit dem erreichten Zustand nach der Durchführung der Intervention verglichen wird. Sollen z. B. Fehltage wegen Skeletterkrankungen reduziert werden, kann ein Rückentraining angeboten werden, um nachlaufend zu untersuchen, wie sich die Fehltage dauerhaft verändern. Um beurteilen zu können, ob eingeführte Personalinstrumente die beabsichtigte Wirkung im notwendigen Umfang erreicht haben, sind im Vorfeld spezifische Kennzahlen und Planvorgaben zu formulieren. Bei der Personalbeschaffung kann z. B. definiert werden, dass als Kennzahl der Anteil älterer Bewerber an den gesamt vorgenommen Einstellungen gesteigert wird. Die konkrete Zielvorgabe dazu könnte lauten: „10 Prozent der neu eingestellten Mitarbeiter sind älter als 50 Jahre". Damit lässt sich dann am Ende der Planperiode der Wirkungsgrad der vorgenommenen Aktivitäten bewerten.

Eine zentrale Kennzahl im maßnahmenbezogenen Demografiecontrolling stellt die Altersstruktur dar. Ausgehend von einer, für das jeweilige Unternehmen formulierten Zielstruktur kann daran abgelesen werden, ob die eingeführten Demografiemaßnahmen dazu beitragen, diese zu erreichen. So wirken sich Aktivitäten zur Commitment- und Zufriedenheitssteigerung oder zur Aufrechterhaltung der Employability im höheren Alter positiv auf die Realisierung der benötigten Belegschaftsstruktur aus. Dabei sind für die verschiedenen Altersgruppen, differenziert nach Abteilungen, Kompetenzen und Mitarbeitergruppen, Vorgabewerte zu bestimmen und umzusetzen.

Das Realisieren der gewünschten Belegschaftsstruktur wird maßgeblich auch von der Mitarbeiterfluktuation beeinflusst. Die Fluktuationsquote ist zwingend zielgruppen- und abteilungsbezogen zu ermitteln, um eine spezifische Ursachenanalyse durchführen zu können (Schirmer 2014, S. 111 ff.). Auch der Zeitpunkt der Fluktuation ist wichtig, um in besonders betroffenen Phasen des Integrationsprozesses geeignete Maßnahmen einleiten zu können. Wichtig ist deshalb, bei Arbeitnehmerkündigungen Austrittsinterviews zu führen. Dadurch können die Beweggründe der Mitarbeiter aufgedeckt werden, die sie zu diesem Schritt veranlasst haben. Ungenügende Informationen, als ungerecht empfundene Bezahlung, unzureichende Einbindung in das soziale Umfeld sind mögliche Ursachen, die sich bei entsprechender Kenntnis gemeinsam mit den Betroffenen lösen lassen.

Die Arbeitszufriedenheit ist eine weitere wichtige Kennzahl, da sie u. a. einen erheblichen Einfluss auf motivational bedingte Fehlzeiten von Mitarbeitern hat, die wiederum neben ihrer eigenständigen Aussagekraft als wichtiger Frühindikator für bevorstehende Mitarbeiterkündigungen fungieren kann (siehe zu Frühwarnindikatoren Wucknitz und Heyse 2008, S. 61 ff.) und somit Einfluss auf die Mitarbeiterstruktur nimmt. Die Arbeitszufriedenheit lässt sich systematisch im Rahmen von Mitarbeiterbefragungen erfassen. Darin abzufragen ist dann auch die Führungsqualität der Vorgesetzten, die ein wesentlicher Treiber für Fehlzeiten und Fluktuationen ist. Andere Erhebungsmethoden zur Messung der Führungsqualität sind Aufwärtsbeurteilungen oder

360 °-Feedbacks, die dann moderiert in den Organisationsbereichen zu diskutieren und mit Optimierungsmaßnahmen zu hinterlegen sind. Fehlzeiten und individuelle Fluktuationen werden wesentlich dadurch beeinflusst, wie stark das Commitment der Mitarbeiter dem Unternehmen gegenüber ausgeprägt ist. Das Commitment kann mit dem Fragebogen COMMIT valide gemessen werden (Felfe und Franke 2012).

Einen wesentlichen Einfluss auf das Erreichen der Ziel-Belegschaftsstruktur übt auch die Arbeitsfähigkeit und damit eng im Zusammenhang stehend der Gesundheitszustand bzw. die Krankenquote der Mitarbeiter aus. Fallen in der Organisation tätige Mitarbeiter infolge gesundheitlicher Einschränkungen, psychisch oder physisch bedingt, auf den Arbeitsplätzen aus oder müssen im Extremfall sogar aus dem Erwerbsleben ausscheiden, hat das direkte Auswirkungen. Sowohl die absolute Mitarbeiterzahl, als auch das arbeitnehmergebundene Kompetenzportfolio und die Alterskohortenzusammensetzung werden beeinträchtigt. Die Arbeitsfähigkeit lässt sich gut mit dem Work-Ability-Index nach Ilmarinen messen und über die Jahre hinweg vergleichen.

Eine intergenerative Unternehmenskultur ist eine der fundamentalen Voraussetzungen für ein wirkungsvolles betriebliches Demografiemanagement. Umso wichtiger ist es für die Unternehmen, eine Vorstellung von dem authentischen Wertekern der eigenen Kultur zu haben. Wie ältere Mitarbeiter im Unternehmen gesehen werden und wie sie im Arbeitsprozess akzeptiert sind, kann mit der „Einstellungs-, Normen- und Indikatoren-basierten Age-Kultur-Analyse (ENI)" (siehe Abschn. 3.2.2 dieses Buches) gemessen werden. Das Instrument ist auch gut dafür geeignet, in einer längerfristigen Entwicklungs-perspektive die Wirksamkeit von kulturverändernden Eingriffen, insbesondere hin zu einem positiven Altersbild, zu erfassen.

Integriert in einen übergreifenden Age-Management-Score, der einen Gesamtwert für die Wirksamkeit der eingeleiteten Personalinstrumente darstellt, lässt sich eine Vielzahl weiterer Kennzahlen definieren. Damit kann für die jeweilige demografische Herausfor-derung und die dafür vorgesehene Intervention spezifisch die Wirksamkeit der Maßnahme überprüft werden. So können beispielsweise die Karriere chancen für Jung und Alt, die altersgerechte Ausgestaltung von Weiterbildungsmaßnahmen, die Anzahl eingesetzter Senior-Consultants, die vorhandenen Bereichs-Kompetenzprofile, das Verhältnis leistungsorientierter Vergütungsbestandteile zu senioritätsgestützten Anteilen usw. herangezogen werden, um den Erfolg der Demografiemaßnahmen zu überprüfen. Wichtig ist vor allem, die Indikatoren so auszuwählen, dass sie das personalpolitische Vorgehen gut widerspiegeln. Werden die Kennzahlen, die die Wirksamkeit von Maßnahmen abbil-den, zudem so definiert, dass sie miteinander verrechenbar sind – wichtig sind hier vor allem eine trennscharfe Definition, eine einheitliche Polung und eine einheitliche Skalie-rung – dann wird es möglich, den eingangs angesprochenen Index „Age-Management-Score" zu bilden, dessen Entwicklung im Zeitverlauf interessante Steuerungsinfor-mationen liefern kann. Darüber hinaus kann ein derartiger Index zur Qualität des Demografiemanagements in das System des wertorientierten, ökonomischen Demo-grafiecontrollings einbezogen werden. Als Mess-Instrument zur Ermittlung eines

Age-Management-Score eignet sich der in Anlage 2 hinterlegte Fragebogen „Demografie-Fitness" (siehe Abschn. 3.2.3 dieses Buches). Damit werden umfänglich alle relevanten Handlungsfelder eines demografiebewussten Personalmanagements unter Beachtung der methodischen Anforderungen zur Bildung eines Index-Wertes erhoben. Werden dabei nur die instrumentellen Handlungsfelder betrachtet, können deren Ausprägungswerte unter der Annahme der Gleichwertigkeit direkt zu einem Gesamtwert addiert werden. Anhand dieses Gesamt-Index lässt sich gut der Erfolg der demografieorientierten Interventionen als Entwicklungskurve im Mehrjahresvergleich steuern.

Das ökonomische Demografiecontrolling befasst sich vorrangig mit der Nutzenbewertung und der effizienten, d. h. verschwendungsfreien, Umsetzung der Demografiemaßnahmen. Maßnahmen können zwar durchaus die beabsichtigte Wirkung erreichen, erst wenn sich aber auch der dadurch induzierte wirtschaftliche Nutzen darstellen lässt, haben sie ihren Kernzweck erfüllt. So bleibt z. B. kritisch zu hinterfragen, was alle Maßnahmen zur Herstellung einer balancierten Altersstruktur bringen, wenn sich keine ökonomischen Auswirkungen einer derartigen Altersschichtung in der Belegschaft nachweisen lassen. Begrenzte input- und output-orientierte ökonomische Effekte einzelner Interventionen können dabei meist einfacher erfasst werden, als gesamthafte Auswirkungen auf die zentralen Unternehmenserfolgsgrößen wie Umsatz, Gewinn oder Wertsteigerung. Einfach aus dem Grund, dass zu letzteren kein monokausaler Zusammenhang zum Demografiemanagement besteht, sondern vielfältige weitere Faktoren Einfluss nehmen – ausgehend von der Konjunktur, über den globalen Wettbewerb bis hin zu den Regeln der jeweiligen Wirtschaftsordnung.

Einfach zu erfassen im betriebswirtschaftlichen Controlling sind die für das demografieorientierte Personalmanagement eingesetzten Kosten. Diese können mit den budgetierten Soll-Kosten abgeglichen werden, um bei negativen Abweichungen Ursachenanalysen vorzunehmen und Steuerungsmaßnahmen zur Budgeteinhaltung einzuleiten. Der beschriebene Soll-Ist-Kostenabgleich ist eine Basisaufgabe des ökonomischen Demografiecontrollings, der allerdings nur die kostenbezogene Inputseite des Demografiemanagements betrachtet, aber keine Aussagen zur Effizienz oder Effektivität zulässt. Erst gemeinsam mit der Analyse der Opportunitätskosten lassen sich Kosten Nutzen-Vergleiche durchführen. Als Opportunitätskosten eines unterlassenen Demografiemanagements sind z. B. Kosten für zusätzliche Fehltage, Kosten durch Leistungsminderung und Produktivitätsrückgang, Kosten durch externe Fluktuation infolge von Überlastungs- und Überforderungsempfinden, Kosten entgangener Aufträge infolge unbesetzter Stellen oder Kosten des „Handlings" altersinduzierter Versetzungen in den mit der Umsetzung betrauten indirekten Bereichen (Personalabteilung) zu interpretieren. Die Opportunitätskosten drücken damit näherungsweise den monetären Nutzen eines Demografiemanagements aus, indem sie eine Antwort auf die Frage geben, welche Kosten entstanden wären, wenn die Demografiemaßnahmen nicht durchgeführt worden wären. Damit lässt sich das Kosten-Nutzen-Verhältnis von Demografiemaßnahmen ungefähr, aber sicher noch nicht abschließend, angeben.

Eine wichtige Erfolgsgröße im Demografiemanagement ist das Human Capital. Darunter ist das bei den Mitarbeitern vorhandene Wissen, deren Motivation, Leistungsfähigkeit und Kreativität etc. zu verstehen. Gelingt es, den Wert des Human Capitals in einer Organisation zu erhöhen, führt dies plausibel zu einer gesteigerten Wertschöpfung im Unternehmen. Die Saarbrücker-Formel zum Human Capital Management bietet eine Grundlage, diesen Erfolgsfaktor im Demografiecontrolling zu steuern (Scholz et al. 2011). Mit der Saarbrücker-Formel können innerhalb dieses Modellrahmens z. B. Auswirkungen von Investitionen in die Personalentwicklung, die Motivation und in die Rekrutierungseffektivität erfasst werden.

Langfristig muss sich ein Demografiemanagement, das ganzheitlich z. B. als indikatorenbasierter Age-Management-Score erfasst wird, sowohl auf die Steigerung des Human Capitals als auch auf die unternehmerischen Erfolgsgrößen werttreibend auswirken. Erst wenn sich positive Effekte bei Umsatz, Gewinn und Wertsteigerung etc. nachweisen lassen, wird Demografiemanagement seiner ökonomischen Zielsetzung gerecht. Unternehmen können hierzu den zum Ende der jeweiligen Geschäftsperiode ermittelten Age-Management-Score mit den unternehmerischen Erfolgsgrößen in Beziehung setzen. Im Rahmen eines Mehrjahresvergleichs sollte bei stabilen bzw. bereinigten Umfeldeinflüssen ein positiver Zusammenhang zwischen der Qualität des Demografiemanagements und dem Unternehmenserfolg derart erkennbar sein, dass bei gestiegenem Age-Management-Score positive Implikationen bei den Erfolgsgrößen feststellbar sind.

Damit Demografiemanagement nachhaltig umgesetzt wird und die verschiedenen Demografiekennzahlen ganzheitlich, d. h. auch unter Berücksichtigung ihrer gegenseitigen Wirkbezüge gesteuert werden, ist das Themenfeld in der strategischen Planung der Organisation zu berücksichtigen (vgl. Abschn. 4.1 dieses Buches). Hierfür kann eine spezifische HR-Balanced Scorecard (Demografie-BSC) entwickelt werden. Ausgehend von einer spezifischen Teilvision wie z. B. „Wir sind das demografiefreundlichste Unternehmen der Branche!" lässt sich dann ausgehend von den Finanz- und Wirtschaftszielen eine spezifische Strategy Map mit ihren Ursache-Wirkungsketten über alle Steuerungsebenen hinweg planen (vgl. Abb. 4.22).

Eine beispielhafte Demografie-Kausalkette ergibt sich dann wie folgt: Verfügen die HR-Mitarbeiter über ein hohes Demografiebewusstsein verknüpft mit einer ausgeprägten Gestaltungskompetenz bezüglich einschlägiger Instrumente (Lern- und Innovationsperspektive), können sie entsprechende personalpolitische Prozesse im Zusammenwirken mit den Fachabteilungen konzipieren und implementieren (Prozessperspektive). Durch ein alternsgerechtes, verhaltens- und verhältnispräventives Gesundheitsmanagement kann z. B. die Arbeitsfähigkeit und die Leistungsbereitschaft bei den Mitarbeitern in den verschiedenen Fachbereichen gesteigert werden (Kundenperspektive). Weniger krankheitsbedingte Fehlzeiten und ein ausgeprägtes Engagement für das Unternehmen erhöhen in Folge die Produktivität der Mitarbeiter und mit hoher Plausibilität auch den Umsatz, da sich die Mitarbeiter z. B. engagiert um Kunden und neue Aufträge kümmern (Finanzperspektive).

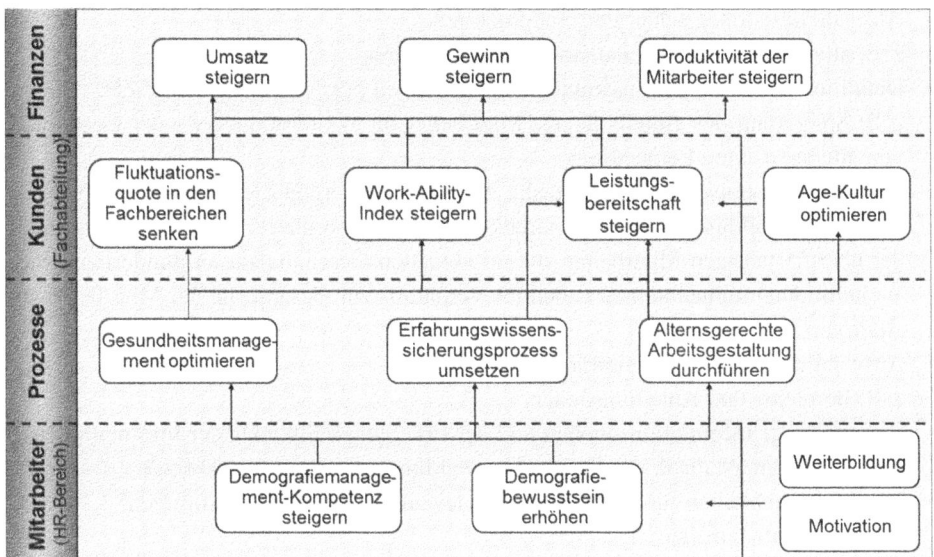

Abb. 4.22 Demografie-Scorecard (Quelle: eigene Darstellung Schirmer, U.)

4.12.3 Praxistipps zum Demografiecontrolling

Für die erstmalige Einführung eines Demografiecontrollings ist es sinnvoll, mit einigen aus den strategischen Demografiezielen abgeleiteten Einzel-Kennzahlen zu starten. Mit fortschreitendem Ausbau des Demografiemanagements können diese dann zu einem Kennzahlensystem bzw. einer Balanced Scorecard ausgebaut werden. Zu Beginn gilt aber: „Weniger ist Mehr!" Zudem existieren aus anderen Anwendungsbereichen meist bereits Erfahrungen im Umgang mit Kennzahlen. Diese sind dabei absolute Zahlen oder Verhältniszahlen, die über einen quantitativ beschreibbaren Tatbestand in fokussierter Form informieren (Schulte 2011, S. 4). Durch eine systematische Bildung sowie fortlaufende Erhebung und Analyse von Kennzahlen wird das Demografiemanagement zielgerichtet gesteuert. Dazu werden für die relevanten personalpolitischen Prozesse die notwendigen Kennzahlen gebildet und in einem Kennzahlenkatalog aufgeführt. Kennzahlen können dabei als absolute Zahlen in Form von Summen (Zahl der Mitarbeiter), Differenzen (Kostenanstieg einer Demografiemaßnahme im Vergleich zum Vorjahr) und Mittelwerten (durchschnittliche Dauer von Erkrankungen) oder als Verhältniszahlen in Form von Gliederungszahlen (Anteil der älteren Mitarbeiter an der Gesamtbelegschaft), Beziehungszahlen (Weiterbildungskosten je Mitarbeiter) und Indexzahlen (Weiterbildungskosten im fortlaufenden Jahresvergleich) angegeben werden. Bei der Einrichtung und Definition der Kennzahlen ist im Kern wie folgt vorzugehen (Schulte 2011, S. 171):

- Auswahl des strategischen Personalprozesses,
  z. B. alternsgerechte Personalentwicklung einführen,
- Definition der damit im Zusammenhang stehenden personalpolitischen Ziele,
  z. B. Steigerung des Anteils älterer Mitarbeiter an Weiterbildungen oder Gestaltung
  von altersgerechten Lernsettings
- Definition der notwendigen Kennzahl, die das zu steuernde Ziel am besten abbildet,
  z. B. „Weiterbildungstage pro Mitarbeiter im Alter von über 55 Jahren" oder „Anteil
  der über 55-jährigen Mitarbeiter, die im aktuellen Geschäftsjahr an mindestens einer
  Weiterbildung teilgenommen haben im Verhältnis zur Gesamtzahl der Mitarbeiter im
  Alter von über 55 Jahren"
- Auswahl der Kennzahlenempfänger,
  z. B. Bereichs- und Abteilungsleiter
- Definition der Informationsquellen und der Erhebungszeitpunkte der Informationen,
  z. B. Teilnehmerstatistik der Personalentwicklung, quartalsweise Abfrage
- Verantwortlichkeiten für das Erheben der jeweiligen Kennzahl bestimmen,
  z. B. Personalcontroller
- Berichte und Darstellung definieren,
  z. B. Ampelsystematik und Dashboard

Damit das kennzahlengestützte Demografiecontrolling die Organisation nicht überlastet, sind im Vorfeld der endgültigen Einführung nochmals kritisch verschiedene Fragen zu stellen: Sind die benötigten Daten im Unternehmen verfügbar und ohne großen Aufwand zu erheben? Welche Kosten sind mit der Ermittlung der Daten verbunden? Wie gut bildet die betreffende Kennzahl den zu betrachtenden Sachverhalt ab? Welche Fehlerquellen existieren bei der Kennzahlenermittlung, d. h. kann die Kennzahl überhaupt aussagefähig erhoben werden?

Beispiele inputorientierter Kennzahlen im Demografiecontrolling sind

- Demografiebudget gesamt
- Gesundheitsaufwand je Mitarbeiter
- Weiterbildungstage je „MA-55plus"
- Anzahl altersgerecht umgestalteter Arbeitsplätze/Jahr
- Anteil „unkonventioneller" Laufbahnen im Karrieremanagement

Outputorientierte Kennzahlen sind z. B.

- Fehltage nach Altersgruppen
- Ausschussquote nach Altersgruppen
- Anzahl dokumentierter Wissensinhalte
- erfolgreich abgeschlossene Weiterbildungen nach Altersgruppen
- Arbeitnehmer-Kündigungen/Altersgruppe
- Commitment-Index

- Erreichungsgrad der Ziel-Belegschaftsstruktur
- Durchschnittsalter
- Anteil weiblicher Mitarbeiter an der Gesamtbelegschaft

Damit die Kennzahlen genutzt werden und ihre steuernde Wirkung entfalten können, ist die Art der Darstellung der gewonnen Informationen sehr wichtig. Der Personalbericht ist die aggregierte Information über die Ergebnisse der zugrunde liegenden Kennzahlen. Empfänger sind sehr häufig die Fachvorgesetzten, die aufgrund ihrer hohen zeitlichen Inanspruchnahme durch Sach- und Führungsaufgaben eine sinnfällige und leicht interpretierbare Informationsdarstellung benötigen, die sofort als Entscheidungshilfe dienen kann. Ansonsten besteht die Gefahr, dass die aufwändig generierten Daten nicht genutzt werden. Dabei gelten die Grundsätze: einfache Gestaltung, „Weniger ist Mehr" und konsequente Handlungsorientierung. Das Berichtssystem für die jeweilige Führungskraft sollte nur die Kennzahlen beinhalten, die durch die Führungskraft zu beeinflussen sind, bzw. die für ein handlungsrelevantes Hintergrundverständnis wichtig sind. Zusätzlich sollte der Bericht neben den reinen Kennzahlen auch vorlaufende Frühwarnindikatoren beinhalten, so dass der Kostenstellenverantwortliche schon frühzeitig und präventiv auf eventuell unerwünschte Trendabweichungen reagieren kann. Die Zahlen sind visuell zu strukturieren und mit grafisch unterstützten Darstellungen (z. B. Kreis-, Kurven- oder Säulendiagrammen) aufzubereiten, um die Informationsaufnahme und -verarbeitung beim Empfänger zu unterstützen. Selbstverständlich sind die Berichte regelmäßig und fortlaufend zu erstellen. Ein effektiver Demografiebericht muss neben den per se vergangenheitsorientierten Kennzahlen durch vorausschauende Hochrechnungen (predective analytics) ergänzt werden, um eine Vorschau auf die zu erwartenden Entwicklungen in den Steuerungsbereichen mittels Erwartungs- oder Prognosezahlen bieten zu können. Der gesamte Demografiebericht sollte als Dashboard oder Cockpit konzipiert sein (vgl. Abb. 4.23), da durch die vertraute Darstellung analog zu einem Armaturenbrett im Auto, die Vorgesetzten die Informationen schnell erfassen können. Ergänzt durch die Farbsymbolik aus der Ampelsystematik können alle relevanten Kennzahlen in eine Gefährdungsklasse nach den Signalfarben, rot = dringende Handlungsnotwendigkeit, orange = zu beobachten und grün = liegt im Zielkorridor, eingeordnet werden. Damit können die Führungskräfte auf einen Blick erkennen, in welchen Demografiebereichen sie in ihrem Verantwortungsbereich steuernd eingreifen müssen. Idealerweise sind zu den Kennzahlen bereits Handlungs- und Interventionsmaßnahmen für die Linienmanager ergänzt. Dies setzt einen durchaus hohen Reifegrad des innerbetrieblichen Controllings voraus.

Um eine qualitative Entwicklung im demografieorientierten Personalmanagement der verschiedenen Fachbereiche zu unterstützen, sollte ein auf gegenseitigem Vertrauen basierendes internes Benchmarking eingeführt werden. Unter Benchmarking wird dabei eine objektive, vergleichende Bewertung von organisatorischen Strukturen, Prozessen und Kosten auf der Basis von Indikatoren, die sich aus der direkten Analyse von Daten und Informationen ergeben, verstanden. Ziel ist es, die jeweils besten verfügbaren

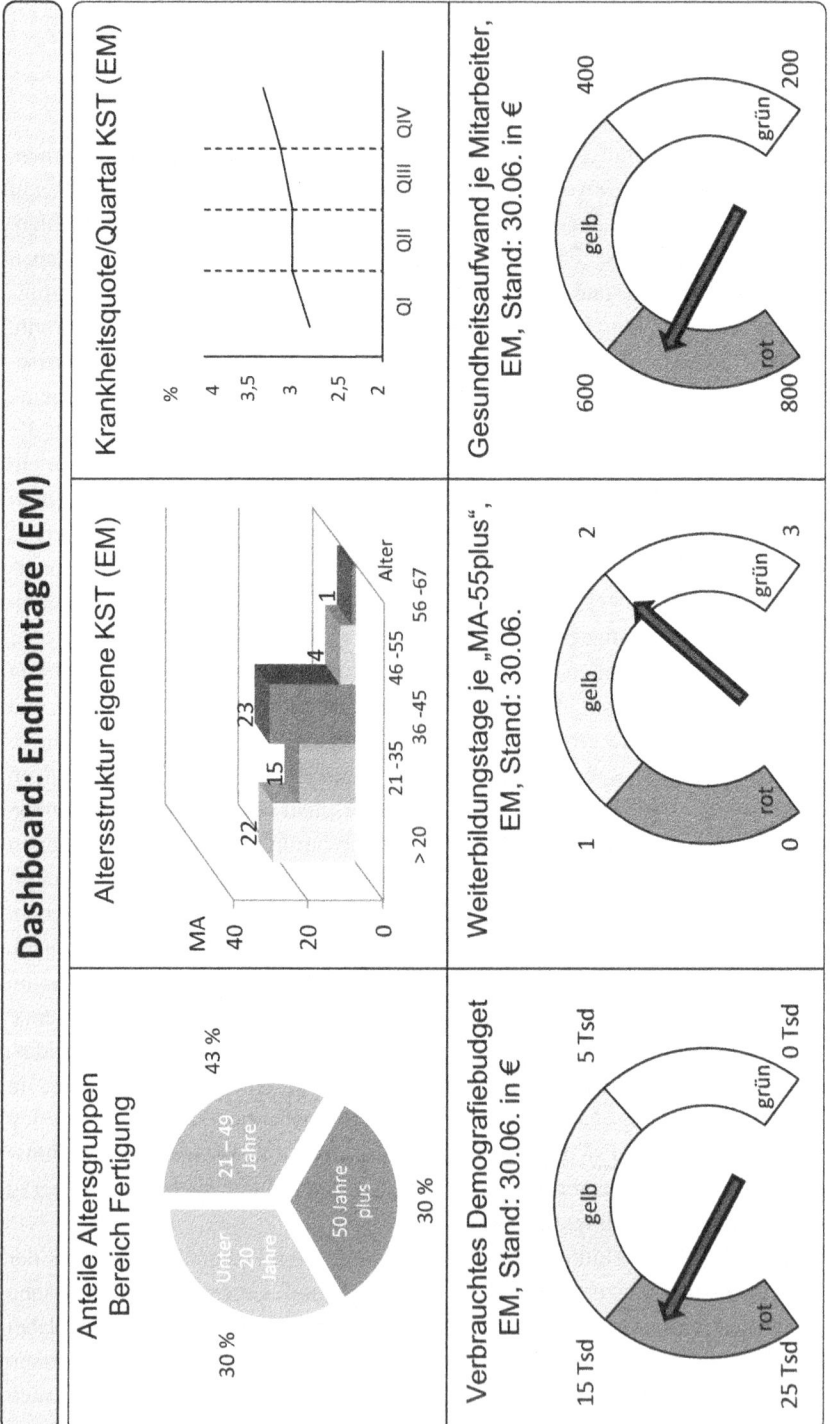

Abb. 4.23 Demografie Dashboard Abteilung Endmontage (Quelle: eigene Darstellung Schirmer, U.)

Praktiken zu entdecken, zu analysieren und zu beschreiben, um sie für andere Bereiche zu übernehmen und idealerweise fortzuentwickeln. Wichtig ist dabei, dass geeignete Messgrößen und Indikatoren definiert werden und deren einheitliche Erfassung festgelegt wird. Wird z. B. nur ganz allgemein der Demografieaufwand zwischen zwei Bereichen in einem Unternehmen verglichen und werden in einem Fall nur die finanziellen Mittel betrachtet, im anderen Fall zusätzlich aber auch die Personal- und Zeitaufwendungen eingerechnet, ist dieser Vergleich wenig aussagefähig. Zudem sollten nicht nur isolierte Einzelfunktionen, sondern ganze Prozessketten zusammengehöriger Tätigkeiten betrachtet werden. Ist das interne Lernen vom Best Practice-Owner abgeschlossen, kann die Lernperspektive nach außen erweitert werden. Der Vergleich mit anderen Unternehmen kann erneut erhebliche Innovationspotenziale mit sich bringen. Ist dies zudem noch integriert in einen Wettbewerb, der durch ein imageförderndes Label gekennzeichnet ist, wie z. B. „Top 100 Arbeitgeber" usw., können sich daraus weitere Vorteile ergeben.

4.12.4 Fazit

Ein Demografiemanagement, das nicht kontinuierlich kontrolliert, reflektiert und optimiert wird, wird nur eher zufällig seine volle Wirkung mit effizientem Mitteleinsatz entfalten können und mögliche Potenziale ungenutzt lassen. Daraus ergibt sich die unabdingbare Notwendigkeit, alle implementierten personalpolitischen Maßnahmen mit spezifischen Kennzahlen und ex ante definierten Sollwerten zu hinterlegen. Zu achten ist zudem darauf, dass sich Demografiemanagement nicht zum Selbstzweck erhebt. Einschlägige Maßnahmen eines solchen personalpolitischen Ansatzes sind stattdessen Mittel zum Zweck, die betriebswirtschaftlichen Unternehmensziele zu erreichen. Ein Korrektiv für die Umsetzung von Demografieaktivitäten ist dabei immer deren Kosten-Nutzen-Verhältnis. Dabei ist darauf hinzuweisen, dass viele der Demografiemaßnahmen keine Zusatzkosten generieren.

Zukunftsweisend lassen sich die ggf. entwickelten Demografie-Dashboards auch dazu nutzen, dass diese ebenfalls der jeweilige Personalreferent oder HR-Business Partner eines Betreuungsbereichs erhält und damit zu Beginn eines neuen Geschäftsjahres mit dem Fachvorgesetzen die einjährigen Demografieziele abstimmt. Somit wird das Demografiecontrolling zu einem nachhaltigen Prozess.

Literatur

Strategische Einbindung des Demografiemanagements

Ulrich, D. (1996). *Human resource champions: The next agenda for adding value and delivering results.* Boston: Harvard Business School Press.

Big Data im demografieorientierten Personalmanagement

Arkadiusz, S., Pietri, R., Pentland, A., Lazer, D., & Lehmann, S. (2014). Privacy in sensor-driven human data collection: A guide for practitioners. *CoRR* abs/1403.5299.

Davenport, T. H. (2014). *Big data@work. Chancen erkennen, Risiken verstehen*. München: Vahlen.

Deterding, S., Dixon, D., Khaled, R., & Nacke, L. (2011). From game design elements to gamefulness: Defining gamification. In Proceedings of the 15th international academic MindTrek conference: Envisioning future media environments (MindTrek '11), 9–15, ACM, New York, 9–15. doi:10.1145/2181037.2181040.

Ferrucci, D. (2010). Building Watson: An overview of the DeepQA project. *AI Magazine, 31*(3: Fall Issue), 59–79.

Hilbert, M., & López, P. (2011). The world's technological capacity to store, communicate, and compute information. *Science, 332*, 60–65.

Knieps, F. (Hrsg.). (2014). Gesundheit in Regionen. Zahlen, Daten, Fakten; mit Gastbeiträgen aus Wissenschaft, Politik und Praxis. BKK Gesundheitsreport, Bd. 38. Berlin: MWV Med. Wiss. Verl.-Ges.

Lazer, D., Pentland, A., Adamic, L., Aral, S., Barabasi, A.-L., Brewer, D., Christakis, N., Contractor, N., Fowler, J., Gutmann, M., Jebara, T., King, G., Macy, M., Roy, D., & van Alstyne, M. (2009). Social science. Computational social science. *Science, 323*, 721–723.

Maier, W., & Weber, M. (2013). Management von Big-Data-Projekten. Leitfaden. http://edok01.tib.uni-hannover.de/edoks/e01fn15/818577940.pdf. Zugegriffen am 15.05.2015.

Markoff, J. (2011, February 16). Computer wins on ‚Jeopardy!‘: Trivial, it's not. The New York Times.

Mayer-Schönberger, V., & Cukier, K. (2013). *Big data. A revolution that will transform how we live, work and think*. London: Murray.

Meir-Huber, M., & Köhler, M. (o.J.). Best practice für Big Data Projekte. http://www.bmvit.gv.at/service/publikationen/innovation/downloads/big_data_leitfaden.pdf.   Zugegriffen   am 07.06.2015.

Onnela, J. -P., Waber, B. N., Pentland, A., Schnorf, S., & Lazer, D. (2014). Using sociometers to quantify social interaction patterns. *Scientific Reports, 4*. doi:10.1038/srep05604.

Orbach, M., Demko, M., Doyle, J., Waber, B. N., & Pentland, A. (2015). Sensing informal networks in organizations. *American Behavioral Scientist, 59*, 508–524.

Patel, S., Park, H., Bonato, P., Chan, L., & Rodgers, M. (2012). A review of wearable sensors and systems with application in rehabilitation. *Journal of Neuroengineering and Rehabilitation, 9*, 21.

Pentland, A. (2014). With big data comes big responsibility. *Harvard Business Review, 92*, 100–104.

Shmueli, E., Singh, V. K., Lepri, B., & Pentland, A. (2014). Sensing, understanding, and shaping social behavior. *IEEE Transactions on Computational Social Systems, 1*, 22–34.

Gestaltung einer intergenerativen Unternehmenskultur

Hauser, F., Schubert, A., & Aicher, M. (2008). Unternehmenskultur, Arbeitsqualität und Mitarbeiterengagement in den Unternehmen in Deutschland. http://www.bmas.de/SharedDocs/Downloads/DE/PDF-Publikationen/forschungsbericht-f371.pdf?__blob=publicationFile. Zugegriffen am 31.05.2015.

Holroyd, J. (2011). Talkin' 'bout my label, http://www.smh.com.au/lifestyle/diet-and-fitness/talkin-bout-my-label-20110720-1ho7s.html. Zugegriffen am 05.06.2015.

Klaffke, M. (2014). Erfolgsfaktor Generationenmanagement – Handlungsansätze für das Personalmanagement. In M. Klaffke (Hrsg.), *Generationenmanagement. Konzepte, Instrumente, Good-Practice-Ansätze* (S. 3–26). Wiesbaden: Springer Gabler.

Schein, E. H. (2010). *Organisationskultur. The Ed Schein Corporate Culture Survival Guide* (3. Aufl.). Bergisch Gladbach: EHP-Verlag Andreas Kohlhage.

Scholz, C. (2014). *Generation Z. Wie sie tickt, was sie verändert und warum sie uns alle ansteckt.* Weinheim: Wiley-VCH Verlag.

Schönborn. (2014). *Unternehmenskultur als Erfolgsfaktor der Corporate Identity.* Wiesbaden: Springer Fachmedien.

Personalrekrutierung: Employer Branding und Active Sourcing

BGH, Urt. v. (2007, Januar, 11). I ZR 96/04. BGH, http://juris.bundesgerichtshof.de/cgi-bin/recht sprechung/document.py?Gericht=bgh&Art=en&sid=778c26fb4432b4929f6795482d2b7801& nr=40347&pos=0&anz=1. Zugegriffen am 10.07.2015.

Hay Group in Kooperation mit Centre for Economics and Business Research London (Hrsg.). (2013). Wie Sie den Verlust Ihrer Talente stoppen. http://atrium.haygroup.com/downloads/ marketingps/de/Sind%20Ihre%20Talente%20bereit%20zum%20Abflug_executive_summary. pdf. Zugegriffen am 16.07.2015.

Kienbaum Communications GmbH & Co. KG. (Hrsg.). (2011). *Studie: International employer branding.* Gummersbach: Kienbaum.

Kienbaum Communications GmbH & Co. KG. (Hrsg.). (2012). *Studie: Internal employer branding 2011/12.* Gummersbach: Kienbaum.

Kienbaum Communications GmbH & Co. KG (Hrsg.). (2015). HR-Trend-Studie 2015. Gummersbach: Kienbaum. http://www.kienbaum.de/Portaldata/1/Resources/downloads/brochures/Kienbaum_HR-Trendstudie_FINAL.pdf. Zugegriffen am 30.08.2015.

Kienbaum Management Consultants GmbH (Hrsg.). (2014). Change-Managementstudie 2014/15. Agility – überlebensnotwendig für Unternehmen in unsicheren und dynamischen Zeiten. Düsseldorf: Kienbaum. http://www.kienbaum.de/Portaldata/1/Resources/downloads/brochures/ Kienbaum_Change-Management-Studie_20142015.pdf. Zugegriffen am 02.06.2015.

Kienbaum Management Consultants GmbH in Kooperation mit VDZ Akademie GmbH (Hrsg.). (2013). Arbeitgeber-Präferenzen von IT-Professionals und Online-Spezialisten. Bestellung über: http://www.vdz.de/publikationen-betriebswirt-whitepaper/. Zugegriffen am 30.08.2015.

Kreutzer, R. T. (2014). *Praxisorientiertes Online-Marketing: Konzepte – Instrumente – Checklisten.* (2. vollständig überarbeitete und erweiterte Aufl.). Wiesbaden: Springer Gabler.

Stepstone (Hrsg.). (2011). Der StepStone Employer Branding Report 2011. Düsseldorf: Stepstone. http://www.stepstone.de/Ueber-StepStone/upload/StepStone_Employer_Branding_Report_ 2011_final.pdf. Zugegriffen am 04.06.2015.

Weinberg, T. (2014). *Social Media Marketing – Strategien für Twitter, Facebook & Co. (4.Aufl.).* Köln: O'Reilly Verlag.

Integration und Bindung

Braunweiler, J. (2014). Retention Management: Rekrutierung und Mitarbeiterbindung im Kontext des demografischen Wandels. In D. Preißing (Hrsg.), *Erfolgreiches Personalmanagement im demografischen Wandel* (2. Aufl., S. 83–112). München: Oldenbourg.

Felfe, J. (2008). *Mitarbeiterbindung*. Göttingen: Hogrefe.

Felfe, J., & Franke, F. (2012). *Commitment-Skalen (COMMIT). Fragenbogen zur Erfassung von Commitment gegenüber Organisationen, Beruf/Tätigkeit, Team, Führungskraft und Beschäftigungsform.* Bern: Huber.

Hofe vom, A. (2005). *Strategien und Maßnahmen für ein erfolgreiches Management der Mitarbeiterbindung.* Hamburg: Dr. Kovac Verlag.

Meyer, J. P., & Allen, N. J. (1997). *Commitment in the workplace. Theory, research and application.* Thousand Oaks: Sage.

Petkovic, M. (2008). *Employer Branding: Ein markenpolitischer Ansatz zur Schaffung von Präferenzen bei der Arbeitgeberwahl* (2. Aufl.). München und Mering: Rainer Hampp Verlag.

Schirmer, U. (1997a). *Neue Ansätze zur Optimierung der betrieblichen Ausbildung.* Wiesbaden: Gabler.

Schirmer, U. (2007). Retention-Management zur Bindung von Leistungsträgern. *Personalführung, 3*, 48–58.

Schirmer, U. (2012). Mitarbeiterbindung als zentrale Aufgabe im Talentmanagement. In *Grundlagen der Weiterbildung, Loseblattsammlung, 96. Erg.-Lfg. Juni* (S. 1–28). Neuwied: Luchterhand.

Schirmer, U. (2013). Retentionmanagement: ein integriertes Handlungskonzept. In R. Bröckermann & W. Pepels (Hrsg.), *Das neue Personalmarketing – Employee Relationsship Management, Band 3: Handbuch Personalbindung* (2. Aufl., S. 29–60). Berlin: Berliner Wissenschaftsverlag.

van Dick, R. (2003). *Commitment und Identifikation mit Organisationen*. Göttingen: Hogrefe.

Wolf, G. (2013). *Mitarbeiterbindung. Strategie und Umsetzung im Unternehmen. Freiburg.* München: Haufe.

Gesundheitsmanagement und Arbeitsplatzgestaltung

Buck, H., Kistler, E., & Mendius, H. G. (2002). Demografischer Wandel in der Arbeitswelt: Chancen für eine innovative Arbeitsgestaltung. In Fraunhofer-Institut Arbeitswirtschaft und Organisation (IAO) (Hrsg.), *Broschürenreihe: Demographie und Erwerbsarbeit.* Stuttgart: Fraunhofer IRB Verlag.

Bundesanstalt für Arbeitsschutz und Arbeitsmedizin. (Hrsg.). (2013). Why WAI?, 5. Auflage. Dortmund: Bonifatius.

Georg, A., Barkholdt, C., & Frerichs, F. (2005). *Bundesanstalt für Arbeitsschutz und Arbeitsmedizin: Modelle altersgerechter Arbeit aus Kleinbetrieben und ihre Nutzungsmöglichkeiten.* Dortmund/Berlin/Dresden: baua.

GKV-Spitzenverband. (2014). *Leitfaden Prävention. Handlungsfelder und Kriterien des GKV-Spitzenverbandes zur Umsetzung von §§ 20 und 20a SGB V vom 21. Juni 2000 in der Fassung vom 10. Dezember 2014.* Berlin: GKV-Spitzenverband.

Kaminski, M. (2013). *Betriebliches Gesundheitsmanagement für die Praxis. Ein Leitfaden zur systematischen Umsetzung der DIN SPEC 91020.* Wiesbaden: Springer Gabler.

Müller, E. (2013). *Innovative leadership.* Freiburg: Haufe-Lexware GmbH & Co KG.

Pack, J., Buck, H., Kistler, E., Mendius, H. G., Morschhäuser, M., & Wolf, H. (2000). *Zukunftsreport demografischer Wandel: Innovationsfähigkeit in einer alternden Gesellschaft.* Köln: ON! Kommunikation & Neue Medien GmbH.

Uhle, T., & Treier, M. (2015). *Betriebliches Gesundheitsmanagement: Gesundheitsförderung in der Arbeitswelt – Mitarbeiter einbinden, Prozesse gestalten, Erfolge messen* (3. Aufl.). Berlin: Springer.

Lebenphasenorientierte Arbeitszeitgestaltung

Benko, C., & Weisberg, A. (2008). *Individualisierte Karriereplanung. Nur so können Unternehmen gewinnen! Frankfurt.* New York: Campus.

Bessing, N., & Mahler Walther, K. (2011). Work-Life-Balance: Vorteile für Beschäftigte und Organisationen. In G. Krell, R. Orlieb & B. Sieben (Hrsg.), *Chancengleichheit durch Personalpolitik. Gleichstellung von Frauen und Männern in Unternehmen und Verwaltungen* (S. 497–510). Wiesbaden: Gabler.

EY Flexibility Role Models. (2015). https://www.youtube.com/user/ernstandyounggsa/videos. Zugegriffen am 29.06.2015.

EY Nachhaltigkeitsbericht. (2013). http://www.ey.com/Publication/vwLUAssets/EY_Nachhaltig eitsbericht_2013/$FILE/EY-Sustainability-Report-Deutschland-2013.pdf. Zugegriffen am 29.06.2015.

Hildebrandt, E. (2007). Langzeitkonten, Lebensplanung und Zeithandeln, In E. Hildebrandt (Hrsg.), *Lebenslaufpolitik im Betrieb. Optionen zur Gestaltung der Lebensarbeitszeit durch Langzeitkonten* (S. 173–202). Berlin: edition sigma.

Hoff, A. (2007). Welche Zukunft haben Langzeitkonten? In E. Hildebrandt (Hrsg.), *Lebenslaufpolitik im Betrieb. Optionen zur Gestaltung der Lebensarbeitszeit durch Langzeitkonten* (S. 203–222). Berlin: edition sigma.

Institut der deutschen Wirtschaft Köln (Hrsg.). (2011). PersonalKompass. Demografie Management mit Lebenszyklusorientierung http://www.iwkoeln.de/_storage/asset/128496/storage/master/file/3495937/download/PersonalKompass-1.pdf. Zugegriffen am 29.06.2015.

Kloimüller, I. (2011). Life Balance: Balance von Arbeit und Privatleben als Thema von Diversity Management. In N. Pauser & M. Wondrak (Hrsg.), *Praxibuch Diversity Management* (S. 463–469). Wien: Facultas Verlag.

NAS/NAE/IOM. (Hrsg.). (2007). *Beyond bias and barriers: Fulfilling the potential of women in academic science and engineering.* Washington, DC: The National Academies Press.

Prognos AG im Auftrag des Bundesministeriums für Arbeit und Soziales. (2012). Instrumentenkasten für eine altersgerechte Arbeitswelt in KMU. Analyse der Herausforderungen des demografischen Wandels und Systematisierung von Handlungsoptionen für kleine und mittlere Unternehmen. http://www.prognos.com/uploads/tx_atwpubdb/120627_Prognos_BMAS_Bericht_Instrumentenkasten_KMU.pdf. Zugegriffen am 29.06.2015.

Vereinigung der hessischen Unternehmensverbände, et al. (2007). *Erfolgsfaktor, Familienfreundlichkeit. Nutzen, Strategie, Umsetzung.* Frankfurt: F.A.Z. Verlag.

Voß, Eva. (2014). Unconcious Bias im Recruiting – Wie sich vor allem bei Personalprozessen die Stereotypenfalle umgehen lässt. In Charta der Vielfalt (Hrsg.), *VIELFALT ERKENNEN – Strategien für einen sensiblen Umgang mit unbewussten Vorurteilen* (S. 35–40). http://www.charta-der-vielfalt.de/fileadmin/user_upload/beispieldateien/Downloads/Vielfalt_erkennen_BF.pdf. Zugegriffen am 20.06.2015.

Personalentwicklung

Franz, J., & Scheunpflug, A. (2015). Konzepte intergenerationeller Bildung. Den Perspektivenwechsel nutzen. *Weiterbildung, 4,* 14–17.

Hacker, W., & Sachse, P. (2013). *Allgemeine Arbeitspsychologie: Psychische Regulation von Tätigkeiten, (3. vollständig überarbeitete Aufl.).* Göttingen: Hogrefe Verlag.

Kast, R. (2014). Lebenslanges Lernen bei der SICK AG: Personalentwicklung im Kontext des demografischen Wandels. In J. Rump & S. Eilers (Hrsg.), *Demografieorientiertes Personalmanagement. Hintergründe und Handlungsansätze* (S. 171–190). Köln: Luchterhand Verlag.

Lindner-Lohmann, D., Lohmann, F., & Schirmer, U. (2012). *Personalmanagement* (2. Aufl.). Berlin: Springer Gabler.

Nies, C., Spermann, A., et al. (2014). Lust am Lernen – ein Leben lang. Analysen und Erfolgsbeispiele aus der Unternehmenspraxis, In Das Demographie Netzwerk (Hrsg.), *DemographieManagement kompakt.* Dortmund: Fachverlag NW in der Carl Schünnemann Verlag GmbH.

Schirmer, U. (1997). *Neue Ansätze zur Optimierung der betrieblichen Ausbildung.* Wiesbaden: Deutscher Universitäts-Verlag.

Schirmer, U. (2006a). Personalarbeit 2015. In A. Schwolgin & A. Sikora (Hrsg.), *BA-Dialog 6* (S. 43–49). Lörrach: DHBW Lörrach.

Schirmer, U. (2006b). Die induktiv-deduktive Lernschleife in der handlungsorientierten Didaktik. *Personalführung, 1,* 62–69.

Schirmer, U. (2013). Demografieorientiertes Personalmanagement. In Wirtschaftsregion Südwest – unterstützt durch das Ministerium für Finanzen und Wirtschaft Baden-Württemberg aus Mitteln des europäischen Sozialfonds (Hrsg.), *Demografie aktiv gestalten. Ein Praxis-Leitfaden für kleine und mittelständische Unternehmen* (S. 63–119). http://www.wsw.eu/files/162:Arbeitsbuch_Demogra-fie_aktiv_gestalten.pdf. Zugegriffen am 25.01.2015.

Schmidt-Hertha, B. (2014). *Kompetenzerwerb und Lernen im Alter.* Bielefeld: Bertelsmann Verlag.

Karriere- und Rentenübergangsmodelle

Hanser, B. (2014). Gut beraten. Bosch nutzt das Wissen seiner Senior Experten. In C. Nies, A. Spermann, et al. (Hrsg.), *Lust am Lernen – ein Leben lang. Analysen und Erfolgsbeispiele aus der Unternehmenspraxis* (S. 111–114). Dortmund: Fachverlag NW in der Carl Schünnemann Verlag GmbH.

Kast, R. (2014). Lebenslanges Lernen bei der SICK AG: Personalentwicklung im Kontext des demografischen Wandels. In J. Rump & S. Eilers (Hrsg.), *Demografieorientiertes Personalmanagement. Hintergründe und Handlungsansätze* (S. 171–190). Köln: Luchterhand Verlag.

Schneider, N. F., Mergenthaler, A., Staudinger, U. M., & Sackreuther, I. (Hrsg.). (2015). *Mittendrin? Lebenspläne und Potenziale älterer Menschen beim Eintritt in den Ruhestand (Beiträge zur Bevölkerungswissenschaft, Band 46).* Opladen: Verlag Barbara Budrich.

Wissensmanagement

Frost, J. (2015). Wissensmanagement. In Springer Gabler Verlag (Herausgeber.), *Gabler Wirtschaftslexikon.* Stichwort: Wissensmanagement. online im Internet. http://wirtschaftslexikon.gabler.de/Archiv/55427/wissensmanagement-v8.html. Zugegriffen am 20.05.2015.

Heckel, M. (2013). *Aus Erfahrung gut. Wie die Älteren die Arbeitswelt erneuern.* Hamburg: Edition Körber-Stiftung.

Nonaka, I., & Takeuchi, H. (1995). *The knowledge creation company. How Japanese companies create the dynamics of innovation.* New York: Oxford University Press.

Orth, R. (2013). Fit für den Wissenswettbewerb. Wissensmanagement im KMU erfolgreich einführen. In Bundesministerium für Wirtschaft und Technologie (Hrsg.). München: PRpetuum GmbH.

Polanyi, M. (1966). *The tacit dimensions*. London: Routledge & Kegan Paul.

Probst, G., Raub, S., & Romhardt, K. (2013). *Wissen managen: Wie Unternehmen ihre wertvollste Ressource optimal nutzen* (7. Aufl.). Wiesbaden: Springer Gabler.

Altersgerechte Personalführung

Adenauer, S. (2002). Die Potenziale älterer Mitarbeiter im Betrieb erkennen und nutzen. angewandte Arbeitswissenschaft. *Zeitschrift für Unternehmenspraxis, 172*, 19–38.

Hacker, W. (2003). Leistungsfähigkeit und Alter. http://doku.iab.de/grauepap/2003/lauf_hacker_vortrag.pdf. Zugegriffen am 09.06.2015.

Hertel, G. (2012). Potenzial älterer Arbeitnehmer besser nutzen. http://www.uni-muenster.de/news/view.php?&cmdid=4251. Zugegriffen am 27.07.2015.

Hertel, G., Rauschenbach, C., Thielgen, M. M., & Krumm, S. (2015). Are older workers more active copers? Longitudinal effects of age-contingent coping on strain at work. *Journal of Organizational Behavior, 36*, 514–537.

Hersey, P., & Blanchard, K. (1982). *Management of organizational behaviour* (4. Aufl.). Englewood Cliffs: Prentice-Hall.

Hien, W. (2010). Das Ringen um Identität – Zur psychomentalen Situation Älterer in Umstrukturierungsprozessen, Vortrag im Rahmen der Veranstaltung „Ältere Arbeitnehmer in beruflichen Veränderungsprozessen" am 18. Juni 2010 bei der Bundesanstalt für Arbeitsschutz und Arbeitsmedizin in Dortmund.

Krüger, R. (2014). Ruhestand? Nein, danke! managerSeminare 202, 7.

Lehmann-Willenbrock, N., Hoppe, D., Kauffeld, S., & Horst-Schaper, G. (2011). Fit für den demographischen Wandel? Ressourcenorientierte Teamentwicklung im Gesundheitswesen. Vortrag beim 10. Kongress für Gesundheitspsychologie, Berlin, 31.08.-02.09.2011.

Schirmer, U., & Woydt, S. (2012). *Mitarbeiterführung* (2. Aufl.). Berlin: Springer Gabler.

Seitz, S., & Wagner, M. (2009). Wissen intergenerativ erzeugen und transferieren. In G. Richter (Hrsg.), *Generationen gemeinsam im Betrieb. Individuelle Flexibilität durch anspruchsvolle Regulierungen* (S. 157–172). Bertelsmann: Bielefeld.

Zapf, D., & Schweer, R. (o.J.). Ältere Call-Center Mitarbeiter. http://www.alternsgerechte-arbeit.de/global/show_document.asp?id=aaaaaaaaaaagddj. Zugegriffen am 20.07.2015.

Demografiecontrolling

Deller, J., Kern, S., Hausmann, E., & Diederichs, Y. (2008). *Personalmanagement im demografischen Wandel*. Heidelberg: Springer.

Felfe, J., & Franke, F. (2012). Commitment-Skalen (COMMIT). Fragenbogen zur Erfassung von Commitment gegenüber Organisationen, Beruf/Tätigkeit, Team, Führungskraft und Beschäftigungsform. Bern: Huber.

Schirmer, U. (2014). Ansatzpunkte für die Steuerung von Retentioncontrolling. In DGFP e.V. (Hrsg.), *Retentionmanagement für die Praxis. Erfolgsentscheidende Mitarbeiter finden und binden. DGFP PraxisEdition Band 108* (S. 107–118). Bertelsmann: Bielefeld.

Scholz, C., Stein, V., & Bechtel, R. (2011). *Human Capital Management. Raus aus der Unverbindlichkeit* (3. Aufl.). Köln: Luchterhand.

Schulte, C. (2011). *Personalcontrolling mit Kennzahlen* (3. Aufl.). München: Vahlen.

Wickel-Kirsch, S. (2012). Grundlagen des Human-Resource-Controlling. In A. Klein (Hrsg.), *Controlling-Instrument für modernes Human Resources Management mit Arbeitshilfen* (S. 23–42). München: Haufe-Lexware.

Wucknitz, U., & Heyse, V. (2008). *Retention Management. Schlüsselkräfte entwickeln und binden.* Münster: Waxmann.

Rudolf Kast, seit 1.1.2011 Inhaber der Personalmanagementberatung KAST.DIE PERSONALMANUFAKTUR. Gesellschafter der ddn-Akademie. Langjähriger Leiter Human Resources, Mitglied der Geschäftsleitung der SICK AG bis 31.12.2010, Rechtsanwalt, Anwaltmediator und zertifizierter Coach. Spezialisiert auf strategiewirksame Personalarbeit und die operative Umsetzung. Vorsitzender des Vorstands des ddn (das -demographie-netzwerk e.V.), Themenbotschafter Wissen und Kompetenz von INQA, der Initiative Neue Qualität für Arbeit des Bundesministeriums für Arbeit und Soziales, Mitglied des Fachbeirates der Personalwirtschaft, Lehrbeauftragter am Center for Advanced Studies der Dualen Hochschule Baden-Württemberg im Masterstudiengang Personal und Organisation. Vielfacher Fachautor und Vortragsredner zu den Themen Demografie, Führung, Lebenslanges Lernen, intergenerative Zusammenarbeit, Gesundheit und Vergütungsmanagement.

Prof. Dr. rer. nat. Michael Lindemann studierte Physik in Deutschland und den USA. In den USA forschte und publizierte er zur Dynamik in Teilchenbeschleunigern. Während der anschließenden Zeit an der Klinik für Neurologie der Universität Kiel hat er verschiedene Arbeiten zur Analyse biomedizinischer Daten in medizinischen und physikalischen Fachzeitschriften veröffentlicht. Diesem Thema blieb er auch weiter verbunden und hat unter anderem zur Analyse großer Datenmengen in der pharmazeutischen Wirkstoff-Forschung publiziert. Zusätzlich absolvierte Prof. Lindemann berufsbegleitend ein wirtschaftswissenschaftliches Aufbaustudium an der RWTH Aachen und der Universität St. Gallen und schloss dieses 2005 mit dem Executive MBA ab. Seine internationalen Führungsaufgaben – unter anderem als Vice President für Siemens Medical Solutions, als Associate Partner in der Strategieberatung der IBM und als Geschäftsführer eines eHealth Start-ups – haben ihm ein breites Spektrum an Erfahrungen vom Innovationsmanagement, über Marketing und Human Resources Management bis zur Unternehmensführung gegeben. Diese beruflichen Erfahrungen bringt er in die Lehre ein und forscht zudem gemeinsam mit Industriepartnern auf den Feldern Digitale Transformation und Big Data.

Stephan Teuber, geb. 1962, studierte an der Universität Tübingen und ist Dipl. Theologe und Dipl. Sportpädagoge sowie zertifizierter Management Consultant (CMC/BDU). Während seiner Studienzeit arbeitete und lehrte er am Institut für Sportwissenschaft und übernahm die Ausbildungsleitung und Lehrtätigkeit der Praxis-Theorie-Seminare „Seelsorgliche Gesprächsführung" an der katholisch theologischen Fakultät Tübingen. 1990 gründete er die Loquenz Unternehmensberatung und ist seither als Geschäftsführer tätig. Seine Arbeits- und Beratungsschwerpunkte: zukunftsorientierte Führung, Change Management/Kommunikation und resiliente Unternehmenskultur sowie Executive/Top-Management-Coaching. Als Lehrbeauftragter vermittelt Teuber seine umfangreiche und spezielle Beratererfahrung in Vorlesungen zum Thema Change Management, Verhandlungsführung und Konfliktmanagement an der Dualen Hochschule Baden-Württemberg, der Steinbeis-Hochschule und der Deutschen Versicherungsakademie. Teuber hat verschiedene Bücher zum Coaching und Change Management herausgegeben. Ehrenamtlich ist er als Mitglied im Bundesvorstand beim Bund katholischer Unternehmer e.V. (BKU) und als Mitglied des Dienstleistungsausschusses der IHK Region Stuttgart tätig. Er engagierte sich im Bundesverband Deutscher Unternehmensberater (BDU) u. a. als Vorstand im Fachverband Personalmanagement und war von 2009 bis 2014 Vize-Präsident des BDU.

Kerstin Lübbe, geb. 1962, verantwortete – nach ihrer Ausbildung zur Bankkauffrau – zunächst die Ausbildung zum/r Bankkaufmann/frau innerhalb des Bankhaus Lampe, im Weiteren die Personalentwicklung innerhalb der Hauses. Parallel dazu absolvierte sie ein Studium an der Frankfurt School of Finance & Management (Bankakademie/HfB) und wurde Mitte der Achtziger in den Prüfungsausschuss „Banken" der IHK zu Bielefeld berufen. Anfang der neunziger Jahre zog sie mit ihrem Mann nach Baden-Württemberg. Dort hatte sie in den Folgejahren verantwortungsvolle Positionen im Personal-, Kredit- und Qualitätsmanagement der Württembergischen Hypothekenbank AG in Stuttgart inne. Im Zuge weitreichender Umstrukturierungsmaßnahmen innerhalb der Bank entschied sie für sich, den Fokus ihrer Arbeit neu auszurichten und sich auf Beratungsleistungen im unternehmensbezogenen und unternehmerischen Kontext zu konzentrieren. Seit 2009 ist sie für die Loquenz Unternehmensberatung GmbH mit Sitz in Leinfelden-Echterdingen als Senior Consultant tätig. In ihrer Beratungsarbeit bilden strategische Personalentwicklung und Führungskräftemanagement, betriebliches Gesundheits- und Demografiemanagement sowie Lean Management in Verwaltung und Dienstleistung die Schwerpunkte; ferner arbeitet sie als Trainerin und Coach, insbesondere im Führungskräftebereich.

Gerhard Wiesler, geb. 1965, studierte Wirtschaftswissenschaften an der Universität in Freiburg i.Br. und in Grenoble (F). Nach diversen Managementaufgaben ist er seit 2007 Office Head der Kienbaum Executive Consultants GmbH. Gerhard Wiesler ist 2012 zum Partner ernannt worden und Mitglied der weltweiten Practice Manufacturing/Engineering. Kienbaum ist in Deutschland einer der Marktführer im Executive Search und im HR-Management und gehört zu den führenden Managementberatungen. Mit seinem integrierten Beratungsansatz begleitet Kienbaum Unternehmen aus den wesentlichen Wirtschaftssektoren bei ihren Veränderungsprozessen von der Konzeption bis zur Umsetzung. Kienbaum verbindet ausgewiesene Personalkompetenz mit tiefem Wissen in Strategie, Organisation und Kommunikation. Weiter ist Gerhard Wiesler Gründungsmitglied des Vorstandes Demografie Exzellenz e.V.

Yara Schiller, Global Business Director Employer Branding, ist seit 2005 bei Kienbaum Communications tätig und spezialisiert auf die Entwicklung und Pflege von nationalen und internationalen Employer Brands. Zu ihren Aufgaben gehören Trendrecherche, Durchführung von Analyse sowie Markenentwicklung inkl. der Definition einer Markenarchitektur. Zudem hat sie als Projektleiterin diverse HR-Gestaltungskonzepte für Kunden aus unterschiedlichen Branchen (Automotive, Handel, Industrie, Life Science, Versicherung etc.) und von unterschiedlichen Größen entwickelt, um somit jeder Arbeitgebermarke ein einzigartiges und nachhaltiges Gesicht zu geben. Davor arbeitete sie in diversen Brand- und Kommunikationsagenturen in Deutschland und in den Niederlanden.

Prof. Dr. Uwe Schirmer, geb. 1966, studierte Betriebswirtschaftslehre an der Universität Erlangen-Nürnberg und promovierte anschließend während seiner Tätigkeit als Leitender wissenschaftlicher Assistent am Fachgebiet Unternehmensführung/Personalmanagement der Technischen Universität Ilmenau. Nach verantwortlichen Funktionen im Personalmanagement der Deutschen Bahn AG und der Ravensburger AG ist er seit 2003 Professor für Personalmanagement und Mitarbeiterführung an der Dualen Hochschule Baden-Württemberg Lörrach und zudem Studiengangsleiter BWL-Personal management (Bachelor), MBM Personal und Organisation (Master) sowie Studiendekan „Personal und Organisation" am Center for Advanced Studies der DHBW in Heilbronn. Prof. Schirmer ist Trainer und Berater, Autor mehrerer Bücher und Fachartikel zum Personalmanagement und zur Mitarbeiterführung. Seine Beratungsfelder sind Personalentwicklung/Talentmanagement, Mitarbeiterbindung, Mitarbeiterführung/Leadership, demografieorientiertes Personalmanagement, Eignungsdiagnostik und Potenzialanalyse. Er ist zudem Mitglied des Vorstandes Demografie Exzellenz e.V.

Gudrun Ahlers absolvierte ein Studium der Sozialwissenschaften und Germanistik (Staatsexamen) sowie der Interkulturellen Pädagogik. Seit 1999 ist sie Referentin für Gesundheitsmanagement in der Hauptverwaltung der Techniker Krankenkasse in Hamburg. Aktuelle Arbeitsschwerpunkte sind das Betriebliche Demografie- und Gesundheitsmanagement mit den Themen: Diversitymanagement, Gesundheitsberichterstattung mit Gesundheits- und Länderreporten sowie die Projektleitung für TK-Gesundheits- und Länderreporte und Mitarbeiterbefragungen in Unternehmen. Im Rahmen des Demografie- und Diversitymanagements ist Gudrun Ahlers zudem als Ansprechpartnerin für Unternehmen zu Themen und Fragen sowie zur Strategieentwicklung vor dem Hintergrund des demografischen Wandels beratend tätig.

Thomas Holm ist seit 2011 Leiter des Gesundheitsmanagements der Techniker Krankenkasse. Er verfügt über umfangreiche Berufserfahrungen in Politik, Wirtschaft und im Bildungsmanagement, hier unter anderem als Niederlassungsleiter „Rehabilitation, Integration und Bildung – Aufbau von Gesundheitsdienstleistungen für die Hamburger Wirtschaft". Der Diplom Politologe arbeitete nach seinem Studium als Assistent eines Bundestagsabgeordneten und war unter anderem für eine private Krankenversicherung und einen Fertighaushersteller in den Bereichen Vertrieb, Ausbildung und Personalentwicklung tätig. Er repräsentiert die Prävention in gesundheitspolitischen Themen.

Dr. Eva Voß ist seit 2014 Managerin Diversity & Inclusiveness für Deutschland, Schweiz und Österreich bei EY (Ernst & Young), einem internationalen Marktführer in der Wirtschaftsprüfung, Steuer-, Transaktions- sowie Risiko- und Managementberatung. Sie ist Autorin und Herausgeberin zahlreicher Fachartikel und Bücher, u. a. mit Schwerpunkt auf Unconscious Bias im Recruiting und Gleichstellungsaspekten in Governance-Strukturen. Dr. Eva Voß studierte an den Universitäten Freiburg und Brest Politikwissenschaft, Geschichte und Gender Studies und wurde an der Universität Freiburg im Fach Politikwissenschaft promoviert. Sie wirkte dort anschließend mehrere Jahre als Leiterin der Stabsstelle Gender and Diversity und wechselte danach zur Bertelsmann SE, wo sie als Director Diversity Management arbeitete.

Isabell Galvagni verantwortet seit 2013 bei EY (Ernst & Young) die Themenbereiche Flexible Arbeitsformen und Vereinbarkeit von Beruf und Privatleben. Frau Galvagni hat nach einer kaufmännischen Berufsausbildung bei der Deutschen Telekom AG als Stipendiatin die Weiterbildung zur Personalfachkauffrau absolviert und sammelte im Anschluss erste Berufserfahrung bei pwc. Seit dem Jahr 2008 ist sie bei EY tätig und arbeitete zunächst in den Bereichen International Mobility und Personalbetreuung.

Margaret Heckel, geb. 1966, ist Wirtschaftsjournalistin, Autorin, Moderatorin und Vortragsrednerin. Nach dem Studium der Volkswirtschaftslehre in Heidelberg und Massachusetts (USA) hat sie die Georg-von-Holzbrinck-Journalistenschule absolviert und ein Jahrzehnt für die „Wirtschaftswoche" aus Leipzig, Moskau und als Reisekorrespondentin für Mittel- und Osteuropa berichtet. Zurück in Deutschland zog es die Volkswirtin nach Berlin als Politikchefin der „Financial Times Deutschland", der „WELT" und der „Welt am Sonntag". Ihre Erfahrungen dort verarbeitete sie in dem Bestseller „So regiert die Kanzlerin", einer Reportage über Angela Merkel und die erste Finanzkrise 2008/2009.

Seit 2009 konzentriert Heckel sich auf den demografischen Wandel. Daraus entstanden die beiden Bücher „Die Midlife-Boomer: Warum es nie spannender war, älter zu werden" (2012) und „Aus Erfahrung gut – wie Ältere die Arbeitswelt erneuern" (2013), beide erschienen bei der edition Körber-Stiftung in Hamburg. Mit ihren Vorträgen und Workshops ist Heckel deutschlandweit gefragt.

Best Practice-Beispiele zum demografieorientierten Personalmanagement

5

Martina Klärle, Günther Stauber, Monika Auweter-Kurtz, Frank Dehring, Michael Oliva, Inge Reichart, Markus Blümle, Tobias Rehder, Corinna Krefft-Ebner und Isabella Heidinger

Autoren dieses Kapitels sind wie folgt

5.1   HOF8, Klärle Gesellschaft für Landmanagement mbH: Prof. Dr. Martina Klärle
5.2   Markt- und Mitarbeiterorientierte Montage M3, ZF Friedrichshafen: Günther Stauber
5.3   Qualifizierung und Wiedereinstieg im Ingenieursbereich QWing-50+, German Aerospace Academy: Prof. Dr.-Ing. habil. Monika Auweter-Kurtz
5.4   Versteckte Potentiale nutzen, WABE gGmbH: Frank Dehring
5.5   Vereinbarkeit von Beruf und Pflege, GP Grenzach Produktions GmbH: Michael Oliva
5.6   vit@work, Brückner Trockentechnik GmbH & Co.KG: Inge Reichart
5.7   LebensArbeitsZeitkonten, E.G.O. Elektro-Gerätebau GmbH: Markus Blümle
5.8   Alte Hasen und junge Hüpfer, TürenMann Stuttgart GmbH & Co. KG: Tobias Rehder
5.9   Senior Ausbildung, K&U Bäckerei GmbH: Corinna Krefft-Ebner
5.10 Generationen Netzwerk, Weleda AG: Dr. Isabella Heidinger

M. Klärle (✉)
Klärle – Gesellschaft für Landmanagement und Umwelt mbH, Im Hof 8, 97990 Weikersheim, Baden-Württemberg, Deutschland
E-Mail: klaerle@klaerle.de

G. Stauber
ZF Friedrichshafen AG, 1, Alfred-Colsman-Platz, 88045 Friedrichshafen, Baden-Württemberg, Deutschland
E-Mail: Guenther.Stauber@zf.com

M. Auweter-Kurtz
Akademie für Luft- und Raumfahrt German Aerospace Academy ASA, Konrad-Zuse-Platz 1, 71034 Böblingen, Baden-Württemberg, Deutschland
E-Mail: m.auweter-kurtz@german-asa.de

F. Dehring
Waldkircher Beschäftigungs- und Qualifizierungsgesellschaft gGmbH, Mauermattenstr.8, 79183 Waldkirch, Baden-Württemberg, Deutschland
E-Mail: frank.dehring@wabe-waldkirch.de

© Springer Fachmedien Wiesbaden 2016   151
U. Schirmer (Hrsg.), *Demografie Exzellenz*, DOI 10.1007/978-3-658-11910-2_5

Zusammenfassung

Mit dem Demografie Exzellenz Award werden seit 2010 Unternehmen, Körperschaften und andere Organisationen durch die Initiative Demografie Exzellenz e.V. ausgezeichnet, die hervorragende Leistungen auf dem Gebiet der demografieorientierten Unternehmenspolitik erbracht haben. Prämiert werden Leuchtturm-Projekte u. a. zum demografieorientierten Personalmanagement. Unter Leuchtturm-Projekten werden dabei solche Initiativen verstanden, die andere Unternehmen und Institutionen zum Nachahmen anregen und die überwiegend mit vertretbarem Aufwand durch andere Organisationen adaptierbar sind. Entsprechend dieser Grundidee bieten die nachfolgenden Praxisbeispiele nach einer kurzen Beschreibung der ursprünglichen Ausgangsproblematik einen vertieften Einblick in das jeweilige Projekt. Die dabei in den Organisationen gemachten Erfahrungen und daraus abgeleitete praktische Tipps bieten eine gute Grundlage, damit andere Unternehmen sich mit ähnlichen Projekten den Herausforderungen des demografischen Wandels erfolgreich stellen können. Zu allen Projekten finden sich Filmbeiträge unter www.demografie-exzellenz.de.

M. Oliva
GP Grenzach Produktions GmbH, Emil-Barell-Str. 7, 79639 Grenzach-Wyhlen, Baden-Württemberg, Deutschland
E-Mail: michael.oliva@bayer.com

I. Reichart
BRÜCKNER Trockentechnik GmbH & Co. KG, Benzstr. 8-10, 71229 Leonberg, Baden-Württemberg, Deutschland
E-Mail: ireichart@brueckner-tm.de

M. Blümle
E.G.O. Elektro-Gerätebau GmbH, Rote-Tor-Str. 14, 75038 Oberderdingen, Baden-Württemberg, Deutschland
E-Mail: Markus.Bluemle@egoproducts.com

T. Rehder
TÜRENMANN Stuttgart GmbH und Co. KG, Siemensstr. 96, 70469 Stuttgart, Baden-Württemberg, Deutschland
E-Mail: tobias.rehder@tueren-mann.de

C. Krefft-Ebner
K & U Bäckerei GmbH Otto-Lilienthal-Str. 1, 79395 Neuenburg, Baden-Württemberg, Deutschland
E-Mail: Corinna.Krefft-Ebner@schwarzwaldbrot.de

I. Heidinger
WELEDA AG, Möhlerstr. 3, 73525 Schwäbisch Gmünd, Baden-Württemberg, Deutschland
E-Mail: iheidinger@weleda.de

5.1 HOF8, Klärle Gesellschaft für Landmanagement mbH

5.1.1 Unternehmensdarstellung

Die Klärle Gesellschaft für Landmanagement und Umwelt mbH ist ein junges, innovatives, familienfreundliches Unternehmen, welches hochqualifizierte Arbeitsplätze im ländlichen Raum bietet. Die Arbeitsschwerpunkte des Unternehmens sind Kommunalplanung, Umweltplanung, Erneuerbare Energien und geographische Informationssysteme. Das interdisziplinäre Team bietet ein breites Leistungsspektrum von Vermessung und Photogrammetrie über klassische Planungsaufgaben wie Flächennutzungspläne, Bebauungspläne und Ortsentwicklungskonzepte bis hin zu innovativen Produkten im Bereich Umweltplanung und Erneuerbare Energien, z. B. Potenzialanalysen für Erneuerbare Energien, GIS (Geografische Informationssystem)-gestützte Standortanalysen für Wind- oder Solarparks, Solardachkataster und Visualisierungen. Dabei legt das Unternehmen größten Wert auf den Einsatz moderner Technik. Durch die enge Vernetzung mit Hochschulen und die Verzahnung mit aktuellen Forschungsprojekten können stets innovative Lösungen angeboten werden. Neueste Ergebnisse aus der Forschung werden in der Praxis umgesetzt und weiterentwickelt. Der Sitz des Unternehmens, das baden-württembergische Schäftersheim im Main-Tauber-Kreis, zählt gerade einmal 700 Einwohner. Hier arbeiten 15 hochqualifizierte Mitarbeiter, darunter 12 Frauen. Frau Prof. Dr. Klärle und ihr Team haben zusammen 26 Kinder im Alter von 1 bis 25 Jahren.

Das neue Firmengebäude der Klärle GmbH im HOF8 ist Ausdruck der Firmenphilosophie und Zeugnis dafür, dass praktisch umsetzbar ist, was man Kommunen und anderen Auftraggebern vorschlägt, beispielsweise im Rahmen von Energie- oder Klimaschutzkonzepten oder intergenerationalem Zusammenleben. Das Leitbild der Klärle GmbH basiert auf den drei Säulen der Nachhaltigkeit: Ökologie, Ökonomie und Soziales (siehe Abb. 5.1).

5.1.2 Grundidee des Projektes

Ziel der Klärle GmbH ist es, jungen Menschen auf dem Land eine Perspektive zu bieten, qualifizierte Arbeitsplätze zu schaffen und zu erhalten und somit dem demografischen Wandel entgegenzuwirken. Dazu gehört auch die Vereinbarkeit von Beruf und Familie. Das Unternehmen bietet Teilzeitarbeitsplätze, und neben flexiblen Arbeitszeiten gibt es die Möglichkeit des Home-Offices. Falls Kindergarten- oder Schulzeiten einmal nicht zu den Bürozeiten passen, sind die Kinder herzlich willkommen. Die Förderung der Berufstätigkeit von Müttern ist eine Herzensangelegenheit von Frau Prof. Dr. Klärle und Teil ihrer Firmenphilosophie. Zitat Martina Klärle: „Kinder sind das Wichtigste. Keine Karriere der Welt ist es wert, auf Kinder zu verzichten, aber: zufriedene Kinder brauchen zufriedene Mütter."

„Wir sind darauf bedacht, das zu leben, was wir planen. Wir möchten Lust dazu wecken, die Umwelt zu gestalten und nachhaltig zu schützen.

Wir möchten im Verrichten unserer täglichen Arbeit Vorbild sein. Unseren Kunden möchten wir den Umweltschutz vorleben.

Durch unser Dienstleistungsspektrum unterstützen wir die Energiewende und den Klimaschutz. Innerörtliche Entwicklungskonzepte minimieren die Flächeninanspruchnahme. Bei allen Planungs-aufträgen wägen wir die konkurrierenden Interessen im Sinne der Nachhaltigkeit ab. Auf diesem Wege möchten wir dazu beitragen, den Erhalt von Natur, Umwelt und Arten zu sichern.

Unser Firmengelände HOF8 präsentiert durch seine nachhaltige Bauweise die Ökologie, die wir Tag für Tag und in jedem Projekt anstreben. Bewusster Umgang mit ökologischen Arbeitsmaterialien und Ressourcen sind uns wichtig. Wir minimieren z.B. unseren Papierverbrauch, nutzen ausschließlich Ökostrom, setzen Energie so effizient wie möglich ein und verwenden verbrauchsarme Geräte. Überdies ist es uns wichtig, nach Möglichkeit zu Fuß, mit dem Fahrrad oder der Bahn zur Arbeit oder zum Kunden zu kommen.

Wir pflegen eine schlanke Betriebs- und Projektorganisation. Wir arbeiten effizient, kostendeckend, ressourcenoptimiert und sind alle am Gewinn beteiligt. Wir beschaffen die wirtschaftlichsten Produkte und Dienstleistungen.

Wir möchten im Zuge unserer täglichen Arbeit wertschätzend miteinander umgehen. Aufgeschlos-senheit gegenüber neuen Themen sowie Ehrlichkeit untereinander und gegenüber unseren Kunden bilden das Fundament einer freundlichen und attraktiven Arbeitsumgebung. Der zwischenmenschliche Aspekt spielt bei uns eine große Rolle.

Wir arbeiten in einer flachen Hierarchie, in der ein(e) Jede(r) sich allen anfallenden Arbeiten und Aufgaben annimmt. Im Rahmen dessen zeigen wir uns im Team kooperativ, sind stets aufgeschlossen für Argumente anderer und bringen deren sowie unsere eigenen Ideen zum Vorteil der Gruppe ein. Die gemeinsamen Ziele, die wir uns setzen, erreichen wir, indem wir füreinander da sind und uns gegenseitig unterstützen.

Flexible Arbeitszeiten und Kinderbetreuung ermöglichen die Verbindung zwischen Familie und Beruf. Darüber hinaus überlassen wir Beschäftigten die Wahl des Aus- und Wiedereinstiegs. Den Mitarbeitern sollen in Bezug auf den selbstbestimmten beruflichen Werdegang, und vor allem der Familie, keine Barrieren durch die Firma entstehen.

Helle Räumlichkeiten, ergonomisch sinnvolle Arbeitsplätze sowie ein sportliches Angebot wie z.B. Lauftreff oder Rückenschule fördern das Wohlbefinden. Gemeinsame Freizeitaktivitäten stärken unser soziales Miteinander."

Abb. 5.1 Auszug Leitbild Klärle GmbH (Quelle: Klärle Gesellschaft für Landmanagement mbH)

Um diese Ziele langfristig verfolgen zu können, wurde in den Jahren 2012 bis 2014 ein leerstehender Hof im Ortskern von Weikersheim-Schäftersheim zum neuen Firmensitz und gleichzeitig zu einem Mehr-Generationen-Dienstleistungshaus umgebaut. Der HOF8 bietet modernste Arbeitsplätze und leistet damit einen Beitrag zur Verbesserung der Infrastruktur im ländlichen Raum. Weiterhin soll sich der HOF8 regional und überregi-onal als Veranstaltungsort profilieren und einer breiten Öffentlichkeit zeigen: Wenn man nicht davor zurückscheut, in ländlichen Regionen und Dörfern moderne, zukunftsfähige Projekte zu verwirklichen, hat der ländliche Raum trotz demografischer Entwicklung eine reelle Chance.

Unter dem Motto „Geboren werden – Leben / Arbeiten – Alt werden" schafft der HOF8 Raum für viele Lebensbereiche und zeigt, wie innerörtliche Entwicklung, demografischer Wandel, erneuerbare Energiequellen und moderne Baukultur in historischen Gebäuden eine leistungsstarke Symbiose eingehen können.

5.1.3 Inhalte des Projektes und erreichte Ergebnisse

Die Hofstelle ist eine der ältesten noch vorhandenen Hofstellen in Schäftersheim, bestehend aus einem Gebäudewinkel mit Stall, Scheune und Remisengebäude und einem freistehenden Wohnhaus. Das Anwesen liegt in der Ortsmitte in unmittelbarer Nähe zum Dorfplatz. Das Haupthaus stammt ca. aus dem Jahre 1850, Teile der Nebengebäude sind aus dem 16. Jahrhundert. Der Hof wurde letztmals 1950 renoviert. Der ehemals landwirtschaftlich genutzte Hof stand vor dem Umbau seit 30 Jahren teilweise und seit zwei Jahren vollständig leer. Das Anwesen war zum Verkauf vorgesehen, wie viele andere Objekte in schrumpfenden ländlichen Dörfern. Es drohte der Abriss, um das Grundstück gewinnbringend für die Bebauung mit Einfamilienhäusern veräußern zu können. Nach der Übernahme durch die Eheleute Fischer-Klärle und die Klärle GmbH im Jahr 2012 entstanden in der ehemaligen landwirtschaftlichen Hofstelle zwei Dienstleistungseinrichtungen mit ca. 20 Arbeitsplätzen sowie zwei familienfreundliche und barrierefreie Wohnungen.

Das Gesamtkonzept ist innovativ und transdisziplinär: Energie, Arbeiten, Grundversorgung, Gesundheit, Familie und familiengerechtes Wohnen. Die ehemalige Hofstelle führt diese Themen auf einem Areal zusammen. Die Gebäude des Hofes sind nun wieder mit Leben gefüllt. Der HOF8 und seine Bewohner, welche im April 2014 eingezogen sind, stehen für eine harmonische Umsetzung des Lebenszyklus mit seinen Phasen „Geboren werden – Leben/Arbeiten – Alt werden". Das gemischte Nutzungskonzept stellt einen großen Mehrwert für alle Nutzer und Bewohner dar und bietet diesen, trotz der historischen Bausubstanz, Wohnen und Arbeiten im Plusenergiestandard (siehe Abb. 5.2).

Geboren werden: ‚Das Lebenshaus'
Im ehemaligen Stallgebäude bietet „Das Lebenshaus" seine Dienste an, ein qualifiziertes Dienstleistungszentrum zur Grundversorgung im Gesundheitswesen (siehe Abb. 5.3). Hier ist eine Hebammenpraxis untergebracht, eine Einrichtung, die für die Frauen im dünnbesiedelten Main-Tauber-Kreis einen hohen Stellenwert hat. Dieses Angebot bereichert nicht nur den Teilort Schäftersheim, sondern ist ebenfalls in der Stadt Weikersheim bislang nicht vorhanden. Gerade hier bietet die energieeffiziente Ausrichtung des Areals eine harmonische Symbiose zwischen Nutzung und Bauwerk.

„Geboren werden, arbeiten und altern in einem Hof zu erleben, die Erfahrungen zu teilen und zu kommunizieren, das war das reizvollste für mich, hier einzuziehen." (Jacquy Goffinet-Stiehle, Hebamme).

Abb. 5.2 Geboren werden – Leben/Arbeiten – Alt werden (Quelle: Klärle Gesellschaft für Landmanagement mbH)

Abb. 5.3 Hebammenpraxis HOF8 (Quelle: Gonzales, B.)

Arbeiten: Firmensitz der Klärle GmbH

Die Räumlichkeiten der Klärle GmbH befinden sich im ehemaligen Bauernhaus mit modernen und energieeffizienten Arbeitsplätzen. Durch einheitliche Dockingstations entstehen flexible Arbeitsplätze bis hin zum sommerlichen Arbeiten am Brunnen. Für das Team ergab sich ein zeitgemäßes und konkurrenzfähiges Arbeitsumfeld. Jungen

Akademikern werden hier im ländlichen Raum zukunftsfähige Arbeitsplätze geboten, die das Zusammenspiel von Kind und Karriere, insbesondere für die vielen Akademikerinnen, ermöglichen. Damit wird ein positiver Beitrag zur demografisch wichtigen Familiengründung bzw. zur Realisierung des Wunsches nach Kindern geleistet.

Alt werden: Seniorengerechte Wohnungen
Zusätzlich entstanden im Nebengebäude zwei Wohnungen, eine davon barrierefrei, die andere barrierearm. Hier leben ein Seniorenehepaar und eine Haushaltshilfe, die den beiden zur Hand geht. Die Grundrisse sind so gestaltet, dass auch mit dem Rollstuhl die Mobilität gewährleistet ist und das Arbeiten im Haushalt dennoch leicht fällt.

Kommunikationsplatz
Die großzügige Hoffläche um den Brunnen ist der Kommunikationsplatz, wo alle Bewohner und Nutzer sich treffen. Im Sommer können die Mitarbeiter der Klärle GmbH hier ihre Mittagspause verbringen, dort arbeiten oder mit den Senioren Boccia spielen.

Das gestalterische und bauliche Konzept
Die historischen Gebäude der Hofstelle wurden mit Ausnahme eines Stallgebäudes alle erhalten. Die Kubaturen blieben unverändert bis hin zur Außentreppe des ehemaligen Wohnhauses. Notwendige technische Neuerungen wurden sensibel integriert. Das bereits vorhandene, verbaute Material wurde weitestmöglich wiederverwendet, z. B. die Steine des zurückgebauten Stalls. Wo der Einsatz von neuem Material notwendig war, wurden ausschließlich Produkte aus der Region verwendet.

Das energetische Konzept
Der HOF8 liefert den Beweis, dass eine sanierte große Hofstelle mehr Energie produzieren kann als sie benötigt – und das mit modernem Design, höchstem Komfort und neuester Technologie. Die landwirtschaftlichen Gebäude wurden ökologisch und umweltfreundlich nach den neuesten Kriterien ausgestattet. Auf die Nutzung Erneuerbarer Energien wurde besonderer Wert gelegt. Ergänzend zum Passivhausstandard der Gebäude konnte die Hofstelle durch die großen Photovoltaik-Flächen zu einem Plus-Energie-Hof ausgebaut werden. Die Photovoltaik-Anlage mit insgesamt ca. 550 m^2 Fläche und etwa 108 KWp Leistung auf den drei Dächern (Ost, Süd und West) versorgt alle Nutzgebäude, die Ladestationen für Elektro-Autos und die Wärmepumpen mit Strom. Die zwei Ladestationen für Elektro-Autos beziehen den Strom aus den eigenen Solar- und Windanlagen. Alle Mitarbeiter können die Ladestationen kostenfrei nutzen.

5.1.4 Praktische Tipps für Nachahmer

Es ist möglich, der allgemeinen Entwicklung in Dorfkernen, dem Verschwinden von baulichen Strukturen, von wichtigen ortsbildprägenden und identitätsstiftenden Gebäuden sowie von Arbeitsplätzen entgegenzuwirken. Durch den Erhalt und die Sanierung von Gebäuden und die Belegung mit vielfältigen Nutzungen können Dörfer dem demografischen Wandel Paroli bieten. Oft fallen Entscheidungen zum unwiederbringlichen Abbruch zu schnell.

Die Bauherren wollten den Beweis erbringen, dass auch in kleinen Orten, die vom demografischen Wandel stark betroffen sind, für große landwirtschaftliche Gebäude sinnvolle Nutzungen gefunden werden können und dass attraktive Arbeitsplätze auch in schrumpfenden Dörfern neu entstehen können. Beides ist gelungen. Dabei wurden neue Erfahrungen gesammelt, z. B. dass sich kein altes Gebäude in ein Plus-Energie-Gebäude verwandeln lässt, ohne sein äußeres Erscheinungsbild und seine Ausstrahlung stark zu verändern. Aus dem historischen und stattlichen landwirtschaftlichen Hof entwickelte sich ein modern und futuristisch anmutender Gebäudekomplex. Moderne Materialien, gepaart mit Energieeffizienz, können diesen Gebäuden eine sinnvolle Nutzung zurückgeben und sichern damit ihre Zukunftsfähigkeit. Solche Konzepte liefern einen aktiven Beitrag im personalpolitischen Demografiemanagement, um Mitarbeiter in ländlich geprägten Arbeitsstrukturen zu begeistern und an die Region und die Unternehmen zu binden.

Nicht umsonst ist der HOF8 allein im November 2014 mit vier Preisen ausgezeichnet worden, darunter der Demografie Exzellenz Award und der Deutsche Nachhaltigkeitspreis in der Kategorie „Nachhaltiges Bauen".

5.2   M3 – Markt- und mitarbeitergerechte Montage, ZF Friedrichshafen AG

5.2.1   Unternehmensdarstellung

ZF ist ein weltweit führender Technologiekonzern in der Antriebs- und Fahrwerktechnik sowie der aktiven und passiven Sicherheitstechnik. Das Unternehmen, das am 15. Mai 2015 TRW Automotive übernommen hat, ist nun an rund 230 Standorten in rund 40 Ländern vertreten. Im Jahr 2014 haben die beiden damals noch selbständigen Unternehmen mit 134.000 Mitarbeitern einen Umsatz von über 30 Milliarden Euro erzielt. Um mit innovativen Produkten erfolgreich zu sein, haben sie – wie auch in den Vorjahren – rund fünf Prozent des Umsatzes (zuletzt 1,6 Milliarden Euro) in Forschung und Entwicklung investiert. ZF zählt zu den drei größten Automobilzulieferern weltweit.

Im Jahr 2015 feierte das Unternehmen sein hundertjähriges Bestehen. ZF wurde 1915 in Friedrichshafen als „Zahnradfabrik GmbH" unter anderem von der Luftschiffbau Zeppelin GmbH gegründet und war in den Anfangsjahren mit der Entwicklung, Erprobung und Herstellung von Getrieben für Luftfahrzeuge befasst. Nach 1919 etablierte sich das Unternehmen mit zahlreichen Patenten für innovative Getriebetechnik nachhaltig als wichtiger Technologiezulieferer der Automobil- und Nutzfahrzeugindustrie.

Die Gründung des ersten Standorts außerhalb Europas im Jahr 1958 in Brasilien läutete eine bis heute anhaltende Internationalisierung ein, zugleich erweiterte ZF kontinuierlich das Kompetenzspektrum – auch durch Zukäufe. Zum Portfolio des Unternehmens gehören heute Produkte der Antriebs- und Fahrwerktechnik wie Getriebe, Antriebs- und Fahrwerkkomponenten sowie komplette Achssysteme und -module. ZF-Produkte werden in Personenkraftwagen, Nutzfahrzeugen, Bau- und Landmaschinen, Schienenfahrzeugen und Marineanwendungen eingesetzt. Weitere Standbeine hat das Unternehmen in der Windkraft sowie bei Elektronikkomponenten. Mit ZF Services verfügt es zudem über eine Organisation im internationalen Aftermarket. Um auch künftig mit innovativen Produkten erfolgreich zu sein, investiert ZF jährlich rund fünf Prozent des Umsatzes (2014: 891 Millionen Euro) in Forschung und Entwicklung. Anteilseigner der ZF Friedrichshafen AG sind mit 93,8 Prozent die Zeppelin-Stiftung, die von der Stadt Friedrichshafen verwaltet wird, sowie mit 6,2 Prozent die Dr. Jürgen und Irmgard Ulderup Stiftung, Lemförde.

Seit den Anfangsjahren entwickelt und produziert ZF innovative Produkte für alle Menschen, die weltweit Dinge zuverlässig und komfortabel bewegen wollen sowie ein Höchstmaß an effizienter Mobilität erfahren möchten. Mit der Integration des US-amerikanischen Unternehmens TRW erweitert der Konzern seine Kompetenz nun um die aktive und passive Sicherheitstechnik. TRW zählt zu den führenden Anbietern in der Sicherheits-, Lenkungs- und Bremstechnologie sowie bei Fahrassistenzsystemen.

Zur globalen Spitze zählt ZF auch bei der Herstellung von Nutzfahrzeuggetrieben. Allein am Standort Friedrichshafen stellen 800 Montagemitarbeiter im Schichtbetrieb pro Tag durchschnittlich 800 Getriebe für den Einsatz in Lkw oder Bussen her. ZF-Getriebe zeichnen sich durch eine hohe Zuverlässigkeit und Wirtschaftlichkeit aus.

5.2.2 Ausgangsproblem des Projektes

Der ursprüngliche Startschuss für das Projekt fiel im Jahr 2008. Ausgangspunkt war eine Anpassung der Montagekapazität, welche eine Neugestaltung der Montageabläufe und -einrichtungen erforderte. Zugleich wollte das Unternehmen die Arbeitsbedingungen der Werker weiter verbessern, damit diese den Anforderungen des demografischen Wandels genügen. Zudem sollte die Umgestaltung die Arbeitsplätze und den Produktivitätsfortschritt nachhaltig sichern.

Die Herausforderung war durchaus typisch für produzierende Unternehmen am Standort Deutschland. Einerseits gilt es, den Kunden qualitativ exzellente, komplexe Produkte mit größtmöglicher Flexibilität und zu wettbewerbsfähigen Kosten anzubieten, andererseits zeichnete sich bereits 2008 ein Anstieg des Durchschnittalters der Bandmitarbeiter ab – und damit verbunden die Wahrscheinlichkeit für den Eintritt von bleibenden Schäden oder Beeinträchtigungen aus Krankheiten, Unfällen oder kumulierten Fehlbelastungen.

Die zentrale Fragestellung des Projekts lautete somit: „Wie müssen die Arbeitssysteme und die Organisation im Umfeld von Montageprozessen gestaltet sein, damit die Mitarbeiter gesund in ein ansteigendes Rentenalter kommen können und dabei die Wettbewerbsfähigkeit des Unternehmens nachhaltig aufrecht erhalten bleibt?" Die Umsetzung sollte durch eine umfassende Anwendung arbeitswissenschaftlicher Erkenntnisse und

deren Integration in das bewährte ZF-Produktionssystem erfolgen. Anhand von sechs
Gestaltungsprinzipien beschreibt dieses Produktionssystem 32 Unterkriterien. Im Fall des
für das „M3"-Projekt besonders wichtigen Gestaltungsprinzips „Mitarbeiter und Teamorientierung" lauten die Unterkriterien zum Beispiel:

- Flexibilität der Arbeit
- Präventiver Gesundheitsschutz
- Ergonomie
- Qualifizierung
- Gruppenarbeit
- Führung
- Zielbildung und Erfolgssteuerung

Eine alternsgerechte Gestaltung von Produktionssystemen ermöglicht die Einbindung
von Werkern mit unterschiedlichen Leistungsvoraussetzungen. So können junge Werker
ein Berufsleben lang tätig sein, ohne ein erhöhtes Risiko arbeitsbedingt zu erkranken oder
mangels ausreichender Qualifizierung ihre Beschäftigungsfähigkeit einzubüßen. Ihre
Arbeitsfähigkeit wird gefördert, indem Belastungswechsel und Lernanforderungen in der
Arbeitstätigkeit geschaffen werden. Dadurch wird eine Spreizung der unterschiedlich
ausgeprägten Leistungspotenziale bei den einzelnen Mitarbeitern verringert, was auf
lange Sicht einen flexiblen Personaleinsatz im Arbeitssystem erheblich einschränken
würde. Diese Flexibiliät ist aber Voraussetzung für die Umsetzung arbeitsorganisatorischer
Gestaltungsprinzipien. Diese sollen u. a. Dequalifikation vermeiden. Dies gelingt durch eine

- Gewährleistung der Anforderungsvielfalt in den Tätigkeiten,
- Vollständigkeit der Tätigkeit,
- Rotation über anforderungsverschiedene Tätigkeiten,
- tätigkeitsspezifische Qualifizierung der Werker als Voraussetzung für Rotation und
- Beteiligung der Werker bei der Ausgestaltung ihrer persönlichen Arbeitsbedingungen.

5.2.3 Verlauf des Projektes

Im Januar 2008 begann die erste Projektphase. Mit der fachlichen Begleitung wurde das
Fraunhofer-Institut für Arbeitswirtschaft und Organisation (IAO) beauftragt, das auch im
Projektteam vertreten war. Seitens ZF waren hier Montageleiter, Schichtmeister und
Betriebsräte involviert.

Zunächst analysierten die Experten des IAO die Ist-Situation, um die ergonomischen
Handlungsbedarfe zu ermitteln. Dies erfolgte mit Hilfe mehrtägiger Vor-Ort-Untersu-
chungen, Werkerbefragungen und Fachdiskussionen. Zudem wurde auf dokumentierte
Arbeitsplatzanalysen oder Gefährdungsbeurteilungen zurückgegriffen. Ergebnis dieser
Analyse war u. a. eine räumliche Enge an einigen Arbeitsplätzen. In einem zweiten

Schritt wurden fünf alternative Szenarien für die Arbeitsorganisation erarbeitet und bewertet. Die Szenarien sollten mögliche Defizite von stark arbeitsteiligen und kurzzyklischen Arbeitstätigkeiten, welche eine qualifikatorische Unterforderung der Werker begünstigen, aufdecken. Ferner waren die spezifischen Belastungen, die aus dem Schichtbetrieb resultieren, zu berücksichtigen.

Die betrachteten Arbeitstätigkeiten umfassten die Vormontage, die eigentliche Bandmontage sowie Umfeldaufgaben wie Vorbereiten des Arbeitsplatzes, Kommissionieren und logistische Tätigkeiten. Die Untersuchungen zeigten u. a., dass im Interesse von Werkern und Unternehmen eine arbeitstägliche Rotation über Arbeitsplätze mit unterschiedlichen Anforderungsprofilen erforderlich ist und eine Komplettmontage den Werkern die Ganzheitlichkeit der Prozesse erschließt, was wiederum Qualität und Qualitätsbewusstsein fördert.

Für den nachfolgenden Planungsprozess wurden die Ergebnisse der Analysen in Gestaltungsziele und daraus abgeleitete Planungsgrundsätze übersetzt. Um die Komplexität der Planung zu reduzieren und widersprüchliche Gestaltungsanforderungen weitgehend auszuschließen, beschränkte das Projektteam den Katalog auf 45 Anforderungen. Diese Projektphase endete im Mai 2008. Kurz darauf musste das Projekt aufgrund der weltweiten Wirtschaftskrise verschoben werden, ehe es 2010 neu aufgesetzt wurde. Um den Arbeitsmittelplanern eine methodische Grundlage für die praktische Umsetzung zu geben, wurden die Planungsgrundsätze in eine digitalisierte Bewertungsmatrix überführt, welche die Planungsgrundsätze auf die verschiedenen Gestaltungsfelder (Meistereien, Kostenstellen, Arbeitsplätze) abbildete und den jeweiligen Planungsstand umfasste. Über das Konzernnetzwerk stand diese Matrix allen Beteiligten zur Verfügung.

Die Arbeitsmittelplaner stellten ihre Ergebnisse in regelmäßigen Workshops vor. Zugleich wurden die Planungsergebnisse regelmäßig ganz konkret von den Mitarbeitern überprüft: sowohl bei Vor-Ort-Terminen an prototypischen Arbeitsplätzen als auch in „PoWer-Workshops"(„Prozessoptimierung durch Werker"). Die laufend überarbeiteten Planungen mündeten schließlich in die Neu- und Umgestaltung von zwei Montagelinien. Weil die am Markt verfügbaren Antriebskonzepte für den Produktionsprozess den Ansprüchen des Konzerns nicht genügten, entwickelte ZF ein eigenes Konzept: die Modulare Niederflur Bahn (MNB). Sie ermöglicht unter anderem eine automatische Höhenverstellung und ist inzwischen zum Patent angemeldet (vgl. Abb. 5.4).

Im Ergebnis wurden bis Ende 2013 über 99 Prozent der Gestaltungsprinzipien umgesetzt. Die ergonomische Gestaltung ermöglicht die arbeitsorganisatorisch gebotene Rotation der Werker über mehrere Arbeitsplätze hinweg. Dadurch lässt sich der Linientakt verkürzen – ohne jedoch die persönliche Zykluszeit des einzelnen Werkers zu verringern.

Abb. 5.4 Modulare Niederflur Bahn in der ZF-Getriebe-Montage (Quelle: ZF Friedrichshafen AG)

5.2.4 Erfahrungen für Nachahmer

Das M3-Projekt hat gezeigt, dass die Ziele einer mitarbeiter- und marktorientierten Gestaltung von Montagesystemen keineswegs in einem unauflösbaren Widerspruch stehen müssen. Es leistet einen Beitrag zur betrieblichen Zukunftssicherung, indem es vorausschauend die Anforderungen des technischen Wandels, der demografischen Entwicklung und der sich verschärfenden Wettbewerbslage angenommen und in der betrieblichen Praxis realisiert hat.

Zugleich vermittelte das Projekt „M3" allen beteiligten Akteuren – der Unternehmensleitung wie dem Betriebsrat, der Montageleitung wie den Mitarbeitern – frühzeitig ein umfassendes Verständnis eines Themas, das künftig immer mehr an Bedeutung gewinnen wird. Mit dem Verständnis wuchs darüber hinaus auch die Einsicht in notwendige Kompromisse. Durch die Einbeziehung aller Projektgruppen und im Rahmen einer breit angelegten Vorgehensweise konnten gemeinsame Ziele definiert und erreicht werden. Bewährte Unternehmensleitsätze wurden respektiert und Neuerungen mit Augenmaß umgesetzt.

Dies gilt nicht zuletzt für die Zusammenarbeit mit der Arbeitnehmervertretung. In der Vergangenheit gab es differierende Einschätzungen bezüglich des Zustands der Arbeitssysteme in der Montage und des daraus abzuleitenden Handlungsbedarfs. Dagegen führten die im Projekt „M3" erarbeiteten Grundsätze und Methoden bereits 2011 zum

Abschluss einer Betriebsvereinbarung. Dies ist ein Erfolg der engen Zusammenarbeit in allen Projektphasen. Die gemeinsame Projektsteuerung erzeugte Verbindlichkeit und Veränderungsakzeptanz, etwa bei der erreichten Reduzierung der Taktzeiten.

Gleiches gilt für die Beteiligung der Montagemeister am Planungsprozess. Diese sorgte dafür, dass arbeitswissenschaftliche Erkenntnisse in die Belegschaft diffundierten, dort diskutiert wurden und die Verhaltensweisen von Mitarbeitern beeinflussten. Als wertvoll hat sich dabei der Umstand erwiesen, dass die Betriebsparteien ihre jeweiligen Ziele deutlich formulierten und den jeweiligen Aufwand für akzeptabel erachteten. Erst ein solch partizipativer Ansatz ermöglicht eine hohe Akzeptanz und Projektdynamik. „Last but not least" stellte die Expertise der externen Berater eine wertvolle Hilfe bei der Umsetzung dar. Hervorzuheben sind hier insbesondere die sehr detaillierten Analysen vor Ort und das pragmatische Vorgehen bei der Planung.

Die im Projekt „M3" aufgestellten Grundsätze wird ZF bei allen künftigen Neuplanungen und Umplanungen berücksichtigen. Denn die nachhaltig menschengerechte Gestaltung von Arbeitsplätzen ist aus Sicht des Unternehmens keine Sozialromantik, sondern eine wirtschaftliche Notwendigkeit.

5.3 Qualifizierung und Wiedereinstieg im Ingenieursbereich QWing-50+, German Aerospace Academy

5.3.1 Unternehmensdarstellung

Die Luft- und Raumfahrt ist Treiber für neue Technologien. In Unternehmen und wissenschaftlichen Einrichtungen der Branche entstehen zukunftsweisende Innovationen. Die Produkte müssen hohe Qualitätsanforderungen erfüllen und unter extremen Bedingungen zuverlässig funktionieren. Die Basis für eine nachhaltige Wettbewerbsfähigkeit auf dem globalen Markt, dem sich insbesondere diese Branche stellen muss, sind hochqualifizierte Mitarbeiter. Vor diesem Hintergrund wurde die German Aerospace Academy (ASA) 2010 auf Initiative des Forums Luft- und Raumfahrttechnik Baden-Württemberg e.V. gegründet.

Die ASA ist ein Institut der Steinbeis-Hochschule Berlin und bietet vor allem berufsbegleitende Kompetenzstudiengänge – vom Kurzstudiengang bis zur Promotion – für unterschiedliche Qualifikationsstufen und Vorbildungen an. Neben technischer Weiterbildung beinhaltet das Schulungsangebot auch Themen des Managements und der Chancengleichheit. Als Innovationszentrum der Steinbeis Innovation gGmbH entwickelt die ASA zukunftsweisende Projekte z. B. für den Wiedereinstieg nach familienbedingter Erwerbsunterbrechung oder spezielle Angebote, um älteren Mitarbeiterinnen und Mitarbeitern neue Karrierechancen zu ermöglichen. Sie entwickelt und führt transnationale Projekte, um kleine und mittelständige Unternehmen (KMU) der Branche EU-weit untereinander und mit Exzellenzzentren in Forschung und Entwicklung zu vernetzen. Bedarfsorientierte Serviceleistungen und Plattformen für den Erfahrung-saustausch ergänzen das Portfolio der ASA und helfen, die Wettbewerbsfähigkeit der Luft- und Raumfahrt voranzutreiben.

Die Nachwuchsförderung nimmt bei der ASA einen hohen Stellenwert ein. Studie-rende aller Studiengänge werden für die Luft- und Raumfahrt interessiert und können Zusatzkompetenzen erwerben. Die ASA bietet regelmäßig eine Sommerschule an, um Schülerinnen und Schüler für die Luft-und Raumfahrt zu begeistern.

5.3.2 Motivation für QWing-50+

Hochqualifizierte und motivierte Mitarbeiterinnen und Mitarbeiter sind eine notwendige Voraussetzung für Innovation, Wettbewerbsfähigkeit und wirtschaftlichen Erfolg jedes einzelnen Unternehmens und somit auch die Basis für den Wohlstand in Deutschland. KMUs in Baden-Württemberg können jedoch bereits derzeit ihren Bedarf an hochquali-fizierten Mitarbeitenden kaum decken. Durch den demografischen Wandel der Gesell-schaft verschärft sich diese Situation in naher Zukunft weiter. Vor diesem Hintergrund gilt es, alle Reserven zu aktivieren und durch geeignete Weiterbildungsmaßnahmen für den Arbeitsmarkt zu gewinnen bzw. zu erhalten, um den Bedarf an qualifizierten Führungs- und Fachkräften auch in Zukunft decken zu können. Ins Blickfeld rücken hier vor allem die älteren Mitarbeiterinnen und Mitarbeiter und Wiedereinsteigerinnen und Wiedereinsteiger, da eine deutliche Erhöhung der Lebenserwartung sowie die niedrige Geburtenrate derzeit zu einer Verlängerung der Lebensarbeitszeit führen und somit derartige Initiativen lohnend erscheinen. Der beruflichen Weiterbildung kommt hier eine entscheidende Rolle zu, um die Wettbewerbsfähigkeit und Innovationskraft der KMUs und somit der Industrie insgesamt zu sichern. Für Baden-Württemberg gilt dies im Besonderen, da hier die KMUs eine wichtige Rolle spielen. Vor diesem Hintergrund entwickelt und erprobt die ASA seit mehreren Jahren Pilotprojekte, um der Wirtschaft die brachliegenden Ressourcen der Ingenieurinnen und der älteren Ingenieure und Naturwis-senschaftler zu erschließen und zu erhalten. Eines dieser Projekte, Qwing-50+, wird hier näher vorgestellt.

Die Weiterqualifizierung der Mitarbeiterinnen und Mitarbeiter und eine Verbesserung der Wiedereinstiegschancen sind zwingende Voraussetzung zum Erhalt der Wettbewerbs-fähigkeit der KMUs. Durch den demografischen Wandel entsteht jedoch dringender Handlungsbedarf, da einerseits der Fachkräftemangel stark ansteigt und andererseits für ältere Mitarbeiter kaum qualifizierte Weiterbildungsangebote zur Verfügung stehen, die ihrer Situation gerecht werden. Insbesondere im technischen Bereich setzen Betriebe bislang selten auf die Weiterqualifikation Älterer. Wurden in einem Unternehmen hier-zulande Arbeitsbereiche eingestellt oder hergebrachte Technologien durch neue ersetzt, wurde insbesondere Ingenieuren, die das 50. Lebensjahr überschritten hatten, meist zum Ruhestand geraten und entsprechende Angebote unterbreitet. Dies kann sich die Gesell-schaft nicht länger leisten. Zudem belegen einschlägige Studien das hohe betriebswirtschaftliche Potenzial einer gezielt entwickelten Team-Diversität, gerade auch altersbezogen, aufgrund der damit verbundenen Kompetenzverbreiterung.

Die geschilderte Situation motivierte die ASA, ein Pilotprojekt zur Qualifikation und zum Wiedereinstieg für ältere Mitarbeiterinnen und Mitarbeiter vorzuschlagen. Sie entwickelte ein innovatives Konzept für qualitativ hochwertige Weiterbildung speziell für die Generation 50+, das 2012 im Rahmen der Förderlinie „Konzeptionelle Entwicklung und Erprobung von Modellen zur Erhöhung der Weiterbildungsbeteiligung von Bildungsfernen" vom Ministerium für Kultus, Jugend und Sport in Baden-Württemberg bezuschusst wurde. Der Erfolg des Pilotprojektes führte 2013 dazu, dass QWing-50+ weiter entwickelt und 2013/2014 ein zweites Mal mit Zuschuss des Ministeriums durchgeführt werden konnte.

Die German Aerospace Academy ASA wurde 2013 für das Pilotprojekt QWing-50+ vom Bundesverband Deutscher Unternehmensberater BDU e.V. mit dem Demografie Exzellenz Award ausgezeichnet.

5.3.3   Das Projekt QWing-50+

Kernstück der Weiterbildung in QWing-50+ ist ein Kurzstudiengang mit Transferprojekten, um Mitarbeiterinnen und Mitarbeiter als Virtual Engineer zu qualifizieren, ihre wertvolle Arbeitskraft zu erhalten und sie auch in neuer Funktion an ihr Unternehmen zu binden oder wieder in ein Unternehmen zu integrieren.

Die Ausbildung zum Virtual Engineer bietet hervorragende Chancen für eine neue Karriere im Unternehmen und qualifiziert für einen erfolgreichen Neuanfang. Denn Virtual Engineering-Methoden leisten einen entscheidenden Beitrag zum Unternehmenserfolg, sofern sie richtig eingeführt und umgesetzt werden. Besonders für die fertigende Industrie im Umfeld komplexer Produkte erzwingt es der zeitliche Versatz zwischen der Kostenfestlegung in der Entwicklung und der Kostenentstehung in der Produktion, ein Maximum an Produkteigenschaften und -funktionalität möglichst früh im Produktentwicklungsprozess an digitalen Prototypen zu erproben. Schnelle Entwicklungszyklen als aktives Prozesselement ermöglichen frühes Ergebnisfeedback sowie die frühe Entwicklung alternativer Produktkonzepte und unterstützen die Entscheidung über die Spezifikation des Produkts. Nur die Unternehmen, die sich diesen Herausforderungen stellen, werden ihre internationale Wettbewerbsfähigkeit nachhaltig gesichert sehen. Die notwendige Qualifikation dafür bietet der „Virtual Engineer", ein Kurzstudiengang an der Steinbeis-Hochschule Berlin, den die ASA mit Partnern entwickelt hat.

Insbesondere ältere Mitarbeiterinnen und Mitarbeiter interessieren sich jedoch selten für diese neuen Technologien, sie sehen die Konkurrenz jüngerer Kollegen und nehmen die Chance zu einer Weiterbildung im Virtual-Engineering nur in geringem Umfang wahr. Diese Ängste abzubauen und älteren Mitarbeitenden eine Aufstiegsperspektive zu eröffnen, war ein weiteres wichtiges Ziel dieses Projektes.

Aufgrund fehlender Weiterbildungstradition und der geschilderten Unternehmenskultur in Deutschland, die älteren Mitarbeiterinnen und Mitarbeitern im technisch-naturwissenschaftlichen Bereich bislang in der Regel keine Karriere in einem neuen Tätigkeitsfeld zugestanden hat, erschien die Entwicklung und Erprobung von Weiterbildungsangeboten exklusiv für ältere Mitarbeiterinnen und Mitarbeiter sinnvoll. Wohlwissend, dass die Vielfalt bezüglich Kompetenzen, Geschlecht, Alter und Herkunft von Lehrgangsteilnehmenden grundsätzlich eine große Bereicherung für ein Bildungsangebot darstellt und den Lernerfolg unterstützen kann.

Die wichtigsten Projektbestandteile von Qwing-50+ sind

- der Kurzstudiengang mit der Ausbildung zum Virtual Engineer,
- das Coaching und Training für die Wiedereinsteigenden und
- die Öffentlichkeitsarbeit.

Kurzstudiengang und Ausbildung zum Virtual Engineer

Die fachliche Leitung der Ausbildung hat das Virtual Dimension Center Fellbach (VDC), ein baden-württembergisches Cluster, übernommen. Dozenten sind Persönlichkeiten aus Forschung und Industrie. Für QWing-50+ wirkten Vertreter des Virtual Dimension Centers, des Karlsruher Instituts für Technologie (KIT) und der Firma Lauer und Weiss mit. Diese erfahrenen Spezialisten aus den Bereichen Produkt LifeCycle Management, Computer Aided Engineering und Virtual Reality vermitteln mit dem Zertifikatslehrgang Virtual Engineer Grundlagen der digitalen Produktentwicklung zur erfolgreichen Gestaltung neuer Produkte. Der ganze Ausbildungsgang und insbesondere sein Seminarteil wurden von den Lehrenden für QWing-50+ didaktisch an die Altersgruppe 50+ angepasst. Fallbeispiele, Erfahrungsberichte, Best Practices sowie Lernen von erfahrenen Produktentwicklern sind wichtige Bestandteile der Ausbildung.

Kompetenzentwicklung ist das Ziel jeder Aus- und Weiterbildung an der ASA. Wissen und Qualifikationen sind notwendige Voraussetzungen und bilden ein gutes Fundament, doch erst durch den Transfer des Erlernten in die Praxis kann sich Kompetenz ausbilden und können sich die Teilnehmer an einer Ausbildung auch persönlich weiterentwickeln. Daher ist ein Transferprojekt das Kernstück jedes Ausbildungsganges der ASA. Lernen und Projektarbeit im Unternehmen werden hierdurch eng verzahnt, der Wissenstransfer in die Praxis führt so zur Kompetenzerweiterung zum Nutzen der Auszubildenden und ihrer Unternehmen. Die Teilnehmenden identifizieren bei Beginn der Ausbildung gemeinsam mit ihrem Unternehmen und den Dozenten ein geeignetes Kompetenzprojekt, an dessen erfolgreicher Bearbeitung das Unternehmen interessiert ist. Die Teilnehmenden werden dann während ihrer gesamten Ausbildung Erlerntes an konkreten Praxisbeispielen erproben und vertiefen. Sie werden dabei idealerweise nicht nur von Lehrenden der Steinbeis-Hochschule Berlin, sondern auch von erfahrenen Mitarbeitenden ihrer Unternehmen begleitet. Somit ist das Unternehmen während des gesamten Ausbildungsverlaufs in die Ausbildung und Entwicklung der Teilnehmenden mit einbezogen; die Problemstellung des Unternehmens steht im Fokus der Ausbildung. Ein Projekt-Kompetenz-Studium an der

ASA ist daher nicht nur berufsbegleitend, sondern berufsintegriert. Kompetenz- und Persönlichkeitsentwicklung bedingen einander. Der soziale Kontakt zwischen Lehrenden und Lernenden, innerhalb der Lerngruppe und im Projektteam im Unternehmen sind wichtige Voraussetzungen für eine erfolgreiche Projekt-Kompetenz-Ausbildung und die Präsenzphasen somit wichtiger Ausbildungsbestandteil. Ein derartiges Ausbildungskonzept eignet sich für die Ausbildung älterer Mitarbeiterinnen und Mitarbeiter in ganz besonderer Weise.

Jedem Steinbeis-Zertifikatslehrgang liegt eine Studien- und Prüfungsordnung der Steinbeis-Hochschule Berlin zugrunde, in der auch die Zulassungsvoraussetzungen geregelt sind. Für die Ausbildung zum Virtual Engineer sollen die Teilnehmer mindestens über einen Bachelor-Abschluss verfügen und eine mehrjährige berufliche Erfahrung im technischen Bereich mitbringen. Die thematische Ausrichtung zielt auf die Branchen Automotive, Luft- und Raumfahrt, Maschinen- und Anlagenbau, Elektrotechnik, Informations- und Kommunikationstechnik sowie Umwelt- und Energietechnik. Für die beiden Projektdurchgänge hatten sich insgesamt 16 Teilnehmende beworben, die alle zugelassen werden konnten. Die Hälfte der Teilnehmenden war in einem Unternehmen beschäftigt. Sie wollten sich in ihrem Unternehmen weiter entwickeln oder sich verändern. Die andere Hälfte der Teilnehmenden wollte mit einer neuen Zusatzqualifikation auf aktuellem und anspruchsvollem Niveau und mit Unterstützung durch das Projekt ihre Chancen auf dem Arbeitsmarkt bei ihrem Wiedereinstieg verbessern.

Coaching und Training für die Wiedereinsteigenden
Zur Erstellung eines Kompetenzprofils und zur Ermittlung eines individuellen Ausbildungszieles wurden mit allen Teilnehmenden ihre Ausgangssituation und ihre Erwartungen an einen künftigen Arbeitsplatz beleuchtet sowie ihre Stärken und Schwächen analysiert. Mit den Wiedereinsteigenden wurde ausführlich über ihre Vorstellungen, die beruflichen Perspektiven betreffend, diskutiert und so die gemeinsame Suche nach einem für die Praxisphase geeigneten Unternehmen vorbereitet. Ziel war, für alle Wiedereinsteigenden ein ihren individuellen Kompetenzen entsprechendes Tätigkeitsfeld in einem Unternehmen zu finden. Hierauf sollten sie vorbereitet und hierbei im Rahmen des Projektes unterstützt werden. Für die Praxisphase ihrer Ausbildung sollten sie möglichst in ein Unternehmen vermittelt werden, das grundsätzlich an einer anschließenden Übernahme interessiert ist.

In der Pilotphase stellte sich heraus, dass die meisten Unternehmen zunächst zurückhaltend waren. Trotz großem Engagement der ASA und Unterstützung aller einschlägiger Cluster und Industrieverbände Baden-Württembergs gelang es nur für eine der fünf Teilnehmerinnen, die alle mehrere Jahre (bis zu 10) nicht berufstätig waren, rechtzeitig einen Praxisplatz zu finden. Die ASA hat sich seit Gründung mit dem Wiedereinstiegsprojekt Wing für Frauen mit MINT-Hintergrund engagiert. Basierend auf den Erfahrungen im Wing-Projekt im Vergleich mit der Pilotphase Qwing-50+ wurde deutlich, dass für einen erfolgreichen Wiedereinstieg in den technisch-naturwissenschaftlichen Bereich, insbesondere für Ältere nach langjähriger Berufsunterbrechung zusätzlich zu einer hochwertigen fachlichen Weiterbildung und einem intensiven Coaching Zusatzqualifizierungen in Zeitmanagement, Präsentationstechnik und Bewerbungstraining unerlässlich sind. Daher wurde für die zweite Phase Qwing-50+ ein entsprechendes Trainingsprogramm entwickelt, für das erfahrene Persönlichkeiten aus der Wirtschaft gewonnen werden konnten. Im zweiten Projektdurchgang wurde die ASA bei der Suche nach geeigneten Unternehmen zusätzlich vom Steinbeis Transferwerk BW unterstützt.

Öffentlichkeitsarbeit

Ziel dieses Pilotprojektes war auch, die Unternehmen auf das Potential ihrer älteren Mitarbeiterinnen und Mitarbeiter aufmerksam zu machen und in der Öffentlichkeit eine Diskussion anzuregen, die den nötigen Kulturwandel unterstützt. Daher wurde das Programm landesweit im Rahmen mehrerer Veranstaltungen bekannt gemacht. Vor allem KMUs wurden über das Netzwerk der ASA, das Branchen- und Berufsverbände, die Cluster in Baden-Württemberg, die Arbeitsagenturen, IHKen und die regionalen Wirtschaftsförderer umfasst, angesprochen und auf das Programm aufmerksam gemacht. Durch aktive Pressearbeit und Artikel wurde über den Projektverlauf berichtet. Darüber hinaus wurde durch die Auszeichnung mit dem Demografie Exzellenz-Award zusätzliche mediale Aufmerksamkeit erzeugt.

5.3.4   Praktische Tipps und Erfahrungen für Nachahmer

Das Projekt QWing-50+ war insgesamt sehr erfolgreich: fünfzehn Teilnehmende, acht Berufstätige und sieben Wiedereinsteigende haben die anspruchsvolle Ausbildung zum Virtual Engineer mit Erfolg abgeschlossen. Ein Teilnehmer hat nur den Produkt Lifecycle Management-Teil der Ausbildung absolviert und dann ein eigenes Unternehmen gegründet. Die Evaluation ergab, dass alle Teilnehmenden und Unternehmen mit der Ausbildung sehr zufrieden waren. Alle Teilnehmenden und die Lehrenden schreiben diesen Erfolg der Exklusivität für diese Altersgruppe zu. Die ASA beabsichtigt daher, ihr Exklusivangebot für ältere Mitarbeiter auszubauen und weitere Ausbildungsgänge speziell für diese Altersgruppe zu entwickeln.

Durch dieses Pilotprojekt wurde jedoch auch deutlich, dass trotz spürbaren Ingenieurmangels die meisten Unternehmen, weder mit Blick auf die bereits im Unternehmen Beschäftigten noch bei Neueinstellungen, ältere Personen noch nicht als interessante Zielgruppe erkannt haben.

Viele Unternehmen sehen nicht das Potenzial im eigenen Unternehmen in Bezug auf die Weiterentwicklung ihrer älteren Mitarbeitenden in völlig neue Themengebiete hinein, sondern setzen hier nach wie vor auf die jüngere Generation. Nur durch persönliche Ansprache und Überzeugung der Personalverantwortlichen waren diese bereit, geeignete Mitarbeiter anzusprechen. Eine Befragung der Personalverantwortlichen nach der

Schulung ergab jedoch eine überaus positive Resonanz. Einigen Teilnehmenden wurden bereits während der Projektlaufzeit neue Perspektiven in ihrem Unternehmen eröffnet.

Besonders schwierig gestaltet sich nach wie vor die Arbeitssuche älterer Ingenieurinnen und Ingenieure, selbst wenn sie über gesuchte Qualifikationen verfügen. Es war erschreckend und befremdlich, wie oft die ASA-Mitarbeitenden zu hören bekamen, man stelle nur junge Kräfte ein, man habe ein junges Team, da passe ein Älterer nicht. Mühsam musste Verantwortlichen oft abgerungen werden, der Kandidatin oder dem Kandidaten doch eine Chance in einem Vorstellungsgespräch zu geben und auf seine langjährige Berufserfahrung zu setzen.

Andererseits war auch festzustellen, dass sich nur wenige Ingenieure der Altersgruppe 50+ eine anspruchsvolle, sie stark fordernde Ausbildung in einem für sie neuen Feld zutrauen. Das Fehlen von Vorbildern wurde darüber hinaus auch deutlich, wenn man die Teilnehmenden zu Beginn der beiden Durchgänge von QWing-50+ betrachtete. Selbst diejenigen, die sich zu dieser Ausbildung entschlossen hatten, fragten sich zu Beginn, ob diese Entscheidung richtig und zielführend sei. Diese Zweifel wurden jedoch nach der ersten erfolgreich bestandenen Klausur und durch die Bearbeitung des Transferprojektes zerstreut.

Aus Sicht der ASA sind noch große Anstrengungen nötig, bis sich die Gesellschaft der Folgen und Chancen des demografischen Wandels bewusst wird und in den Unternehmen eine Willkommens- und Karrierekultur für ältere Mitarbeiterinnen und Mitarbeiter entwickelt wird. Daher bedarf es weiterer öffentlich geförderter Projekte dieser Art und zusätzlicher Maßnahmen, um eine Diskussion in der Öffentlichkeit und einen Wandel der Unternehmenspraxis anzuregen.

5.4   Versteckte Potentiale nutzen, WABE gGmbH

5.4.1   Unternehmensdarstellung

Die WABE gGmbH ist eine 2004 gegründete Beschäftigungs- und Qualifizierungsgesellschaft-gemeinnützige Gesellschaft und hat ihren Sitz in Waldkirch, ca. 16 km nordöstlich von Freiburg im Breisgau. Für die WABE gGmbH steht die Vorbereitung von meist jungen Arbeitslosen auf den regulären Arbeitsmarkt im Mittelpunkt ihrer Bemühungen. Nach der Erkundung der Interessen und Fähigkeiten der jungen Menschen arbeiten sie nach Einweisung und unter der Anleitung von Meistern und Gesellen in der täglichen Praxis.

Oberstes Ziel ist die Vorbereitung der Teilnehmer auf eine nachhaltige Integration in den regulären Arbeitsmarkt. An erster Stelle steht dabei die Aufnahme einer Ausbildung, wenn hierfür die schulischen Voraussetzungen vorliegen. Ist dies nicht gegeben, so wird auf alle Fälle versucht, die Jugendlichen bzw. die arbeitslosen Menschen unter Berücksichtigung ihrer Interessen und Fähigkeiten in einen Betrieb einzugliedern. Um die Chancen auf dem Arbeitsmarkt zu erhöhen, erfolgt eine ganzheitlich strukturierte, berufliche, soziale und lebenspraktische Qualifizierung durch die WABE.

5.4.2 Ausgangsproblem des Projektes

Durch das stark selektive Bildungs- und Schulsystem werden in Deutschland nicht alle Kinder und Jugendliche gleich und ihren Fähigkeiten entsprechend gefördert. Sogar zahlreiche Jugendliche mit Schulabschlüssen – vor allem junge Frauen – scheitern wegen mangelndem Kompetenzerwerb in der Schule daran, eine Ausbildung zu finden oder zu bewältigen. Der Zugang zur weiterführenden Bildung und zum lebenslangen Lernen bleibt ihnen verschlossen. Diese Bildungsbenachteiligung betrifft besonders Angehörige der unteren Sozialschichten und Bevölkerungsgruppen mit Migrationshintergrund und setzt sich im Berufsbildungssystem fort.

5.4.3 Inhalte des Projektes und Projektbeteiligte

Die vom WABE e.V. 1999 entwickelte „WABE-Idee" war, die Kräfte verschiedener regionaler Akteure zu bündeln und ihre Mittel und Fähigkeiten so zu kombinieren, dass die damalige Arbeitsmarktsituation vor Ort verbessert werden sollte. Mit dem Ziel, eine große Akzeptanz und breite Basis in der Bürgerschaft zu erreichen, gewann der Verein WABE Vertreter aus Gemeinderat, Stadtverwaltung, Betrieben, Gewerkschaft, Schulen, Elternvertretung und Kirchen sowie viele engagierte Bürger als Mitglieder. Erste Maßnahmen wurden initiiert. Vorstandsmitglieder des WABE Vereins, ein betrieblicher Ausbildungsleiter und der Schulleiter des Beruflichen Schulzentrums beobachteten ab 2005, dass einige Schulabgänger kaufmännischer Vollzeitlehrgänge – vor allem junge Frauen – trotz akzeptabler Zeugnisse und vieler Bewerbungen keine Ausbildungsplätze fanden.

Aus der sozialen Verpflichtung von Schule und Wirtschaft heraus wurden deshalb zuerst zwei Bausteine für Jugendliche bis 25 Jahren initiiert und erfolgreich umgesetzt (siehe Abb. 5.5):

• Baustein 1: eine betriebliche Ausbildung in Form eines „Ausbildungsverbundes" mit mittlerweile 20 teilnehmenden Firmen und Baustein 2: eine direkt beim Träger angesiedelte „Praxiswerkstatt".

Mit dem Wissen, dass auf Seiten der jungen Menschen

• die berufliche Orientierung nicht früh genug einsetzen kann,
• das Berufswahlspektrum – besonders bei Mädchen – sich auf nur wenige Berufe beschränkt,
• viele Berufe und vor allem auch kleine Firmen in der Region Jugendlichen unbekannt sind und
• praktische Erfahrungen Schülern den besten Einblick in die Anforderungen des Arbeitsmarktes bieten,

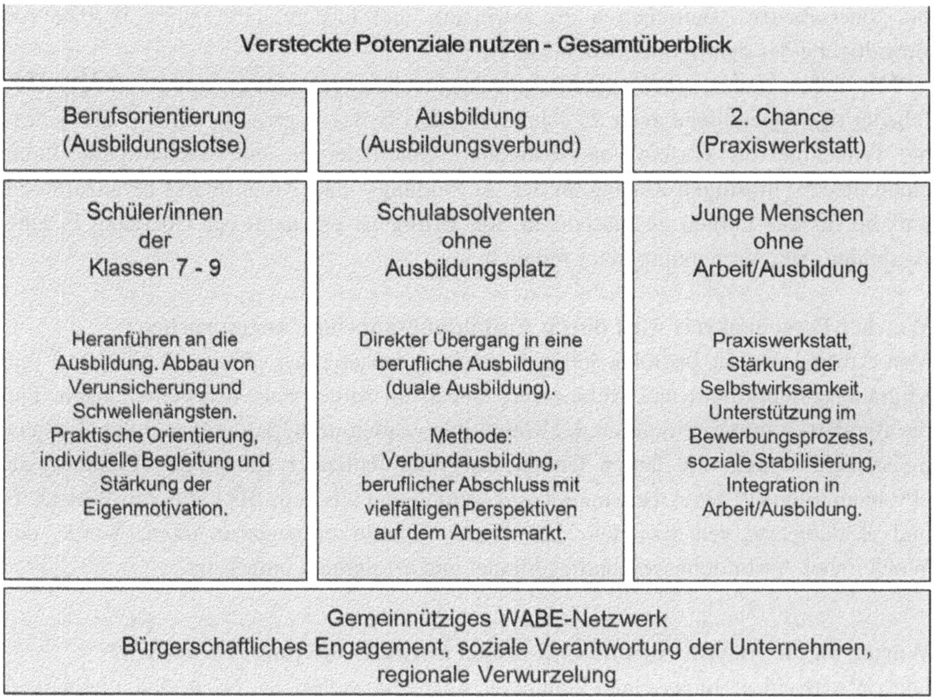

Versteckte Potenziale nutzen - Gesamtüberblick		
Berufsorientierung (Ausbildungslotse)	Ausbildung (Ausbildungsverbund)	2. Chance (Praxiswerkstatt)
Schüler/innen der Klassen 7 - 9	Schulabsolventen ohne Ausbildungsplatz	Junge Menschen ohne Arbeit/Ausbildung
Heranführen an die Ausbildung. Abbau von Verunsicherung und Schwellenängsten. Praktische Orientierung, individuelle Begleitung und Stärkung der Eigenmotivation.	Direkter Übergang in eine berufliche Ausbildung (duale Ausbildung). Methode: Verbundausbildung, beruflicher Abschluss mit vielfältigen Perspektiven auf dem Arbeitsmarkt.	Praxiswerkstatt, Stärkung der Selbstwirksamkeit, Unterstützung im Bewerbungsprozess, soziale Stabilisierung, Integration in Arbeit/Ausbildung.
Gemeinnütziges WABE-Netzwerk Bürgerschaftliches Engagement, soziale Verantwortung der Unternehmen, regionale Verwurzelung		

Abb. 5.5 Gesamtkonzept WABE (Quelle: WABE gGmbH)

wurde 2011 als vorgeschaltetes präventives Angebot ein dritter Baustein des Trägers WABE für Jugendliche initiiert,

- Baustein 3: der „Ausbildungslotse".

In Kooperation mit allen relevanten Netzwerkpartnern soll ein regional organisiertes, mit lokalen Gegebenheiten und Entwicklungen korrespondierendes, niedrigschwelliges und praxisorientiertes Angebot der beruflichen Orientierung für Schüler nachhaltig etabliert werden, das diese für ihre weitere Qualifikation anregt und motiviert. „Ausbildungsverbund" und „Ausbildungslotse" bieten von Arbeitslosigkeit bedrohten Schulabgängern und Schülern die Chance, ihre Leistungsfähigkeit unabhängig von der Schule im Betriebsalltag zu zeigen. Schulzeugnisse und soziale Zuschreibungen verlieren durch das persönliche gegenseitige Kennenlernen von Betrieb und Jugendlichen an Bedeutung. Durch Erfolgserlebnisse, Wertschätzung und Verständnis wird ein Sinn im Tun gefunden und die Lernmotivation geweckt bzw. gestärkt. Übergänge ins duale Ausbildungssystem und in die Bereitschaft zum lebenslangen Lernen können erleichtert werden. Gleichzeitig bieten die Angebote ansässigen klein- und mittelständischen Unternehmen die Möglichkeit, die Gefahr eines drohenden Fachkräftemangels und der Nichtbesetzung von Ausbildungsstellen – insbesondere bei kleinen, von Jugendlichen oft „übersehenen" Betrieben – zu verringern und leisten somit einen Beitrag zur Bewältigung des demografischen Wandels.

Mit dem Angebot der „Praxiswerkstatt" sollen gemeldete, erwerbsfähige, hilfebedürftige Jugendliche unter 25 Jahren im ALG II-Bezug erreicht werden. Ziel ist es, die Teilnehmer im Vorfeld von Ausbildung, Qualifizierung und Beschäftigung durch einen niederschwelligen Zugang an den Ausbildungs- und Arbeitsmarkt heranzuführen und sie für das Lernen zu motivieren. Bei Erfolg ist ein nahtloser Übergang in eine Ausbildung des Verbundprojektes möglich.

Welcher Personenkreis wird durch Ausbildungsangebote angesprochen?

Von Arbeitslosigkeit bedrohte junge Menschen, leistungsschwächere Schüler (oft mit Migrationshintergrund) und Altbewerber stehen im Mittelpunkt der Bemühungen. Für die Berufswelt nutzbare Stärken der Zielgruppe werden im herkömmlichen Schulsystem meist nicht erfasst. Sie laufen Gefahr, aufgrund fehlender (Einstiegs-) Chancen, zu „Problemgruppen" des Arbeitsmarktes zu werden und aus dem Blickfeld von Wirtschaft und Bildung zu verschwinden. Um dieser Spirale entgegenzuwirken, wurde der Waldkircher Ausbildungsverbund gegründet und erfolgreich umgesetzt.

Warum ist das WABE Ausbildungs-Model attraktiv für junge Menschen?

Die „WABE–Idee" bietet einen konkreten Ausbildungsplatz an. Nach vielen negativen Erlebnissen (Absagen) bekommen die Teilnehmer die Möglichkeit, ihre Stärken und ihre Potenziale einzubringen. Die Ausbildung findet nicht bei einem Unternehmen statt, sondern die Auszubildenden bekommen Einblick in bis zu sechs namhafte Unternehmen. Hierbei lernen sie u. a. unterschiedliche Unternehmenskulturen, Führungsstile und Softwareprogramme kennen. Die Chancen auf eine spätere Übernahme verbessern und vervielfachen sich deutlich.

Welcher gesellschaftliche Nutzen ergibt sich aus der Bildungsinnovation?

Die hohe Jugendarbeitslosigkeit war für engagierte Bürger und den Gemeinderat der Stadt Waldkirch Anlass, 1999 den Verein WABE e.V. zu gründen. Kern der „WABE-Idee" ist es, die Kräfte regionaler Akteure zu bündeln und zu kombinieren, um jungen Menschen eine Teilhabe durch Bildung und Beruf zu ermöglichen. Somit wird Integration, Teilhabe und Vielfalt als Vereins- und Gesellschaftszweck verstanden. Bei der WABE wurde durch eine Kooperation von Pädagogik und Wirtschaft ein Rahmen geschaffen, der das klassische Schulsystem mit der Wirtschaft erfolgreich verknüpft und Bildungsbenachteiligten den Zugang zum Lernen und damit zum 1. Arbeitsmarkt eröffnet. Potenziale werden gefördert und für alle Beteiligten – teilnehmende junge Menschen und Partner aus der Wirtschaft – gewinnbringend genutzt.

Wie gewährleistet die WABE die Integration des angesprochenen Personenkreises und welche Angebote werden umgesetzt?

- Schaffung zusätzlicher Ausbildungsplätze für die Zielgruppe, finanziert durch Spenden von regionalen Unternehmen.
- Passgenaue Bewerberauswahl: Mit den Projektpartnern werden die zukünftigen Auszubildenden ausgewählt.
- Abbrecherquote im Ausbildungsverbund = 0 %.
- Bewerber mit eher negativer Ausbildungsprognose erhalten die Möglichkeit, sich in einer Einstiegsqualifizierung (EQ) arbeitsmarktnah auf die Ausbildung vorzubereiten.
- Bisher konnten alle EQ´ler in eine Ausbildung überführt werden.
- Die Eltern werden frühzeitig in den Ausbildungsprozess eingebunden.
- Sich kümmern; Feedback-Austauschtreffen: Regelmäßig finden mit der Ausbildungsleitung, dem Rektor des Berufsschulzentrums und dem Seniorpaten (ehemaliger Ausbildungsleiter eines namhaften Unternehmens) Feedbackgespräche mit den Auszubildenden statt.
- Jährliches „Azubi"-Seminar: Einmal im Jahr findet ein 4-tägiges Seminar (u. a. Sozialtraining, Kommunikation) statt.
- Bei Bedarf Nachhilfeunterricht durch ausbildungsbegleitende Hilfen.

Bisherige Umsetzung des Konzeptes

Im Jahr 2005 wurde die WABE gGmbH, eine professionell geführte Non-Profit-Qualifizierungs- und Beschäftigungsfirma, gegründet. 2006 war der Beginn der dualen Ausbildung für von Arbeitslosigkeit bedrohte junge Menschen, 2007 der Start des Ausbildungsverbundes, und 2009 die Auszeichnung mit dem Europäischen Unternehmerpreis. Die ersten drei erfolgreichen Abschlüsse zur Bürokauffrau wurden bei der IHK abgelegt. 2011 erfolgte die Auszeichnung eines Auszubildenden zum Innungsbesten der Malerinnung Emmendingen, 2013 dann die Auszeichnung mit dem „Demografie Exzellenz Award". Im September 2015 begann der 9. Ausbildungsverbund.

Die Kernkonzeption: Ein starkes Netzwerk für Ausbildung

Die WABE gGmbH stellt im Verbund mit namhaften örtlichen Betrieben und dem WABE e.V. zusätzliche Ausbildungsstellen zur Verfügung. Der erfolgreiche Ausbildungsverbund lebt von einer einzigartigen Zusammenarbeit, getragen von bürgerschaftlichem Engagement, sozialer Verantwortung von Unternehmen und einer funktionierenden Netzwerkarbeit. Die WABE gGmbH ist für die Organisation und Koordination der dualen Berufsausbildung verantwortlich (Vertragspartner IHK). Die praktischen Ausbildungsinhalte für den Beruf „Bürokaufleute" gestalten die Betriebe des Verbundes. In der Regel bleiben die Azubis sechs Monate in einem Betrieb. Während der Ausbildungszeit durchlaufen sie nach und nach unterschiedliche Verbundpartner. Das Kennenlernen verschiedener Unternehmen und die damit verbundene Vielseitigkeit in der Ausbildung stellt für die Auszubildenden eine enorme berufliche Bereicherung dar. Die beteiligten Betriebe bürgen für gute Ausbildungsqualität.

Das Finanzierungskonzept
Die Finanzierung der Einstiegsqualifizierung und der ausbildungsbegleitenden Hilfen (AbH) erfolgt durch die Bundesagentur für Arbeit, die Finanzierung der Ausbildungsvergütung durch verschiedene Spender.

5.4.4 Praktische Tipps für Nachahmer

Erfreulich und motivierend für die Arbeit der WABE ist, dass das Modell Ausbildungsverbund mit seiner erfolgreichen Vernetzung von Unternehmen und Institutionen zwischenzeitlich von der Stadt Freiburg aufgegriffen wurde und seit 2012 als Angebot realisiert wird. Das Konzept und seine Umsetzung wurden 2012 im Rahmen einer Diplomarbeit wissenschaftlich (Institute for Economic Research/Albert Ludwigs Universität Freiburg) untersucht.

Als Erfolgsfaktoren haben sich gezeigt:

• Netzwerkarbeit
Eine Einbindung der (Berufs-)Schule zur Auswahl der geeigneten jungen Menschen mit Startschwierigkeiten ist zwingend erforderlich. Die Eigenmotivation der Teilnehmer ist ein wesentlicher Erfolgsfaktor (keine Zuweisungsverfahren durch die Arbeitsagentur).

• Vertrauen aufbauen/Türöffner
Die Zielgruppe braucht einen Vertrauensvorschuss. Die Einbindung eines bürgerschaftlich engagierten Vereins zur Unterstützung und Lobbyarbeit erhöhen deutlich die Chancen auf eine erfolgreiche Umsetzung. Weitere Aufgaben des Vereins: Steuerung, Kontrolle und stetige Weiterentwicklung des Konzeptes.

• Sich kümmern/Feedback
Die Teilnehmer brauchen verlässliche Ansprechpartner, die Eltern sollten rechtzeitig eingebunden werden. Regelmäßiger Austausch mit den Berufsschulen und mit dem jeweiligen Ausbildungsbetrieb.

• Corporate Social Responsibility
Unternehmen sind bereit, soziale und gesellschaftliche Verantwortung zu übernehmen (durch Sponsoring oder/und als Ausbildungspartner).

- Querschnittsberufe

Der Ausbildungsverbund kann in Ausbildungsgängen wie z. B. Bürokaufleute, Fachkräfte für Lagerlogistik oder Werkzeugmacher, in denen Qualifizierungswege gut teilbar sind, umgesetzt werden. Die Vielfalt der Ausbildung soll dazu beitragen, weniger attraktive Berufe als interessant zu erleben. Eine regionale Anpassung an den lokalen Arbeitsmarkt ist zwingend vorzunehmen, die Einbindung von Engpassberufen soll überprüft werden.

Was sind die Besonderheiten der Bildungsinnovation?
Erfolgreiche Erprobung und Umsetzung seit 2007. Der Ausbildungsverbund lebt von einer bundesweit (noch) einzigartigen Zusammenarbeit, getragen von bürgerschaftlichem Engagement, sozialer Verantwortung von Unternehmen und Kommune und einer funktionierenden Netzwerkarbeit. Die Abbrecherquote bei der Verbundausbildung zu Bürokaufleuten liegt bei 0 Prozent, die Anschlussperspektive (Übernahme in eine sozialversicherungspflichtige Beschäftigung innerhalb von vier Monaten nach Abschluss/höherer Bildungsabschluss/Studium) liegt bei 100 Prozent im Ausbildungsverbund. Die Übertragbarkeit auf andere Regionen ist bereits teilweise erprobt und wird weiter empfohlen.

5.5   Vereinbarkeit von Beruf und Pflege, GP Grenzach Produktions GmbH

5.5.1   Unternehmensdarstellung

Die GP Grenzach Produktions GmbH ist eine 100 prozentige Tochter von Bayer HealthCare (BHC), einem Teilkonzern der Bayer AG. Die Bayer AG gehört zu den weltweit führenden Unternehmen in der Gesundheitsversorgung mit Arzneimitteln und medizinischen Produkten. Die Kernkompetenzen des Bayer Standortes Grenzach liegen in der Produktion, Verpackung und Verteilung hochwertiger Arzneimittel, Kosmetika, Nahrungsergänzungsmittel und Medizinprodukte für den nationalen und internationalen Pharma HealthCare Markt. Standort des Unternehmens ist die Gemeinde Grenzach-Wyhlen, welche sich direkt im Dreiländereck von Deutschland, Schweiz und Frankreich befindet. Seit dem Eintritt der Gesellschaft in das Bayer Netzwerk hat sich der Produktionsstandort mit seinen aktuell ca. 680 Mitarbeitern als strategische Salbenfabrik der BHC etabliert. Zum Zeitpunkt der Vergabe des Demografie Exzellenz Awards 2013 hatte der Standort 570 Mitarbeiter mit einem Altersdurchschnitt von 40,3 Jahren, die Teilzeitquote betrug 18 Prozent und der Frauenanteil lag bei rund 48 Prozent. Die durchschnittliche Betriebszugehörigkeit wies zum damaligen Zeitpunkt 12 Jahre auf.

5.5.2 Motivation und Intentionen des Projektes

Bei Bayer Grenzach nehmen die Mitarbeiter eine zentrale Rolle innerhalb der Unternehmensstrategie ein. Diese Strategie wird durch einen Baum visualisiert, den Stamm bilden dabei die Mitarbeiter, sie sind der Kern der Strategie. Nur durch einen gesunden Stamm kann ein Baum gedeihen und Früchte tragen. Somit sind das Wohlbefinden und die Zufriedenheit der Mitarbeiter zentrale strategische Themen am Bayer Standort Grenzach. Diese werden unter anderem durch die Schaffung eines familienfreundlichen und gesundheitsbewussten Arbeitsumfeldes umgesetzt. Damit wird auch die Attraktivität des Arbeitgebers, in diesem Falle speziell durch die Vereinbarkeit von Beruf und Familie, gesteigert. Ein positives Arbeitgeberimage rückt vor allem angesichts des Standortes und des unmittelbaren Umfeldes in den Fokus: Das Dreiländereck ist ein hochkompetitives Arbeitsumfeld mit einer sehr niedrigen Arbeitslosenquote. Maßgeblich beeinflusst wird die Region durch den Schweizer Arbeitsmarkt. Arbeitnehmer finden in der Schweiz ein deutlich höheres Lohnniveau als in Deutschland vor. Auch die demografische Entwicklung und ein hoher Fachkräftebedarf, gepaart mit einem sich abzeichnenden Fachkräftemangel, unterstreichen die zentrale Bedeutung der Mitarbeiter. Bayer Grenzach verfolgt aus diesen Gründen eine umfassende und erfolgreiche Gesamtstrategie für eine familienbewusste Unternehmens- und Mitarbeiterführung, welche die Unternehmensstrategie stützt. Sie hat es sich zum Ziel gemacht, Unternehmensziele und Mitarbeiterinteressen in eine tragfähige Balance zu bringen sowie Rahmenbedingungen zu schaffen, die eine gelebte familienbewusste Unternehmenskultur ermöglichen. Dies zielt nicht nur darauf ab, die demografischen Herausforderungen und den Fachkräftemangel zu bewältigen, sondern auch die Motivation und Bindung der Mitarbeiter zu erhöhen sowie die Position als attraktiver Arbeitgeber zu steigern. Seine Bemühungen hat Bayer Grenzach bereits 2008 durch die erfolgreiche Zertifizierung im Rahmen des „audit berufundfamilie" der Hertie-Stiftung dokumentiert und für die Re-Zertifizierung in 2011 folgende Grundsatzziele festgelegt:

- Die familienbewusste Personalpolitik ist weiter zu etablieren, um die Leistungs- und Beschäftigungsfähigkeit der Mitarbeiter zu erhalten.
- Bayer Grenzach verfolgt mit dem „audit berufundfamilie" die nachhaltige Verankerung einer familienbewussten Unternehmenskultur und die Stabilisierung der erforderlichen Unterstützungsmaßnahmen für alle Lebensphasen.
- Vorgesetzten unterstützen bei der Wahrnehmung familienbewusster Führung.
- Bayer Grenzach setzt im Sinne von „Fördern und Fordern" auf eine Balance zwischen betrieblichen Lösungen und der Eigenorganisation der Mitarbeiter.

5.5.3 Re-Zertifizierung mit dem Fokus Pflege und Beruf

Verlauf der Re-Zertifizierung

Der Schwerpunkt der Re-Zertifizierung des „audit berufundfamilie" in 2011 lag, eingebettet in die Kernziele, auf dem Thema Vereinbarkeit von Beruf und Pflege.

Anders als bei einer Elternschaft verschweigen viele Erwerbstätige ihre häusliche Pflege, weil es ein unangenehmes Thema ist und weil sie Nachteile fürchten, wenn sie mit Pflegeaufgaben belastet sind. Diese Angst möchte Bayer Grenzach seinen Beschäftigten nehmen und sie nach Möglichkeit unterstützen. Dies soll durch ein offenes und verständnisvolles Miteinander geschehen. Pflegende Mitarbeiter sollen entlastet werden und dadurch persönliche, aber auch arbeitsbezogene Folgen aufgrund einer Pflegeübernahme gemildert bzw. vermieden werden. Vor diesem Hintergrund wurde ein umfassender Maßnahmenkatalog erarbeitet, der den Beschäftigten individuelle Lösungen bzw. Unterstützungsmöglichkeiten anbietet – so individuell wie jede Pflegesituation es erfordert.

Bereits im Januar 2011 wurden mit der Vorbereitung der Re-Zertifizierung erste Bausteine des Projektes gelegt. Bestandteil der Vorbereitung war ein internes Review der im Zuge der Erstzertifizierung in 2008 vereinbarten und umgesetzten Ziele. In einem zweiten Schritt fand in Zusammenarbeit mit der Zertifizierungsstelle im März 2011 ein Strategieworkshop statt, der die aktuellen Rahmenbedingungen aufzeigte. Der dritte Schritt beinhaltete einen Auditierungsworkshop, innerhalb dessen in einer Arbeitsgruppe, bestehend aus Mitarbeitern, Arbeitgeber- und Arbeitnehmervertretern und Geschäftsleitung, ein Maßnahmenkatalog sowie weiterführende Ziele erarbeitet und festgelegt wurden. Insgesamt lassen sich die Maßnahmen in acht verschiedene Handlungsfelder kategorisieren: Arbeitszeit, Arbeitsorganisation, Arbeitsort, Informations- und Kommunikationspolitik, Führungskompetenz, Personalentwicklung, Entgeltbestandteile und geldwerte Leistungen sowie Services für Familien.

Im Rahmen der Re-Zertifizierung mit dem Schwerpunkt Beruf und Pflege wurden bei Bayer Grenzach vor allem Maßnahmen folgender Handlungsfelder definiert:

- Arbeitszeit
- Arbeitsort
- Informations- und Kommunikationsbedarf
- Führungskompetenz
- Serviceleistungen für Familien

Im Anschluss wurde in einem letzten Schritt eine schriftliche Zielvereinbarung inklusive Nennung und zeitlicher Terminierung der beschlossenen Maßnahmen erstellt und von den Beteiligten unterzeichnet. Die Re-Zertifizierung des Bayer Standorts Grenzach wurde im Mai 2011 bestätigt. Zur Dokumentation des fortlaufenden Umsetzungsfortschrittes erstellt Bayer Grenzach Jahresberichte, die die Entwicklungen der Maßnahmen aufzeigen und die Einhaltung der Zielvereinbarung gewährleisten.

Erzielte Projektergebnisse

Bei der Implementierung des Maßnahmenkatalogs konnte der Bayer Standort Grenzach umfangreiche Erfolge erzielen. In einem ersten Schritt wurde der Begriff „Familie" neu definiert und wird nun folgendermaßen verwendet: „Von Familie sprechen wir, wenn unsere Mitarbeiterinnen und Mitarbeiter für ihre/n PartnerIn und/oder für ihnen nahestehende Menschen dauerhaft Verantwortung übernehmen."

Im Handlungsfeld Arbeitszeit bietet Bayer Grenzach individuell flexible Arbeitszeitmodelle an und stellt speziell für den Fall der Pflege von Angehörigen vorhandene Regelungen und Möglichkeiten der Arbeitszeitgestaltung zur Verfügung. Dies bedeutet unter anderen die Arbeitszeit als Gleitzeit ohne Kernarbeitszeit, die Nutzung des Gleitzeitrahmens sowohl positiv als auch negativ, die Einführung eines Langzeitkontos und die Möglichkeit einer (zeitlich befristeten) Teilzeit oder des Job Sharings.

Im Handlungsfeld Arbeitsort wurde die Möglichkeit des mobilen Arbeitens definiert und umgesetzt

Der Bereich Informations- und Kommunikationsbedarf im Pflegefall nimmt bei Bayer Grenzach eine zentrale Rolle ein. Hier steht die betriebsinterne Familienbeauftragte für eine erste Kontaktaufnahme als zentrale Anlaufstelle für Mitarbeiter, Kollegen und Führungskräfte zur Verfügung. Sie berät die einzelnen Beteiligten zu den individuellen Fragestellungen und zeigt verschiedene Unterstützungsmöglichkeiten auf. Des Weiteren verfügt sie über umfassendes Informationsmaterial, das den Betroffenen bei Bedarf zur Verfügung gestellt werden kann, wie z. B. eine Gesamtbroschüre zur familienbewussten Personalpolitik von Bayer Grenzach und zu den Unterstützungsangeboten im Pflegefall. Die Familienbeauftragte informiert sich durch regelmäßige Teilnahme an Weiterbildungsbzw. Informationsveranstaltungen und Treffen zum Erfahrungsaustausch mit anderen Unternehmen und stellt so eine kontinuierliche Weiterentwicklung des Themas sicher. Wichtiger Bestandteil der Informations- und Kommunikationspolitik ist außerdem der offene Umgang mit der Thematik, um dadurch eine Enttabuisierung des Pflegethemas zu erreichen. Hier sind verschiedene Maßnahmen umgesetzt: Die Kommunikation über interne Kanäle wie das Intranet mit einer eigenen Rubrik „Beruf und Pflege", Veröffentlichung von Erfahrungsberichten von pflegenden Angehörigen in der Mitarbeiterzeitung, Informationsvermittlung in der Betriebsversammlung durch die Personalleitung, Aushänge an Schwarzen Brettern sowie eine monatliche Info-Mail der Familienbeauftragten an Mitarbeiter in Elternzeit mit Hinweis auf das Thema Pflege. Auch Kurse und Vorträge durch Träger, wie z. B. das ambulante Hospiz oder Caritas, werden zu Themen wie Pflegeversicherung, Vollmachten und unvorhersehbarer Pflegebedürftigkeit angeboten. Mitarbeiter werden außerdem aktiv an der Angebotsentstehung durch Beteiligungsgruppen aus den verschiedenen Bereichen mit einbezogen. Neue Mitarbeiter werden bereits früh sensibilisiert, in dem sowohl Beruf und Familie als auch Beruf und Pflege inhaltliche Programmpunkte des Willkommenstages für neue Mitarbeiter darstellen und

Abb. 5.6 Projektablauf Re-Zertifizierung „audit berufundfamilie" (Quelle: GP Grenzach Produktions GmbH)

Informationen in der Willkommensmappe neuer Mitarbeiter zur Verfügung stehen. Auch auf der Homepage-Karriereseite des Standortes sind Informationen verfügbar.

Die Maßnahmen des Handlungsfelds Führungskompetenz legen den Schwerpunkt auf eine Sensibilisierung der Führungskräfte durch verschiedene Schulungen und Trainings. Den Führungskräften wurde außerdem ein Leitfaden mit Tipps, rechtlichen Aspekten und Adressen zu möglichen Unterstützungsmaßnahmen sowie zum Umgang mit Mitarbeitern, die Angehörige pflegen, übergeben. So soll parallel auch an dieser Stelle die Enttabuisierung von Pflege unterstützt werden.

Das letzte Handlungsfeld „Serviceleistungen für Familien" beinhaltet eine Erweiterung der internen Beratung durch eine Beteiligung am Modellprojekt „Eldercare" der „famPlus GmbH". Das etablierte und umfangreiche Angebot steht allen Beschäftigten seit 2013 kostenfrei zur Verfügung und umfasst eine kompetente Beratung und Vermittlung zu allen Bereichen der Pflege und Pflegebedürftigkeit. Das Fachteam hilft pflegenden Angehörigen weiter, die Beratung und Vermittlung erfolgt anonym. Unabhängig davon, ob es sich um eine präventive Beratung oder um eine Unterstützung bei einer bereits bestehenden Pflegesituation bzw. bei einem plötzlich eintretenden Pflegefall handelt, erhalten die Beschäftigten zeitnah die passende Hilfe. Das Beratungs- und Vermittlungsangebot von „famPlus Elder- und Familycare" bezieht sich auf

- Leistungen der Pflegeversicherung und Einstufung in eine Pflegestufe,
- den Umgang mit dem Medizinischen Dienst der Krankenkassen und die Hilfe bei Ablehnung/Widerspruch einer Leistung,
- Patientenverfügung und Vollmachten,
- Entlastungsmöglichkeiten für sorgende und pflegende Angehörige,
- Arbeitnehmermodelle,
- Hilfsmittel und Pflegehilfsmittel,
- Hilfen zur Pflege,
- Zuschüsse und Finanzierung von Hilfen sowie

• alle individuellen Lösungen, die die Pflegeperson bzw. die Angehörigen einer Pflegeperson brauchen.

Eine zusätzliche Maßnahme in diesem Handlungsfeld war die Erstellung einer Notfallmappe „Gut vorbereitet", die die Beschäftigten kostenfrei bei der Familienbeauftragten abholen können. Sie dient dazu, sich auf den Ernstfall vorbereiten zu können und ist so strukturiert, dass sie einen umfassenden Überblick über die wichtigsten benötigten persönlichen Unterlagen und zu beachtenden Themen bietet.

Dieser kurze Aufriss zeigt die Vielfältigkeit der implementierten Maßnahmen, die im Rahmen der Re-Zertifizierung umgesetzt wurden. Dadurch wird deutlich, dass Bayer Grenzach die Maßnahmen in ein umfassendes Konzept integriert hat, die Maßnahmen ineinandergreifen und aufeinander aufbauen. Der zeitliche Aspekt des Projektes zur Vereinbarkeit von Pflege und Beruf erstreckt sich über mehrere Jahre (siehe Abb. 5.6). Zwar wurde im Mai 2011 die Zertifizierung erreicht, die Maßnahmen sind jedoch über eine Zeitspanne von drei Jahren ausgelegt und werden über die besagten Jahresberichte fortlaufend dokumentiert.

5.5.4 Praktische Tipps für Nachahmer

Als wichtigstes Kriterium für den Erfolg eines solchen Projektes wurde bei Bayer Grenzach die entsprechende Unternehmenskultur identifiziert. Nur wenn solche Maßnahmen in der Unternehmenskultur und -strategie verankert sind sowie ein Rückhalt durch Geschäftsführung und Management gegeben ist, können einschlägige Unterstützungen angeboten werden. Es muss erst eine entsprechende Vertrauens- und Verständniskultur entwickelt und gelebt werden, damit die Mitarbeiter bereit sind, entsprechende Angebote anzunehmen. Hier wird die Nachhaltigkeit der Thematik deutlich. Finden die Beschäftigen keinerlei Rückhalt und Verständnis bei den unmittelbaren Kollegen und Vorgesetzten, wird die Situation des Mitarbeiters zusätzlich belastet. Eine entsprechende Führungskultur und Personalpolitik fördert das Miteinander der Beteiligten. Die Personalpolitik muss auf die vielfältigen Aspekte der Beschäftigten ausgerichtet sein und darf sich nicht nur auf die „positiven" Faktoren, wie beispielsweise Elternzeit oder Gesundheitsförderung beschränken, sondern muss das Tabuthema Pflege aktiv einbeziehen. Eine Abkehr des klassischen Familienverständnisses sowie der Denkweise, dass sich Familienbewusstsein nur auf Kinder bezieht, ist notwendig. Denn gerade im Zuge des demografischen Wandels steigt die Anzahl der Pflegebedürftigen und damit auch die Wahrscheinlichkeit, dass die eigenen Beschäftigten einen Pflegefall zu betreuen haben, was Auswirkungen auf die psychische und physische Belastbarkeit der Mitarbeiter mit sich bringt.

Ein weiterer Erfolgsfaktor ist die interne und externe Kommunikation. Mitarbeiter werden so über Möglichkeiten informiert und gerade der Best Practice-Austausch, das heißt Erfahrungsberichte anderer Mitarbeiter, erhöhen die Akzeptanz des Themas Pflege maßgeblich. Durch diese Integration der Mitarbeiter und die Rückmeldung betroffener Beschäftigter kann das Angebot zusätzlich optimiert und erweitert werden. Deshalb hat Bayer Grenzach die Mitarbeiter von Anfang an durch die Teilnahme am Auditierungs-workshop in die Entwicklung des Maßnahmenkatalogs integriert und so gewährleistet, dass die Maßnahmen zielgruppenspezifisch und bedarfsorientiert sind.

Es ist außerdem wichtig zu wissen, dass ein Unternehmen nicht sämtliche Angebote selbst erbringen muss. Es gibt auch für den Bereich Pflege diverse Dienstleister, auf deren umfassendes Angebot mit entsprechender Expertise und Erfahrung zurückgegriffen werden kann, wie am Beispiel von Bayer Grenzach „famPlus" mit „ElderCare" deutlich wird. So wird die Vereinbarkeit von Beruf und Pflege auch für kleine Unternehmen möglich.

Der langfristige Erfolg eines solchen Projektes ist jedoch die Nachhaltigkeit. Nur eine konsequente Verfolgung verhindert, dass das Projekt aufgrund von anderen Prio-ritäten in den Hintergrund rückt. Eine Verteilung der Maßnahmen auf mehrere Jahre ist sinnvoll, auch um die Ressourcen entsprechend zu planen. Damit wird gleichzeitig ein „Überschwemmen" der Mitarbeiter mit Informationen und Angeboten verhindert. Das Thema kann wachsen und findet so eine nachhaltige Verankerung in der Unternehmens-strategie und -kultur. Um die Nachhaltigkeit zu gewährleisten, müssen zudem die entsprechenden Ressourcen zur Verfügung stehen, d. h. das Unternehmen muss sich bewusst sein, personelle und eventuell auch finanzielle Mittel vorzuhalten.

5.6   vit@work, Brückner Trockentechnik GmbH & Co.KG

5.6.1   Unternehmensdarstellung

Die BRÜCKNER-Gruppe mit aktuell ca. 330 Mitarbeitern ist ein weltweit agierendes und inhabergeführtes Maschinenbauunternehmen mit über sechs Jahrzehnten Tradition und Erfahrung. Die Gründung erfolgte im Jahre 1949 durch Kurt Brückner. Seit 1999 ist die Geschäftsleitung in den Händen seiner Tochter Regina Brückner und ihrem Mann Axel Pieper am Standort in Leonberg, etwa 13 Kilometer westlich von Stuttgart. In Leonberg ist der Sitz der Hauptverwaltung. Der Produktionsstandort befindet sich im bayerischen Tittmoning, nahe der österreichischen Grenze. Das Unternehmen steht für langfristigen Erfolg und nachhaltiges Wachstum. Die Firma BRÜCKNER ist Systemanbieter auf den Gebieten der Trockenveredlung von Maschen- und Webwaren und der Veredlung technischer Textilien. BRÜCKNER bietet seinen Kunden Service und Ersatzteile für deren Maschinen, so lange diese produzieren. Durch die nachhaltige Erreichung hoher Kundenzufriedenheit wird die Stellung im Markt gefestigt und ausgebaut. Mit der Marke BRÜCKNER werden innovative Technik und hohe Qualität verbunden, die zur Erfüllung der Kundenwünsche beitragen.

5.6.2 Ausgangspunkt des Projektes

Im Jahr 2009 wurde ein einjähriger Prozess zur Organisationsentwicklung angestoßen, aus dem später das Projekt „vit@work" der Firma BRÜCKNER entstand. Durch gezieltes Coaching sollten zunächst die Führungskräfte für das Thema Gesundheit am Arbeitsplatz sensibilisiert werden. Danach wurden die Mitarbeiter der Firma involviert. Im April 2010 fiel der Startschuss für das Projekt „Betriebliches Gesundheitsmanagement" mit dem Namen vit@work. vit@work steht für eine „vitale, innovative und transparente" Organisationsentwicklung. Initiiert wurde die Idee von der Personalabteilung in Zusammenarbeit mit der Geschäftsleitung, die hierfür die finanziellen und zeitlichen Ressourcen zur Verfügung stellte.

Die Basis für das weitere Vorgehen bildete eine Mitarbeiterbefragung im Jahr 2011. Der Fragebogen beinhaltete Items zu verschiedenen Themen zum Arbeitsplatz, zu der Unternehmensleitung, der Gesundheit und der sozialen Unterstützung. Ergänzend wurden noch Angaben zur eigenen Person abgefragt. Dabei war die Anonymität stets gegeben. Die Auswertung der Mitarbeiterbefragung wurde mit Hilfe des Steinbeis-Beratungszentrums für Betriebliches Gesundheitsmanagement durchgeführt. Das Zentrum begleitet und berät KMUs bei der praktischen und zielgerichteten Umsetzung des Betrieblichen Gesundheitsmanagement nach DIN SPEC 91020. Ziel der Befragung war, die Arbeitsbedingungen so zu gestalten, dass die Gesundheit der Mitarbeiter gefördert wird. Dazu zählt nicht nur die körperliche Gesundheit, sondern vorrangig das psychische Wohlbefinden.

Darauf aufbauend wurde das bisherige Gesundheitsprojekt vit@work zu einem Work-Life-Management-Konzept mit den fünf zentralen Bausteinen Gesundheit, Familie, Flexibilisierung von Ort und Zeit, generationenübergreifendes Denken und flankierende Maßnahmen entwickelt. Aus der ursprünglichen Zielsetzung eines betrieblichen Gesundheitsmanagements wurde somit schnell ein umfassendes und ganzheitlich ausgerichtetes Demografie-Projekt, das die Zufriedenheit, die Bindung und das Wohlbefinden der Mitarbeiter sowie die Attraktivität des Unternehmens steigern sollte, um den Effekten der Bevölkerungsentwicklung besser begegnen zu können.

5.6.3 Verlauf und Inhalte des Projektes

Das Steinbeis-Beratungszentrum wählte für die BRÜCKNER-Gruppe den Ansatz der Salutogenese als Definition von Gesundheit. Das bedeutet, dass Gesundheit nicht nur als physische Befindlichkeit, sondern als ganzheitliches, also körperliches, geistiges und soziales Wohlergehen betrachtet wird. Das Wohlergehen eines Menschen ist demnach von folgenden drei Faktoren abhängig. Zunächst von der Verstehbarkeit von Lebenssituationen und Arbeitsaufgaben, wie z. B. durch Feedback, Zugang zu Informationen oder durch transparente Vorgänge. Des Weiteren zählt der Faktor der Handhabbarkeit dazu, welcher durch die Unterstützung von anderen, einer offenen Atmosphäre, Vertrauen, Fachkompetenz und technischen Ressourcen entsteht. Auch die Sinnhaftigkeit durch

Anerkennung anderer und sich selbst, durch die Freude am Tun und die Kenntnis der Ziele trägt zum Wohlergehen eines Menschen bei.

Die drei Faktoren Verstehbarkeit, Handhabbarkeit und Sinnhaftigkeit sollen durch das Projekt vit@work in das Zentrum gerückt werden und zum Wohlbefinden, zur Arbeitszufriedenheit und letztendlich zur Gesunderhaltung aller Mitarbeiter beitragen. Inhaberin Regina Brückner betont: „Bei vit@work geht es um viel mehr als nur um Gesundheit und körperliche Fitness. Uns geht es vielmehr darum, das Unternehmen mittel- bis langfristig so zu organisieren, dass junge und ältere Mitarbeiter, Erfahrene und Neueinsteiger gut miteinander arbeiten, Erfahrungen weitergegeben werden und jeder einen Sinn in seiner Tätigkeit erkennt. Jeder Mitarbeiter soll die Möglichkeit haben, möglichst lange gesund, motiviert und aktiv an der Unternehmensentwicklung beteiligt zu sein."

Damit ist das vit@work Projekt als Organisationsentwicklungsprojekt zu sehen, um die Ziele des Unternehmens mit den Interessen der Mitarbeiter in Einklang zu bringen. Es analysiert und optimiert die Verstehbarkeit, Handhabbarkeit und Sinnhaftigkeit interner Prozesse und der Arbeit jedes Einzelnen, um somit zur Unterstützung und Erhaltung der Gesundheit der Mitarbeiter nach dem Grundsatz der Salutogenese beizutragen.

Die Ergebnisse der ersten Befragung zeigten tiefgründige und weitläufige Handlungsfelder. Für eine zielgerechte Umsetzung wurden vorerst drei Themen genauer betrachtet:

• Erhöhung des abteilungsübergreifenden Informationsflusses.
• Förderung der Einbringung von eigenen Ideen.
• Gewährleistung eines reibungslosen Informationsaustausches.

Für die Umsetzung des vit@work-Projektes und der einzelnen Maßnahmen wurde ein siebenköpfiges Lenkungsteam gebildet. Bei der Zusammensetzung dieses Teams wurde darauf geachtet, dass alle Führungsebenen und Arbeitsbereiche, Frauen und Männer, jung und alt repräsentiert waren. Um den Fortschritt zu gewährleisten, gab es regelmäßige Sitzungen des Lenkungsteams. Hier wurden aktuelle Themen besprochen und diskutiert sowie passende Maßnahmen dazu entwickelt. Außerdem fanden ein permanenter Wissensaustausch und eine kritische Reflektion des Umgesetzten statt. Nach jeder Sitzung wurden die Mitarbeiter über den aktuellen Fortschritt und die geplanten Neuerungen informiert. Dazu zählten Rundmails oder Veröffentlichungen im Intranet.

Bei einer zweiten Mitarbeiterbefragung im Jahr 2013 sollte ein erneutes Ergebnis die aktuelle Lage der Mitarbeiter darlegen. Der Inhalt dieser Befragung war derselbe wie bei der ersten. Schließlich sollten u. a. die Veränderungen, sowohl positiv als auch negativ, erkennbar werden. Auch bei dieser Befragung wurden wieder zentrale Themen herausgegriffen und weiter bearbeitet.

Aus beiden Mitarbeiterbefragungen konnten einige Schlüsse gezogen werden, die durch gezielte Maßnahmen gefördert bzw. umgesetzt werden sollen. So wurden im Sinne eines ganzheitlichen Vorgehens neu eingeführt oder auch während des Prozesses weitergeführt und ausgebaut:

• Verpflegung in der Mittagspause

Die Geschäftsleitung stellt einen gesonderten Raum zur Verfügung, der von den Mitarbeitern während der Mittagspause als gemeinsamer Treffpunkt genutzt wird. Zusätzlich können die Mitarbeiter aus einem abwechslungsreichen und gesunden Angebot an Mittagsgerichten auswählen. Um möglichst vielen Ansprüchen gerecht zu werden, gibt es eine Auswahl an Fleisch-, Fisch-, vegetarischen und süßen Gerichten. Der neu aufgestellte Tischkicker wird in den Pausenzeiten ebenfalls gerne genutzt.

• Obst und Wasser

Für eine ausgewogene Ernährung stellt die Firma kostenloses Obst und Wasser bereit. Zusätzlich können die Mitarbeiter eine Bio-Obstkiste bei einem regionalen Bauernhof bestellen, die dann 14-tägig zur Firma geliefert und auch wieder abgeholt wird.

• Feedbackkultur/interne Kommunikation/Informationsfluss

Für eine bessere Kommunikation unter den Mitarbeitern wurden die Besprechungsprotokolle überarbeitet. Das Ziel ist es, einen verbesserten Informationsfluss zu erreichen. Mit diesem Protokoll können die während der Besprechung getroffenen Vereinbarungen und Fakten an all diejenigen Mitarbeiter weitergegeben werden, die diese Information für ihre Arbeit auch benötigen.

• Individuelle Arbeitszeiten

Die Firma Brückner bietet unterschiedlichste und individuelle Arbeitszeitmodelle an. Hauptbestandteil ist die Gleitzeitregelung. Die Mitarbeiter können Beginn und Ende ihrer täglichen Arbeitszeit persönlich festlegen. Dabei sind bestimmte Kernarbeitszeiten zu beachten. Des Weiteren besteht die Möglichkeit, in verschiedenen Modellen der Teilzeit zu arbeiten. Viele der Mitarbeiter arbeiten in Home-Offices.

• Technologiezentrum

Im Zuge von Renovierungsmaßnahmen wurde das gesamte Verwaltungsgebäude erneuert. Die ehemalige Produktionseinrichtung wurde ebenfalls renoviert und in ein Technologiezentrum umgebaut. Im Technologiezentrum befindet sich eine BRÜCKNER Maschine mit neuester, umweltgerechter Technik. Die Mitarbeiter haben hier die Möglichkeit, Versuche zu fahren und Schulungen durchzuführen. Die Eröffnung fand im Rahmen eines zweitägigen Events 2013 statt. Zunächst waren die Geschäftspartner eingeladen, später auch alle Mitarbeiter und deren Familien.

• Grünfläche am Firmensitz

Die Grünfläche bietet die Möglichkeit, im Freien zu entspannen. Eine Tischtennisplatte lädt dazu ein, gemeinsam zu spielen und sich zu bewegen.

- Generationenaustausch

Gerade bei technisch komplexen Maschinen ist langjährige Erfahrung unersetzlich. Deshalb werden junge Nachwuchskräfte von erfahrenen Mitarbeitern an- und eingelernt, zum Teil auch direkt vor Ort bei Kunden. Dazu gehört auch, dass ehemalige Mitarbeiter, die mittlerweile im Ruhestand sind, immer noch als Ansprechpartner mit ihrem Wissen zur Verfügung stehen.

- Altersgerechte Arbeitsplatzgestaltung

Immer wieder werden Arbeitsplätze neu bewertet und nach gesundheitlichen und altersgerechten Aspekten neu eingerichtet. So gibt es nun höhenverstellbare Tische und entsprechend aufgestellte Computerbildschirme. Arbeitsplatzbrillen werden, nach Untersuchung durch den Betriebsarzt, ebenfalls zur Verfügung gestellt.

- Bekanntmachen der Unternehmensziele

Die Mitarbeiterbefragung hat u. a. gezeigt, dass die Unternehmensziele und die Firmenstrategie nicht oder nur unzureichend bekannt sind. Um hier mehr Transparenz zu schaffen, werden die Unternehmensziele, die mit den einzelnen Abteilungen vereinbart wurden, bekannt gemacht. Jeweils im Dezember eines Jahres werden die Ziele gemeinsam mit den Abteilungsleitern für das kommende Jahr verabschiedet und veröffentlicht. Transparenz fördert das Sicherheitsgefühl und die Arbeitszufriedenheit.

- Sport

Es besteht die Möglichkeit, im benachbarten Fitnessstudio vergünstigt trainieren zu können. Die Firma BRÜCKNER ist Sponsor des Leonberger City Laufes und die Läufer der Firma BRÜCKNER können am Lauf kostenfrei teilnehmen. Unabhängig davon findet jeden Montagabend nach der Arbeit der Lauftreff statt. Ganz besonders gerne angenommen wird auch das Angebot „Massage". Die Firma erstattet die Kosten hierfür in gewissem Umfang. Jeden Mittwoch besteht die Möglichkeit an „Bewegung am Arbeitsplatz" teilzunehmen. Dabei werden unterschiedliche Übungen zur Entspannung und Dehnung der belasteten Muskeln, unter Anleitung eines Fitness-Coachs, durchgeführt.

- Parkplätze

Durch das stetige Wachsen des Unternehmens und einer steigenden Mitarbeiterzahl musste die Anzahl der Parkplätze angepasst werden. Dazu wurden zusätzliche Parkplätze geschaffen, wodurch sich die Parksituation merklich entspannt hat. Das Parken für die Mitarbeiter ist kostenfrei und trägt zum Wohlbefinden und zur Mitarbeiterbindung bei.

• Fort- und Weiterbildung

Für eine marktführende Position des Unternehmens ist es wichtig, die Mitarbeiter zu schulen. Dafür stellt das Unternehmen finanzielle Mittel bereit und stellt Mitarbeiter für entsprechende Maßnahmen frei.

• Familienfreundlichkeit

Als Familienunternehmen unterstützt BRÜCKNER insbesondere Mitarbeiter mit Familie. In den Herbstferien wird ein sogenannter Familientag veranstaltet, bei dem die Eltern ihre Kinder einen Tag in das Unternehmen mitbringen dürfen. Zur freien beruflichen und privaten Gestaltung ist es Mitarbeitern möglich, eine Auszeit in Form eines Sabbaticals zu nehmen.

• Gesundheitliche Unterstützung

Zur gesundheitlichen Unterstützung trägt der Betriebsarzt bei. Er ist bereits seit einigen Jahren für das Unternehmen tätig und kommt regelmäßig ins Haus. Er unterstützt die Firma in allen arbeitsmedizinischen Belangen, so z. B. in 2014 mit folgenden Maßnahmen:

– Arbeitsplatzbegehungen mit Hinweisen für gesunde und alternsgerechte Arbeitsplatzgestaltung
– ASA (Arbeitssicherheitsausschuss)-Sitzungen mit den Sicherheitsfachkräften
– Vortrag zum Thema „Haut – die wichtigsten 2 m^2", insbesondere Sonnenschutz
– Hör- und Sehtests, individuelle Beratung und ggf. Empfehlung zur Anschaffung von Sehhilfen
– Ansprechpartner für alle individuellen, medizinischen Belange
– Vortrag zur gesunden Stärkung des Rückens
– Medizinische Reiseberatung und Informationen zum Impfschutz
– Blutdruckmessungen

Das Angebot gilt für alle Betriebsangehörige

vit@work ist ein kontinuierlicher Prozess und wird auch weiterhin vorangetrieben. In Planung ist eine Plattform im Intranet, auf der auf die betrieblichen Sportangebote hingewiesen wird. Zum Thema Gesundheit soll es auch einen Kurs geben, der Raucher bei der Entwöhnung unterstützt. Um das Bewusstsein für gesunde Ernährung weiter zu stärken, hat die Firma bereits Gesundheitstage veranstaltet, die auch in Zukunft stattfinden sollen. So wurde beispielsweise 2014 der Tag des Wassers veranstaltet, bei dem sich die Mitarbeiter zum Thema Wasser und gesunde Ernährung informieren konnten. Zusätzlich wurden vitaminreiche Smoothies ausgeschenkt. Auch in den Unternehmensleitsätzen spiegeln sich die Inhalte des vit@work Projektes wider:

„Mitarbeiter

Unser Erfolg liegt in der Hand jedes einzelnen Mitarbeiters. Wir bieten unseren Mitarbeitern ein hohes Maß an Freiheit und erwarten dafür Engagement, Eigeninitiative und Kreativität.

Teamorientierung

Wir entwickeln und vereinbaren unsere Ziele gemeinsam und verfolgen diese konsequent und hartnäckig. Wir setzen auf flache Strukturen, kooperative Führung und Teamarbeit."

Eine genauere Betrachtung des vit@work-Projektes wurde im Rahmen einer Bachelorarbeit durchgeführt. Die durchweg positive Rückmeldung der Mitarbeiter bestätigen die Bemühungen für das vit@work Projekt. Dies und der Gewinn des Demografie Exzellenz Award 2011 in der Kategorie 50 bis 250 Mitarbeiter sind Motivation und Ansporn, die Arbeit auch weiterhin voranzutreiben.

5.6.4 Praktische Tipps und Erfahrungen für Nachahmer

Um eine Akzeptanz bei der Belegschaft zu schaffen ist es zunächst notwendig, diese mit in den Prozess einzubeziehen. Einen optimalen Rahmen dafür bietet eine Mitarbeiterbefragung, die aufschlussreiche Erkenntnisse und potentielle Handlungsfelder aufzeigen kann. Weiterhin sollten für eine erfolgreiche Generierung und Einführung von Maßnahmen die Ideen und Interessen der Mitarbeiter beachtet werden. Um auf diesem Gebiet nachhaltig erfolgreich zu sein, ist die Gründung eines Teams zu empfehlen. Dieses sollte sich mehrmals im Jahr treffen und die bestehenden Interessen und Ideen analysieren sowie Maßnahmen daraus ableiten. Außerdem besteht die Möglichkeit, über zukünftige Maßnahmen zu diskutieren. Auch sollten die Mitarbeiter unbedingt regelmäßig über die Tätigkeiten des Teams informiert werden. Damit wird Transparenz geschaffen und die Mitarbeiter fühlen sich integriert.

5.7 LebensArbeitsZeitkonten, E.G.O. Elektro-Gerätebau GmbH

5.7.1 Unternehmensdarstellung

Die E.G.O.-Gruppe mit Stammsitz in Oberderdingen im Nordosten des Landkreises Karlsruhe ist weltweit als einer der führenden Zulieferer für Hersteller von Hausgeräten bekannt. Die E.G.O. Elektro-Gerätebau GmbH ist Teil der E.G.O.-Gruppe. Die Unternehmensgruppe bietet alle Heiz- und Steuerelemente, die zum Kochen und Backen, zum Waschen, Trocknen und Geschirrspülen benötigt werden. Überdies liefert E.G.O. auch Komponenten, Systeme und Technologien für Gastronomie und professionelle

Wäschepflege sowie anspruchsvolle Komponenten für die Medizin- und Gebäudetechnik oder die Automotive-Industrie.

Die E.G.O.-Gruppe ist heute an 18 Standorten in 16 Ländern mit Produktions- oder Vertriebsgesellschaften vertreten. Mit etwa 6.000 Mitarbeitern weltweit erzielte das Unternehmen im Jahr 2014 einen Umsatz von rund 566 Mio. Euro. E.G.O. Elektro-Gerätebau GmbH beschäftigt 1.734 Mitarbeiter und machte 2014 einen Jahresumsatz von 252 Mio. Euro. Im Jahr 1931 legte der Firmengründer, Karl Fischer, mit der ersten serientauglichen elektrischen Kochplatte den Grundstein für das Oberderdinger Unternehmen, das bis heute zu den wesentlichen Innovationsführern der Branche gehört und mit nutzenstiftenden, innovativen und qualitativ hochwertigen Produkten den Menschen das tägliche Leben erleichtern möchte.

„Willkommen, wo Menschen und Hightech zuhause sind", liest der Besucher beim Betreten des Eingangsbereichs der Hauptverwaltung in Oberderdingen. Dass dieser Slogan nicht nur eine Worthülse ist, beweist das Unternehmen täglich durch seine Produkte und innovativen Technologien, aber auch durch seine ausgezeichnete und konstante Personalarbeit. Diese basiert auf vier Grundpfeilern: Verantwortung, Verwirklichung, Vergütung und Versorgung. Um diese vier Grundpfeiler mit Leben zu füllen, bedarf es eines Attributes, das ein zentraler Bestandteil der Unternehmenskultur ist: Redlichkeit. Zur Redlichkeit des Unternehmens gehört auch, Arbeitsplätze zu sichern, motivierende Rahmenbedingungen für Mitarbeiter zu schaffen, Kooperationen mit sozialen Einrichtungen und Bildungsinstitutionen einzugehen sowie ein breites Engagement für die Heimatregionen zu leben.

In einem Umfeld mit kurzen Wegen und flachen Hierarchien finden die Mitarbeitenden Freiräume für die Umsetzung ihrer Ideen. Im Bereich der Vergütung werden überdurchschnittliche Verdienstmöglichkeiten, erfolgsabhängige Zusatzleistungen, Zielerreichungsprämien und eine betriebliche Altersvorsorge geboten. Flexible Arbeitszeitmodelle, Betreuungsmanagement für die Familien und Sportangebote runden das Gesamtbild ab. Und als verbindendes Element dient das Projekt „LebensArbeitsZeitkonto – kurz LAZ – Ein Konto für alle Lebenslagen – Work und Life in Balance".

5.7.2 Ausgangssituation des Projektes

Die im Jahr 2011 einsetzenden Diskussionen um die Konsequenzen zu der beschlossenen Anhebung des Renteneintrittsalters und den damit verbundenen ansteigenden gesundheitlichen Belastungen sowie den Folgen für das Privatleben der Mitarbeitenden nahm die E.G.O. Elektro-Gerätebau GmbH zum Anlass, einen neuen und wichtigen Baustein einzuführen – das LebensArbeitsZeitkonto.

Mit dem LebensArbeitsZeitkonto wird jedem Mitarbeiter die Möglichkeit eröffnet, die absehbar längere Lebensarbeitszeit für sich selbst flexibler zu gestalten und bereits frühzeitig ein Ausgleichsinstrument u. a. für das erhöhte gesetzliche

Renteneintrittsalter im Unternehmen nutzen zu können. Damit wird das Unternehmen seinen hohen Ambitionen gerecht, das Leistungsangebot für die Mitarbeiter ständig zu verbessern.

Beim LebensArbeitsZeitkonto handelt es sich um ein Konto, auf das die Mitarbeiter von ihren laufenden Entgeltbestandteilen – etwa vom Urlaubs- oder Weihnachtsgeld, von Sonderzahlungen oder vom laufenden Monatseinkommen – Beträge in individueller Höhe steuer- und sozialversicherungsfrei einbezahlen können. Auf dem Konto werden die eingezahlten Beträge gesammelt und verzinst. Je nach Höhe des Kontos, auf das der Mitarbeiter jederzeit online Zugriff hat und regelmäßig einen Auszug erhält, kann dann nach vorheriger Rücksprache mit dem Arbeitgeber das in Zeit umgewandelte Wertguthaben aufgebraucht werden. So kann ein Mitarbeiter, der gerade seine Ausbildung erfolgreich abgeschlossen hat und monatlich 100 Euro brutto umwandelt, mit Verzinsung und üblichem Karriereverlauf eine Freistellung von 37 Monaten ansparen und so gegebenenfalls früher in den Ruhestand eintreten. Unter Berücksichtigung der Tatsache, dass dieser Mitarbeiter nach heutigem Stand erst mit 67 Jahren in Rente gehen kann, ist dies ein attraktives Angebot. Das Konzept ist langfristig ausgelegt, aber auch bei langjährigen oder älteren Mitarbeitern lohnt es sich noch, in das LebensArbeitsZeitkonto zu investieren. Startet etwa ein 35-jähriger Mitarbeiter mit der gleichen Einzahlung von 100 Euro brutto, könnte er sich immer noch 21 Monate vor dem Rentenbezug freistellen lassen. Selbst bei einem 50-jährigen Mitarbeiter verkürzt sich die Arbeitszeit bei gleichen Rahmenbedingungen um neun Monate. Keineswegs soll aber die ruhestandsnahe Verwendung die einzige bzw. die präferierte Einsatzmöglichkeit des LebensArbeits-Zeitkontos darstellen.

Das aufgebaute Wertguthaben können die Mitarbeiter in unterschiedlichen Phasen des Berufs- und Privatlebens in Anspruch nehmen – vollkommen selbstbestimmt und im Rahmen ihrer jeweiligen Lebenssituation und Bedürfnisse, zum Beispiel zur Finanzierung der Elternzeit nach Ende der Eltern-geldleistungen, für die Pflege erkrankter Angehöriger, für die persönliche Qualifizierung, für die Verkürzung der Arbeitsphase bei Altersteilzeit oder für die ruhestandsnahe Freistellung – die Entscheidung darüber liegt ganz beim Mitarbeiter.

Die Prämissen lauteten Sicherheit, Flexibilität und Selbstbestimmung. Diese Voraussetzungen wurden mit dem LebensArbeitsZeitkonto erreicht, denn damit können Mitarbeiter verschiedenen Lebenssituationen gestärkt begegnen. Eine junge Mitarbeiterin entscheidet sich zum Beispiel nach ihrer Ausbildung für ein LebensArbeitsZeitkonto, um nach der Geburt eines Kindes und dem Auslaufen der staatlichen Geldleistungen noch einige Zeit zur Betreuung des Kindes zu Hause zu bleiben. Einige Jahre später könnte sie einige Monate „finanzierte" Freizeit in Anspruch nehmen, um einen Angehörigen zu pflegen. Auch dies funktioniert mit dem LebensArbeitsZeitkonto.

5.7.3 Inhalte und Verlauf des Projektes

Alles begann mit einer Idee, die umgehend ausgestaltet und in eine konkrete Planung umgesetzt wurde – immer in Abstimmung mit der Arbeitnehmervertretung. Aus der Idee entwickelte sich ein Projekt, dessen Konzeption unter dem Titel „Einführung von LebensArbeitsZeitkonten" bei E.G.O. im Rahmen einer Bachelorthesis erstellt wurde.

Anfang 2010 fanden Erstgespräche mit potenziellen Anbietern für Lebensarbeitszeitkonten statt. Zwei Anbieter kamen in die engere Auswahl. Sie mussten ihre Angebote in Workshops mit den Projektverantwortlichen des Personalbereichs und dem Betriebsrat vorstellen. Nachdem im Oktober 2010 die Entscheidung und Auftragsvergabe an den Anbieter getroffen war, wurde ein Gutachten zu Wechselwirkungen in Auftrag gegeben. Außerdem wurde der Kontakt zu den Tarifvertragsparteien, Südwestmetall und IG Metall, gesucht, da es für dieses innovative Konzept eines Tarifvertrages eigens für E.G.O. zwischen der IG Metall in Stuttgart und dem Arbeitgeberverband Südwestmetall bedurfte. Weitere Workshops mit dem Anbieter und dem Projektteam fanden statt, in denen die Teilnehmer Rahmenbedingungen definierten. Das Einführungskonzept und die Marketingmaßnahmen wurden Mitte 2011 fertiggestellt. Und im Oktober 2011 konnten der Ergänzungstarifvertrag und die Betriebsvereinbarung unterzeichnet werden – pünktlich zum 1. November 2011 wurden die LebensArbeitsZeitkonten eingeführt.

Das Einführungskonzept beinhaltete Informationsveranstaltungen und Einzelge-sprä-che während der Arbeitszeit, um den Mitarbeitern die Details vorzustellen. In nur zwei Wochen haben rund 1.400 Mitarbeiter an den Informationsveranstaltungen teilgenommen. Personalreferenten und Betriebsräte begrüßten in 34 Veranstaltungen je zwischen 35 und 50 Mitarbeiter. Fragestellungen während der Veranstaltungen zeigten, dass sich die Mitarbeiter mit dem Thema identifizieren konnten und sich bereits erste Gedanken darüber gemacht hatten, wie sie das Wertguthaben aufbauen und wie sie es später in Anspruch nehmen könnten. In Einzelberatungsgesprächen wurden die Inhalte vertieft und Beispielsimulationen auf die persönliche Situation zugeschnitten berechnet. Häufig war die betriebliche Altersvorsorge auch ein zentrales Thema und ein ideal ergänzender Baustein zum LebensArbeitsZeitkonto.

Neben vielen Vorteilen bei der Entscheidung für ein LebensArbeitsZeitkonto bietet E.G.O. noch einen weiteren: Jedem Mitarbeiter, der sich für ein LebensArbeitsZeitkonto entscheidet, wird der Startbonus nach einer Laufzeit von einem halben Jahr in Höhe von 500 Euro auf das Konto gebucht. Eine attraktive Gesamtverzinsung inkl. Überschussbe-teiligung runden das Angebot ab. Das LebensArbeitsZeitkonto ist gegen Insolvenz des Unternehmens und im Todesfall des Mitarbeiters durch eine Treuhandlösung abgesichert, die Guthaben sind vererbbar. Auch bei Sonderfällen, wie z. B. Kurzarbeit, besteht eine garantierte Absicherung, das Volumen verändert sich dadurch nicht. Bei einem Arbeitge-berwechsel durch den Mitarbeiter kann das Wertguthaben an den künftigen Arbeitgeber oder an den Deutschen Rentenversicherung-Bund übertragen werden. Die Möglichkeit der Auszahlung an den Beschäftigten besteht in einem solchen Falle ebenso. Die Wahl liegt ganz beim Mitarbeiter. Das Unternehmen hat keine relevante Veränderung in der Bilanz, da die Guthaben monatlich abgeführt werden und dadurch keine Rückstellungen gebildet werden. Es führt zu keiner Bilanzverlängerung durch die LebensArbeitsZeitkonten.

Für E.G.O. ist dieses Engagement eine Investition in die Zukunft. Nachhaltigkeit wird bei E.G.O. traditionell als die Balance zwischen sozialen, wirtschaftlichen und ökologischen Zielen definiert. Das LebensArbeitsZeitkonto bildet dabei einen wichtigen Baustein im sozialen Bereich, im Interesse der Mitarbeiter. Durch dieses zusätzliche, attraktive Mitarbeiterangebot wurde ein Alleinstellungsmerkmal geschaffen, durch das sich das Unternehmen von seinen Wettbewerbern auf dem Arbeitsmarkt unterscheidet. Bei der Rekrutierung von Nachwuchs- oder Fachkräften wird ein innovatives Thema besetzt, das junge Menschen gezielt anspricht. Die Gestaltung der Lebensarbeitszeit nach eigenen Wünschen entspricht den heutigen Anforderungen an einen Arbeitgeber und ermöglicht eine stärkere Bindung des Mitarbeiters an das Unternehmen.

Wie positiv das Konzept des LebensArbeitsZeitkontos in der Belegschaft angenommen wird, zeigen auch verschiedene Statements dazu:

„Mit der Einführung von LebensArbeitsZeitkonten haben wir zusammen mit dem Betriebsrat wieder einen Meilenstein gesetzt, der ganz im Sinne von zukunftsorientierten Lösungen für die Mitarbeiter steht. Die Konten sind flexibel für alle denkbaren Lebenssituationen nutzbar – auch für private Weiterbildungspläne. Wir möchten unsere Mitarbeiter dort unterstützen, wo gesetzliche Regelungen für sie möglicherweise nicht ausreichen. Solche Modelle sind wichtig, um im Wettbewerb um Fachkräfte mehr bieten zu können als andere. Mit diesem Konto erleichtern wir es unseren Mitarbeitern, Beruf und Privatleben zu vereinbaren". (Dr. Johannes Haupt, Vorsitzender der Geschäftsführung der E.G.O.-Gruppe)

„Ich habe mich für das LebensArbeitsZeitkonto entschieden, da ich nicht glaube, bereits mit 67 in Rente gehen zu können. Ein weiterer wichtiger Aspekt ist das Thema Pflegezeit. Wer weiß, ob ich das nicht kurzfristig mal in Anspruch nehmen muss. Die Individualität und Flexibilität dieses Models hat mich überzeugt". (Mitarbeiter)

„Das LAZ kann ich für die verschiedensten Lebenssituationen nutzen. Für was ich mich dann entscheide, bleibt ganz mir überlassen. Nach der Informationsveranstaltung habe ich mich gleich für ein Einzelgespräch angemeldet. Dort wurde ich bestens beraten, meine persönliche Situation haben wir gemeinsam beleuchtet". (Mitarbeiter)

5.7.4 Praktische Tipps für Nachahmer

Der Erfolgsfaktor dieses Projekts war sicherlich die gute Zusammenarbeit der Betriebsparteien. Bei dem Thema waren die gemeinsamen Interessen schnell erkannt und es wurde konstruktiv an einem Strang gezogen. Nachdem jeder Betriebspartner seine Tarifpartei informiert hatte, verlief der Abschluss des Ergänzungstarifvertrags zwischen den Tarifvertragsparteien nahezu problemlos.

Die interne und externe Kommunikation hat bei der Einführung der LebensArbeits-Zeitkonten eine wichtige Rolle gespielt. Als Beilage zur monatlichen Entgeltabrechnung wurde mittels eines Anschreibens vorab zum Thema informiert, um den Mitarbeitern die Vorteile der Flexibilität und der Individualität eines Kontos zu veranschaulichen. In diversen Informationsveranstaltungen während der Arbeitszeit wurde den Mitarbeitern das Thema persönlich vorgestellt. Gerade auch die Einzelgespräche waren wichtig und sinnvoll, um die individuelle Situation der Mitarbeiter beleuchten zu können. Diese durften ebenso während der Arbeitszeit besucht werden. Im Intranet wurden viele Informationen zur Verfügung gestellt und eine Liste mit häufigen Fragen zum Thema LebensArbeitsZeitkonten hinterlegt. Aushänge über aktuelle Zwischenstände, wie zum Beispiel die erste Inanspruchnahme einer Freistellung, komplettierten die interne Kommunikation. Extern wurde das Thema breit kommuniziert, um das attraktive Angebot bei potenziellen Bewerbern bekannt zu machen. So berichteten die regionalen Zeitungen über das Thema. Auch in der Zeitschrift des Arbeitgeberverbandes wurde zweimal über die Einführung der LebensArbeitsZeitkonten bei E.G.O. berichtet.

Die Auszeichnung der LebensArbeitsZeitkonten mit dem Demografie Exzellenz Award ist für E.G.O. und die Projektbeteiligten eine Bestätigung, auf dem richtigen Weg zu sein und wurde von den Mitarbeiten als hohes Qualitätsurteil für das Thema eingestuft.

5.8 Alte Hasen und junge Hüpfer, TürenMann Stuttgart GmbH & Co. KG

5.8.1 Unternehmensdarstellung

TÜRENMANN ist ein Dienstleister im Handwerk mit dem Schwerpunkt Bauelemente, insbesondere Türen und Fenster. Mit aktuell 49 Mitarbeitern ist TÜRENMANN kompetenter Partner in Sachen Türen, Fenster, Innenausbau und Reparaturservice. Das Unternehmen verfügt über eine Erfahrung von über 40 Jahren. Zu den Dienstleistungen gehören die Beratung und Entwicklung von Kundenlösungen, die dann sowohl industriell wie auch von kooperierenden Handwerksunternehmen gefertigt werden. Die Montage und alle kundenseitigen Arbeiten werden von eigenen Mitarbeitern durchgeführt. Erstes Ziel ist es immer, den Kunden mit den Produkten und hauseigenen Leistungen zu begeistern.

5.8.2 Ausgangsproblem und Zielsetzung des Projektes

Entscheidend für den Erfolg und die Zukunft des Unternehmens ist die Fähigkeit, sich an den sich immer schneller entwickelnden Markt und die technologischen Herausforderungen und formellen Neuerungen anzupassen sowie ihnen einen Schritt voraus zu sein. Die Kompetenz jedes einzelnen Mitarbeiters ist dabei von entscheidender Bedeutung.

Obwohl jedem Mitarbeiter bei TÜRENMANN die Möglichkeit geboten wird, sich auf den klassischen Bildungswegen, zum Beispiel zum Meister, weiterzuentwickeln, gibt es eine ganze Reihe von Mitarbeitern, die in der rein handwerklichen Ebene verbleiben möchten. Dies ist durchaus auch im Interesse des Unternehmens, denn die langjährige Kompetenz dieser Mitarbeiter ist es, die unsere Kunden begeistert und Projekte rentabel macht. Jedoch schränkt die hohe physische Belastung der Monteure diese Bestrebungen massiv ein. Um junge Mitarbeiter schneller zu entwickeln, ältere Mitarbeiter dagegen physisch zu entlasten und Erfahrung und Kompetenz im Unternehmen zu halten, gibt es bei TÜRENMANN seit langer Zeit altersgemischte Teams. Diese bestehen aus einem Obermonteur, einem Jungmonteur und einem Auszubildenden. Bei der Arbeit in diesen Teams zeigte sich, dass es den Obermonteuren oder Altgesellen häufig schwer fällt, ihre Fertigkeiten oder Erfahrungen an die Jungmonteure und Auszubildenden zu vermitteln. Obwohl die Teams harmonisch arbeiten und eine sehr positive Stimmung herrscht, meint der Obermonteur oft: „Bevor ich das lang erkläre, mach ich das lieber selbst, das geht schneller und ist nicht so riskant".

Mögliche Hintergründe für diese Aussage sind die Angst vor der Konkurrenz durch die jungen Mitarbeiter, ein fehlendes Verständnis für die Ziele der Ausbildung, Ungeduld, Bequemlichkeit und naturgemäß eine mangelnde Qualifikation im Aufgabenfeld der Ausbildung und Kompetenzvermittlung. Die Obermonteure sind erfahrene Schreiner- und Glasergesellen mit einem hohen Anspruch an die Qualität ihrer Arbeit, allerdings fehlt ihnen die Qualifikation in der Arbeits- und Ausbildungspädagogik.

Das Ziel ist, mit dem Projekt „Alte Hasen und junge Hüpfer" die Ausbilderfähigkeiten der Obermonteure gezielt weiter zu entwickeln und damit die Effizienz der Ausbildung in den altersgemischten Teams zu steigern.

5.8.3 Inhalte des Projektes

Die zusammen mit einer externen Unternehmensberatung entwickelte Trainings-maßnahme baut auf den bekannten „Train the Trainer"-Gedanken auf (Weiterentwicklung von „nur" Obermonteur zum Ausbilder). Im Fokus steht dabei nicht die handwerkliche oder fachliche Weiterentwicklung, sondern die Erweiterung der Fähigkeiten hinsichtlich der Wissensvermittlung, um erfahrene Mitarbeiter als Trainer nutzen und einsetzen zu können.

Diese Art von Qualifizierungskonzept oder interner Weiterbildung hat mehrere Vorteile:

- Schritt in Richtung „lernende Organisation"
- Motivation der erfahrenen Monteure (ihr Wissen wertschätzen)
- Durch Weitergabe das Wissen im Unternehmen halten

- Qualitätssicherung (setzen von Mindeststandards)
- Gezielte Einarbeitung und Weiterentwicklung neuer Mitarbeiter

Die Monteure sind nach dem Training in der Lage, für jeden der ihnen zugeordneten Kollegen einen individuellen Ausbildungsplan zu erstellen und sie zu befähigen, die ihnen zugeordneten Aufgaben selbständig und in der festgelegten TÜRENMANN-Qualität zu erledigen und sich dadurch weiter zu entwickeln.

Um dies zu erreichen, werden die Monteure in folgenden Kompetenzen geschult:

- Soziale Kompetenz
- Motivation, Kommunikation, „5 Stufen zur Verhaltensänderung", Menschentypen/ Präferenzen
- Methodenkompetenz
- Lernen, produktive Informationsverarbeitung, „Lernkontrolle" und Feedback
- Erstellen eines individuellen Ausbildungsplans
- Erkennen der aktuellen Lernfelder bei den Jungmonteuren/Auszubildenden und Definition von Maßnahmen

Auf zwei halbtägige Workshops mit methodischen Hintergrundinformationen und praxisbezogener Gruppenarbeit folgt ein ganztägiges Einzel-Coaching pro Monteur direkt vor Ort. Dabei erhält der Monteur die Möglichkeit zu einem direkten Feedback auf sein Trainingsverhalten. Das Projekt fügt sich in eine ganze Reihe von Maßnahmen, die zur Gesundheitsförderung, zum Stressabbau und zur Motivationssteigerung dienen und Mitarbeiter zum lebenslangen Lernen ermutigen.

Damit zeigt TÜRENMANN auch eine Möglichkeit für eine handwerkliche Karriere auf, die neben einer Reihe von innerbetrieblichen und externen Weiterbildungsmöglichkeiten (wie Meister, Techniker und Betriebswirt) eine rein handwerkliche Laufbahn bis ins Rentenalter ermöglicht und somit das Handwerk für junge Menschen wieder attraktiver machen kann.

5.8.4 Praktische Tipps für Nachahmer

Eine wesentliche Voraussetzung für ein solches Qualifizierungskonzept im Handwerk ist die gelebte Unternehmenskultur. Erst wenn für die Mitarbeiter glaubhaft sichtbar ist, dass die Geschäftsleitung hinter einem derartigen Weiterbildungsangebot steht und es dem Unternehmen nutzt, nehmen es die Mitarbeiter ernst. Ein „aufgesetztes" Programm würde, schnell entlarvt und nicht mit der notwendigen Ernsthaftigkeit verfolgt. Wichtig ist auch, von Beginn an transparent zu kommunizieren, dass nicht alle Interessierten automatisch in das Programm aufgenommen werden, sondern dass es im Einzelfall nach Eignung entschieden wird. Das ist notwendig, um wirklich nur solche Mitarbeiter zu Ausbildern zu machen, die eine gewisse Offenheit dafür mitbringen und damit nicht über den Bedarf hinaus Hoffnungen gemacht werden, die nicht eingehalten werden können.

Bei der Ausgestaltung des Trainingsprogramms ist auf eine hohe Praxisorientierung Wert zu legen. Die Teilnehmer stammen aus dem operativen handwerklichen Bereich und sind es gewohnt, Aufgaben und Probleme pragmatisch anzugehen. Schulungen mit hohen Theorieanteilen, wenig Übmöglichkeiten und begrenztem Raum zum Ausprobieren stoßen tendenziell auf Ablehnung.

5.9 Senior-Ausbildung, K&U Bäckerei GmbH

5.9.1 Unternehmensdarstellung

Die Bäckerei K&U mit Sitz in Neuenburg am Rhein (Baden) entstand aus dem Zusammenschluss von Familienbäckereien aus dem gesamten südwestdeutschen Raum. Mit fünf Backstuben und über 800 Filialen werden heute von der deutsch-französischen Grenze bis über Frankfurt hinaus, vom Saarland bis nach Bayern, in fünf Bundesländern über 5.000 Mitarbeiter in Produktion und Vertrieb beschäftigt. Nachwuchskräfte werden in fünf Berufen und vier Studiengängen ausgebildet. Die „Backk&ultur" erwuchs aus den vielfältigen Traditionen, der Entstehungsgeschichte und den Richtlinien des Reinheitsgebotes. Als 100-prozentige EDEKA-Tochter liegt der Fokus der Unternehmensphilosophie neben der hochwertigen Qualität der Backwaren auf der Erhaltung der Umwelt und ihrer natürlichen Ressourcen, der nachhaltig orientierten Einkaufs- und Vertriebsstrategie sowie der bewussten Verantwortung gegenüber der Gesellschaft.

5.9.2 Ausgangsproblem und Ablauf des Projektes

Der dramatische Rückgang der Schulabgänger sowie das Erreichen der Altersgrenze langjähriger Mitarbeiter erschweren die Besetzung offener Stellen im Unternehmen. Dies nicht nur aktuell, sondern auch im Hinblick auf die weitere Expansion der K&U Bäckerei. Die Wirtschaft im Verbreitungsgebiet der K&U Bäckerei ist stark mittelständisch geprägt. Im Gebiet „Region Südlicher Oberrhein" beispielsweise sind 43,5 Prozent aller Beschäftigten bei Betrieben unter 50 Mitarbeitern tätig. 73,4 Prozent aller Arbeitnehmer sind bei Betrieben unter 250 Mitarbeitern beschäftigt. Der Ausbildungsmarkt entwickelt sich zu einem „Bewerbermarkt". Auf 100 Lehrstellen kommen gerade noch 80 Bewerber (siehe hierzu und zum gesamten Projekt auch Fördergesellschaft der Handwerkskammer Freiburg mbH 2012). Vor diesem Hintergrund sind An- und Ungelernte als wichtige Zielgruppe für einen potentiellen Fachkräftezuwachs zu betrachten. Der Anteil der An- und Ungelernten beträgt unter allen Beschäftigten in der Region im Durchschnitt 20 Prozent. Damit rückt die modulare Nachqualifizierung als Weg und Methode zur

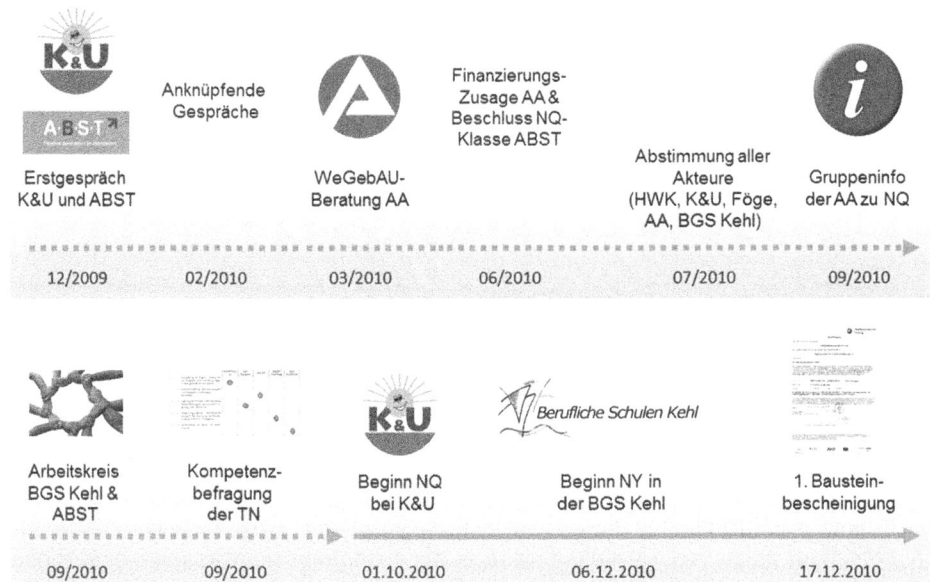

Abb. 5.7 Entstehung Senior Ausbildung K&U (Quelle: Fördergesellschaft der Handwerkskammer Freiburg mbH 2012, S. 24 f.)

beruflichen Qualifizierung und damit zur Sicherung des Fachkräftebedarfs verstärkt in den Blickpunkt.

Das Projekt „ABST" (Ausbildungsbausteine), getragen durch die Fördergesellschaft der Handwerkskammer Freiburg, nahm im Dezember 2009 Kontakt zur Geschäftsleitung der Bäckerei K&U auf (siehe im Folgenden Abb. 5.7). „ABST" hat zum Ziel, ältere Angestellte und Arbeitssuchende auf Basis einer nach Ausbildungsbausteinen des Bundesinstituts für Berufsbildung (BIBB) gegliederten Nachqualifizierung zu einem anerkannten Berufsabschluss zu verhelfen.

Kurz vor Weihnachten 2009 fanden die ersten Kontakte von „ABST" mit der Leitung des Ausbildungsteams der K&U statt. Parallel dazu wurden Beratungen mit der Arbeitsagentur Freiburg zu finanziellen Förderprogrammen bzgl. des Projektes initiiert. Mit dem Programm „Weiterbildung Geringqualifizierter und beschäftigter älterer Arbeitnehmer im Unternehmen" (WeGebAU) ermöglichen Arbeitsagenturen und Jobcenter die Qualifizierung von Arbeitslosen und beschäftigten An- und Ungelernten. Mit der Zusage der Arbeitsagentur Freiburg für die Finanzierung einer betrieblichen Nachqualifizierungsmaßnahme fiel im Juni 2010 bei K&U abschließend die Entscheidung, das flexible Ausbildungsbausteinsystem einzuführen.

Über die Fördergesellschaft der Handwerkskammer Freiburg und das Projekt „ABST" wurde der Inhalt der dual angelegten Nachqualifizierung in Kooperation mit der Berufsschule Kehl (BGS Kehl) und dem Ausbildungs-Kompetenzteam von K&U in einem Ausbildungskonzept für Erwachsene ab Juli 2010 neu strukturiert. Dies geschah auf der

Basis des in Erprobung befindlichen Bildungskonzeptes des BIBB zu kompetenzbasierten Ausbildungsbausteinen.

In dem Arbeitskreis zur „bausteinorientierten Nachqualifizierung im Fachverkauf Bäckerei" wurde unter der Federführung der in Freiburg angesiedelten „ABST-Bildungsberaterin" und Dank der großen Unterstützung des Schulleiters und des Lehrerteams der beruflichen Schulen Kehl die geplante Maßnahme in Theorie und Fachpraxis auf die Ausbildungsbausteine des BIBB umgestellt und „Senior-Ausbildung" benannt. Die Ausbildungsbausteine wurden aus der dem Beruf „Fachverkäufer und Fachverkäuferin im Lebensmittelhandwerk Bäckerei" zugrunde liegenden Ausbildungsordnung und dem darin enthaltenen Ausbildungsrahmenplan entwickelt und umfassen die vorgeschriebenen (Mindest-)Inhalte vollständig. Die Inhalte des entsprechenden Rahmenlehrplans der Berufsschulen wurden bei der Bausteinentwicklung ebenfalls berücksichtigt. Im Rahmen der fachlichen Diskussion wurden bereits vorab verbindliche Eckpfeiler für die Überprüfung der zu erwerbenden beruflichen Handlungskompetenzen festgehalten und von Beginn an in die Bildungsplanung aufgenommen.

Durch die Gewinnung von Arbeitssuchenden über Veranstaltungen der Arbeitsagentur und K&U für das Berufsbild „Fachverkäufer und Fachverkäuferin im Lebensmittelhandwerk Bäckerei" im September 2010 und der sofort möglichen Anstellung bei K&U konnten 22 Interessierte im Alter von 26 bis 55 Jahren für die Einrichtung einer Ausbildungsklasse gefunden werden. „Ausbildung ist keine Frage des Alters" lautet das Motto bei K&U.

Den Auftakt der Nachqualifizierung machte dann die Kompetenzerfassung mit allen zukünftigen Umschülern und leitete den Start der Maßnahme im Oktober 2010 ein. Dabei wurde an der Berufsschule Kehl eine eigene Klasse mit den Projektteilnehmenden von K&U gebildet. Über eine Kompetenzauswertungsliste erfolgte die Zusammenführung aller Einzelergebnisse der Kompetenzerfassung, so dass eine Übersicht des Klassenverbandes entstand. Die berufliche Schule erhielt diese Übersicht, um den Auswertungen entsprechend einerseits die Dauer der zu vermittelnden Bausteine festzulegen und andererseits auseinanderklaffende oder sich ergänzende Kompetenzprofile pädagogisch zu nutzen.

„ABST" stellt über die Zusammenarbeit in Gremien die Vermittlung der Bausteininhalte im Schulunterricht sicher. Die zugehörige Fachpraxis vermitteln und überprüfen die Ausbilder der Firma K&U und quittieren diese im Berichtsheft. In Abstimmung mit der Firma K&U und einer Vertreterin der Prüfungskommission wurde die Dokumentation des theoretisch und praktisch Erlernten im Berichtsheft in Form und Inhalt auf berufliche Handlungskompetenzen nach dem Bausteinraster umgestellt. Das Ausfüllen der Berichtshefte wurde gemäß den Anforderungen der Bausteininhalte mit den Teilnehmenden geprobt und geübt. Die Dokumentation der vermittelten fachtheoretischen und fachpraktischen Inhalte wird so während der Nachqualifizierung sichergestellt.

Für einen einfachen Überblick aller Abläufe, Inhalte und Phasen wurde der „Ausbildungsstrahl", eine Art offizieller Ausbildungsplan der Firma K&U, speziell für

Ausbildungsbausteine: Fachverkauf Lebensmittelhandwerk
Die Bausteine 1 bis 4 und 7 sind in zeitlicher Reihenfolge zu vermitteln, da sie aufeinander aufbauen. Die Bausteine 5 und 6 können miteinander getauscht werden.

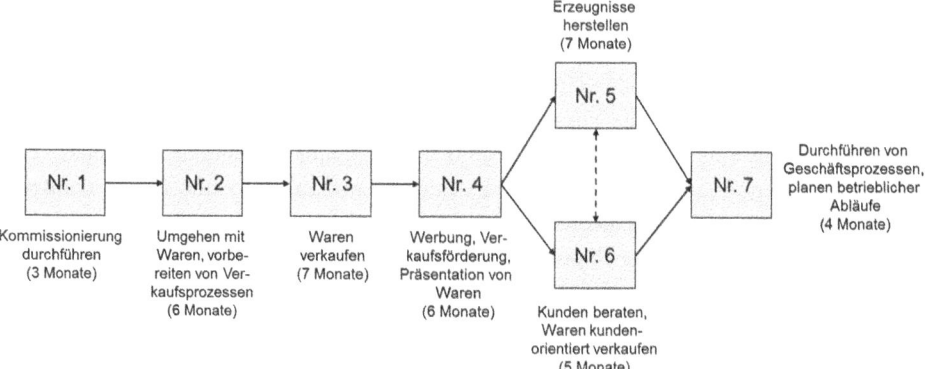

Abb. 5.8 Ausbildungsbausteine (Quelle: Fördergesellschaft der Handwerkskammer Freiburg mbH 2012, S. 18)

die Senior-Klasse nach dem inhaltlichen Ablauf der Ausbildungsbausteine des BIBB umstrukturiert. Durch regelmäßige Kontakte mit den Teilnehmern in der Schule und vor Ort überprüft die „ABST"-Bildungsberaterin zusätzlich die Abfolge der Bausteininhalte.

Nach jeder Phase zum Erwerb der vorgesehenen beruflichen Handlungskompetenzen wird dann eine Bausteinbescheinigung erstellt, die durch die Leitung des Projektes „ABST" und die Leitung der beruflichen Schule unterschrieben werden.

Die beteiligten Bildungsberater aus dem Projekt „ABST" werden über die Maßnahme JOBSTARTER CONNECT finanziert. Diese wird aus Mitteln des Bundesministeriums für Bildung und Forschung und dem Europäischen Sozialfond der Europäischen Union gefördert. Um den finanziellen Kraftakt für das Unternehmen tragbar zu gestalten, werden 50 Prozent der Bruttolöhne der Teilnehmer der Nachqualifizierung von der Agentur für Arbeit subventioniert. Der übrige Personalaufwand sowie die Kosten für Internat und überbetriebliche Ausbildungsmaßnahmen werden ausschließlich vom Unternehmen selbst finanziert.

5.9.3 Inhalte des Projektes und erreichte Ergebnisse

Die Zustimmung zum Konzept der Ausbildungsbausteine fiel, als der Mehrwert dieser speziellen Form klar wurde. Anders als bei einer traditionellen betrieblichen Umschulung, bei der die Teilnehmenden im zweiten Lehrjahr einsteigen und die Inhalte des ersten Lehrjahres selbständig erarbeiten müssen, ermöglichen das Ausbildungsbausteinkonzept und die vorangehende Kompetenzerfassung mit der Anrechnung informeller Kompetenzen die Vermittlung aller Ausbildungsinhalte. Obwohl sich Unterrichtszeit und

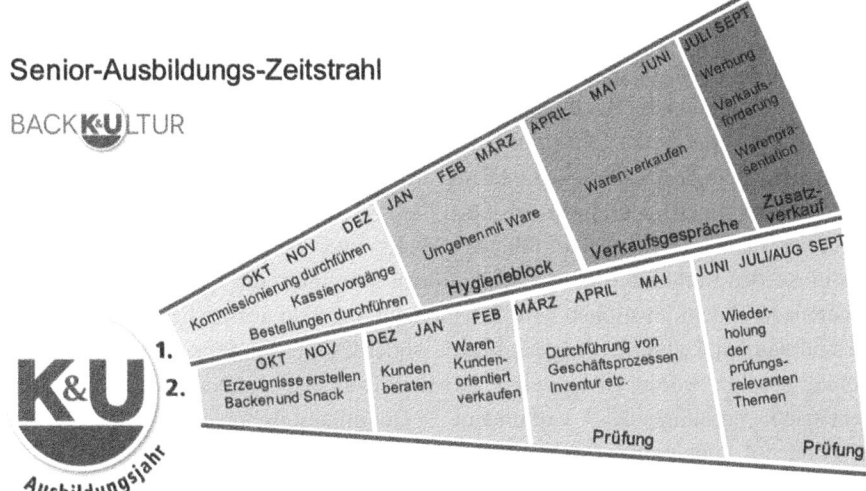

Abb. 5.9 Ausbildungszeitstrahl (K&U Bäckerei GmbH)

Phasen der einzelnen Bausteine verkürzen, ist die Vollständigkeit der Ausbildung gewährleistet. Dies bietet höhere Erfolgschancen als eine klassische Umschulung.

Im Fokus des Projektes stehen alle Zielgruppen des Arbeitsmarktes, welche Potenzial zur Rekrutierung von Fachkräften bieten. Dazu gehören unter anderem Ungelernte, Migranten, Berufsrückkehrer und ältere Arbeitnehmer. Die Zielsetzung aus Sicht des Unternehmens liegt eindeutig im „Finden und Binden" adäquater Mitarbeiter. Um den langfristigen Erfolg des Unternehmens gewährleisten zu können, werden motivierte und qualifizierte Mitarbeiter mit einer starken Identifikation mit dem Beruf und dem Unternehmen benötigt.

Das Konzept der Ausbildungsbausteine orientiert sich intensiv am Konzept der beruflichen Handlungsfähigkeit. So sind bei der Entwicklung der Ausbildungsbausteine die Regelungen des § 1 Abs. 3 BBiG bestimmend. Das bedeutet, dass „die Berufsausbildung die für die Ausübung einer qualifizierten beruflichen Tätigkeit in einer sich wandelnden Arbeitswelt notwendigen beruflichen Fertigkeiten, Kenntnisse und Fähigkeiten (berufliche Handlungsfähigkeit) in einem geordneten Ausbildungsgang zu vermitteln" hat. Die Ausbildungsbausteine beinhalten berufstypische und einsatzspezifische Arbeits- oder Geschäftsprozesse, die konzeptionell eine Integration von Fertigkeiten, Kenntnissen und Fähigkeiten vorsehen, die im Ausbildungsrahmenplan des jeweiligen Ausbildungsberufes vorgegeben sind – hier „Fachverkauf Lebensmittelhandwerk" (siehe Abb. 5.8). Weiterhin orientiert sich das Ausbildungsbausteinkonzept an einem umfassenden Kompetenzverständnis. Handlungskompetenz wird danach verstanden als „...die Bereitschaft und Fähigkeit des einzelnen, sich in beruflichen, gesellschaftlichen und privaten Situationen sachgerecht durchdacht sowie individuell und sozial verantwortlich zu verhalten. Handlungskompetenz entfaltet sich in den

Dimensionen von Fachkompetenz, Personalkompetenz und Sozialkompetenz." Inhaltlich sind die Ausbildungsbausteine sinnvolle Teilmengen der Ausbildungsordnung, des Ausbildungsrahmenplans und des Rahmenlehrplans, die an den Prinzipien einer vollständigen beruflichen Handlungsfähigkeit ausgerichtet sind und sich am „Handeln in Situationen" orientieren. Sie bilden die Arbeits- und Geschäftsprozesse ab, die das berufliche Handeln der ausgebildeten Fachkräfte in ihrer Gesamtheit maßgeblich bestimmen. Kriterium für den Zuschnitt der Ausbildungsbausteine ist der den Beruf prägende oder im beruflichen Einsatzgebiet übliche Arbeits- und/oder Geschäftsprozess. In jedem Baustein werden mindestens die Qualifikationen vermittelt, die notwendig sind, um die Kompetenzen in dem jeweiligen beruflichen Handlungsfeld abzusichern. Bei komplexen Prozessen wurden Teilungen vorgenommen, wobei jeweils das Prinzip der vollständigen Handlung beachtet wurde. Ob „geteilte" Arbeitsprozesse als getrennte Bausteine oder als systematisch miteinander verbunden Qualifikationseinheiten unter einem „Bausteindach" konzipiert wurden, ist stets fachlich entschieden worden.

Als grundlegendes Instrument der Nachqualifizierung lässt sich von Unternehmensseite aus die Entwicklung des Ausbildungszeitstrahles nennen (siehe Abb. 5.9.) Hier wurden die einzelnen Ausbildungsstufen entsprechend der kompetenzbasierten Ausbildungsbausteine festgelegt und zeitlich gegliedert. Somit wurden die genannten Ausbildungsbausteine mit dem Ausbildungszeitstrahl bei K&U abgeglichen. Dadurch wird das kontinuierliche Lernen unter intensiver Betreuung und durch den Einsatz definierter Lehr- und Lernmethoden gewährleistet.

Im Rahmen des Ausbildungsablaufs kommen auch zahlreiche überbetriebliche Maßnahmen zum Tragen die, ebenso wie in der Ausbildung der Junioren bei K&U, weit über das Normalmaß einer Ausbildung hinausgehen und oftmals der persönlichen Entwicklung und dem Nutzen der Auszubildenden dienen. Beispiele hierfür sind Erste-Hilfe-Kurse, Selbstverteidigungskurse, Knigge-Kurse (Eigen- und Fremdwahrnehmung), Ernährungsseminare, Gesundheitsvorsorge und Rückenschulen. Im Bereich fachbezogener Seminare werden Snack- und Backkurse, Hygiene- und Arbeitssicherheitsschulungen sowie Unterrichte zu betrieblichen Leistungskennzahlen durchgeführt.

Des Weiteren fördert das gemeinsame Lernen junger und älterer Auszubildender sowohl in der Schule, als auch nachmittags im Wohnheim, den Zusammenhalt der Klasse. Das „Wir Gefühl" und die intensive Vertrauensbeziehung zu den Lehrkräften fördern Sicherheit, Leistungsfähigkeit und nicht zuletzt die Identifikation mit dem Unternehmen. Um dies noch stärker zu unterstützen, wurde die K&U Akademie involviert. Hier werden in einer Ausbildungsfiliale mit angegliederten Seminarräumen und einer Show-Bäckerei realistische Szenarien zur handwerklichen Qualitätssicherung, zu Führungskompetenzen, Umsatzpotentialen, Marketing und deren betriebswirtschaftliche Auswirkungen geprobt und erarbeitet. Initiative, Verantwortung und Kompetenzen werden gestärkt und gefördert, um die künftigen Mitarbeiter auf ihre neuen Aufgaben vorzubereiten. K&U bietet den Mitarbeitern grundsätzlich einen großen Freiraum zur Gestaltung der persönlichen Weiterentwicklung. K&U betrachtet dies als Wertschöpfung durch Wertschätzung. Es handelt sich hier um ein maßgebendes Instrument der K&U Unternehmenspolitik, insbesondere der Personalführung. In der Vergangenheit wurde die Philosophie „Ausbildung mit Herz" bereits mehrfach ausgezeichnet.

5.9.4 Praktische Tipps und Erfahrungen für Nachahmer

Mittlerweile wurden in dem Projekt „Senioren-Ausbildung" bis 2015 rund 60 Mitarbeiter im Alter bis zu 56 Jahren ausgebildet. Als ein Pilotprojekt in enger Zusammenarbeit mit der Arbeitsagentur Freiburg, der Handwerkskammer Freiburg sowie den beruflichen Schulen Kehl erhalten die Teilnehmer innerhalb von zwei Jahren eine hochqualifizierte Ausbildung mit dem Abschluss „Fachverkauf im Lebensmittelhandwerk – Schwerpunkt Bäckerei". Dabei absolvieren die Teilnehmer eine auf ihre Vorkenntnisse und Berufserfahrungen abgestimmte Ausbildung in Form einer dualen Nachqualifizierung. Die Verkürzung auf 24 Monate hat folgenden Hintergrund:

- Jeder Teilnehmer wird von Mitarbeitern der Fördergesellschaft in einem Kompetenzerfassungsbogen auf bereits vorhandenes Wissen hin geprüft.
- Die Ergebnisse dieser Erfassung werden mit den Inhalten des Rahmenlehrplanes abgeglichen und in enger Zusammenarbeit mit den beruflichen Schulen, den Bildungsberatern sowie unter Zustimmung des Innungswartes der Bäckerinnung zu einem komprimierten Ausbildungslehrplan zusammengefasst.
- Als Grundlage dienen sogenannte Ausbildungsbausteine, in welchen beispielsweise folgende Lernfelder verankert sind: Herstellen von einfachen Teigen und Massen, Gestalten, Werben, Beraten, Verkaufen, Herstellen von feinsten Backwaren, Speisen herstellen und anrichten, Produkte verkaufsfördernd präsentieren, Umsatz und Kundenbindung durch Verkaufsaktionen fördern, Sicherheits -und Gesundheitsschutz, Umwelt, Tarif- und Arbeitsrecht, Organisation und betriebliche Abläufe etc.
- Die Auszubildenden werden von den ihnen zugeteilten Ausbildern in der Filiale umfassend im praktischen Bereich unterstützt. Sie besuchen für ca. zehn Wochen im Jahr die Berufsschule, in welcher sie in einer eigenen Klasse unterrichtet werden. Neben zahlreichen überbetrieblichen Ausbildungsmaßnahmen erfolgt eine intensive Betreuung sowohl durch K&U als auch durch die Mitarbeiter der Fördergesellschaft der Handwerkskammer, welche permanent den Ausbildungsablauf und -inhalt unterstützen.

Das Projekt ergab viele überraschende Ergebnisse. Durch die Anwesenheit der „Senior-Azubis" in Schule und Wohnheim wurden die „Junior-Azubis" überaus positiv beeinflusst. Werte wie Rücksichtnahme und Toleranz, ein soziales Miteinander sowie ein augenzwinkerndes Wetteifern um die besten Noten haben mittlerweile auch die Junioren geprägt. Eine Vorbildfunktion mit Nachhaltigkeit. Es ist festzuhalten, dass die gemischte Altersstruktur für beide Gruppen große Vorteile bietet. Die Anerkennung, die K&U von den „Senior-Azubis" erhält, zeigt, dass mit dieser besonderen Form der Wertschätzung mehrere Pluspunkte gesammelt werden können. Zum einen intensiviert sich die Bindung der Mitarbeiter an das Unternehmen, zum anderen wirkt die Auswahl der bisherigen „Senior-Azubis" als Motivator für andere Kollegen aus dem Filial-Team. Die Öffentlichkeit hat ihrerseits interessiert Notiz von diesem besonderen Projekt genommen (siehe z. B. Landesschau Baden-Württemberg vom 10.02.2011, sowie SWR 1 in der Sendung „Arbeitsplatz Deutschland", das Nachtjournal von RTL, Berichte des ZDF und Berichte der überregionalen Presse). Das Image des Unternehmens hat durch die Maßnahme, ungelernten und arbeitslosen Menschen eine Perspektive zu bieten, profitiert.

Ausgehend von Überlegungen im Innovationskreis Berufliche Bildung hat das Bundes-ministerium für Bildung und Forschung das Bundesinstitut für Berufsbildung beauftragt, auf der Basis der jeweils geltenden Ausbildungsordnung bundeseinheitliche und kompetenzbasierte Ausbildungsbausteine für weitere Ausbildungsberufe zu entwickeln.

Aus dem Bereich Industrie und Handel:

- Kaufmann/-frau im Einzelhandel, Verkäufer/-in,
- Kaufmann/-frau für Spedition und Logistikdienstleistung,
- Fachkraft für Lagerlogistik, Fachlagerist/-in,
- Industriemechaniker/-in,
- Elektroniker/-in für Betriebstechnik,
- Chemikant/-in,

Aus dem Bereich des Handwerks:

- Kraftfahrzeugmechatroniker/-in,
- Fachverkäufer/-in im Lebensmittelhandwerk,
- Anlagenmechaniker/-in für Sanitär-, Heizungs- und Klimatechnik,
- Elektroniker/-in Fachrichtung Energie- und Gebäudetechnik,
- Maler/-in und Lackierer/-in, Bauten- und Objektbeschichter/-in,

Der Dimensionierung und der Zahl der Bausteine eines Berufes liegen keine allgemein gültigen Regeln zu Grunde. Entscheidend ist vielmehr, dass die „Realität des Berufes" und die didaktische Logik seiner Ausbildung gewahrt werden. Die Nachqualifizierung als eine Form der Umschulung oder Ausbildung ist ohne Einschränkung übertragbar, sofern die den Ausbildungsberufen zugeordneten Ausbildungsinhalte mit den bereits vor-handenen erworbenen Kenntnissen und Fähigkeiten der Bewerber abgestimmt werden können (siehe Kompetenzerfassung). Nach Feststellung der zu vermittelnden Lerninhalte ist die enge Zusammenarbeit mit den entsprechenden Lehrkräften der Berufsschulen richtungsweisend für den komprimierten Rahmenlehrplan. Wenn diese Basis geschaffen wurde und von den entsprechenden Kontrollinstanzen (IHK/HWK) nach eingehender Prüfung als vollständig und regelgerecht anerkannt wurde, ist der Weg zur Nachquali-fizierung geebnet.

Innovative Projekte und Konzepte bergen natürlich auch den ein oder anderen Stolperstein. In der Bildungsplanung konnte nicht für jeden Baustein die 100-prozentige Umsetzung erreicht werden. Hier waren Anpassungsprozesse notwendig. Erwachsene Auszubildende, welche oft jahre- oder jahrzehntelang keine „Schulbank mehr gedrückt" haben, kämpfen verstärkt mit Hemmschwellen wie Versagens- oder Prüfungsängsten. Besondere Motivation und Unterstützung haben die Senior-Azubis hier durch die Fördergesellschaft der Handwerkskammer Freiburg erfahren.

Nach anfänglichem sehr großen administrativen Aufwand in Bezug auf Anträge und Formulare bezüglich der Finanzierung über WeGeBAU hat sich eine sehr angenehme und kooperative Zusammenarbeit mit der Agentur für Arbeit entwickelt. Auf der Suche nicht nur nach Mitarbeitern, sondern nach Menschen -und hier wird besonderer Wert auf diese Titulierung gelegt-, welche sich mit Herz und Verstand in das Unternehmen einbringen, ist K&U fündig geworden. Der Zugewinn neuer Mitarbeiter mit einem großen Erfah-rungsschatz aus anderen beruflichen Tätigkeiten und Ausbildungen zeigt sich als äußerst facettenreich. Anerkennung und Wertschätzung, Respekt und Dankbarkeit seitens dieser Arbeitssuchenden sowie aus den Reihen der K&U-Mitarbeiter bestätigen K&U in der Philosophie der Wertschöpfung durch Wertschätzung. Die Bindung, Loyalität und intensivierte Beziehung zu dem Unternehmen beweist einmal mehr – K&U ist auf dem richtigen Weg. Die kommenden Jahre werden zeigen, dass sich innovative Ideen und Aktionen zu einem unverzichtbaren Teil der Arbeitnehmersuche entwickeln. Allein mit dem Suchen ist jedoch noch kein dauerhafter Erfolg für das Unternehmen zu erzielen. Das „Finden und Binden" fähiger und mit Freude am Beruf agierender Menschen wird sich durch derlei besondere Initiativen als ein Schwerpunkt der Personalpolitik entwickeln.

5.10 Generationen Netzwerk, Weleda AG

5.10.1 Unternehmensdarstellung

Die Weleda AG mit weltweit ca. 2.300 Mitarbeitern, dem Hauptsitz in der Schweiz und der größten Niederlassung in Deutschland entwickelt und produziert Naturkosmetik-produkte und Arzneimittel nach dem anthroposophischen Menschen- und Naturver-ständnis des Gründers Rudolf Steiner. Das Unternehmen begann 1921 als phar-mazeutischer Laborbetrieb mit eigenem Heilpflanzengarten. Heute ist Weleda ein international agierendes Unternehmen. Weleda-Kunden vertrauen der ausgezeichneten Produktqualität und schätzen die offene, dialogorientierte Kommunikation. Gerade die

Verbindung von Umweltschutz und Fair Trade mit Ästhetik und Genuss spricht Verbrau-
cher weltweit an. Weleda-Produkte werden nach Gesichtspunkten der anthroposophischen Menschenkunde gemeinsam mit Ärzten und Pharmazeuten entwickelt. Auswahl, Verarbeitung und Komposition der Rohstoffe erfolgt nach ganzheitlichen
Kriterien, die das Zusammenwirken aller Substanzen erfassen. Dabei stellt Weleda
höchste Qualitätsanforderungen an die gesamte Herstellungskette, angefangen bei der
Rohstoff-Qualität. Neben den besonderen Ausgangsstoffen spielen strenge Kontrollen,
über 90 Jahre Erfahrung sowie spezielle pharmazeutische Herstellungsprozesse eine
entscheidende Rolle.

Zur Unternehmenskultur gehört bei Weleda auch die Vereinbarkeit von
berufundfamilie. Der in der Unternehmenskultur fest verankerte Anspruch, die
Lebensfelder Beruf und Familie wo immer möglich in Einklang zu bringen, trägt dazu
bei, die Leistungsfähigkeit und Motivation der Mitarbeitenden zu erhalten und zu stei-
gern. „Die Menschen verbringen einen großen Teil ihrer Lebenszeit in der Arbeitswelt.
Mit familienbewussten Maßnahmen versuchen wir deshalb dazu beizutragen, dass der
Balanceakt zwischen Berufs-, Familien- und Privatleben gelingen kann", erklärt Ralph
Heinisch, CEO der Weleda AG und Botschafter des Unternehmensprogramms
„Erfolgsfaktor Familie" für das Land Baden-Württemberg, das Engagement von Weleda.

Bereits 2003 erhielt die Weleda AG das Grundzertifikat zum Audit „berufundfamilie"
und setzte damit einen Entwicklungsprozess zu einem familienbewussten Unternehmen in
Gang, der alle drei Jahre von unabhängigen Auditoren überprüft und mit neuen Zielen
verknüpft wird. Zu den seitdem entwickelten Maßnahmen zählen neben flexiblen
Arbeitszeiten, dem Elternzeitprogramm zur Begleitung werdender Eltern vor, während
und nach der Elternzeit und einer waldorfpädagogisch inspirierten Kindertagesstätte für
Kinder ab einem Jahr auch das Weleda Generationen-Netzwerk. Es wurde 2005 mit
dem Innovationspreis des Bundesfamilienministeriums und 2010 mit dem Demografie-
Exzellenz Award ausgezeichnet. Auch für die Kleinsten wird gesorgt: Für ihre
Mitarbeitenden unterhält die Weleda AG am deutschen Standort in Schwäbisch Gmünd
und am französischen Standortort in Huningue (Elsass) betriebseigene Kindertagesstätten.

5.10.2 Ausgangslage und Grundidee: Das Weleda Generationen-Netzwerk

Zunehmend gerät das Thema „Elder Care" in den gesellschaftlichen Fokus. Hier geht es
um Fürsorglichkeit für Ältere. Im Zuge des demografischen Wandels sind zunehmend
mehr Ältere auf fürsorgliche Unterstützung und Pflege angewiesen. Es ist aber auch
festzustellen, dass immer mehr Menschen immer länger vital und fit sind. Sie wollen
ihre Lebensenergie weiterhin in die Gesellschaft sinnstiftend einbringen, auch wenn sie
im Arbeitsleben nicht mehr aktiv sind. In einer neuen Lebensphase angekommen, können
sie ihr Leben nochmals neu gestalten. Nicht mehr in Berufstätigkeit eingebunden, haben
sie die Freiheit, sich zu fragen: Was möchte ich tun? Wo will ich etwas beitragen? Was ist

sinnvoll für mich? „Elder Care" kann also auch um den Aspekt „Fürsorglichkeit von Älteren" erweitert werden: Ältere kümmern sich fürsorglich um Jüngere. So ist ein beeindruckendes Engagement der Älteren für ihre Familien erlebbar – allen Unkenrufen zum Trotz, dass die Generationenbeziehungen nicht mehr tragen würden. Das soll nicht in Abrede stellen, dass im Zuge des Megatrends „Individualisierung" traditionelle Generationenbeziehungen zunehmend auch auf dem Prüfstand stehen. Von jüngeren Menschen wird Wissen und Erfahrung der Älteren deshalb meist nicht mehr so selbstverständlich anerkannt und übernommen. Das führt dazu, dass das intergenerationelle Zusammenleben spannungsreicher geworden ist. Dies könnte ein Grund dafür sein, dass viele Familien ihr soziales Miteinander mit mehr Abstand und Autonomie gestalten. Es ist auch so, dass heute viele Familien über den Globus verstreut leben. Die Älteren wohnen somit häufig nicht mehr in der Nähe ihrer erwachsenen Kinder, sodass sie ihnen nicht spontan zur Seite stehen könnten.

Im Unternehmensalltag sind die Auswirkungen dieser gesellschaftlichen Entwicklung erlebbar. Eltern können heute nicht mehr so selbstverständlich auf familiäre Ressourcen zurückgreifen, wenn sie Unterstützung bei der Kinderbetreuung brauchen. Für die meisten Menschen hat das Leben in der Familie jedoch nach wie vor einen hohen Wert. Mitarbeitende wünschen sich sowohl ein erfülltes berufliches wie auch ein erfülltes familiäres Leben. Die Verantwortung, beiden Lebensfeldern gerecht zu werden, ist immer wieder herausfordernd. Damit die Lebensbalance gelingen kann, brauchen die Verantwortlichen die nötigen sozialen, psychischen und materiellen Ressourcen. Weleda schafft mit geeigneten Maßnahmen und Angeboten im Programm „Beruf und Familie" Rahmenbedingungen, damit die Vereinbarkeit von Berufs- und Familienleben besser gelingen kann. Das stärkt gleichzeitig die Leistungsgemeinschaft der Mitarbeitenden.

Im Rahmen des Weleda Diversitätsmanagements wird seit vielen Jahren das Programm „Beruf und Familie" ständig weiter entwickelt. Für Weleda war es ein aus der Unternehmensphilosophie begründetes Engagement, lange bevor das Thema ein stabiler gesellschaftlicher Trend wurde. Einen wichtigen Baustein stellt das Weleda Generationen-Netzwerk dar, dessen zehnjähriges Jubiläum 2014 bei Weleda gefeiert wurde. Die Idee dazu ist 2004 in einem Workshop entstanden, und das Konzept ist in der Folge als Projekt entwickelt worden. Das Audit-Kernteam „Beruf und Familie" hat sich einige Fragen gestellt: „Was brauchen die Mitarbeitenden, damit sie ihr Leben gut meistern können, damit sie Beruf und Familie vereinbaren können? Was tut ihnen gut?" Das Kernteam war sich einig, dass es gut tut, wenn die Mitarbeitenden nicht allein sind mit ihren vielen Aufgaben. Wenn Mitarbeitende spontan jemanden um Hilfe bitten können – insbesondere in außergewöhnlichen Lebenslagen, die ja bekanntlich oft plötzlich auftauchen, aber auch im ganz normalen täglichen „Lebens-Karussell" hilft das sehr. Das kostbare Gut – die Zeit – ist in der sogenannten „Rush Hour des Lebens" scheinbar besonders rar, da die Aufgaben und Herausforderungen so vielfältig sind und alle oft gleichzeitig bewältigt sein wollen. Auch bei Weleda haben viele Mitarbeitende nicht die Möglichkeit, Familienangehörige um Unterstützung zu bitten, da ihre Familien nicht in der Nähe wohnen.

Bei der Frage, wer hier unterstützen könnte, kam die Idee auf, die Weleda- Senioren zu fragen. Viele „Weledianer" besuchen auch nach dem Eintritt in den Ruhestand zu verschiedenen Anlässen gerne die Firma. Sie sind dem Unternehmen tief verbunden und sie haben Zeit – Zeit für sinnvolle Aufgaben.

5.10.3 Vom Projekt zum Programm

Erster Projektschritt war eine Umfrage unter den Senioren mit der Frage: „Habt Ihr Lust und Zeit, aktive Kolleginnen und Kollegen zu unterstützen und auszuhelfen, wenn Hilfe gebraucht wird?" Auch die Mitarbeitenden wurden befragt, wo Bedarf ist und welche Art der Unterstützung sie brauchen könnten. Das Ergebnis war ermutigend – großes Interesse auf beiden Seiten. Inhaltlich ergab sich eine erfreulich weitreichende Übereinstimmung zwischen Bedürfnissen und Hilfsangeboten. Außerdem zeigte sich auch, dass die Weleda- Senioren Interesse an gemeinsamen Unternehmungen in Natur und Kultur haben und sich erhoffen, bei Bedarf Unterstützung zu finden.

Gute Voraussetzung für den zweiten Schritt: Die Bildung einer Projektgruppe, bestehend aus Mitarbeitenden und Senioren – Geburtsstunde des Generationen-Netzwerks. Bemerkenswert ist, dass die Pioniere der ersten Stunde heute nach zehn Jahren fast alle noch Mitglieder im Netzwerkteam sind. Was anfangs als Weleda-eigener Familienservice gedacht war, wurde zügig zum „Generationen-Netzwerk" für alle Mitarbeitenden umgewandelt. Viele Kollegen ohne eigene Kinder hatten zurückgemeldet, dass auch sie Teil des Netzwerks sein möchten. Ziel war es also, gemeinsam ein lebendiges Netzwerk zu knüpfen, sinnvolle Aufgaben zu finden und sich im Lebensalltag zu unterstützen – dies ist auch heute noch das verbindende Interesse aller Beteiligten. Hinter dem Weleda Generationen-Netzwerk steht als Idee das Bild einer Brücke zwischen den Generationen.

In zahlreichen Workshops und Sitzungen entwickelte das Mehrgenerationen-Projektteam ein geeignetes Netzwerk-Format. Über die Jahre wurde es weiterentwickelt und immer wieder den sich ändernden Gegebenheiten angepasst. Es zeigte sich, dass ein kritischer Erfolgsfaktor darin lag, bei der Struktur- und Prozessgestaltung eine stimmige Balance zwischen Verbindlichkeit und Freiheit zu ermöglichen. Schnell war das Motto klar: Das Generationen-Netzwerk soll eine moderne Form der Verbundenheit sein – so verbindlich wie nötig und so flexibel wie möglich. Vielfältige Fragen waren zu klären, beispielsweise zur Haftung, zur Gegenleistung, zur Vereinbarung von Unterstützung und zur Struktur. Das Projektteam stellte nach einem Jahr das Netzwerk-Format den Kollegen im Unternehmen vor – ein neuer Baustein im Programm „Beruf und Familie".

Die Struktur

„Wir vom Generationen-Netzwerk haben es uns zur Aufgabe gemacht, das Miteinander zwischen Jung und Alt zu fördern und damit zur Stärkung der Weleda-Gemeinschaft beizutragen.

Wir bieten Hilfe in besonderen Lebenssituationen an und versuchen, bei jedem Engpass eine Lösung zu finden, z.B.

* Einkaufen und Fahrdienste

* Haustier-Betreuung und Blumen gießen, z.B. im Urlaub

* Begleitung bei Arztbesuchen oder Therapien

* Notfall-Kinderbetreuung

* technische Hilfe bei IT-Problemen zuhause

* zeitweise häusliche Betreuung, wenn Sie oder Angehörige von Ihnen krank sind

Wir möchten Sie mit diesen Hilfsangeboten dabei unterstützen, Ihren Lebensalltag stressfreier zu gestalten."

Abb. 5.10 Netzwerk-Plakattext (Quelle: Weleda AG)

Das Weleda Generationen-Netzwerk ist ein ideeller Zusammenschluss von Mitarbeitenden und Weleda-Senioren. Getragen wird es von einem ehrenamtlichen Netzwerk-Team mit aktiven und ehemaligen Mitarbeitenden. Hier werden Ideen gesammelt und in die Tat umgesetzt sowie Aktivitäten geplant. Ein erweiterter Kreis von Weleda-Senioren kann bei Bedarf angefragt werden und steht zur Verfügung.

Eine Mitarbeitende aus dem Diversitätsmanagement trägt die Gesamtverantwortung für das Generationen-Netzwerk, leitet das Netzwerk-Team und koordiniert die Aktivitäten. In einem Schaukasten, per Telefon-Rundruf und per Mail werden Angebote und Nachfragen veröffentlicht (siehe auch Abb. 5.10). Beim jährlichen Weleda-Gesundheitsmarktplatz präsentieren die Generationen-Netzwerker ihr Angebot und nehmen Kontakt mit Interessierten auf. Als Plattform unter dem Dach von Weleda führt es Nachfrager und Anbieter von Unterstützung und Dienstleistungen aller Art zusammen. Ehemalige Mitarbeitende unterstützen und entlasten aktive Mitarbeitende im Lebensalltag und sind in besonderen Situationen einsatzbereit. Auch Senioren können sich mit ihren Anliegen an das Netzwerk wenden. Es ist bewusst nicht nur auf Mitarbeitende mit Kindern fokussiert und steht allen Mitarbeitenden, Weleda-Senioren sowie den Angehörigen offen. Die Vergütung aller Unterstützungsangebote und Hilfsdienste regeln die Beteiligten selbstverantwortlich untereinander. Es besteht die Möglichkeit des Tauschs, der Bezahlung oder des Ehrenamts.

Im Generationen-Netzwerk sind zurzeit acht Weleda Seniorinnen und Senioren als „harter Kern" aktiv. Sie treffen sich alle zwei Monate, wenn ein Projekt ansteht auch öfter, besprechen anstehende Aufgaben und beraten über neue Angebote und Aktionen. Über die Jahre hat sich im Generationen-Netzwerk eine weitere Ebene gebildet: „Junge

Senioren unterstützen ältere Senioren". Sie treffen sich regelmäßig zu Netzwerkveran-
staltungen, besuchen gemeinsam Veranstaltungen und helfen sich gegenseitig.

Die Praxis

Zu den Unterstützungsangeboten gehören Hilfe in Haus, Haushalt und Garten,
Ferienbetreuung von Haustieren, Hilfe in Notfällen aller Art, Einkäufe, Computer-Hilfe,
Fahrdienste, Technische Hilfe, Notfall-Kinderbetreuung, Kinderbetreuung bei Betriebs-
festen und Tagungen sowie verschiedene andere Aktionen. Ein Beispiel dafür ist die
Plätzchen-Back-Aktion im Advent. Die Senioren organisieren eine Großküche, kaufen
Backzutaten, legen Rezepte bereit und kneten Teige, damit für die beruflich
eingespannten Kollegen, die ihre Kinder mitbringen können, alles vorbereitet ist.

Die Ehemaligen sind auch in Notlagen zur Stelle. Etwa wenn eine kranke Mitarbeiterin
dringend ein Medikament braucht, aber niemand da ist, es für sie aus der Apotheke
abzuholen. Sie übernehmen die Urlaubsbetreuung von Haustieren oder packen bei
Gartenarbeiten mit an. Manchmal entwickelt sich aus solchen sporadischen Anlässen
auch mehr. Es gründen sich „Wahlverwandtschaften". So fand eine junge Mutter und
Auszubildende in Teilzeit eine „Wahl-Oma" für ihre Tochter. Die Tage der Woche, an
denen sie zur Berufsschule musste, waren zeitlich kaum zu bewältigen: Die Weleda-Kita
der Tochter öffnete um 7.00 Uhr, der Zug fuhr jedoch schon früher. Über das
Generationen-Netzwerk fand sie eine Netzwerkerin, die als Unterstützung einsprang
und ihre Tochter zweimal in der Woche morgens abholte und zur Kita brachte. Die
„Wahl-Oma" ging im Notfall auch mal zum Elternabend, wenn die junge Mutter noch
arbeiten musste. Auch ein Einkaufsservice wird durch das Weleda Generationen-
Netzwerk organisiert und von externen Dienstleistern angeboten. So ist es z. B. für die
Mitarbeitenden möglich, jeden Freitag Brot und Kuchen in hoher Qualität auf dem
Firmengelände einzukaufen. Die Netzwerker organisieren auch Vorträge zu relevanten
Themen wie z. B. „Patientenverfügung" und starten immer wieder einmalige Aktionen als
Hilfestellung für die aktiven Mitarbeitenden, wie z. B. Sammelbestellungen für besondere
Angebote. Vor den Jahresfesten Ostern und Weihnachten organisieren sie den beliebten
Blumen-Verkaufsstand im Foyer. Praktikumsplätze für junge Menschen mit Behinde-
rungserfahrung sind dabei entstanden.

Auch als Ansprechpartner für angehende Ruheständler sind die Netzwerker aktiv. Um
ihnen den Eintritt in das Rentenalter zu erleichtern, der ein tiefer Einschnitt in die
Lebensbiographie sein kann, werden innerhalb des Generationen-Netzwerkes gemeinsame Unternehmungen, Gesprächsrunden und neue Aufgaben organisiert.

Und was haben die Senioren davon? Sie berichten, dass sie sich dadurch ihrem
Unternehmen weiterhin – auf eine neue Weise – verbunden fühlen. Es sei ein gutes
Gefühl, etwas zu geben, gebraucht und wertgeschätzt zu werden.

Die Bedeutung für das Unternehmen

„Das Unternehmen ist ein Ort menschlicher Entwicklung an gemeinsamen Aufgaben."
Dieser Leitbildsatz der Weleda-Kultur ist Verpflichtung. Entwicklung und Leistung haben

zwei „Schwestern": Fürsorglichkeit und Achtsamkeit. In einer Art „Leitbild-Logik" wird der Anspruch verwirklicht, geeignete Rahmenbedingungen zur Förderung menschlicher Entwicklung in der Leistungsgemeinschaft zu schaffen. Das Generationen-Netzwerk als fürsorgliche und achtsame Begleitung und Unterstützung im Lebensalltag stellt einen wertvollen Beitrag zur Weiterentwicklung der Unternehmenskultur bei Weleda dar und ist gleichzeitig eine praktische Unterstützung der Lebensbalance, für Resilienz und Wohl-befinden am Arbeitsplatz. Es unterstützt die Generationen-Solidarität, fördert das Verständnis untereinander und trägt so auch dazu bei, dass Vielfalt als inspirierende Kraft wirken kann. Dieses Engagement von Weleda genießt große Wertschätzung bei den Mitarbeitenden. Somit ist es auch ein Beitrag, Weleda als Arbeitgeber attraktiv zu gestalten und Mitarbeitende an das Unternehmen zu binden. Mittlerweile sind Unterneh-men aus dem ganzen Bundesgebiet am Benchmark zum Modell „Generationen-Netz-werk" interessiert. Weleda lädt Interessierte zum Austausch ein.

5.10.4 Nachahmer willkommen – praktische Tipps

Die Gesellschaft braucht neue, zukunftsfähige Formen von Gemeinschaft. Im derzeitigen gesellschaftlichen Klima wecken Beispiele von Generationen-Solidarität häufig Emo-tionen wie Sehnsucht und Begeisterung. In der gelebten Realität wird schnell klar, dass die intergenerationelle Gemeinschaft jeder Romantik entbehrt. Für alle ist ersichtlich, dass die Lebensphasen „Berufsleben" und „Rente" sehr unterschiedlich sind – quasi zwei Planeten mit unterschiedlichen Umlaufbahnen und -zeiten. Mit dem Eintritt in den Ruhestand beginnt für die gerade noch aktiven Mitarbeitenden schlagartig ein neues Leben mit einem neuen Lebensgefühl. Weleda hat viel gelernt über das neue Lebensgefühl der Netzwerker. Sie fühlen sich dem Unternehmen verbunden und bieten ihre Hilfe an. Längerfristig binden möchten sich die meisten allerdings nur ungern. Sie wollen die Freiheit ihres neuen Lebensabschnitts genießen. Doch wenn Not am Mann oder an der Frau ist, stehen sie Tag und Nacht zur Verfügung. Die Bedürfnisse der Netzwerker stehen teilweise im diametralen Gegensatz zu dem eng getakteten Zeitplan der Aktiven und den entsprechenden Bedarfen. Es ist wichtig, dass alle Beteiligten dies in gegenseitiger Wertschätzung anerkennen. Die Kunst ist es, gemeinsame, für alle stimmige Begegnungsflächen und Lösungen zu schaffen. Dies bedeutet ein Ringen im Dialog auf Augenhöhe – immer wieder gemeinsam neu um passende Formen der Handlungsfelder und des Miteinanders.

Ein kritischer Erfolgsfaktor ist die Einbindung des Generationen-Netzwerks in das Unternehmen. Nach der bisherigen Erfahrung braucht es eine Person aus dem Unternehmen, die sich für das Netzwerk verantwortlich fühlt und mit den dafür notwendigen Ressourcen ausgestattet ist. Es braucht viel Geduld, Begeisterung und diplomatisches Geschick, um die Fäden zusammenzuhalten und das Netzwerk durch die verschiedenen Entwicklungsphasen zu begleiten. Entscheidend ist hier sicherlich auch, dass die verantwortliche Person gut in ein Team, z. B. im Diversitätsmanagement, eingebunden ist, in dem die Netzwerk-Arbeit abgestimmt und delegiert wird.

Es hat sich als sinnvoll erwiesen, die Netzwerk-Sitzungen und Aktivitäten in einem verlässlichen Rhythmus in den Jahresverlauf einzubinden. Dies ist für die Teamentwicklung und den Teamzusammenhalt von Bedeutung. Die Akteure, die in sehr unterschiedlichen Welten leben, haben so die Chance, sich regelmäßig zu treffen und Ideen gemeinsam zu entwickeln und in die Tat umzusetzen.

Literatur

Fördergesellschaft der Handwerkskammer Freiburg mbH (Hrsg.). (2012). *Erfahrungsbericht über die Erprobung von Ausbildungsbausteinen des Bundesinstitutes für Berufsbildung im Bereich der Nachqualifizierung im Projekt ABST*. Freiburg: Aufwind. http://www.abstweb.de/text/143/de/bro-schuere-%22erfahrungsbericht-zur-modularen-nachqualifizierung%22.html. Zugegriffen am 22.04. 2015.

 **Prof. Dr. Martina Klärle** ist Professorin für Landmanagement an der Frankfurt University of Applied Sciences und seit 2013 Dekanin des Fachbereichs 1 Architektur, Bauingenieurwesen, Geomatik. Sie ist aktiv in der Lehre im Rahmen des Bachelor- und Masterstudiengangs „Geoinformation und Kommunaltechnik". Ihr Forschungsschwerpunkt sind die Erneuerbaren Energien im Landmanagement. Sie ist geschäftsführende Direktorin des Frankfurter Forschungsinstituts (FF.in) für Architektur, Bauingenieurwesen und Geomatik und Mitglied einer Vielzahl von Vereinigungen rund um die Themen Umwelt und Landmanagement. Seit 1996 ist sie Gesellschafterin der Klärle Gesellschaft für Landmanagement und Umwelt mbH, seit 2006 Leiterin des Steinbeis Transferzentrums für Geoinformation und Landmanagement.

Günther Stauber ist am Standort Friedrichshafen von ZF Leiter Montage Automatische Schaltgetriebe und hat in dieser Funktion das Projekt „M3" verantwortlich betreut. Der Dipl. Betriebswirt (FH) ist seit 1987 für den Konzern tätig.

Prof. Dr.-Ing. habil. Monika Auweter-Kurtz studierte Physik an der Universität Stuttgart, promovierte und habilitierte in Lichtbogenphysik und Plasmaantriebe für Raumfahrtanwendungen. 1992 Berufung auf die neue Professur Raumtransporttechnologie an der Universität Stuttgart sowie Gründung und Aufbau der gleichnamigen Abteilung. Ihre Forschungsschwerpunkte liegen im Bereich elektrischer Raketenantriebe, Wiedereintrittstechnologie und Plasmatechnik. In ihrer Zeit an der Universität Stuttgart war sie unter anderem deren erste Frauenbeauftragte, Dekanin der Fakultät Luft- und Raumfahrttechnik sowie Landessprecherin der Frauenbeauftragten der wissenschaftlichen Hoch schulen Baden-Württembergs. Für ihre wissenschaftliche Leistung und ihr gesellschaftliches Engagement wurde sie mehrfach ausgezeichnet, unter anderem mit dem Bundesverdienstkreuz 1. Klasse. Sie ist Fellow des American Institute of Aeronautics and Astronautics und der Universität Tokyo, Mitglied der National Academy of Engineering der USA und gehört dem Kuratorium der Physikalisch-Technischen Bundesanstalt an. 2006–2009 leitete sie als Präsidentin die Universität Hamburg. Seit 2010 ist sie als Direktorin verantwortlich für Gründung, Aufbau und Leitung der German Aerospace Academy als Institut der Steinbeis-Hochschule Berlin.

Frank Dehring ist Geschäftsführer der gemeinnützigen Waldkircher Beschäftigungs- und Qualifizierungsgesellschaft. Als Dipl. Sozialarbeiter und Betriebswirt (IWW) setzt er seit über 10 Jahren innovative arbeitsmarktpolitische Maßnahmen und soziale Projekte um. Neben der Förderung von jungen Menschen liegt ihm die Unterstützung von Menschen mit erschwertem Zugang zum Arbeitsmarkt besonders am Herzen. Hierzu gehören u. a. Alleinerziehende, ältere Arbeitslose und Langzeitarbeitslose. Zu den wichtigen Erfolgsfaktoren für eine gelingende Arbeitsmarktpolitik zählt er funktionierende lokale Netzwerke, arbeitsmarktnahe Qualifizierungen/Aktivierung, geförderte Beschäftigung sowie mittelfristige Planungssicherheit für die handelnden Akteure. „Wir müssen Menschen in Arbeit fördern, Perspektiven ermöglichen und nicht die Arbeitslosigkeit alimentieren" so die feste Überzeugung von Dehring.

Michael Oliva, Leiter Personal- und Öffentlichkeit am Bayer Standort Grenzach. Geboren 1962, nach dem betriebswirtschaftlichen Studium in unterschiedlichen Funktionen bei der Bitburger Braugruppe GmbH tätig. 1999 Wechsel zum Bayer Standort Grenzach, hier u. a. in operativen Führungsfunktionen und seit 2004 Leiter Personal- und Öffentlichkeit.

Inge Reichart ist Personalleiterin der BRÜCKNER Trockentechnik GmbH & Co.KG. Unterstützt wurde sie von den beiden Studenten Katrin Bayer und Timo Breuer. Frau Reichart ist Initiatorin des vit@work Programmes. Sie ist ebenfalls Mitglied des vit@work-Lenkungsteams und damit Teil der permanenten Entwicklung, Betreuung und Weiterentwicklung der verschiedenen Maßnahmen. Ein Ziel ist die Integration unterschiedlicher Generationen, weshalb das Projekt in Zusammenarbeit mit den beiden Studenten durchgeführt wurde.

Markus A. Blümle ist als Director Human Resources/Mitglied der Geschäftsleitung für die E.G.O.-Gruppe tätig. Nach seinem Studium der Betriebswirtschaftslehre an der Dualen Hochschule in Karlsruhe bekleidete er mehrere Funktionen im Personalmanagement, zunächst als Personalreferent, wo er die Personalarbeit von der Pike auf kennenlernte. Danach leitete er die Abteilungen Zentrale Entgeltfindung und Personalwirtschaft, in denen er zuletzt für 4.000 aktive Mitarbeiter verantwortlich war. Seit 2006 ist er Prokurist im Personal- und Sozialwesen bei der E.G.O. Elektro-Gerätebau GmbH in Oberderdingen und seit 2010 als Mitglied der Geschäftsleitung für die Personalarbeit an den deutschen Standorten verantwortlich. Im Jahr 2013 übernahm er zusätzlich die Koordination der globalen Personalarbeit der Unternehmensgruppe. Ferner engagiert sich Markus A. Blümle ehrenamtlich als Richter am Landesarbeitsgericht in Mannheim, im Beirat der AOK Mittlerer Oberrhein sowie in diversen Gremien der IHK Karlsruhe und insbesondere an der Dualen Hochschule Baden-Württemberg in Karlsruhe als Mitglied im Hochschulrat, als 2. Vorsitzender des DHBW Fördervereins und als Dozent für Personalmanagement.

Tobias Rehder, Jahrgang 1963, absolvierte nach der Schule eine Ausbildung zum Schreiner. Nach beruflichen Stationen im Innenausbau und im Ladenbau legte er 1992 seine Meisterprüfung ab. Im gleichen Jahr trat Rehder als Betriebsleiter bei der Firma TÜRENMANN ein. Bereits 1993 übernahm er Anteile des Unternehmens und wurde geschäftsführender Gesellschafter, vier Jahre später war er alleiniger Inhaber der Firma Türenmann. Als Rehder die Firma übernahm, waren dort 25 Mitarbeiter beschäftigt, heute sind es doppelt so viele. Für den gebürtigen Stuttgarter steht außer Frage, dass das Engagement und die Motivation der Mitarbeiter sich direkt auf das Betriebsklima und damit auch auf den Unternehmenserfolg auswirken. Die Angestellten mit einbeziehen, ihnen Zeit lassen und die positiven Auswirkungen betrieblicher Entscheidungen für alle Beteiligten aufzuzeigen – für den Unternehmer Tobias Rehder eine seiner wichtigsten Führungsaufgaben.

Corinna Krefft-Ebner, geb. 1964, Leitung Aus- und Weiterbildung bei der K&U Bäckerei GmbH. Nach der Ausbildung zur Einzelhandelskauffrau folgte ein Studium zur Handelsfachwirtin. Zu den beruflichen Stationen gehörten das Büromanagement und der internationale Textileinkauf. Auf eine mehrjährige Tätigkeit als freiberufliche Journalistin folgten Vertriebsaufgaben im Bereich Bautechnik und Elektronik in Europa und den arabischen Emiraten. Seit 2005 zunächst als Bezirksleitung und ab 2010 im Bereich Aus- und Weiterbildung bei der K&U Bäckerei in Neuenburg beschäftigt.

Dr. Isabella Heidinger leitet das Kompetenzzentrum Personal der Weleda AG. Das Kompetenzzentrum Personal hat strategische Aufgaben wie die Entwicklung, Steuerung und Umsetzung moderner Personalprozesse und -instrumente. Zu den Aufgabenfeldern gehören Personalentwicklung, Ausbildung, Diversitätsmanagement und personalrelevante Organisationsentwicklung.

Ergebnisse der Demografie Exzellenz-Studie 2015

6

Uwe Schirmer

Zusammenfassung

Wie sich die Unternehmen in Deutschland in der Praxis aktuell auf den demografischen Wandel vorbereiten, wurde mit der Studie „Demografie Exzellenz – Herausforderungen im Personalmanagement 2015" untersucht. Die betriebliche Situation ist insbesondere dadurch charakterisiert, dass die strategische Verankerung des Themas unzureichend ist – dies trifft gleichermaßen für die Unternehmen in West- und Ostdeutschland zu und gilt auch für die Bereitstellung von Demografiebudgets. Daraus resultiert die Gefahr, dass ein entsprechendes Demografiemanagement nicht mit der notwendigen Nachhaltigkeit verfolgt wird, denn ohne entsprechende Ressourcen dürften manche Demografieprojekte nicht die erwünschten Effekte erreichen und wirkungslos im Sand verlaufen. Generell ist die betriebswirtschaftliche Steuerung

U. Schirmer (✉)
Duale Hochschule Baden-Württemberg Lörrach, Hangstr. 46-50, 79539 Lörrach,
Baden-Württemberg, Deutschland
E-mail: schirmer@dhbw-loerrach.de

© Springer Fachmedien Wiesbaden 2016
U. Schirmer (Hrsg.), *Demografie Exzellenz*, DOI 10.1007/978-3-658-11910-2_6

215

einschlägiger Demografiemaßnahmen in den Unternehmen noch zu wenig entwickelt. Auch wenn ein Demografiecontrolling vordergründig aufwendig erscheint, kann es doch erheblich zur Verbesserung der betrieblichen Situation beitragen. Grundsätzlich ist der Reifegrad des Demografiemanagement in großen Organisationen höher, d. h. im Umkehrschluss, dass gerade in kleineren und mittleren Unternehmen noch erhebliche Optimierungsbedarfe existieren und viele Handungspotenziale ungenutzt bleiben.

6.1   Forschungsdesign – Struktur der Umfrage 2015

Im statistischen Teil der Befragung wurden Unternehmensdaten wie Rechtsform, Umsatz, Mitarbeiteranzahl, Branchenzugehörigkeit usw. erhoben (Schirmer 2015). Als Basis für die inhaltliche Strukturierung der Datenerhebung wurde das Lörracher Modell Demografieorientiertes Personalmanagement (siehe Abschn. 2.2.1 dieses Buches) zugrunde gelegt. Dieses basiert, wie bereits ausgeführt, auf der Annahme, dass die Instrumente eines Demografiemanagements erst dann ihre ganzheitliche Wirkung entfalten können, wenn sie in der Strategie und Kultur des Unternehmens verankert sind. Zudem muss eine demografieorientierte Mitarbeiterführung diese Bemühungen unterstützen. Unerlässlich für eine ständige Optimierung ist ein Demografiecontrolling. Das Demografiemanagement wurde 2015 dementsprechend durch folgende Bereiche erfasst:

- Kultur und Strategie,
- Beschaffung und Bindung,
- Gesundheitsmanagement,
- Anreizsysteme,
- Personalentwicklung,
- Karrieremanagement,
- Wissensmanagement und Kooperationen,
- Diversity Management,
- Mitarbeiterführung und
- Demografiecontrolling.

Zu beantworten war der Grad des Zutreffens zu vorgegebenen Aussagen auf einer fünfstufigen Skala von 1 = trifft gar nicht zu bis 5 = trifft voll zu. Die Studie wurde als offene Online-Befragung im Zeitraum Februar und März 2015 durchgeführt. Befragt wurden deutschlandweit Unternehmen in den Klassen bis einschließlich 50, 51 bis 500, 501 bis 1.000 und mehr als 1.000 Mitarbeiter. Insgesamt haben 1.499 Unternehmen den Fragebogen mit seinen 65 Items vollständig beantwortet. Auch wenn die Studie explorativen Charakter hat und nicht repräsentativ ist, bietet sie trotzdem einen guten Überblick zur aktuellen Situation des demografieorientierten Personalmanagements in deutschen Unternehmen und gibt Hinweise auf weitere Forschungsbedarfe.

Teilnehmer der Befragung waren überwiegend Unternehmen mit einem Umsatz von bis zu 10 Mio. EUR (73,9 Prozent) und weniger als 50 Mitarbeitern (71,1 Prozent); weitere 21,4 Prozent der Unternehmen haben 51 bis 500 Mitarbeiter, 2,3 Prozent 501 bis 1.000 und 5,2 Prozent über 1.000 Mitarbeiter. Kapitalgesellschaften waren mit 73,7 Prozent am häufigsten vertreten. Am meisten haben sich Unternehmen aus Baden-Württemberg (24,1 Prozent), Nordrhein-Westfalen (17,6 Prozent) und Bayern (14,7 Prozent) beteiligt.

In der Studie waren die Branchen Dienstleistung, Service und Beratung (34,6 Prozent), Industrie/Maschinen- und Anlagenbau (11,1 Prozent) sowie IT, Telekommunikation und Medien (7,8 Prozent) am stärksten vertreten. Die anderen Branchen wie Chemie, Energie und Versorgung, Financial Services etc. waren im Durchschnitt mit 2 Prozent bis 6 Prozent vertreten. Insgesamt 25 Prozent der Unternehmen verteilten sich auf eine Vielzahl weiterer Branchen wie Baugewerbe, Textil, Verkehr, Erziehung, Druck usw.

6.2 Demografieorientiertes Personalmanagement in Deutschland

Unternehmen stehen durch die demografische Entwicklung vor großen Herausforderungen: Der Anteil der älteren Mitarbeiter in den Belegschaften nimmt bis 2020 stetig zu. Beginnend mit dem Renteneintritt der Babyboomer ab 2020 wird die Zahl der erwerbsfähigen Einwohner bis 2060 auf nur noch ca. 39 Millionen zurückgehen. Auch das aktuelle zuwanderungsbedingte Bevölkerungswachstum kann diesen Trend nicht grundsätzlich umkehren.

Die Folgen sind in den Unternehmen schon heute bemerkbar. So gaben die Betriebe in der Studie „Demografie Exzellenz – Herausforderungen im Personalmanagement 2015" an, dass sie aktuell bereits einen deutlichen Mangel an Auszubildenden (26,1 Prozent), Fachkräften (46,4 Prozent) und Führungskräften (29,4 Prozent) verspüren. Rund 60 Prozent der Unternehmen führen dies zumindest teilweise auf den demografischen Wandel zurück. Zudem werden die Belegschaften in den Unternehmen älter, bunter und weiblicher. So nehmen Mitarbeiter, die älter als 55 Jahre sind, bereits in fast jedem dritten Unternehmen einen Anteil von mehr als 20 Prozent ein. In 8,1 Prozent der Unternehmen liegt der Anteil dieser älteren Mitarbeiter bei über 40 Prozent. In einem knappen Drittel der Unternehmen sind mehr als 40 Prozent der Mitarbeitenden Frauen und in 5,8 Prozent der Betriebe sind mehr als 30 Prozent der Mitarbeiter Ausländer. Insgesamt zeigt sich, dass die Bevölkerungsentwicklung eine Herausforderung für die künftige Wettbewerbsfähigkeit der Unternehmen darstellt.

Zentrale Studienergebnisse 2015

Als zentrales Ergebnis ist festzuhalten, dass die demografischen Konsequenzen in den deutschen Unternehmen noch unterschätzt werden. So zeigt sich, dass viele Handlungsfelder auf mittlerem bis leicht positivem Niveau ausgeprägt sind, in Teilen aber erhebliche Optimierungsbedarfe bestehen (siehe Abb. 6.1). Deutlich wird auch,

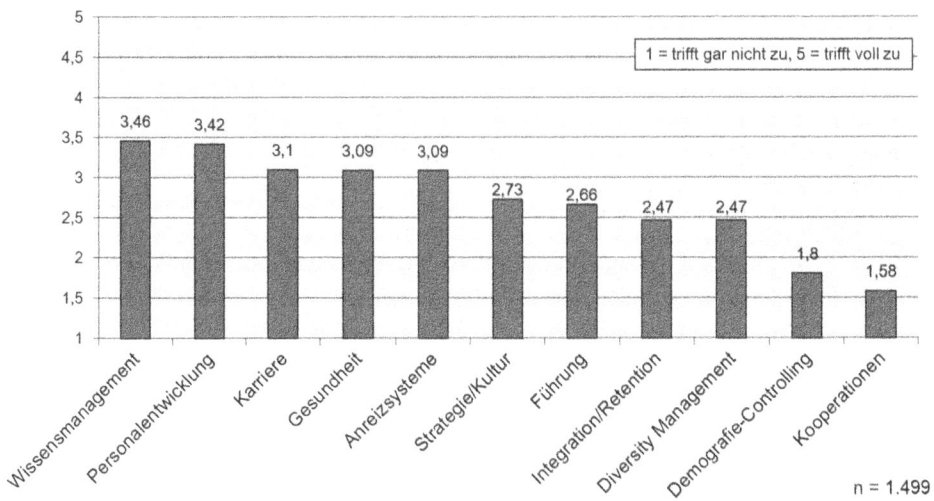

Abb. 6.1 Ausprägungen des demografieorientierten Personalmanagements 2015 (Quelle: Schirmer 2015)

dass demografieorientiertes Personalmanagement in großen Unternehmen in weiten Teilen professioneller ausgeprägt ist als in kleinen Organisationen – aber auch kleine Unternehmen spezifische Stärken in diesem Themenfeld haben.

Die Situation in 2015 ist dadurch charakterisiert, dass

- im Demografiemanagement Wissensmanagement und Personalentwicklung am intensivsten umgesetzt werden.
- die strategische Verankerung des Themas in den Unternehmen unzureichend ist.
- Demografiemanagement stärker als unternehmenskulturbezogene anstatt als strategische Herausforderung aufgefasst wird.
- eigenständige Budgets für Demografiemaßnahmen kaum zur Verfügung gestellt werden.
- Talentmanagement und lebensphasenorientiertes Personalmanagement noch zu wenig verbreitet sind.
- Maßnahmen eines verhaltenspräventiven Gesundheitsmanagements erheblich vernachlässigt werden.
- eine Ungleichbehandlung in Folge individueller Unterschiede bei Karriere, Entgelt, Elternzeit besteht.
- viele Unternehmen zu selten eine Nachfolgeplanung betreiben.
- Unternehmen kaum mit externen Institutionen zum Demografiemanagement zusammenarbeiten.
- Diversity Management in den Unternehmen durchaus vorhanden ist, dessen ernsthafte und nachhaltige Umsetzung aber noch unzureichend ist.
- so gut wie kein Demografiecontrolling betrieben wird.

- keine wesentlichen Unterschiede im Demografiemanagement zwischen den westlichen und östlichen Bundesländern festzustellen sind.
- zwischen einzelnen Branchen deutliche Unterschiede im Demografiemanagement existieren.
- die Unternehmen mit bis zu 50 Beschäftigten in vielen Bereichen relativ schwächer im Demografiemanagement engagiert sind.

Unternehmen mit mehr als 1.000 Arbeitnehmern sind im Vergleich in folgenden Bereichen besonders gut aufgestellt:

- Gesundheitsmanagement,
- Mitarbeiterführung und
- Demografiecontrolling.

Interessant ist aber auch, dass sich in den zwei folgenden Handlungsfeldern gerade die Unternehmen mit weniger als 50 Mitarbeitern intensiver einbringen:

- Personalentwicklung und
- Wissensmanagement.

Hier kann sich die flexible Struktur von kleinen Unternehmen vorteilhaft auswirken. Entstehende Qualifizierungsbedarfe werden offensichtlich unbürokratisch durch Weiterbildungsmaßnahmen gedeckt und vorhandenes Wissen kann durch „Sozialisierungsstrategien" gut auf die Mitarbeiter verteilt werden.

6.3   Demografie als Teil der Unternehmensstrategie und -kultur

Die Bedeutung des demografieorientierten Personalmanagements kann u. a. anhand der Verankerung in der Unternehmensstrategie, der Entwicklung einer intergenerativen Unternehmenskultur und anhand verfügbarer Budgets für Demografiemaßnahmen gemessen werden. In der Praxis sind eine unzureichende Sensibilisierung der Geschäftsführungen und eine ungenügende finanzielle Unterstützung zu erkennen.

Strategie und Werte
Die Verantwortung für ein demografieorientiertes Personalmanagement liegt zwar in 77,4 Prozent der Unternehmen bei der Geschäftsführung, nur knapp jedes dritte Unternehmen gab aber an, dass demografieorientiertes Personalmanagement ein strategisches Ziel sei (siehe Abb. 6.2). Dagegen sind in 63 Prozent der Unternehmen demografieorientierte Werte im Leitbild verankert und 53,2 Prozent fördern bewusst eine intergenerative Unternehmenskultur. Offensichtlich wird der demografische Wandel in vielen Unternehmen stärker als kulturbezogene anstatt als strategische Herausforderung verstanden.

Demografieorientiertes Personalmanagement ist ein strategisches Ziel für
unser Unternehmen.

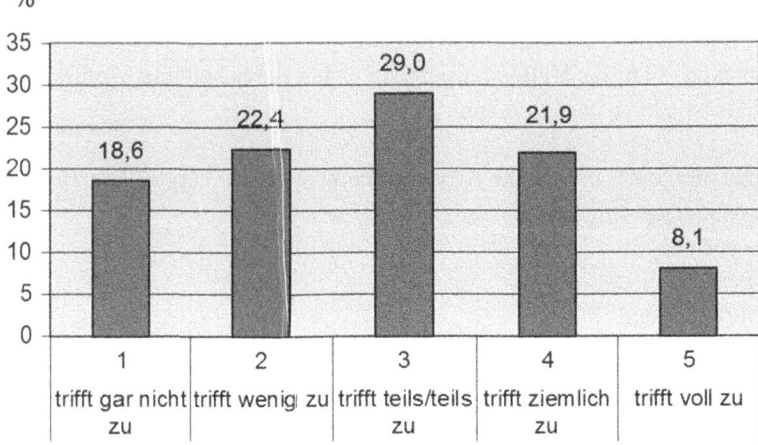

n = 1.499

Abb. 6.2 Strategische Verankerung (Quelle: Schirmer 2015)

Wir führen eine systematische Altersstrukturanalyse unserer Belegschaft
durch.

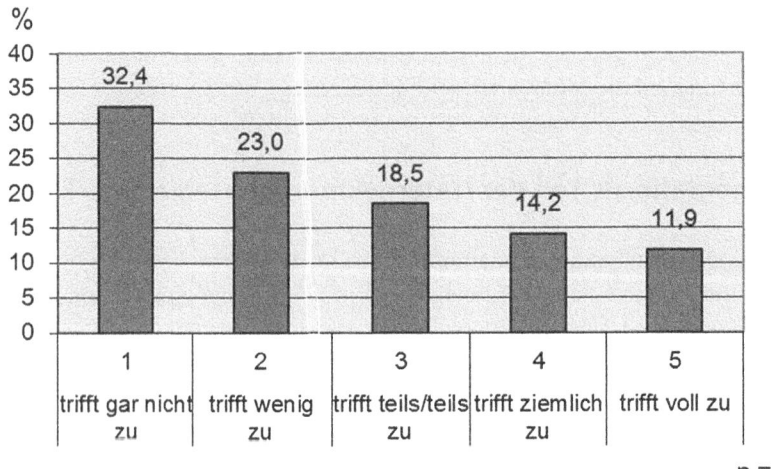

n = 1.499

Abb. 6.3 Altersstrukturanalyse (Quelle: Schirmer 2015)

Mitarbeiterstruktur

Mitarbeiterstrukturanalysen und -prognosen sind wesentliche Voraussetzungen zur Ableitung einer demografieorientierten Personalstrategie. Allerdings gaben gerade 26,1 Prozent
der Unternehmen an, eine systematische Altersstrukturanalyse zu betreiben (siehe Abb. 6.3)

bzw. eine Ziel-Mitarbeiterstruktur zu definieren (26 Prozent). Ohne Kenntnisse zur aktuellen Struktur und ohne Festlegungen, wie die strategieintegrierte Belegschaftsstruktur auszusehen hat, können keine systematischen Maßnahmen eingeleitet werden. Analyse und Prognose der Altersstruktur bilden die Basis für ein ganzheitliches Demografiemanagement.

Budgetmittel

Die geringe Bereitschaft bei gerade 4,2 Prozent der Unternehmen, ein eigenes Budget für demografieorientierte Maßnahmen bereit zu stellen, unterstreicht eindrucksvoll die Verkennung der strategischen Dimension dieser Herausforderungen – offensichtlich fehlt noch der operative Handlungsdruck. 89,2 Prozent der befragten Organisationen gaben an, gar kein oder nur wenig Budget dafür zur Verfügung zu stellen. Damit bleibt auch zu hinterfragen, ob die notwendigen Changeprozesse im unternehmenskulturellen Bereich tatsächlich mit notwendiger Intensität angegangen werden.

Generell lassen die Ergebnisse vermuten, dass immer noch ein unzureichendes Problembewusstsein im Top Management vorhanden ist. Die Folgen der Bevölkerungsentwicklung liegen in der Zukunft, Maßnahmen dagegen verursachen aktuell finanzielle Aufwände. Das ist bei einer eher kurzfristigen Gewinnorientierung wenig attraktiv. Letztlich besteht im Demografiemanagement kein Erkenntnis-, sondern ein Umsetzungsproblem.

6.4   Instrumente demografieorientierten Personalmanagements

Eine vorausschauende Personalplanung mit entsprechenden Personalmarketing-Maßnahmen sowie die positive Mitarbeiterbindung sind wesentliche Aspekte, um auf den demografieinduzierten Nachwuchskräftemangel zu reagieren. Die Bedeutung von Talentmanagement wird in vielen Unternehmen ebenso verkannt wie die Notwendigkeit langfristiger Bindungskonzepte und lebensphasenorientierter Personalmaßnahmen.

6.4.1   Beschaffung und Mitarbeiterbindung

Planung und Beschaffung

Eine strategische Personalplanung ist in den Unternehmen kaum vorhanden. So stimmten gerade 17,9 Prozent der Aussage zu, dass sie ihren Personalbedarf über fünf und mehr Jahre im Voraus planen. 58,8 Prozent stimmen dem dagegen wenig oder gar nicht zu. Damit bleiben auch strategische Lückenanalysen, um künftig auftretenden Kapazitätsrisiken entgegen wirken zu können, ungenutzt. Dieser Fakt korrespondiert damit, dass nur 10,6 Prozent der Unternehmen ein Talentmanagement betreiben, dies bei 78,3 Prozent aber nur in geringem Umfang oder gar nicht umgesetzt wird (siehe Abb. 6.4). Auch ein zielgruppenspezifisches Personalmarketing, z. B. für ältere, weibliche oder ausländische Arbeitnehmer, betreiben nur 12,7 Prozent der Betriebe. 66,3 Prozent der Unternehmen sind hier kaum oder gar nicht aktiv.

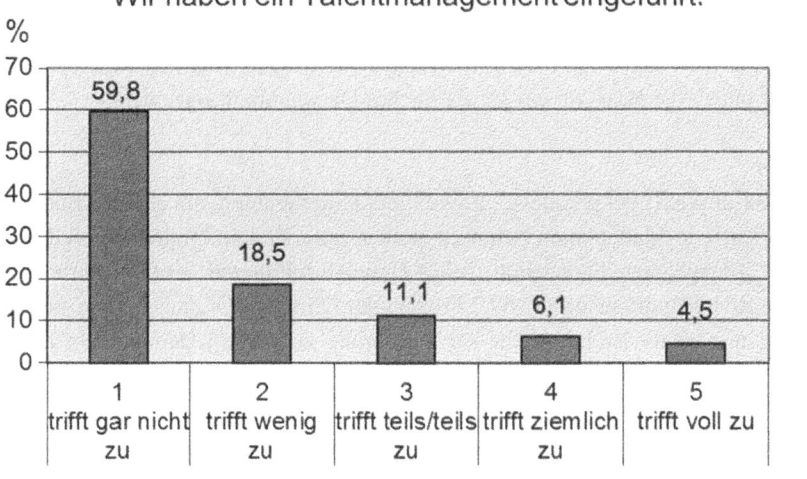

Abb. 6.4 Talentmanagement (Quelle: Schirmer 2015)

Integration und Bindung

42,8 Prozent der Unternehmen gaben an, neue Mitarbeiter mit einem systematischen Onboardingprozess zu integrieren – 32,5 Prozent bieten hier kaum oder keine Maßnahmen an. Dies ist unverständlich vor dem Hintergrund der Bedeutsamkeit des betrieblichen Sozialisationsprozesses für den Verbleib von Mitarbeitern in Unternehmen. Hinzu kommt, dass nur 31,2 Prozent der Betriebe über langfristige Bindungskonzepte verfügen (siehe Abb. 6.5), die auch nach der intensiven Einstiegsphase den systematischen Aufbau eines Commitments bei den Mitarbeitern unterstützen. Dabei gilt, dass die wertvollste Ressource im Bemühen gegen demografische Herausforderungen die bereits im Unternehmen vorhandenen Mitarbeiter sind. Umso mehr gilt es, diese durch eine attraktive Personalpolitik an das Unternehmen zu binden.

Nur 27,8 Prozent der Betriebe unterstützen zudem ihre Mitarbeiter mit einem lebensphasenorientierten Personalmanagement (siehe Abb. 6.6). Gerade dieser Ansatz bietet aber hervorragende Möglichkeiten, um den Herausforderungen des demografischen Wandels begegnen zu können. Wenn es Unternehmen gelingt, ihren Mitarbeitern Möglichkeiten zu bieten, um private Lebenssituationen mit den beruflichen Aufgabenstellungen harmonisch zu verbinden, werden diese gerne im Unternehmen bleiben und nach gegebenenfalls notwendigen Auszeiten schnell wieder zurückkehren.

6.4.2   Arbeitsplatzgestaltung und Gesundheitsmanagement

Wegen des sukzessiven Anstiegs des Renteneintrittsalters bis 2029 gewinnt die Sicherung der Beschäftigungsfähigkeit erheblich an Bedeutung. Die Unternehmen reagieren darauf

Wir verfügen über ein langfristig angelegtes Mitarbeiterbindungskonzept, das nach der Einführungsphase ansetzt.

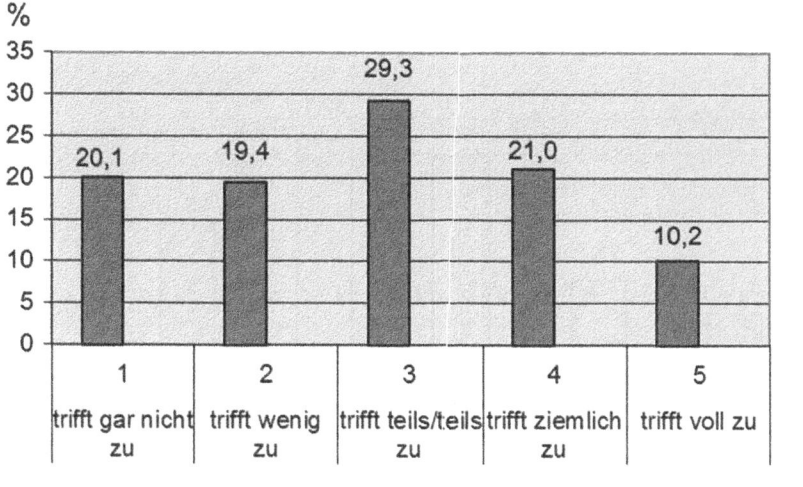

n = 1.499

Abb. 6.5 Langfristige Bindungskonzepte (Quelle: Schirmer 2015)

Wir helfen unseren Mitarbeitern mit entsprechenden Instrumenten in besonderen Lebenssituationen, z.B. durch Umzugsservice, Pflegezeitmodelle, Beratung beim Übergang in den Ruhestand, Sabbaticals usw. (= „lebensphasenorientiertes Personalmanagement").

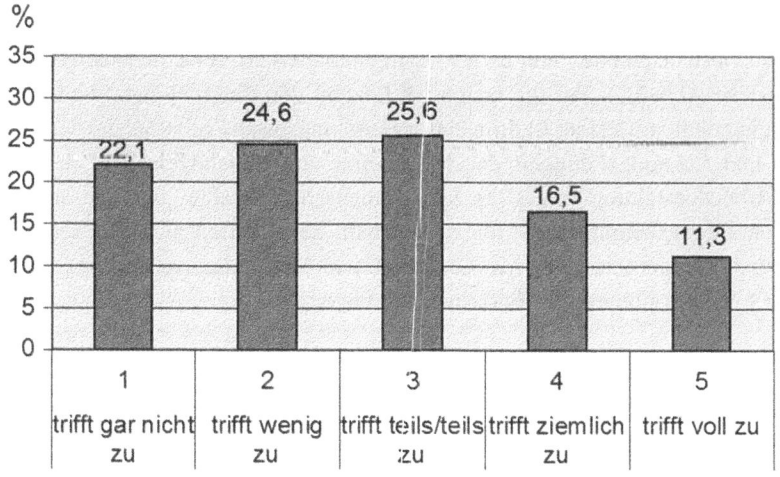

n = 1.499

Abb. 6.6 Lebensphasenorientiertes Personalmanagement (Quelle: Schirmer 2015)

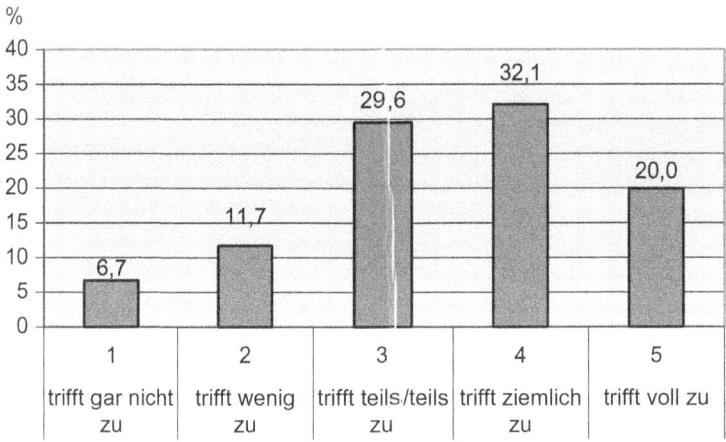

Wir gestalten die Arbeitsbedingungen (Arbeitsplatzausstattung) ergonomisch und berücksichtigen dabei die Verschiedenartigkeit der
Belegschaft (Alter, Geschlecht, Kultur, Religion, Behinderung usw.).

n = 1.499

Abb. 6.7 Arbeitsplatzgestaltung (Quelle: Schirmer 2015)

vorrangig mit der ergonomischen Gestaltung von Arbeitsplätzen und mit flexiblen
Arbeitszeitmodellen. Verhaltenspräventive Gesundheitsmaßnahmen werden in deutlich
geringerem Maße umgesetzt.

Ergonomische Arbeitsplätze

52,1 Prozent der Unternehmen gestalten die Bedingungen an den Arbeitsplätzen nach
ergonomischen Gesichtspunkten und berücksichtigen dabei die Verschiedenartigkeit der
Belegschaft (siehe Abb. 6.7). Für die knapp 48 Prozent der Unternehmen, die dies nur
teilweise oder gar nicht umsetzen, ist dringender Handlungsbedarf geboten, um den Erhalt
der Arbeits- und Leistungsfähigkeit der Mitarbeiter zu unterstützen. Ziel der ergonomischen Arbeitsgestaltung muss es sein, menschengerechte und gesundheitsfördernde Ausführungsbedingungen für die Arbeit zu schaffen. Gerade für ältere
Mitarbeiter sind kompensatorische Arbeitsmittel zur Verfügung zu stellen, um bei
abnehmenden Leistungspotenzialen Entlastung zu bieten.

Flexible Arbeitszeitmodelle

Insgesamt bietet die Hälfte der Unternehmen ihren Mitarbeitern bereits umfassend
flexible Arbeitszeitmodelle an (siehe Abb. 6.8), um den persönlichen Bedürfnissen der
Arbeitnehmer entgegen zu kommen. Den Arbeitnehmern der Generation Y wird ein
höherer Wunsch nach Work-Life-Balance unterstellt. Dies könnte sich für die 25,6
Prozent der Unternehmen, die keine oder wenig flexible Zeitmodelle anbieten, kritisch

Wir bieten flexible Arbeitszeitmodelle an (Gleitzeitkonto, Jahresarbeits-
zeitmodell, Teilzeit, Altersteilzeit, Job Sharing usw.), um damit die Work-
Life-Balance unserer Mitarbeiter zu fördern.

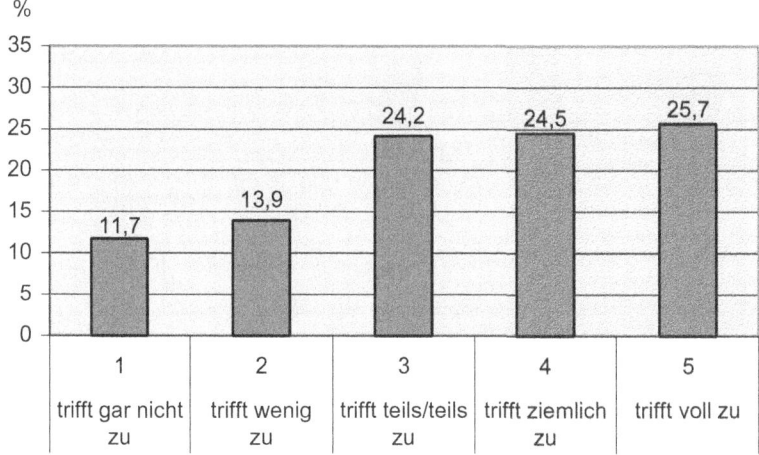

n = 1.499

Abb. 6.8 Arbeitszeitmodelle (Quelle: Schirmer 2015)

auswirken. Hier ist ein hoher Handlungsbedarf gegeben. Bei zunehmend älter werdenden
Belegschaften sind gerade Teilzeitangebote wichtig, um ggf. längere regenerative
Ruhezeiten zwischen einzelnen Arbeitstagen realisieren zu können.

Gesundheit
Für die Gesundheitsförderung engagieren sich die Unternehmen in unzureichendem
Maße. Werden Vorsorgeuntersuchungen und Gesundheitsüberprüfungen noch von 40,4
Prozent der Organisationen durchgeführt, sind verhaltenspräventive Gesundheitsmaßnahmen wie Rückenschulen oder Raucherentwöhnungskurse nur in 26,8 Prozent
der Betriebe vorzufinden. Mit 54,4 Prozent bieten aber über die Hälfte der Betriebe
derartige Maßnahmen kaum oder gar nicht für ihre Belegschaft an (siehe Abb. 6.9). Das
ist im Kontext einer verlängerten Lebensarbeitszeit wenig hilfreich. Es gilt, in den
Betrieben aktiv Angebote einzurichten, um Leistungseinschränkungen und krankheits-
bedingten Produktivitätsverlusten proaktiv vorzubeugen.

6.4.3 Alternsgerechte Anreizsysteme

Dem für verschiedene Branchen prognostizierten Fachkräftemangel lässt sich auch mit
attraktiven Anreizsystemen und Vergütungsmodellen entgegenwirken, in denen Männer
und Frauen gleichbehandelt und die individuellen Bedürfnisse der Arbeitnehmer

Wir unterstützen durch Maßnahmen die Gesundheit unserer Mitarbeiter
(Rückenschule, Stresseminare, Ernährungsseminare, Raucherentwöhnung, Sponsoring Fitnessstudiobeiträge usw.).

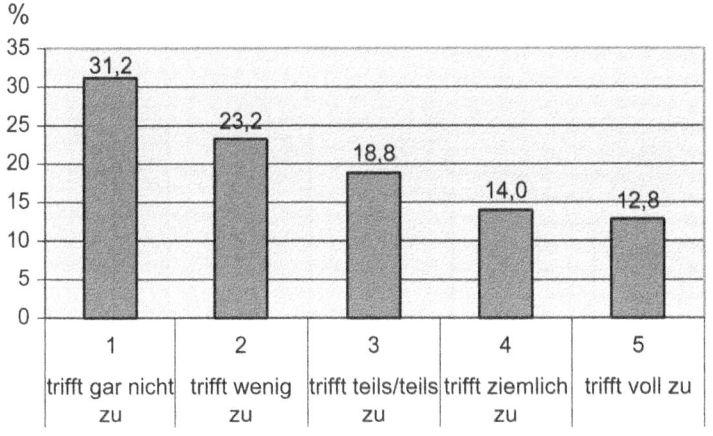

n = 1.499

Abb. 6.9 Gesundheitsmaßnahmen (Quelle: Schirmer 2015)

berücksichtigt werden. Dies wird in der unternehmerischen Praxis jedoch noch nicht in
ausreichendem Maße umgesetzt.

Gleichbehandlung in der Vergütung
Die Studie offenbart eine in Teilen vorhandene ungleiche Vergütung in Abhängigkeit
persönlicher Unterschiede. So geben gerade 53,4 Prozent der Unternehmen an, dass die
Verschiedenartigkeit der Arbeitnehmer in Bezug auf Alter, Geschlecht usw. bei gleicher
Leistung und Funktion überhaupt keine Rolle für die Vergütung spielt (siehe Abb. 6.10).
Bei 24,6 Prozent der Unternehmen trifft dies bereits nicht mehr uneingeschränkt und bei
22 Prozent sogar nur noch zum Teil oder gar nicht zu.

Dieses Ergebnis wird dadurch bestätigt, dass auch nur 50,6 Prozent der Unternehmen
weitestgehend oder voll zustimmten, dass Anforderungs- und Leistungsgerechtigkeit die
bestimmenden Faktoren zur Entgeltfestsetzung seien, während dies in 21,9 Prozent kaum
oder gar nicht zutrifft.

Cafeteria-Modell
Obwohl Anreizkonzepte mit bedürfnisbezogenen Wahloptionen für die Mitarbeiter sehr
attraktiv sind, werden diese von den Unternehmen nur in einem geringen Maße
angeboten. Gerade in 20,3 Prozent der Betriebe war ein derartiges Angebot umfänglich
oder vollumfänglich vorhanden, in 58,8 Prozent der Organisationen spielt dies dagegen
kaum bis gar keine Rolle.

Bei gleicher Funktion und gleicher Leistung spielt für die Höhe der Vergütung die Verschiedenartigkeit (Alter, Geschlecht, Kultur, Religion, Behinderung usw.) keine Rolle.

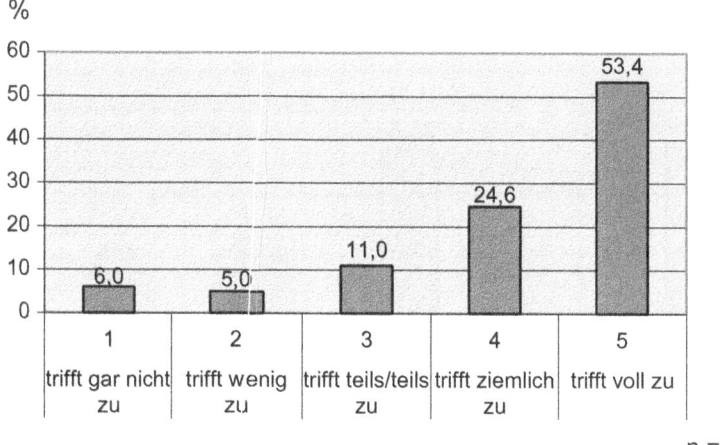

n = 1.499

Abb. 6.10 Gleichbehandlung in der Vergütung (Quelle: Schirmer 2015)

Immaterielle Anreize

Immaterielle Anreizsysteme als Teil eines Total Rewards Systems werden nur in 25,2
Prozent der Unternehmen umgesetzt (siehe Abb. 6.11). Durch den Verzicht auf diese
Anreize erhöht sich die Gefahr, dass die freiwillige Verbundenheit dem Unternehmen
gegenüber leidet. Offensichtlich setzen Unternehmen im Bereich der Mitarbeitermo-
tivation stärker auf eine monetäre Stimulation. Diese Ausrichtung kann sich vor dem
Hintergrund einer verstärkt an sinnstiftenden Werten und intrinsischen Motiven ausge-
richteten Generation Y nachteilig auswirken.

6.4.4 Personalentwicklung

Eine strategische Personalentwicklung über alle Altersgruppen hinweg ist wesentlich für
die Bewältigung demografischer Herausforderungen. Die Qualifizierungsnotwendigkeit
der Mitarbeiter 55plus wird in vielen Unternehmen erkannt, die Instrumente
Bedarfsanalyse und altersgerechtes Lernen hingegen sind professioneller auszugestalten.

Weiterbildung 55plus

Das in Unternehmen durchaus noch existente Defizitmodell des Alterns mit abnehmenden
Leistungspotenzialen kann dazu führen, dass die Mitarbeitergruppe 55plus bei
Weiterbildungen nicht mehr berücksichtigt wird. In 53 Prozent der Unternehmen trifft

Wir bieten unseren Mitarbeitern ein bedürfnisgerechtes System imma-
terieller Anreize (z.B. Sabbatical, Personalentwicklung, familienfreundliche Maßnahmen, Homeworking, Vertrauensarbeitszeit usw.).

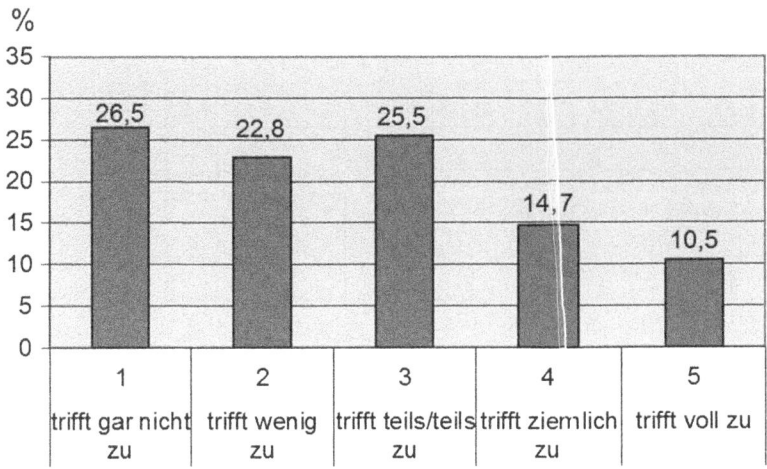

n = 1.499

Abb. 6.11 Immaterielle Anreizsysteme (Quelle: Schirmer 2015)

es aber zu, dass auch diese Mitarbeiter regelmäßig oder sehr regelmäßig weitergebildet
werden; allerdings bieten tatsächlich 25,4 Prozent der Betriebe keine oder kaum
Qualifizierungen für diese Zielgruppe an. Die lebensphasen- und damit auch
altersgerechte Konzipierung von Bildungsmaßnahmen bleibt optimierungsbedürftig.
Nur 30,7 Prozent der Unternehmen gaben an, die lebensphasenorientierten Lernbedürfnisse zu berücksichtigen (siehe Abb. 6.12). Vor dem Hintergrund des
lebenslangen Lernens wird dies aber immer wichtiger. Das Eingehen auf Erfahrungen,
individuelle Lerntempi, gemischte Altersgruppen usw. könnten z. B. Ansätze eines
altersgerechten Lernens sein. Die genannten methodischen und didaktischen Elemente
kommen auch jungen Mitarbeitern in Weiterbildungsmaßnahmen zugute.

Bedarfsanalyse
Eine systematische Bildungsbedarfserhebung wird in 48,2 Prozent der Unternehmen
durchgeführt (siehe Abb. 6.13). Zudem geben 71 Prozent der Betriebe an, dass ihnen die
künftigen qualifikatorischen Anforderungen an ihre Mitarbeiter bekannt sind. Dies ist
positiv zu sehen, da ohne Soll-Kompetenz-Profile keine effektive Personalentwicklung
möglich ist. Zudem ist eine vorausschauende Definition der Bildungsbedarfe im Kontext
einer stetig abnehmenden Halbwertszeit des Wissens unabdingbar. Zielführend ist es in
diesem Zusammenhang ein strategieintegriertes Kompetenzmanagement zu implementieren, um dann für die verschiedenen Stellen systematisch Soll-Kompetenz-Profile
abzuleiten.

Unsere Weiterbildungsmaßnahmen berücksichtigen die lebensphasenorientierten Lernbedürfnisse, z.B. in Bezug auf Lerntempo, Einbindung
von Erfahrungswissen usw.

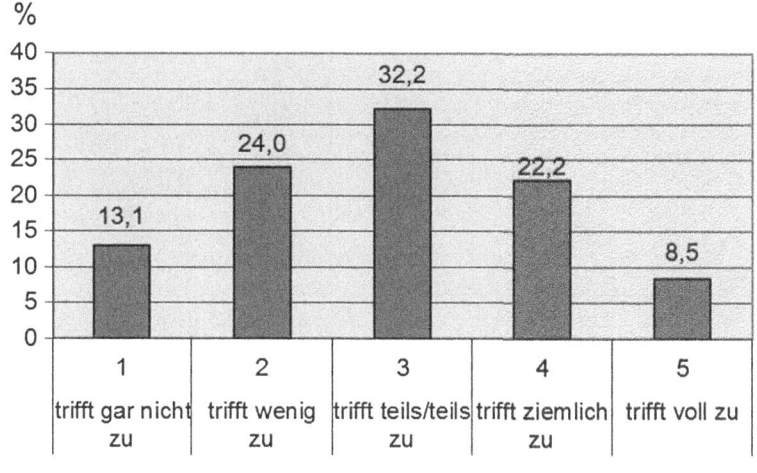

n = 1.499

Abb. 6.12 Alternsgerechte Lernbedürfnisse (Quelle: Schirmer 2015)

Wir ermitteln systematisch den Qualifikationsbedarf unserer Mitarbeiter.

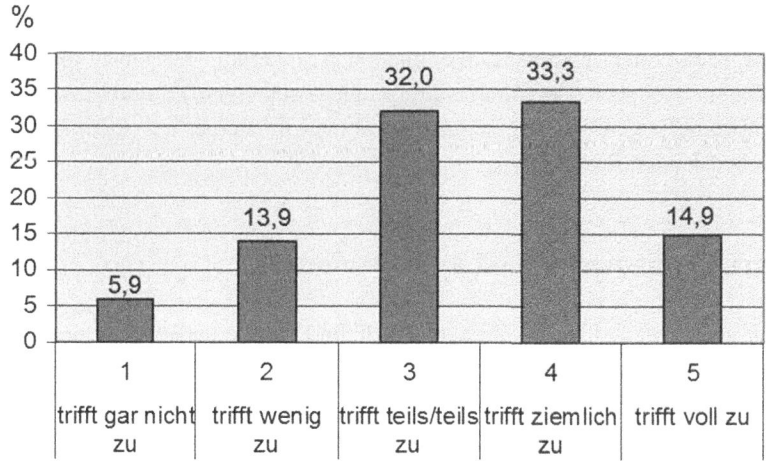

n = 1.499

Abb. 6.13 Qualifikationsbedarf (Quelle: Schirmer 2015)

Wir ermuntern unsere Mitarbeiter, sich eigenverantwortlich für ihre persönliche Employability (Beschäftigungsfähigkeit) einzusetzen.

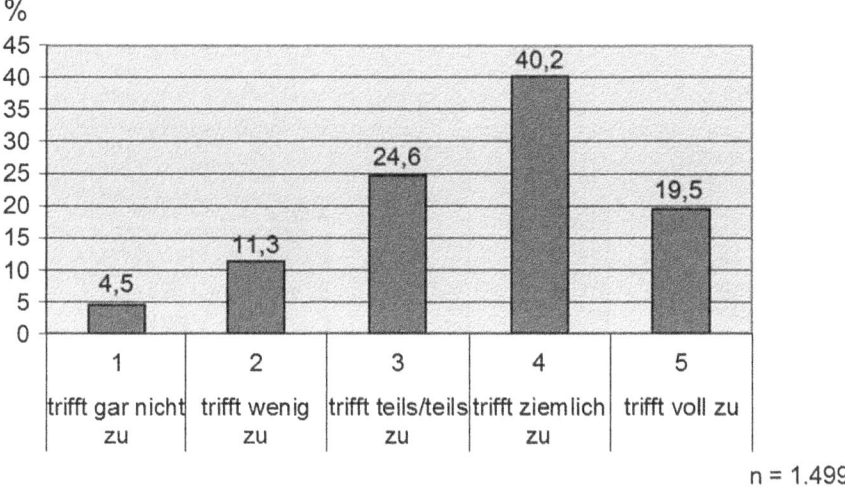

n = 1.499

Abb. 6.14 Beschäftigungsfähigkeit (Quelle: Schirmer 2015)

Employability

59,7 Prozent der Unternehmen fordern ihre Mitarbeiter auf, sich für ihre persönliche Beschäftigungsfähigkeit zu engagieren (siehe Abb. 6.14). Die Weiterentwicklung der Employability durch arbeitsintegriertes Lernen wird von 53,6 Prozent der Unternehmen ziemlich bzw. voll unterstützt. Gerade das Lernen in der Arbeit ist effizient und effektiv, da die Lerninhalte direkt anwendbar sind und das Erfahrungswissen der Lernenden integriert wird. Dies wird von Seiten der Unternehmen auch dadurch zu unterstützen versucht, dass Mitarbeiter anspruchsvolle oder sich ändernde Aufgaben übertragen bekommen. Dadurch bleiben die Mitarbeiter in einem ständigen Lernprozess, in dem sie neue Herausforderungen bewältigen müssen. Somit wird Lernen zu einem selbstverständlichen, lebenslangen Prozess.

6.4.5 Karrieremanagement und Austrittsmodelle

Die Besetzung von Schlüsselfunktionen wird durch ein Karrieremanagement unterstützt. Ein solches Konzept muss ältere Mitarbeiter einbeziehen – auch über den Renteneintritt hinaus – und muss zudem lebensphasenbezogene Belastungen der Arbeitnehmer berücksichtigen. Orientierungsgespräche mit älteren Mitarbeitern zum weiteren Karriereverlauf sind weit verbreitet. Dagegen werden Fach- und Projektkarrieren, Nachfolgeplanungen und lebensphasenbezogene Arbeitszeitmodelle deutlich weniger umgesetzt. Individuelle Diversity-Merkmale wirken sich auf die Karriere aus.

Karrierewege und -möglichkeiten
Nur 30,9 Prozent der Organisationen haben umfänglich bzw. voll umfänglich Fach- oder Projektkarrieren eingeführt. Dies ist aber wichtig, um motivierten Mitarbeitern Perspektiven bieten zu können. 83 Prozent der Unternehmen gaben an, dass die individuelle Verschiedenartigkeit der Mitarbeiter in Bezug auf Alter, Geschlecht usw. bei gleicher Eignung keinen Einfluss auf die Karrieremöglichkeiten hat. In immerhin 8,1 Prozent der Unternehmen trifft dies aber gar nicht bis wenig zu. Dies ist ein deutlicher Hinweis, dass eine voll umfängliche Gleichbehandlung in den Betrieben noch nicht gegeben ist.

Lebensphasenbezogene Arbeitszeit- und Karrieremodelle
In 49,6 Prozent der Unternehmen trifft es überwiegend oder voll zu, dass mit älteren Mitarbeitern deren berufliche Zukunft besprochen wird, um die Arbeits- und Karriereplanungen abzustimmen. 33,4 Prozent der Betriebe setzen Mitarbeiter auch nach deren Renteneintritt ein.

Gerade flexible Zeitmodelle sind geeignet, um die Vereinbarkeit von Privat- und Berufsleben zu fördern. 57 Prozent der Unternehmen gaben an, dass sie es Frauen und Männern gleichermaßen ermöglichen, in Elternzeit zu gehen. Irritierend ist wiederum, dass dies in 43 Prozent der Unternehmen nicht uneingeschränkt der Fall ist, obwohl es sich um eine Gesetzesnorm handelt. Eine geringe Rolle spielen Lebensarbeitszeitkonten, die es Mitarbeitern ermöglichen, in spezifischen Lebensphasen die Arbeitszeit zu reduzieren. Nur 8,6 Prozent stimmten der Aussage zu, dieses Modell anzuwenden (siehe Abb. 6.15).

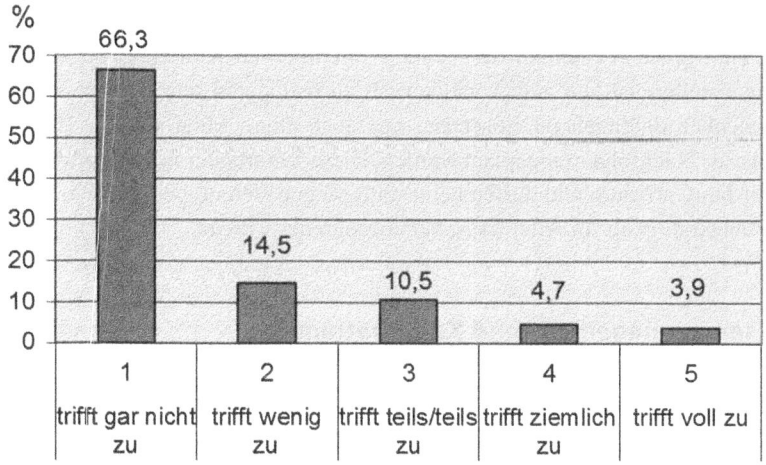

Wir setzen Lebensarbeitszeitkonten ein, damit Mitarbeiter ohne Entgeltverlust im späteren Lebensalter die Arbeitszeit reduzieren können.

n = 1.499

Abb. 6.15 Lebensarbeitszeitkonten (Quelle: Schirmer 2015)

In unserem Unternehmen existiert eine systematische Nachfolgeplanung in allen Bereichen.

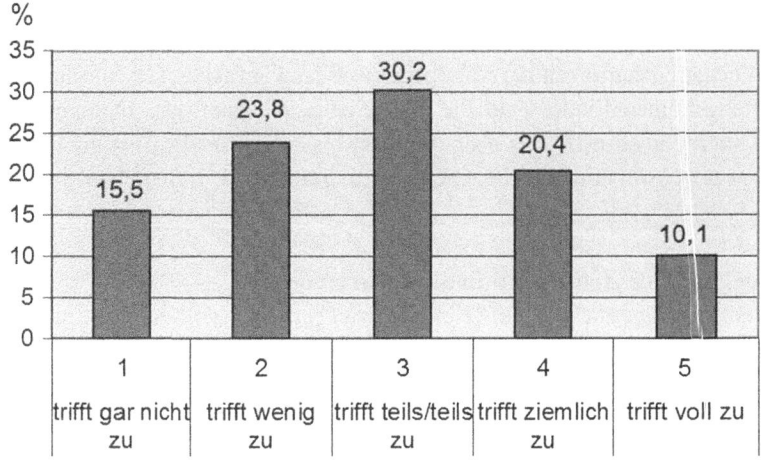

n = 1.499

Abb. 6.16 Nachfolgeplanung (Quelle: Schirmer 2015)

Nachfolgeplanung

Ein systematisches Karrieremanagement ohne Nachfolgeplanung ist unzureichend. Ziel dabei ist, frei werdende Positionen schnell mit geeigneten Mitarbeitern besetzen zu können, um unnötige Vakanzen zu vermeiden. Aber nur 30,5 Prozent der Unternehmen führen eine derartige Nachfolgeplanung in relevantem Umfang durch (siehe Abb. 6.16). Dagegen tun dies 39,3 Prozent der Betriebe entweder gar nicht oder nur wenig. Eine typische Situation, die in mittelständischen Unternehmen immer wieder zu Problemen führt, zumal künftig der Personalbedarf stärker mit internen Kräften gedeckt werden muss, da Neueinstellungen von außen schwieriger zu realisieren sein werden. Ebenfalls muss ein Umdenken dahingehend einsetzen, dass auch ältere Mitarbeiter, z. B. aus der Gruppe 55plus, als Nachfolger eingeplant werden. Diese Mitarbeiter werden oftmals noch zehn bis zwölf Jahre arbeiten und dürfen keinesfalls wegen stereotyper Vorurteile gegenüber der Leistungsfähigkeit im Alter pauschal ausgegrenzt werden.

6.4.6   Wissensmanagement und Kooperationen

Das bewusste Inventarisieren und ständige Erneuern relevanter Wissensinhalte sind wesentliche Erfolgsfaktoren im Wettbewerb. Den Betrieben sind ihre immateriellen Vermögenswerte durchaus bekannt. Eine Strategie zur Aktualisierung besitzen aber weniger Unternehmen und systematisch dokumentiert wird das Wissen eher selten. Nur eine kleine Zahl von Unternehmen kooperiert mit externen Institutionen zum Demografiemanagement.

Das strategische Führungsinstrument der Wissensbilanzierung wird in
unserer Organisation angewandt.

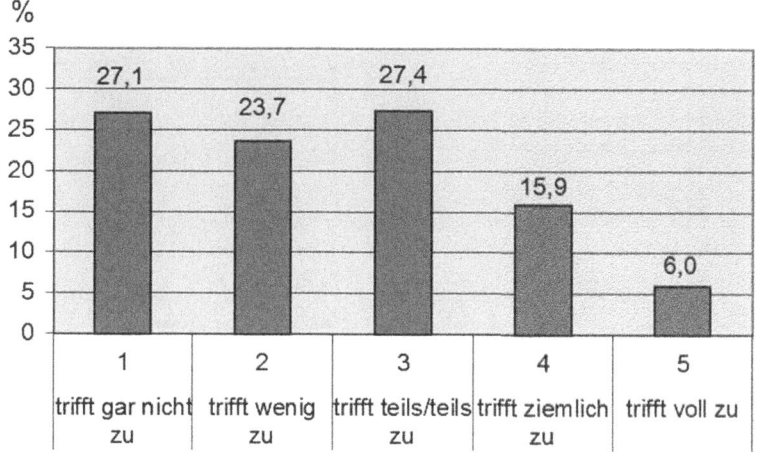

n = 1.499

Abb. 6.17 Wissensbilanz (Quelle: Schirmer 2015)

Wissensmanagement

Eine Kernaufgabe im Wissensmanagement ist es, das intellektuelle Kapital (Human-,
Struktur- und Beziehungskapital) zu identifizieren, um dieses zielbezogen organisieren zu
können. 75,3 Prozent der Unternehmen gaben an, dass ihnen das geschäftskritische
Beziehungskapital zu Kunden, Lieferanten etc. ziemlich oder ganz bekannt sei. Dies
gaben mit 67 Prozent etwas weniger auch für das Human- und das Strukturkapital
an. Mit dem strategischen Führungsinstrument der Wissensbilanzierung wird das Know-
how aber gerade in 21,9 Prozent der Unternehmen systematisch erfasst (siehe Abb. 6.17).
Dagegen verfügen wiederum 45,5 Prozent der Betriebe weitestgehend oder umfänglich
über eine Strategie, ihr erfolgskritisches Wissen zu erneuern, während dies in 20,7 Prozent
der Betriebe gar nicht bis wenig der Fall ist.

Kooperationen

Im Sinne eines Wissensmanagements arbeiten nur 4,5 Prozent der Unternehmen mit
externen Institutionen zum Demografiemanagement zusammen (siehe Abb. 6.18). 82,7
Prozent der Unternehmen sind überhaupt nicht in einem einschlägigen Arbeitskreis zum
Demografiemanagement engagiert und nur 11,2 Prozent sehen ziemlich oder voll den
Bedarf, Mitarbeiter in diesem Bereich fortzubilden. Dieser Fakt dokumentiert ebenfalls,
wie sehr die Herausforderungen des demografischen Wandels unterschätzt werden. In
vielen Unternehmen herrscht noch immer die Sichtweise vor, dass die Folgen der
Bevölkerungsentwicklung wie in der Vergangenheit irgendwie beherrschbar sein werden.

Wir arbeiten gezielt mit externen Institutionen zum Demografiemanagement zusammen.

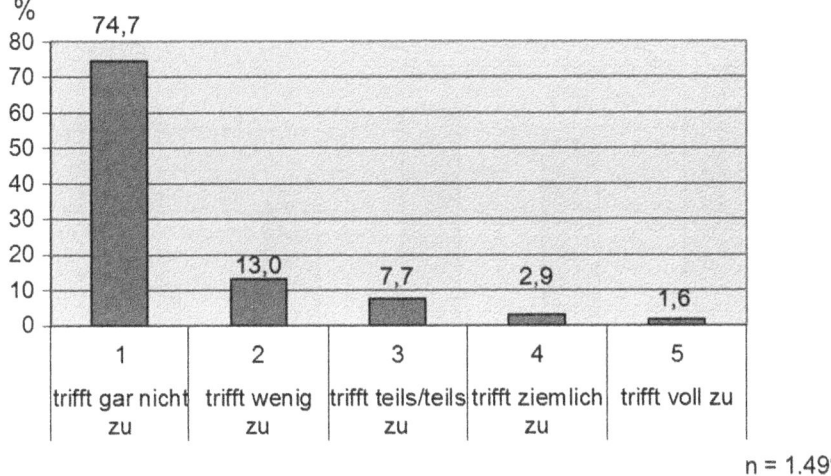

n = 1.499

Abb. 6.18 Kooperationen (Quelle: Schirmer 2015)

Man verlässt sich auf ein „operatives Durchhangeln" anstatt eine proaktive Handlungsstrategie zu entwickeln, die in einem ersten Schritt mit dem Aufbau einschlägiger Kompetenzen beginnen müsste.

6.4.7 Diversity Management

Für Unternehmen ist es im Rahmen von Globalisierung und demografischem Wandel eine erfolgreiche Strategie, personale Vielfalt in der Belegschaft zu erzeugen und z. B. in Bezug auf Personalmarketing und Absatz positiv zu nutzen. Die Bedeutung von Vielfalt wird in den Betrieben durchaus erkannt und auch annähernd in jedem zweiten Unternehmen durch ein Diversity Management unterstützt; die Umsetzung von Diversity Management ist aber noch optimierungsbedürftig.

Bedeutung von Vielfalt
Die Vielfalt der Belegschaft ist in 40 Prozent der Unternehmen wichtig bis sehr wichtig (siehe Abb. 6.19). Für 31,2 Prozent dagegen spielt dies nur eine geringe bis gar keine Rolle. Ein deutliches Indiz dafür, dass die Entwicklungen auf den Arbeits- und Absatzmärkten in vielen Unternehmen noch in unzureichendem Maße reflektiert und genutzt werden. Eine Belegschaftsstruktur, die in ihrer diversen Ausprägung die Kundenstruktur des relevanten Absatzmarktes annähernd abbildet, hat erheblich bessere Chancen im Wettbewerb, da die Kundenbedürfnisse valide erfasst und befriedigt werden können.

Die Vielfalt der Belegschaft spielt in unserem Unternehmen eine wichtige Rolle.

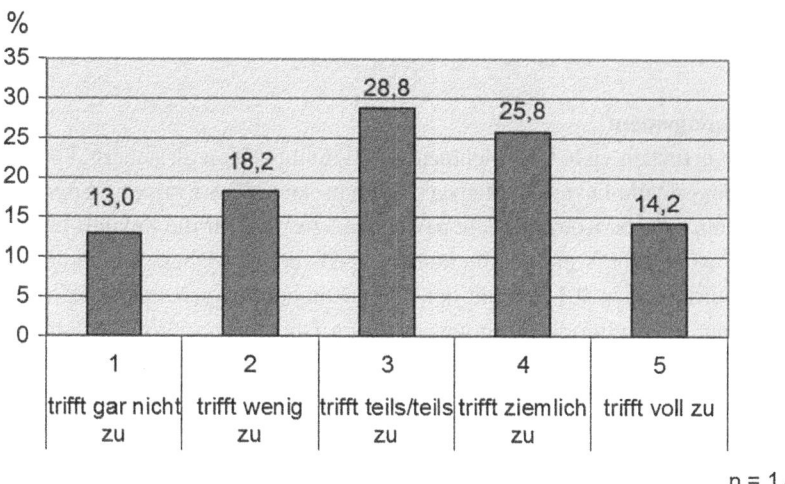

n = 1.499

Abb. 6.19 Bedeutung der personellen Vielfalt (Quelle: Schirmer 2015)

Nebenstehende Dimensionen von Vielfalt sind bei uns besonders relevant? (Mehrfachangaben möglich)

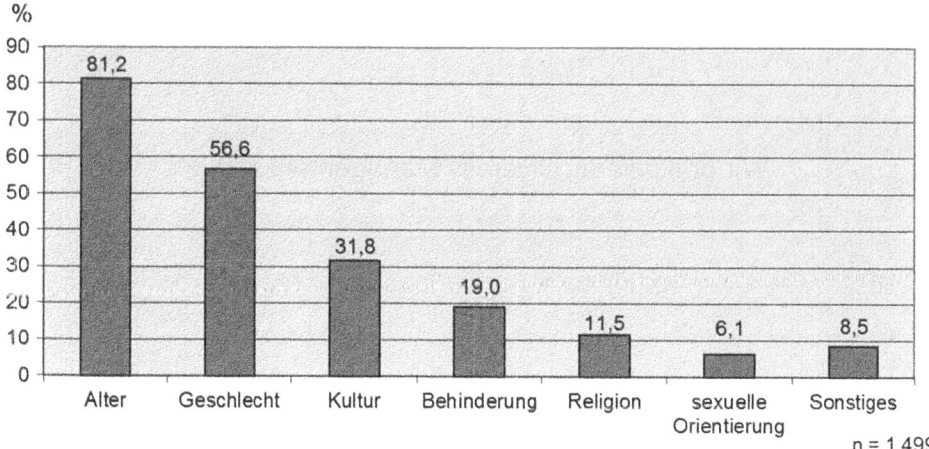

n = 1.499

Abb. 6.20 Dimensionen personaler Vielfalt (Quelle: Schirmer 2015)

Im Vordergrund personaler Vielfalt stehen in den Betrieben die klassischen Diversity-Dimensionen Alter mit 81,2 Prozent, Geschlecht mit 56,6 Prozent und Kultur mit 31,8 Prozent (siehe Abb. 6.20). Das Themenfeld der sexuellen Orientierung ist in der betrieblichen Praxis eher nachrangig und wird oftmals gerade in großen, international

tätigen Konzernen systematisch angegangen. Künftig werden mit zunehmender Heteroge-
nisierung der Erwerbsbevölkerung infolge einer arbeitsmarktpolitisch notwendigen
Zuwanderung von ausländischen Auszubildenden und Fachkräften die Diversity-
Dimensionen Kultur und Religion bedeutsamer werden.

Diversity Management

Mittlerweile versuchen viele Unternehmen die Vielfalt bewusst zu steuern. So gaben 42,1
Prozent an, dass sie ein Diversity Management umsetzen. 57,8 Prozent führten allerdings
aus, dass sie ein solches Konzept nicht anwenden bzw. erst für die Zukunft planen (siehe
Abb. 6.21). Das Ergebnis zur Verbreitung von Diversity Management korrespondiert
nicht damit, dass gerade 9,4 Prozent der Unternehmen angaben, spezielle Maßnahmen
wie Mentoring, interkulturelle Trainings etc. zum Umgang mit Vielfalt durchzuführen.
76,3 Prozent führten aus, dies gar nicht oder kaum anzubieten. Hier ist zu hinterfragen,
wie ernsthaft Diversity Management betrieben wird und ob die damit verbundenen
Potenziale schon ausreichend erkannt werden.

Dies ist kritisch, da schon heute viele Organisationen ungeplant mit personaler Vielfalt
konfrontiert sind. Vor dem Hintergrund der Studienergebnisse zur Ungleichbehandlung in
Abhängigkeit individueller Diversity in den Handlungsfeldern Karrieremanagement und
Vergütung offenbart sich die Notwendigkeit zur Einführung eines umfassenden und
ganzheitlichen Diversity Managements.

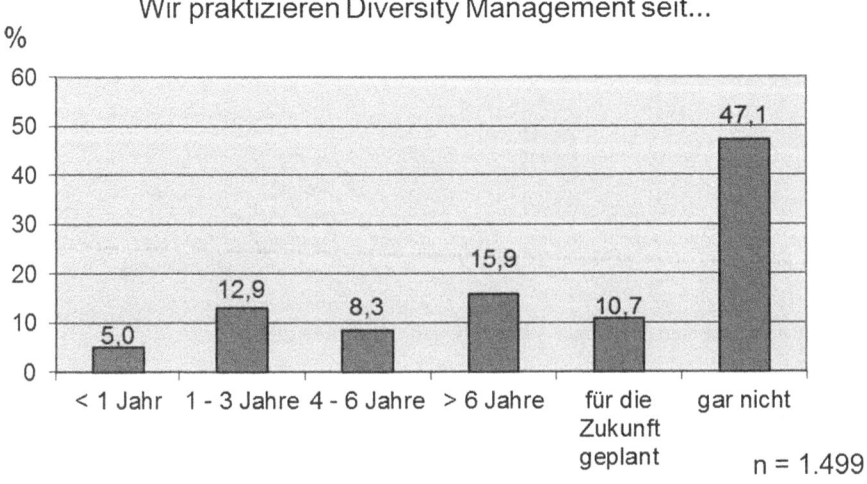

Abb. 6.21 Diversitymanagement (Quelle: Schirmer 2015)

6.5 Demografieorientierte Mitarbeiterführung und Demografiecontrolling

Einschlägig formulierte Führungsgrundsätze und angepasste Trainings helfen, dass Vorgesetzte „demografiebewusst" führen. Noch zu wenige Unternehmen verfügen über entsprechende Leitbilder und Schulungskonzepte. Demografieorientiertes Personalmanagement wird sich erst umfänglich verbreiten, wenn es spürbar zum Unternehmenserfolg beiträgt. Hierzu fehlen noch die Controlling-Instrumente.

Führungsphilosophie
Nur 31,2 Prozent der Unternehmen verfügen über eine Führungsphilosophie, welche die Verschiedenheit der Mitarbeiter berücksichtigt. Wertschätzung der Vielfalt ist aber für die Implementierung eines demografieorientierten Personalmanagements erforderlich und setzt einen Wandel der bestehenden Führungskultur in Richtung Diversity voraus.

Demografiebezogene Führung und Employability Management
Das alters- und geschlechtsspezifische Leistungsvermögen der Mitarbeiter berücksichtigen die Führungskräfte in 45,7 Prozent der Unternehmen. 17,9 Prozent der Betriebe bestätigen, ihre Führungskräfte im Umgang mit der Verschiedenartigkeit ihrer Mitarbeiter zu schulen, während dies 59,6 Prozent kaum oder gar nicht tun.

Auch die Sicherung der Beschäftigungsfähigkeit älterer Mitarbeiter ist ein Ziel im Demografiemanagement. Eine Schulung der Führungskräfte dazu wird aber nur von 21,6 Prozent der Unternehmen vorgenommen, während das bei 54,5 Prozent der Betriebe nur in geringem Maße bis gar nicht praktiziert wird.

Demografiecontrolling
Zur erfolgreichen Steuerung dass Demografiemanagements ist ein geeignetes Controlling notwendig. Gerade 12,1 Prozent der befragten Organisationen gaben an, ein demografiebezogenes Kennzahlensystem eingeführt zu haben (siehe Abb. 6.22).

Ein regelmäßiges Demografiecontrolling existiert so gut wie nicht; gerade 6,6 Prozent der Unternehmen führen dies durch (siehe Abb. 6.23). Infolge dessen sehen 63 Prozent der Unternehmen gar keine oder wenig betriebswirtschaftliche Effekte im Demografiemanagement. Damit offenbart sich ein grundsätzliches Dilemma im Handlungsfeld Demografiemanagement. Einerseits werden aufgrund der Langfristigkeit demografischer Effekte in vielen Unternehmen oftmals nur wenige proaktive Maßnahmen eingeleitet. Andererseits bleiben ohne definierte Kennzahlen und Planvorgaben, die durch ein Standard-Reporting auf der Basis eines definierten Datenbestandes überwacht und gesteuert werden, Effekte entsprechender personalpolitischer Aktivitäten unsichtbar, gerade z. B. erst mehrjährig erkennbare Veränderungen in der Altersstruktur. Ohne nachweisbare Effekte, gleichsam ohne „Erfolgsgeschichte", ist das Thema in den Köpfen der Entscheidungsträger nicht positiv besetzt, sondern wird nur als Aufwandsthema bewusst.

Für die Erfolgsmessung des demografieorientierten Personalmanagements existiert ein Kennzahlensystem, z.B. zur Mitarbeiterstruktur, zur Fluktuationsquote, zur Personalentwicklung "55plus" usw.

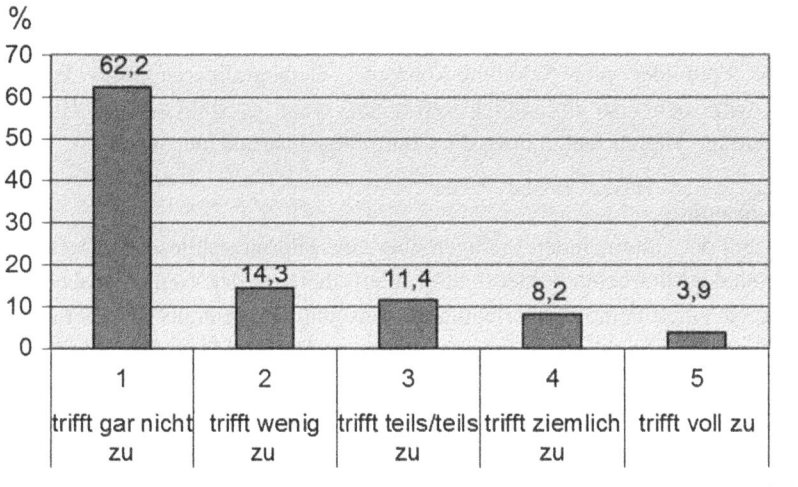

n = 1.499

Abb. 6.22 Demografiekennzahlen (Quelle: Schirmer 2015)

Wir messen die Effekte unseres demografieorientierten Personalmanagements regelmäßig (monatlich, quartalsweise).

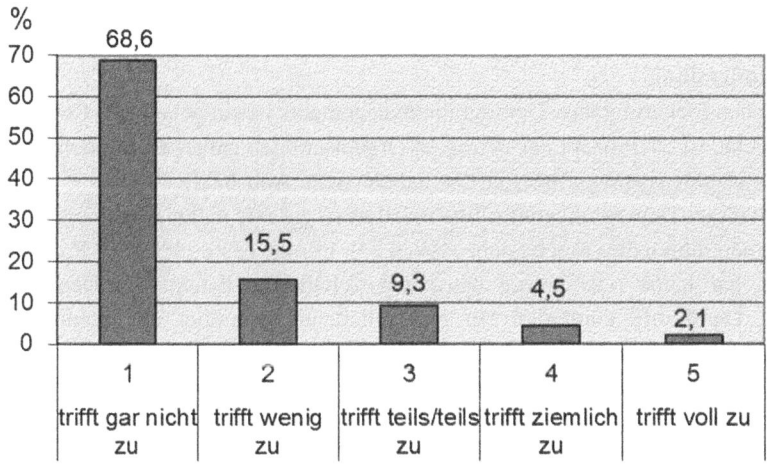

n = 1.499

Abb. 6.23 Regelmäßige Demografieberichte (Quelle: Schirmer 2015)

6.6　　Demografiemanagement in West- und Ostdeutschland

Aufgrund der bereits stärker vom demografischen Wandel betroffenen östlichen Bundesländer ist dort eine weitere Verbreitung von Maßnahmen zum Demografiemanagement zu vermuten. Dies ist in der Praxis nicht der Fall. In Baden-Württemberg ist das demografieorientierte Personalmanagement auf leicht niederem Niveau ausgeprägt als in 2009.

Demografiemanagement in „West" und „Ost"
Unternehmen in den Bundesländern Brandenburg, Mecklenburg-Vorpommern, Sachsen, Sachsen-Anhalt und Thüringen sind aufgrund innerdeutscher Migrationsströme, die bis Ende der 1990er-Jahre überwiegend in der Richtung Ost-West verliefen, demografisch stärker betroffen als die westlichen Bundesländer. Einschlägige personalpolitische Instrumente in intensiver Ausprägung können hier helfen. Insgesamt sind aber keine wesentlichen Unterschiede im Demografiemanagement feststellbar (siehe Abb. 6.24). Nur das Handlungsfeld Diversity Management ist in den westlichen Bundesländern mit einem Durchschnittswert von 2,42 zu 2,14 erkennbar stärker ausgeprägt.

Auch zwischen den einzelnen Bundesländern lassen sich in Teilen gar keine bis nur marginale Unterschiede in Bezug auf den Ausprägungsgrad des betrieblichen Demografiemanagements feststellen. Am stärksten ausgeprägt ist das Demografiemanagement ausgedrückt durch einen Gesamtindex in Hessen, am schwächsten dagegen in Bremen. Kritisch zu beachten sind bei der Interpretation dieses Ergebnisses die unterschiedlichen Fallzahlen in den einzelnen Bundesländern (Abb. 6.25).

Demografiemanagement in Baden-Württemberg im Zeitvergleich
Wie sich die baden-württembergischen Unternehmen auf den demografischen Wandel vorbereiten wurde 2009 und 2012 in den Vorläufer-Studien zur „Demografie Exzellenz" untersucht.

Als Ergebnis zeigt sich, dass auch in Baden-Württemberg die demografischen Konsequenzen unterschätzt werden, weil sie mit ihren strategischen Wirkungen aktuell noch nicht dringlich genug spürbar sind.

Gegenüber der Ersterhebung in 2009 sind fast alle Handlungsfelder auf schwächerem oder maximal gleichem Niveau ausgeprägt (siehe Abb. 6.26). Anders beim Thema Wissensmanagement: Dieses hat analog zum Bundestrend auch bei den baden-württembergischen Unternehmen an Bedeutung gewonnen (2009: 3,28; 2015: 3,48). Gegenüber dem Stand zur Demografie-Exzellenz im Jahr 2012 sind in einigen Themenfeldern, wie z. B. bei Strategie/Kultur, Anreizsysteme und Personalentwicklung, leichte Verbesserungen zu erkennen.

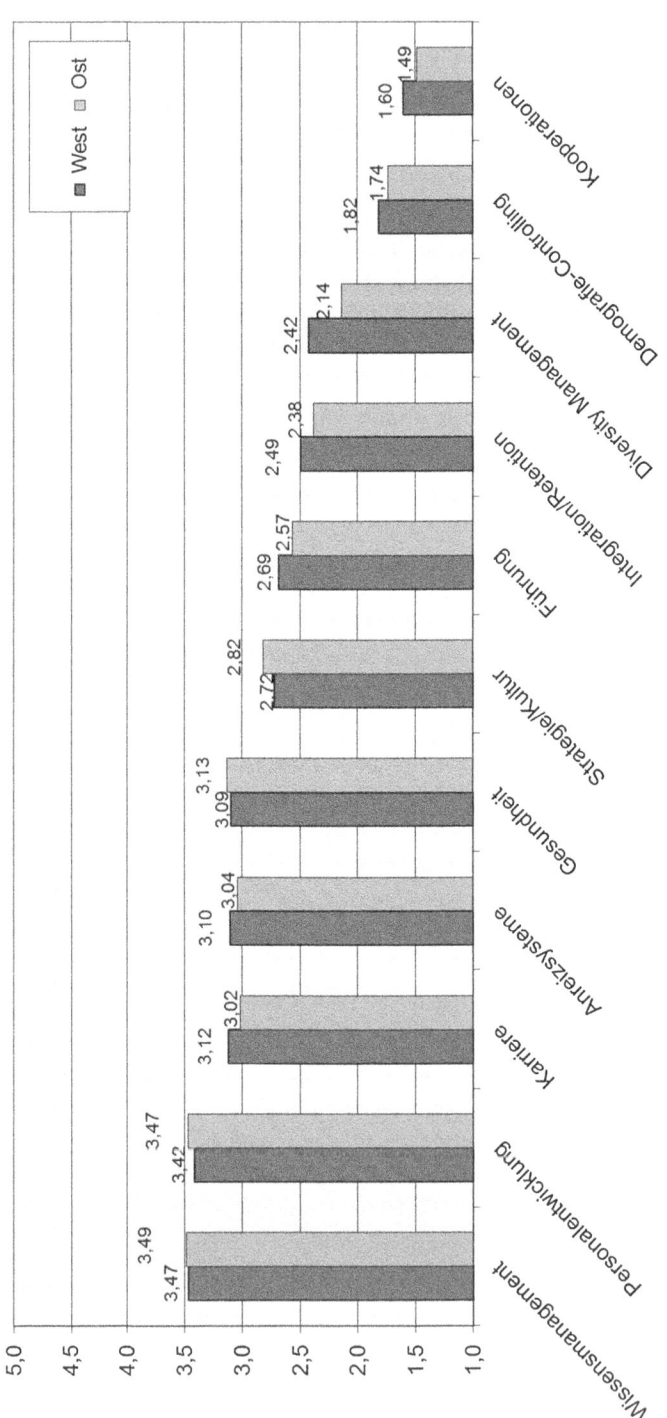

Abb. 6.24 Demografiemanagement in West- und Ostdeutschland (Quelle: Schirmer 2015)

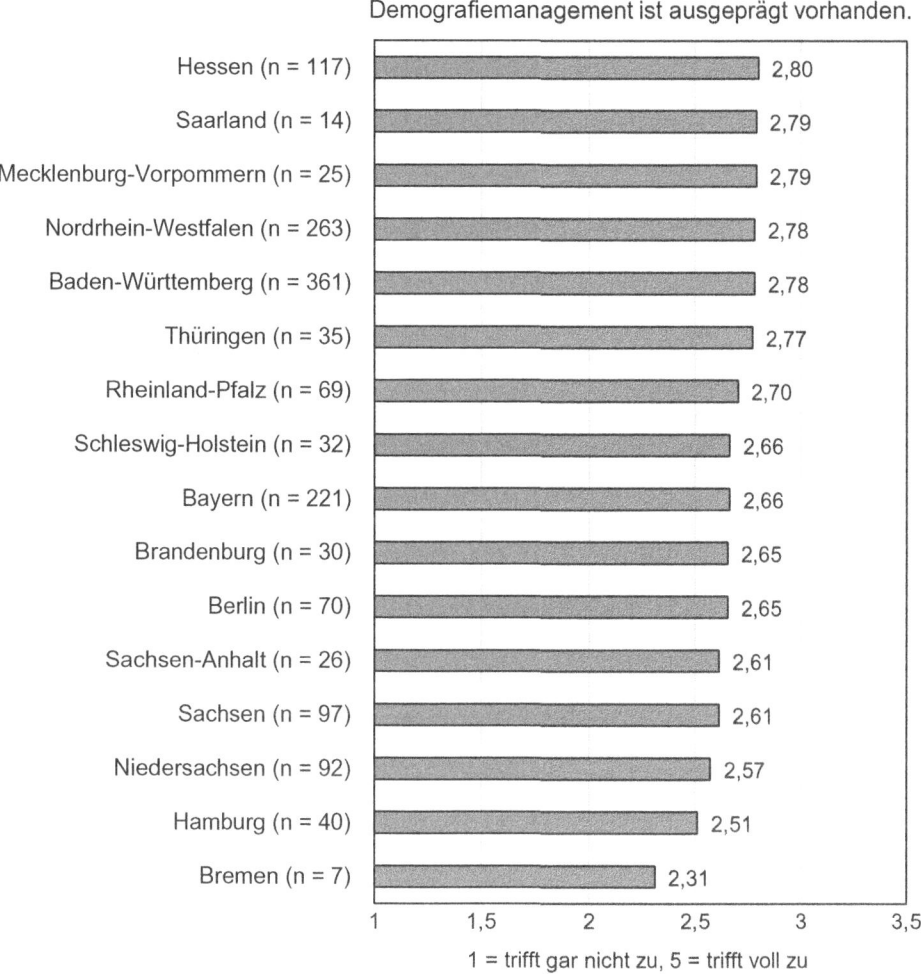

Abb. 6.25 Ausprägungsgrade Demografiemanagement in den einzelnen Bundesländern (Quelle: eigene Darstellung Schirmer U)

6.7 Demografiemanagement in ausgewählten Unternehmensbranchen

Verschiedene Branchen widmen sich dem demografischen Wandel in unterschiedlicher Intensität, z. B. durch den Abschluss von Demografie-Tarifverträgen. Die Studie bestätigt zum Teil deutliche Unterschiede zwischen Branchen und zeigt, dass sich auch der öffentliche Sektor im Demografiemanagement engagiert.

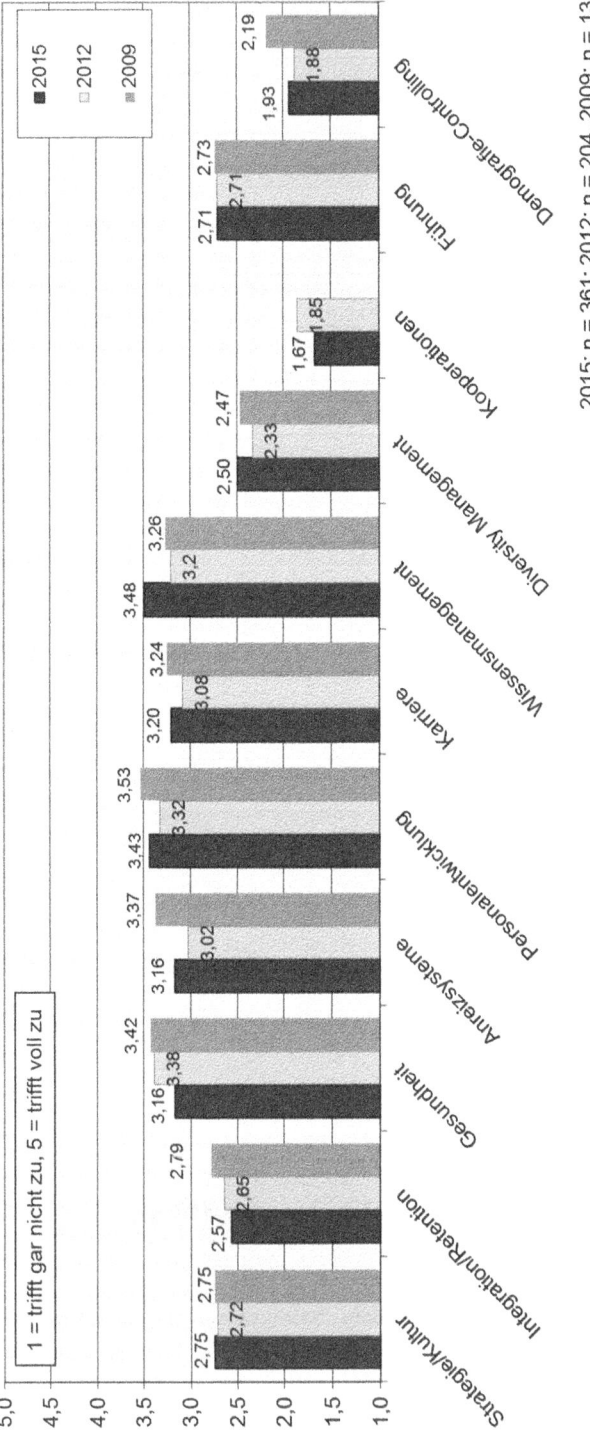

Abb. 6.26 Demografiemanagement in Baden-Württemberg (Quelle: in Anlehnung an Schirmer 2015, leicht modifiziert)

Unternehmensbranchen im Vergleich

Die größten Abweichungen beim Demografiemanagement zeigen sich zwischen den Branchen Gesundheitswesen/Medizintechnik, Chemie/Pharma und Konsumgüter/Handel (Abb. 6.27). Die stärksten Unterschiede sind dabei in den Bereichen Integration/Retention (Indexwert 2,89 zu 2,38), Gesundheitsmanagement (IW 3,52 zu 2,89), Diversity Management (IW 2,88 zu 2,23) und Führung (IW 3,09 zu 2,58) festzustellen. Die geringsten Unterschiede bestehen im Handlungsfeld Karriere (IW 3,25 zu 3,14).

Anhand des realisierten Demografiemanagements lassen sich die Branchen in die in Abb. 6.28 dargestellte Rangfolge einordnen, wobei teilweise nur marginale Unterschiede bestehen. Auch hier sind wieder die unterschiedlichen Fallzahlen in den einzelnen Branchen zu beachten.

Demografiemanagement im öffentlichen Sektor

Obwohl der öffentliche Sektor typischerweise über knappe Ressourcen verfügt, hat das demografieorientierte Personalmanagement einen hohen Stellenwert. Im Benchmark zu der „besten" Branche Gesundheitswesen/Medizintechnik kann sich dieser Sektor gut positionieren (Abb. 6.29). Mit dem dritten Rang gehört der öffentliche Sektor zu den „guten" Branchenbereichen und erzielt beim Gesundheitsmanagement mit einem Indexwert von 3,74 die höchste Ausprägung über alle Wirtschaftszweige und Maßnahmenbereiche. Mit deutlichem Abstand engagiert sich der öffentliche Sektor auch in Kooperationen zum Demografiemanagement (IW 2,42).

6.8 Unternehmensgröße und demografieorientiertes Personalmanagement

In kleinen Unternehmen ist demografischer Wandel „Chefsache". Große Unternehmen können intensiver auf den demografischen Wandel reagieren. Insgesamt widmen sich jedoch die Geschäftsführer den Herausforderungen des demografischen Wandels in unzureichendem Maße. In den Handlungsfeldern Personalentwicklung und Wissensmanagement sind kleine Betriebe besser aufgestellt.

Verantwortung für das Demografiemanagement

In 90,5 Prozent der Unternehmen mit bis zu 50 Mitarbeitern kümmert sich infolge fehlender Personalbereiche die Geschäftsführung um die Herausforderungen des demografischen Wandels (siehe Abb. 6.30). In 54,8 Prozent der Unternehmen mit 51 bis 500 Mitarbeitern trifft dies ebenfalls zu, in Unternehmen mit mehr als 1.000 Mitarbeitern ist mit 73,1 Prozent der Betriebe das Personalmanagement zuständig. Die Problematik im Bereich der kleinen Unternehmen liegt darin, dass nur 27,9 Prozent die Bewältigung des demografischen Wandels als strategisches Ziel definiert haben. Offensichtlich verkennen die Verantwortlichen die demografischen Herausforderungen im Kontext ihrer weiteren Pflichten.

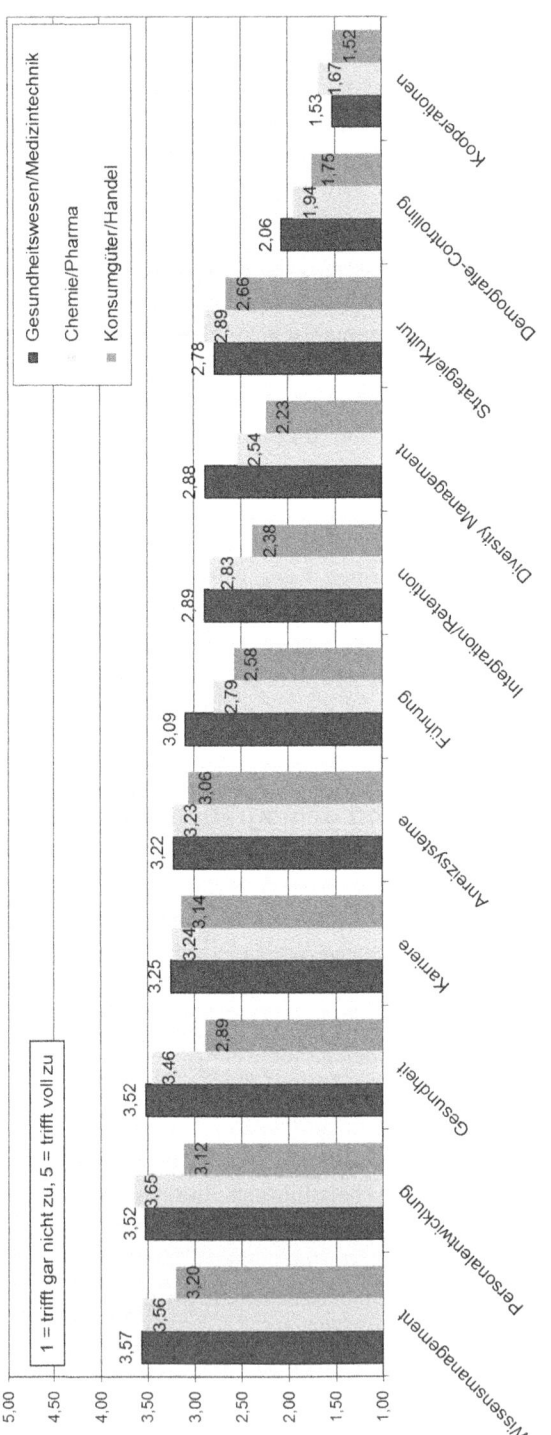

Abb. 6.27 Branchen im Vergleich (Quelle: Schirmer 2015)

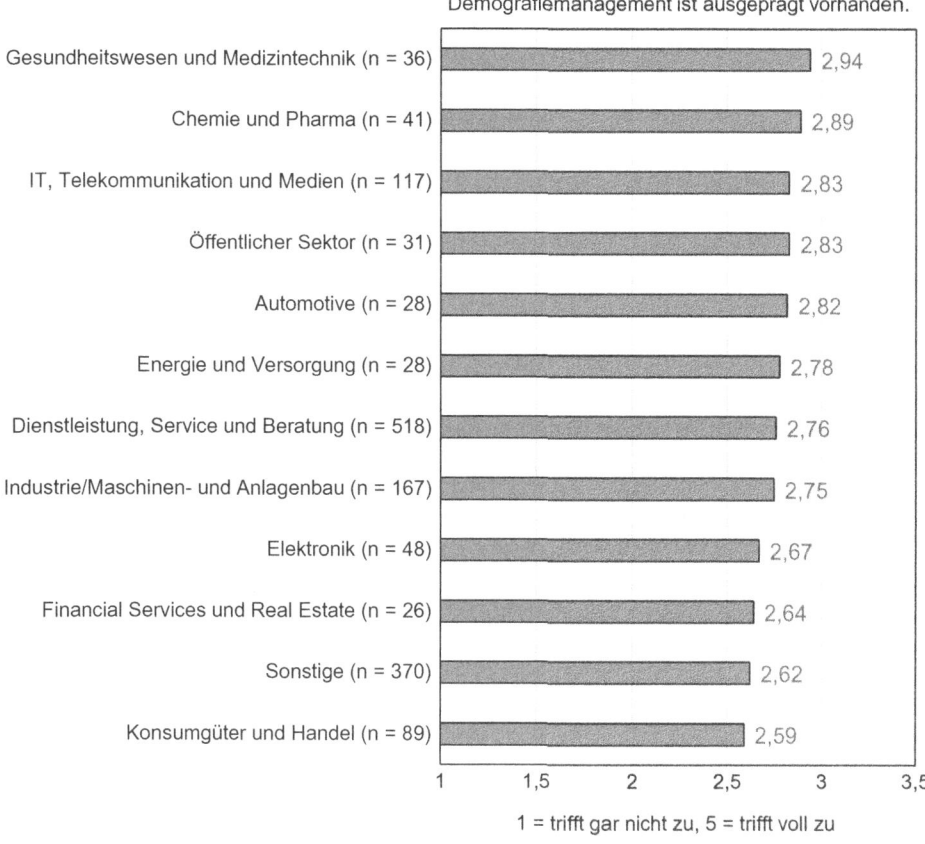

Abb. 6.28 Ausprägungsgrade Demografiemanagement in einzelnen Branchen (Quelle: Schirmer 2015)

Demografiemanagement in Abhängigkeit der Unternehmensgröße

In fast allen Handlungsfeldern ist eine größenabhängige Ausprägung des Demografie-managements erkennbar (siehe Abb. 6.31). So sind in vielen Handlungsfeldern Unterneh-men mit über 1.000 Mitarbeitern am besten organisiert. Gerade das Gesundheits-management ist dort mit einem Indexwert von 3,91 auf einem hohen Niveau implementiert. Offensichtlich ist, dass sich Organisationen mit bis zu 50 Mitarbeitern bei vielen Maßnahmen noch optimieren können.

Gerade bei den kleinen Betrieben sind aber die Personalentwicklung (Indexwert 3,45) und das Wissensmanagement (IW 3,52) am stärksten ausgeprägt. Interessanterweise wird Wissensmanagement bei den großen Betrieben am schwächsten umgesetzt (IW 3,14).

Intergenerative Unternehmenskultur und Unternehmensgröße

Unternehmen mit bis zu 50 Mitarbeitern verfügen über den größten Anteil an Mitarbeitern über 55 Jahren. In 10,1 Prozent dieser Betriebe sind bereits heute 40 Prozent und mehr der Mitarbeiter über 55 Jahr alt. In den Organisationen mit mehr als 1.000 Arbeitnehmern sind

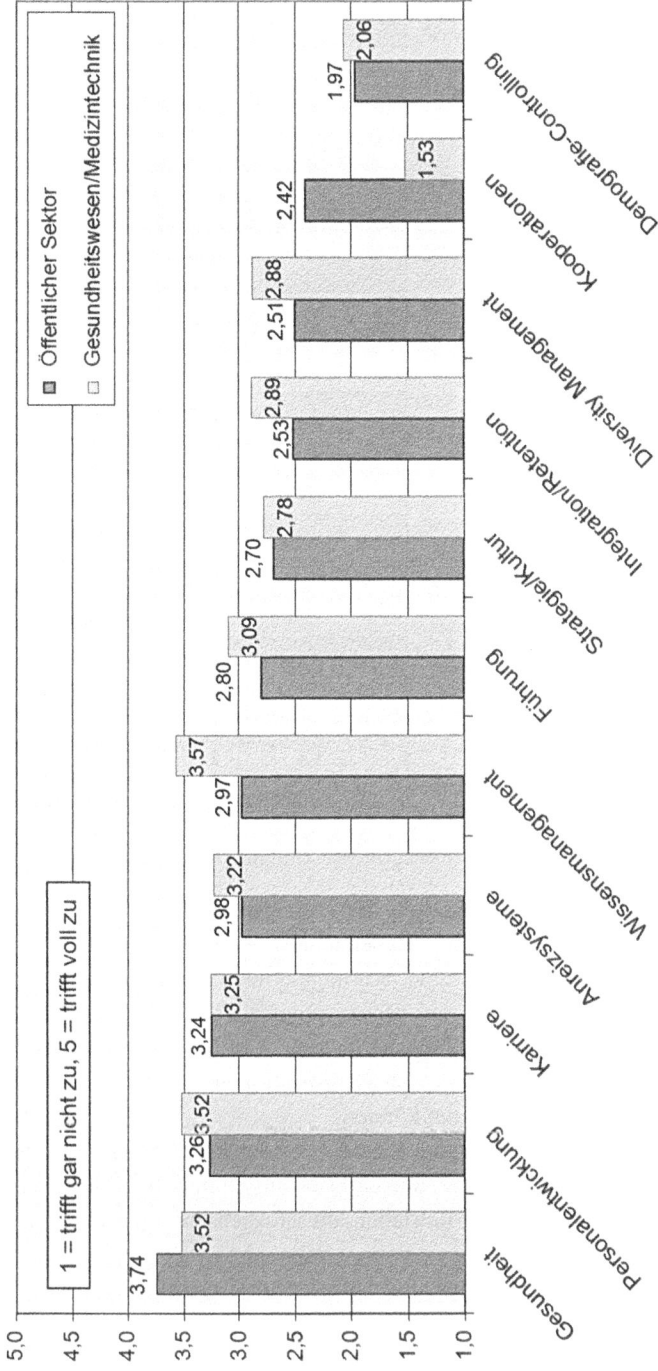

Abb. 6.29 Demografiemanagement im öffentlichen Dienst (Quelle: Schirmer 2015)

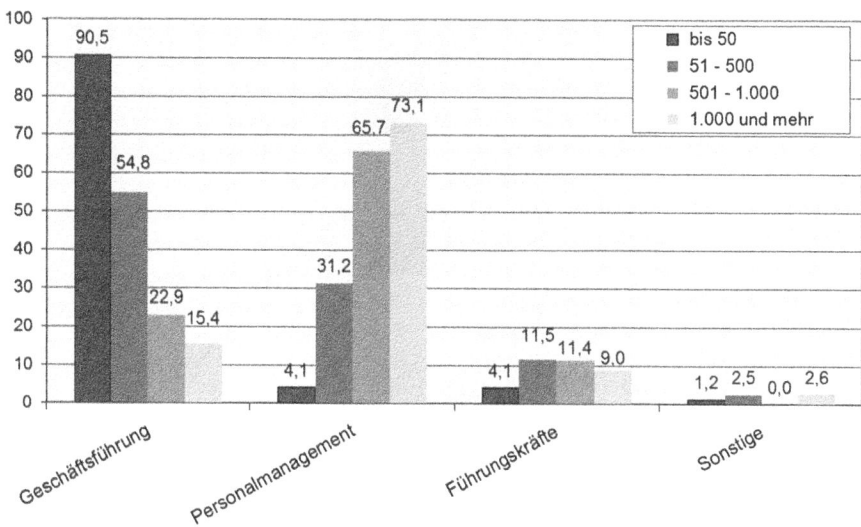

Abb. 6.30 Verantwortung für das Demografiemanagement (Quelle: Schirmer 2015)

dies nur 5,1 Prozent. Folgerichtig müssen die kleinen Betriebe schneller und umfassender eine intergenerative Unternehmenskultur entwickeln. 25 Prozent dieser Betriebe stimmen der Aussage voll zu, dies zu fördern, in den Großunternehmen sind das nur 15,4 Prozent.

Ausgewählte Demografiemaßnahmen nach Unternehmensgröße
Bei einzelnen Demografiemaßnahmen zeigen sich zum Teil erhebliche Unterschiede in Abhängigkeit zur Unternehmensgröße (siehe Abb. 6.32). So engagieren sich große Unternehmen deutlich stärker im Bereich von Altersstrukturanalysen und -prognosen (Indexwert 3,5 zu 2,28).

Sehr problematisch ist, dass gerade die kleinen Unternehmen kein Talentmanagement betreiben (IW 1,57), obwohl diese Betriebe bereits heute aufgrund ihrer meist eher nur regionalen Bekanntheit oftmals Probleme bei der Personalbeschaffung haben. Eine angepasste, intelligent ausgearbeitete Talentpipeline könnte an dieser Stelle helfen. Große Unternehmen sind hier aktiver (IW 3,31).

Maßnahmen zur betrieblichen Gesundheitsprüfung bzw. zur verhaltenspräventiven Gesundheitsvorsorge werden in den Kleinbetrieben zu oft vernachlässigt (IW 2,68 und 2,34). Erhöhte Fehlzeiten, vorzeitiges Ausscheiden aus dem Arbeitsleben oder eine reduzierte Work-Ability können hier nachteilige Folgen sein, die die Situation im Wettbewerb weiter verschärfen.

Besser aufgestellt sind die kleinen Unternehmen in den Feldern Identifikation künftiger Kompetenzanforderungen (IW 3,88 zu 3,54), arbeitsintegriertes Lernen (IW 3,62 zu 3,10), Kenntnis zum Humankapital (IW 3,85 zu 3,31), Erneuerung des Wissens (IW 3,36 zu 2,99) und Wissensbilanzierung (IW 2,56 zu 2,00). Offensichtlich haben die

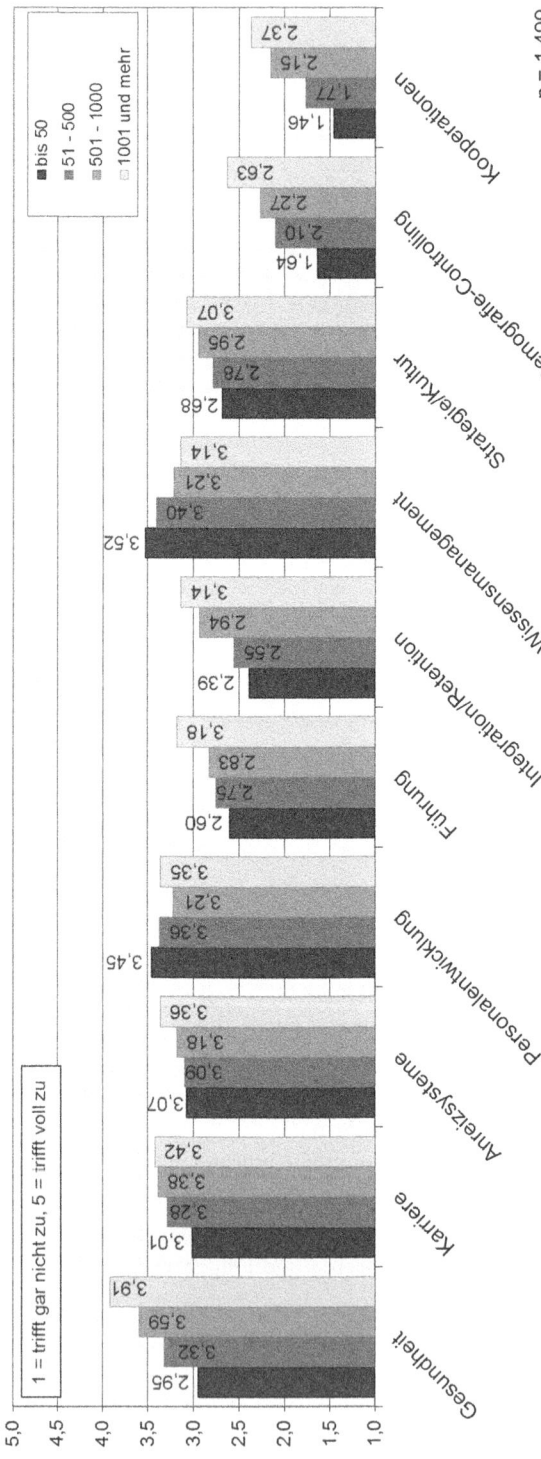

Abb. 6.31 Demografiemanagement und Unternehmensgröße (Quelle: Schirmer 2015)

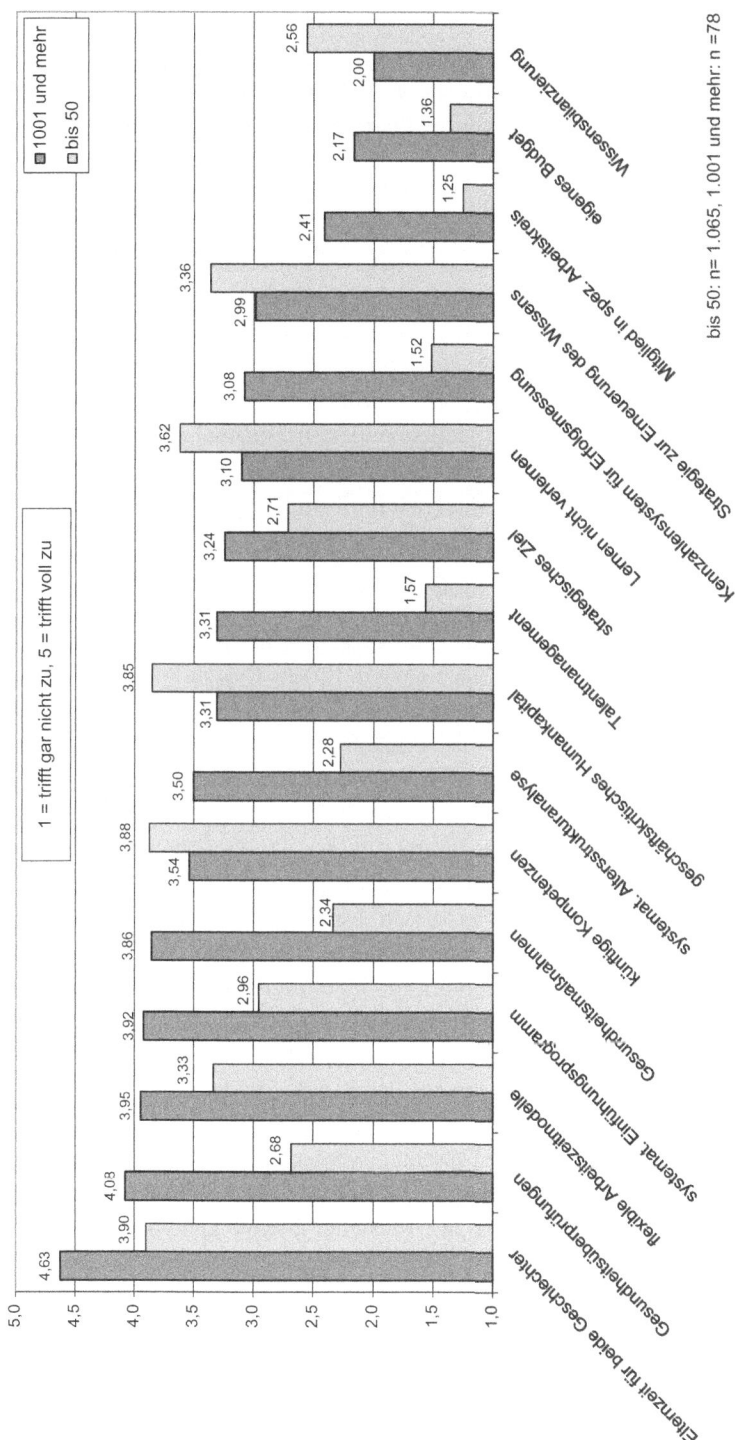

Abb. 6.32 Ausgewählte Demografiemaßnahmen nach Unternehmensgröße (Quelle: Schirmer 2015)

Themenfelder Personalentwicklung und Wissensmanagement in kleinen Organisationen eine hohe Bedeutung.

Elternzeit können in größeren Unternehmen Frauen und Männer in gleichem Maße nehmen (IW 4,36), während dieses bei den kleinen Unternehmen in geringerem Maße der Fall ist (3,99).

6.9   Unternehmens-Cluster Demografie Exzellenz

Im Rahmen einer Clusteranalyse konnten die teilnehmenden Unternehmen der Studie in drei Gruppen unterteilt werden, die sich den Herausforderungen des demografischen Wandels in unterschiedlicher Weise stellen. Die drei Gruppen sind in sich bzgl. der betrachteten Merkmale eines demografieorientierten Personalmanagements weitestgehend gleichartig, zueinander aber sehr heterogen. Die Gruppen werden bezeichnet als „Demografie-Top Performer", „Demografie-Follower" und „Demografie-Ignoranten" (siehe Abb. 6.33).

Demografie-Top Performer
In diese Gruppe können 555 (37 Prozent) der befragten Unternehmen eingeordnet werden. Das Cluster zeichnet sich dadurch aus, dass in diesen Organisationen 75 Prozent der Handlungsfelder des betrieblichen Demografiemanagements überdurchschnittlich ausgeprägt sind. 26 Prozent der Unternehmen verfügen über einen Umsatz größer als 200 Mio. Euro und „nur" 68 Prozent erwirtschaften bis zu 10 Mio. Euro Umsatz. Zudem sind in diesem Cluster mit einem Anteil von 8,3 Prozent die meisten Unternehmen mit über 1.000 Mitarbeiter zu finden. Die Verantwortung für das Demografiemanagement liegt im Verhältnis signifikant häufiger bei den Personalabteilungen (20,4 Prozent).

Der demografische Wandel ist in diesen Unternehmen gut als strategisches Ziel identifiziert und in den Managementprozess integriert. Infolge dessen werden umfangreich Altersstrukturanalysen durchgeführt und klare Ziel-Mitarbeiterstrukturen definiert. Besonders ausgeprägt findet sich das Thema auch im Leitbild wieder und es wird intensiv an der Entwicklung einer intergenerativen Unternehmenskultur gearbeitet. Zusätzlich hat die personale Vielfalt in der Belegschaft eine hohe Bedeutung, was sich auch im Führungsverhalten der Vorgesetzten widerspiegelt, die dafür extra und auf Basis einer einschlägigen Führungsphilosophie geschult werden. Weiterhin zeichnen sich diese Organisationen dadurch aus, dass sie die Mitarbeiter diskriminierungsfrei behandeln und es die wenigsten Unterschiede bei Karriere, Entgelt und Inanspruchnahme von Elternzeit aufgrund von Alter, Geschlecht, Kultur, Religion und anderen Diversity-Dimensionen gibt – „Gerechtigkeit in Vielfalt" ist offensichtlich das implizite Motto. Die Betriebe haben zudem das Potenzial vorhandener Mitarbeiter erkannt und bemühen sich intensiv, diese durch langfristig angelegte Retention-Programme inkl. einem, auf hohem Niveau ausgeprägten, lebensphasenorientierten Personalmanagement an das Unternehmen zu binden. Die Weiterbildung der Mitarbeiter, insbesondere auch der

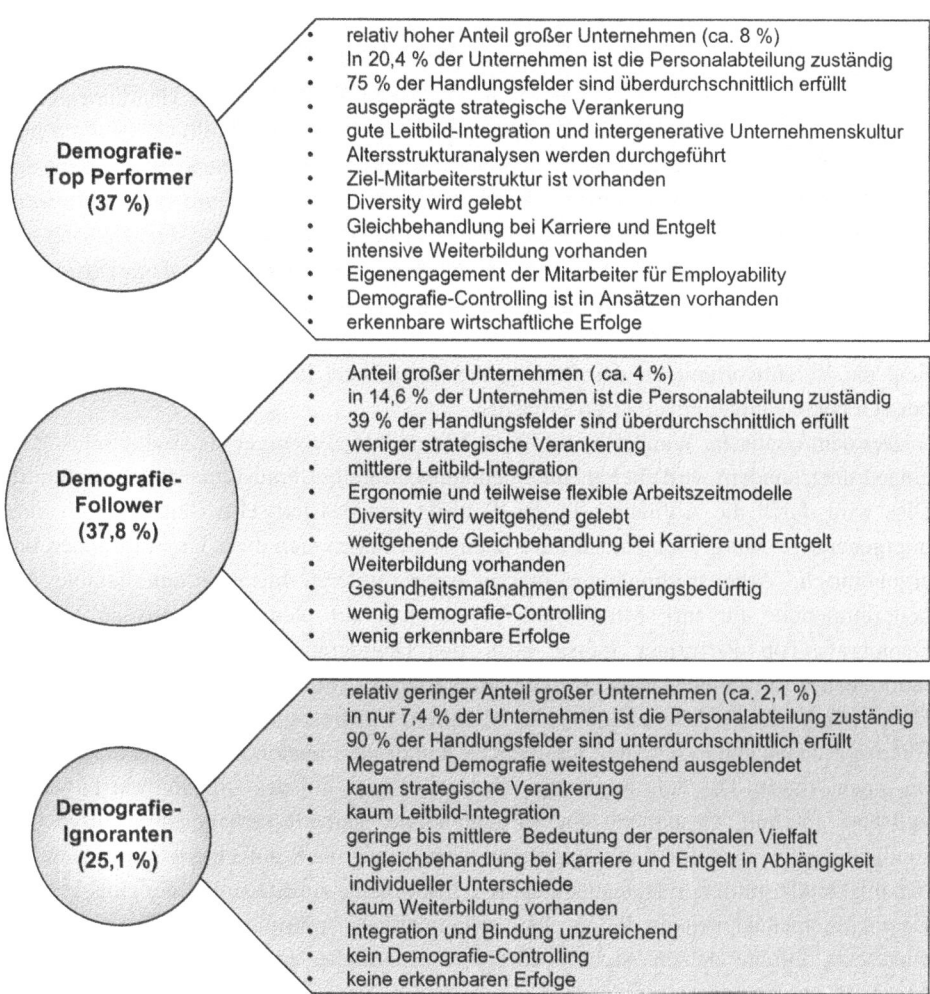

Abb. 6.33 Unternehmens-Cluster Demografie Exzellenz (Quelle: eigene Darstellung Schirmer, U.)

älteren, ist auf einem hohen Reifegrad ausgeprägt. Dabei wird intensiv auf das Eigenengagement der Mitarbeiter zur Sicherung der individuellen Employability Wert gelegt. In Folge dieser intensiven Aktivitäten erkennen diese Unternehmen für sich auch bereits einen betriebswirtschaftlichen Nutzen des Demografiemanagements. Dazu unternehmen sie bereits erste Versuche für ein systematisches Demografiecontrolling.

Demografie-Follower
Als Demografie-Follower werden solche Unternehmen bezeichnet, die durchaus erste Ansätze im Rahmen eines ganzheitlichen Demografiemanagements verwirklichen und

zum Teil in den gleichen Handlungsfeldern wie die Gruppe der Demografie-Top Performer engagiert sind – diesen gleichsam nachstreben. Wenn auch auf einer niedrigeren Reifegradstufe, erreichen die Organisationen noch in 39 Prozent der Handlungsfelder überdurchschnittliche Ergebnisse. Zu der Gruppe der Demografie-Follower gehören insgesamt 567 (37,8 Prozent) der an der Studie teilgenommenen Betriebe. 19 Prozent der Unternehmen verfügen über einen Umsatz größer als 200 Mio. Euro und 76 Prozent erwirtschaften bis zu 10 Mio. Euro Umsatz. Im Durchschnitt ist der Umsatz um ca. 25 Prozent geringer als bei den Unternehmen der Demografie-Top Performer. Zudem sind in diesem Cluster mit einem Anteil von 4,2 Prozent deutlich weniger Unternehmen mit über 1.000 Mitarbeitern zu finden. Bei den Demografie-Followern liegt die Verantwortung für das Demografiemanagement im Verhältnis etwas seltener bei den Personalabteilungen (14,6 Prozent).

Der demografische Wandel ist in diesen Unternehmen weniger als strategisches Ziel eingeordnet, sondern wird eher als unternehmenskulturelle Herausforderung interpretiert. Dies wird durch die Aufnahme in das Leitbild und das teilweise Bemühen um eine intergenerative Kultur sichtbar. Relativ intensiv bemühen sich diese Organisationen um ergonomische Arbeitsbedingungen und in einer mittleren Intensität um flexible Arbeitszeitmodelle für ihre Mitarbeiter. Wenn auch auf niedrigerem Niveau als die Demografie-Top Performer haben auch die Demografie-Follower die Bedeutung individueller Verschiedenartigkeit in der Belegschaft sowie von Weiterbildung erkannt. Dabei erfolgt die Berücksichtigung der Mitarbeiter in Bezug auf Entgelt, Karriere und Elternzeit unabhängig von Alter, Geschlecht, Kultur usw. auch noch auf einem mittleren bis guten Niveau. Die Führungskräfte werden in Bezug auf den Umgang mit Diversity teilweise geschult. Gesundheitsüberprüfungen und generell verhaltenspräventive Gesundheitsmaßnahmen für die Belegschaft werden nur noch auf einem schwachen bis maximal leicht mittlerem Niveau angeboten. Instrumente zur Steuerung der eingeleiteten Demografiemaßnahmen im Sinne eines regelmäßigen Controllings werden nur wenig eingesetzt. Infolge dessen ist ein betriebswirtschaftlicher Erfolg des Demografiemanagements auch nur wenig erkennbar.

Demografie-Ignoranten

Die Gruppe der Demografie-Ignoranten weist in 90 Prozent der einschlägigen Handlungsfelder eine unterdurchschnittliche Performance auf, d. h. viele Instrumente werden entweder gar nicht oder nur in geringem Maße genutzt. Zu dieser Gruppe gehören 376 (25,1 Prozent) Unternehmen. Charakteristisch für diese Gruppe ist, dass sie den Megatrend Demografie weitestgehend ausblendet und nicht für die Zukunft des eigenen Unternehmens reflektiert. Nur 7,4 Prozent der Unternehmen verfügen über einen Umsatz größer als 200 Mio. Euro und 84,3 Prozent erwirtschaften bis zu 10 Mio. Euro Umsatz. Im Durchschnitt ist der Umsatz um ca. 35 Prozent geringer als bei den Unternehmen der Demografie-Top Performer. Zudem sind in diesem Cluster mit einem Anteil von 2,1 Prozent nur wenige Unternehmen mit über 1.000 Mitarbeitern zu finden. Bei den Demografie-Ignoranten finden sich überdurchschnittlich kleine und mittelgroße

Unternehmen. In diesem Cluster liegt die Verantwortung für das Demografiemanagement dementsprechend auch nur in 7,4 Prozent der Fälle bei den Personalabteilungen.

Der demografische Wandel wird kaum als strategisches Ziel erkannt und findet sich auch nur teilweise in den Leitbildern der Organisationen wieder. Altersstrukturanalysen als Basiselement eines systematischen Demografiemanagements werden nur selten durchgeführt. Dies gilt auch für die Definition der künftig benötigten Mitarbeiterstruktur. Damit fehlt fast jegliche strategische Vorausschau und die Chance zu proaktivem, gezieltem Handeln wird völlig vergeben. Auf unterdurchschnittlichem Niveau ist auch die Bedeutung der Vielfalt in der Belegschaft. Die künftig benötigten Kompetenzen sind teilweise bekannt. Der gesamte Bereich der Weiterbildung wird aber nur unzureichend umgesetzt, konkrete Bildungsmaßnahmen überhaupt nur teilweise angeboten. Diese Betriebe „leben von der Substanz" und übersehen es, Erfolgspotenziale für die Zukunft zu schaffen. Hinzu kommt, dass Aktivitäten zur Integration und Bindung von Mitarbeitern nur wenig eingesetzt werden. In relativ hohem Maße hängt in diesen Betrieben Karriere, Entgelt und die Inanspruchnahme von Elternzeit von individuellen Merkmalen wie Alter, Geschlecht usw. anstatt von den Gerechtigkeitsfaktoren Anforderung und Leistung ab. Entsprechend wird auch kein Diversity Management betrieben und auf eine formulierte Führungsphilosophie zum Umgang mit Verschiedenartigkeit verzichtet. Ein Demografiecontrolling existiert nicht einmal in Ansätzen – dies ist stringent in Bezug auf die unterlassenen Maßnahmen. Ein wirtschaftlicher Erfolg eventueller Einzelmaßnahmen ist damit auch nicht erkennbar.

Fazit

Als zentrales Ergebnis der Clusteranalyse lässt sich die These formulieren, dass erst ein ganzheitlich und nachhaltig betriebenes Demografiemanagement die gewünschten Erfolge erzielt und auch zu betriebswirtschaftlichen Vorteilen führt. Aktionistische, punktuelle Maßnahmen mit kurzfristigem Charakter werden der Komplexität der demografischen Herausforderung nicht gerecht.

Ermutigend ist aus der Clusteranalyse abzuleiten, dass es neben dem feststellbaren Zusammenhang von Unternehmensgröße und Professionalisierung im Demografie-management auch vielen mittleren und kleinen Unternehmen gelingt, eine derartige Personalarbeit umzusetzen.

6.10   Fazit und Ausblick

Die Studie „Demografie Exzellenz – Herausforderungen im Personalmanagement 2015" zeigt ein differenziertes Bild in Bezug auf das Demografiemanagement in deutschen Unternehmen.

Obwohl in vielen Unternehmen direkt die Geschäftsführungen für das Themenfeld des demografischen Wandels verantwortlich sind, schlägt sich das nicht in entsprechenden strategischen Zielsetzungen und in den normativen Leitbildern zur Mitarbeiterführung nieder. Zudem sind viele Handlungsfelder eines ganzheitlichen Demografiemanagements erst noch auf einem mittleren Niveau umgesetzt, so z. B. im Bereich der Mitarbeiterbindung, der Führung, der Kooperation mit externen Institutionen usw. Einzelne Bereiche sind zwingend zu optimieren, so z. B. die Ungleichbehandlung bei Karriere und Entgelt oder im Bereich der Elternzeit.

Zwischen den Unternehmen in den westlichen und östlichen Bundesländern sind keine wesentlichen Unterschiede in der Ausprägung des Demografiemanagements erkennbar. Dagegen gibt es zwischen verschiedenen Branchen sichtbare Unterschiede. Am stärksten ausgeprägt ist das demografieorientierte Personalmanagement in den Branchen Chemie/Pharma und Gesundheitswesen/Medizintechnik.

Insgesamt ist festzuhalten, dass die Unternehmen in Deutschland die drohenden Auswirkungen der demografischen Entwicklung noch nicht ausreichend angehen. Hier dokumentiert die Studie einen großen Nachholbedarf, der insbesondere in den kleineren Unternehmen mit bis zu 50 Mitarbeitern vorherrscht, aber auch in Organisationen mit über 1.000 Mitarbeitern in differenzierter Form vorhanden ist.

Damit Demografiemanagement in den Unternehmen eine größere Verbreitung findet, müssen

- diese weiter informiert und insbesondere betriebsindividuell beraten werden,
- externe Institutionen, Initiativen usw. intensiver auf die kleinen Unternehmen zu gehen,
- spezifische Instrumente für klein- und mittelständische Unternehmen entwickelt werden,
- handhabbare Vorgehensweisen zur Einführung eines Demografiemanagements ausgearbeitet werden und
- belastbare Controlling-Tools zur Erfassung und Berechnung des ökonomischen Nutzen entwickelt werden.

Literatur

Schirmer, U. (2015). Demografie Exzellenz – Herausforderungen im Personalmanagement. Ergebnisse der bundesweiten Studie 2015. Bundesverband Deutscher Unternehmensberater BDU e.V. (Hrsg.). Bonn, Berlin, Brüssel: BDU e.V. http://www.bdu.de/media/7502528/demo grafie-studie_2015.pdf. Zugegriffen am 05.07.2015.

Prof. Dr. Uwe Schirmer, geb. 1966, studierte Betriebswirtschaftslehre an der Universität Erlangen-Nürnberg und promovierte
anschließend während seiner Tätigkeit als Leitender wissenschaftlicher Assistent am Fachgebiet Unternehmensführung/Personal-
management der Technischen Universität Ilmenau. Nach
verantwortlichen Funktionen im Personalmanagement der
Deutschen Bahn AG und der Ravensburger AG ist er seit 2003
Professor für Personalmanagement und Mitarbeiterführung an der
Dualen Hochschule Baden-Württemberg Lörrach und zudem
Studiengangsleiter BWL-Personalmanagement (Bachelor), MBM
Personal und Organisation (Master) sowie Studiendekan „Personal
und Organisation" am Center for Advanced Studies der DHBW in
Heilbronn. Prof. Schirmer ist Trainer und Berater, Autor mehrerer Bücher und Fachartikel zum
Personalmanagement und zur Mitarbeiterführung. Seine Beratungsfelder sind Personalentwick-
lung/Talentmanagement, Mitarbeiterbindung, Mitarbeiterführung/Leadership, demografieorientiertes Personalmanagement, Eignungsdiagnostik und Potenzialanalyse. Er ist zudem Mitglied
des Vorstandes Demografie Exzellenz e.V.

Anhang

Anlage 1: ENI-Age-Kultur-Analyse

DHBW
Duale Hochschule
Baden-Württemberg
Lörrach

ENI
„Einstellungs-, Normen- und Indikatorenbasierte
Age-Kultur-Analyse"

von
Prof. Dr. Uwe Schirmer
Duale Hochschule Baden-Württemberg Lörrach
Version 2.1
Stand: 28.08.2015
Prof. Dr. Uwe Schirmer
Personalmanagement und Mitarbeiterführung
Studiengangsleiter
BWL-Personalmanagement/Personaldienstleistung (Bachelor)
MBM Personal und Organisation (Master)
Duale Hochschule Baden Württemberg Lörrach
Campus Hangstraße, Hangstr. 46–50, 79539 Lörrach
Büro: D209
Telefon +49 7621 2071–316
schirmer@dhbw-loerrach.de
www.dhbw-loerrach.de

© Springer Fachmedien Wiesbaden 2016   257
U. Schirmer (Hrsg.), *Demografie Exzellenz*, DOI 10.1007/978-3-658-11910-2

Age-Kultur-Analyse

Aufgrund der demografischen Entwicklungen in Deutschland und ganz Europa wird sich der in einigen Branchen bereits heute spürbare Mangel an Fachkräften weiter verstärken. Der „Kampf um die Besten" wird zum „Kampf um Mitarbeiter".

Die Risiken und die Chancen des demografischen Wandels können durch ein aktives und systematisches Personalmanagement reduziert bzw. effektiv genutzt werden. Grundlage für ein solches Personalmanagement ist eine Unternehmenskultur, in der eine positive Einstellung dem Alter und dem Altern gegenüber vorhanden ist. Eine solche Kultur ermöglicht dann ein positives Miteinander von Jung und Alt in einer Organisation. Zudem ist eine solche „Age-Kultur" Voraussetzung dafür, dass personalwirtschaftliche Demografieinstrumente durch die Mitarbeiter und Führungskräfte überzeugt und engagiert mitgetragen und umgesetzt werden. In dem folgenden Fragebogen wird für ältere Mitarbeiter eine untere Altersgrenze von 55 Jahren zugrunde gelegt. Die spezifischen Fragen beziehen sich somit auf Arbeitnehmer mit einem Alter von 55 Jahren und mehr („55plus").

Die Einstellungs-, Normen- und Indikatorenbasierte Age-Kultur-Analyse, ENI-Age-Kultur-Analyse, orientiert sich im inhaltlichen Aufbau an dem Drei-Ebenen-Modell einer Unternehmenskultur nach Edgar Schein. Die Basisannahmen zum Menschen im Kulturkern werden in der ENI-Age-Kultur-Analyse durch die Abfrage eines Einstellungsbasierten Altersbildes bei den Mitarbeitern erfasst. Die mehr oder weniger unbewusst vorhandenen Regeln und Standards, die sich aus den Basisannahmen heraus etabliert haben, werden durch die Abfrage vorhandener normativer Orientierungen zu älteren Mitarbeitern abgefragt. Die beobachtbare Symbolebene der Age-Kultur wird durch Indikatoren-Items zu den Bereichen eines demografieorientierten Personalmanagements erfasst. Der Fragebogen enthält Fragen zu folgenden Themen:

1. Demografieorientierte Personalstrategie
2. Intergenerative Unternehmenskultur
3. Struktur und Organisation des demografieorientierten Personalmanagements
4. Altersstrukturanalyse
5. Instrumente eines demografieorientierten Personalmanagements
6. Zusammenarbeit mit externen Institutionen
7. Demografieorientierte Führung
8. Demografieorientiertes Controlling

Hinweise zum Beantworten der ENI-Age-Kultur-Analyse

Im Folgenden finden Sie eine Reihe von Fragen zur Unternehmenskultur in Ihrer Organisation. Kreuzen Sie bitte für jede Aussage oder Frage das Antwortkästchen an, welches der Situation in Ihrem Unternehmen am ehesten entspricht. Kreuzen Sie dabei die Antwortalternative an, die Ihnen spontan zusagt.

Das optionale Feld „Weiß nicht" sollte nur angekreuzt werden, wenn Sie sich wirklich nicht entscheiden oder keine Aussage treffen können.

Die in den nachfolgenden Fragen und Aussagen gewählte männliche Sprachform dient ausschließlich der besseren Lesbarkeit und gilt gleichermaßen für weibliche Teilnehmer.

1. Basisannahmen der Unternehmenskultur (Altersbild)

Im Folgenden finden Sie eine Reihe von Aussagen, die Ihre persönliche Einstellung älteren Mitarbeitern gegenüber erfassen. Die einzelnen Aussagen sind mit gegensätzlichen Begriffen umschrieben. Setzen Sie auf der zugeordneten 7-stufigen Skala Ihr Antwortkreuz dort, wo Sie glauben dass es am ehesten zutrifft.

„Ältere Mitarbeiter sind…."		1	2	3	4	5	6	7	
1.1	vertrauensvoll								argwöhnisch
1.2	geduldig								ungeduldig
1.3	flexibel								unflexibel
1.4	selbstkritisch								überheblich
1.5	optimistisch								pessimistisch
1.6	rücksichtsvoll								rücksichtslos
1.7	dankbar								undankbar
1.8	kooperativ								unkooperativ
1.9	tolerant								intolerant
1.10	freundlich								unfreundlich
1.11	gesund								krank
1.12	überlegt								planlos
1.13	zufrieden								unzufrieden
1.14	selbstständig								unselbstständig
1.15	entscheidungsfreudig								zögerlich
1.16	sicher								unsicher
1.17	aktiv								passiv
1.19	innovativ								rückständig
1.18	effizient								ineffizient
1.19	belastbar								unbelastbar
1.20	ordentlich								unordentlich
1.21	lernwillig								lernmüde
1.22	unterfordert								überfordert

2. Altersbezogene Normen, Standards und Regeln in der Organisation

Mehr oder weniger bewusste Normen, Standards und Regeln stellen Vorgaben dar, die definieren, welches spezifische Verhalten von den Mitarbeitern erwartet wird.

Kreuzen Sie auf der folgenden 5-stufigen Skala an, in wie weit Sie der jeweiligen Aussage zustimmen, dass in Ihrer Organisation so mit älteren Mitarbeitern umzugehen ist.

		1 = stimme voll zu	2 = stimme ziemlich zu	3 = stimme teils/ teils zu	4 = stimme wenig zu	5 = stimme gar nicht zu	0 = Weiß nicht
2.1	Ältere Mitarbeiter sind bei uns im Haus wertzuschätzen.	☐	☐	☐	☐	☐	☐
2.2	Älteren und jüngeren Mitarbeitern sind die gleichen Chancen z. B. in Bezug auf Karriere, Einkommen, attraktive Projekte usw. zu gewähren.	☐	☐	☐	☐	☐	☐
2.3	Jüngere Mitarbeiter haben älteren Mitarbeitern mit Respekt gegenüber zu treten.	☐	☐	☐	☐	☐	☐
2.4	Die Kompetenzen (Erfahrungen, Wissen) älterer Mitarbeiter sind bei Entscheidungen zu berücksichtigen.	☐	☐	☐	☐	☐	☐
2.5	Ältere sind systematisch zu fördern (Karriere, Weiterbildung usw.).	☐	☐	☐	☐	☐	☐

3. Personalwirtschaftliche Demografieinstrumente

Im Folgenden finden Sie eine Reihe von Aussagen zu demografieorientierten Personalinstrumenten.

Kreuzen Sie auf der 5-stufigen Skala an, in wie weit die jeweilige Aussage für Ihr Unternehmen zutrifft.

		1 = trifft voll zu	2 = trifft ziemlich zu	3 = trifft teils/ teils zu	4 = trifft wenig zu	5 = trifft gar nicht zu	0 = Weiß nicht
3.1	Demografieorientiertes Personalmanagement ist in der Vision (Leitbild) unseres Unternehmens verankert, d. h. schriftlich aufgeführt.	☐	☐	☐	☐	☐	☐
3.2	Demografieorientierte Werte (z. B. Respekt zwischen Altersgruppen, Geschlechtern, Kulturen, Religionen usw.) sind in unserem Leitbild verankert.	☐	☐	☐	☐	☐	☐
3.3	Die koordinierende Funktion „Demografie" ist in die Aufbaustruktur des Unternehmens integriert, die zentralen Aufgaben und Kompetenzen	☐	☐	☐	☐	☐	☐

(Fortsetzung)

	sind in einer Stellenbeschreibung fixiert.						
3.4	Eine systematische Altersstrukturanalyse der Belegschaft wird durchgeführt.	☐	☐	☐	☐	☐	☐
3.5	In Stellenanzeigen werden ausdrücklich auch ältere Arbeitnehmer zu Bewerbungen aufgefordert.	☐	☐	☐	☐	☐	☐
3.6	Es gibt ein langfristig angelegtes Mitarbeiterbindungs-konzept, um Mitarbeiter bis ins hohe Alter im Unternehmen zu halten.	☐	☐	☐	☐	☐	☐
3.7	Bei der Überarbeitung bzw. Neueinrichtung von Arbeitsplätzen wird zwingend immer auch die alternsgerechte Gestaltung berücksichtigt.	☐	☐	☐	☐	☐	☐
3.8	Die Vielfalt der Belegschaft spielt in unserem Unternehmen eine wichtige Rolle.	☐	☐	☐	☐	☐	☐
3.9	Flexible Arbeitszeitmodelle (Gleitzeitkonten, Jahresarbeitszeitmodell, Teilzeit, Altersteilzeit, Job Sharing usw.) existieren, um damit die Work-Life-Balance und Beschäftigungsfähigkeit unserer Mitarbeiter zu fördern.	☐	☐	☐	☐	☐	☐
3.10	Ältere Mitarbeiter werden regelmäßig weitergebildet.	☐	☐	☐	☐	☐	☐
3.11	Mit älteren Mitarbeitern wird deren berufliche und private Zukunft besprochen und nach individuellen Lösungen gesucht.	☐	☐	☐	☐	☐	☐
3.12	Die physische und psychische Gesundheit der Mitarbeiter wird durch Maßnahmen wie Rückenschule, Ernährungsseminare, Raucherentwöhnung, Stressseminare usw. unterstützt.	☐	☐	☐	☐	☐	☐
3.13	Bei gleicher Funktion und gleicher Leistung spielt für die Höhe der Vergütung ein unterschiedliches Alter keine Rolle.	☐	☐	☐	☐	☐	☐
3.14	Der Austausch von Wissen zwischen Jung und Alt, z. B. durch altersgemischte Arbeitsteams, Lerntandems, Mentoring, Senior-Consultingverträge usw., wird aktiv gefördert.	☐	☐	☐	☐	☐	☐

(Fortsetzung)

3.15	Ehemalige Mitarbeiter werden nach dem Renteneintritt mit geringfügigen Beschäftigungsverhältnissen oder Senior-Beraterverträgen im Unternehmen eingesetzt.	☐	☐	☐	☐	☐	☐
3.16	Mit älteren Kollegen über 55 Jahre werden die vorgesehenen Jahresgespräche regelmäßig geführt.	☐	☐	☐	☐	☐	☐
3.17	Die Effekte des demografieorientierten Personalmanagements werden regelmäßig überprüft.	☐	☐	☐	☐	☐	☐

Anlage 2: Fragebogen Demografie-Fitness

Duale Hochschule
Baden-Württemberg
Lörrach

Demografie-Fitness
Anforderungen an das Personalmanagement

von
Prof. Dr. Uwe Schirmer
Duale Hochschule Baden-Württemberg Lörrach
Version 5.1
Stand: 06.05.2015
Prof. Dr. Uwe Schirmer
Personalmanagement und Mitarbeiterführung
Studiengangsleiter
BWL-Personalmanagement (Bachelor)
MBM-Personalmanagement (Master)
Duale Hochschule Baden Württemberg Lörrach
Campus Hangstraße, Hangstr. 46–50, 79539 Lörrach
Büro: D209
Telefon +49 7621 2071–316
schirmer@dhbw-loerrach.de
www.dhbw-loerrach.de

Demografie Fitness

Aufgrund der demografischen Entwicklungen in Deutschland und ganz Europa wird sich der in einigen Branchen bereits heute spürbare Mangel an Fachkräften weiter verstärken. Der „Kampf um die Besten" wird zum „Kampf um Mitarbeiter".

Die Risiken und die Chancen des demografischen Wandels können durch ein aktives und systematisches Personalmanagement reduziert bzw. effektiv genutzt werden. Als Orientierung für ein solches Personalmanagement wurde das „Lörracher Modell Demografieorientiertes Personalmanagement" entwickelt, das sich aus ganzheitlicher Perspektive mit den Auswirkungen des demografischen Wandels in Unternehmen befasst.

Ausgerichtet an den Erkenntnissen und Bausteinen des Lörracher Modells zum demografieorientierten Personalmanagement dient das vorliegende Analysetool „Demografie-Fitness" dazu, zu erkennen, wie weit Ihr Unternehmen bereits Demografie-Fit ist, bzw. in welchen personalpolitischen Feldern noch ungenutzte Optimierungspotenziale liegen.

Anleitung zur Bearbeitung der Checkliste

Im Folgenden finden Sie eine Reihe von Aussagen zum demografieorientierten Personalmanagement in Unternehmen. Kreuzen Sie bitte für jede Aussage oder Frage das Antwortkästchen an, welches der Situation in Ihrem Unternehmen am ehesten entspricht. Sind bei einer Aussage oder Frage mehrere Antworten möglich, ist dies gesondert angegeben. In diesem Fall können Sie mehr als ein Antwortkästchen ankreuzen. Das optionale Feld „Weiß nicht" sollte nur angekreuzt werden, wenn auch nach Rücksprache im Unternehmen oder nach Recherche der Sachverhalt nicht eindeutig zu klären ist.

Die Checkliste umfasst Fragen zu folgenden Themen:

1. Demografieorientierte Personalstrategie
2. Intergenerative Unternehmenskultur
3. Struktur und Organisation des demografieorientierten Personalmanagements
4. Altersstrukturanalyse
5. Instrumente eines demografieorientierten Personalmanagements
6. Zusammenarbeit mit externen Institutionen
7. Demografieorientierte Führung
8. Demografieorientiertes Controlling

Die in den nachfolgenden Fragen und Aussagen gewählte männliche Sprachform dient ausschließlich der besseren Lesbarkeit und gilt gleichermaßen für weibliche Teilnehmer.

Für die Beantwortung der Checkliste ist es empfehlenswert, dies gemeinsam im Rahmen z. B. einer Projektsitzung der Arbeitsgruppe „Demografiemanagement" durchzuführen oder dies zumindest durch zwei bis drei aussagefähige Personen im Unternehmen in einer gemeinsamen Sitzung vornehmen zu lassen. Bei Fragen, in denen Formulare wie Leitbilder, dokumentierte Strategien usw. angesprochen werden, sollten diese Unterlagen für den weiteren Arbeitsprozess herausgesucht und der Checkliste beigefügt werden.

1. Demografieorientierte Personalstrategie

Demografieorientiertes Personalmanagement kann letztlich nur nachhaltig in Unternehmen implementiert und umgesetzt werden, wenn es Teil der Unternehmensvision und -strategie ist. Zwingend müssen diese strategischen Vorgaben auch Inhalte der Personalstrategie sein und das Ziel des Generationenmanagements muss allen Mitarbeitern und Führungskräften präsent sein.

Alle Fragen sind anhand folgender Skala einzuschätzen -> das Urteil in die Spalte „Wert" eintragen.

1 = trifft gar nicht zu	2 = trifft wenig zu	3 = trifft teils/teils zu	4 = trifft ziemlich zu	5 = trifft voll zu	0 = Weiß nicht
					Wert

1.1	Demografieorientiertes Personalmanagement ist in der Vision (Leitbild) unseres Unternehmens verankert, d.h. schriftlich aufgeführt.	
1.2	Demografieorientiertes Personalmanagement ist in der Unternehmensstrategie mit mittelfristigen Zielsetzungen (ca. 5 Jahre) enthalten.	
1.3	Demografiemanagement ist ausdrücklich in der Personalstrategie enthalten und mit konkreten Jahreszielen beschrieben.	
1.4	Demografieorientiertes Personalmanagement ist Teil des jährlichen Strategieprozesses.	
1.5	Maßnahmen des demografieorientierten Personalmanagements werden als Zielkategorie in Zielvereinbarungen aufgenommen und ggf. mit erfolgsabhängigen Zielerreichungsprämien verknüpft.	
1.6	Die strategischen Zielvorgaben in Bezug auf Demografiemanagement sind den Führungskräften und Mitarbeitern im Unternehmen bekannt.	
1.7	Geschäftsführung und Führungskräfte vertreten das Thema aktiv, z.B. durch Publikationen im Intranet, in der Mitarbeiterzeitung oder auf Betriebsversammlungen und in Besprechungen.	
1.8	Demografiemanagement ist ein fortwährendes Thema in der unternehmensinternen Kommunikation (Mitarbeiterzeitung, Intranet, Betriebsversammlung, Abteilungsbesprechungen…).	
1.9	Die Geschäftsführung steht „tatsächlich und aufrichtig" hinter dem Thema demografieorientiertes Personalmanagement.	

2. Intergenerative Unternehmenskultur

Eine wesentliche Voraussetzung für das wirksame Umsetzen von Instrumenten des demografieorientierten Personalmanagements ist das Vorhandensein einer Unternehmenskultur, die alle Altersgruppen als gleichberechtigt akzeptiert und ein vertrauensvolles und wertschätzendes Miteinander von Jung und Alt unterstützt. Dabei darf sich eine demografieorientierte Kultur nicht auf die Herausforderungen durch alternde Belegschaften beschränken, sondern muss weitere Veränderungen einbeziehen. Dazu gehört die zunehmende Berufstätigkeit von Frauen ebenso wie der wachsende Anteil von Erwerbstätigen mit anderem kulturellen bzw. ethnischen Hintergrund (Stichwort „personale Vielfalt" bzw. „Diversity").

Alle Fragen sind anhand folgender Skala einzuschätzen -> das Urteil in die Spalte „Wert" eintragen.

1 = trifft gar nicht zu	2 = trifft wenig zu	3 = trifft teils/teils zu	4 = trifft ziemlich zu	5 = trifft voll zu	0 = Weiß nicht

Wert

2.1	Demografieorientierte Werte (z.B. Respekt zwischen Altersgruppen, Geschlechtern, Kulturen, Religionen usw.) sind in unserem Leitbild verankert.	
2.2	Wir betreiben einen bewussten Kulturwandel hin zu einer intergenerativen Unternehmenskultur (Offenheit und Toleranz gegenüber älteren Mitarbeitern usw.).	
2.3	Wir betreiben einen bewussten Kulturwandel hin zu einer wertschätzenden Unternehmenskultur gegenüber weiblichen Mitarbeitern und Mitarbeitern mit Migrationshintergrund.	
2.4	Demografieorientierte Aktivitäten sind ein akzeptiertes Tätigkeitsfeld der Führungskräfte und werden von diesen als Führungsaufgabe berücksichtigt.	
2.5	Älteren Mitarbeitern wird in unserem Unternehmen eine hohe Wertschätzung entgegengebracht (Jubilarehrungen, täglicher Umgang usw.).	
2.6	Unsere gesamten Personaldokumente (Arbeitsverträge, Personalfragebögen, Betriebsvereinbarungen etc.) haben wir einem AGG-Audit unterzogen, um Diskriminierungsfreiheit sicherzustellen.	

3. Struktur und Organisation des demografieorientierten Personalmanagements

Zur wirkungsvollen Implementierung und Umsetzung eines demografieorientierten Personalmanagements müssen Mindestanforderungen in Bezug auf Strukturen, Kompetenzen und Ablaufprozesse geregelt sein. Zudem ist ein Budget für einschlägige Maßnahmen notwendig.

Alle Fragen sind anhand folgender Skala einzuschätzen -> das Urteil in die Spalte „Wert" eintragen.

1 = trifft gar nicht zu	2 = trifft wenig zu	3 = trifft teils/teils zu	4 = trifft ziemlich zu	5 = trifft voll zu	0 = Weiß nicht

Wert

3.1	Finanzielle Ressourcen für eine koordinierende Funktion „Demografiemanagement" sind budgetiert.	
3.2	Ein Mitarbeiter ist mit der koordinierenden Umsetzung des Demografiemanagements beauftragt und verfügt dafür über die notwendigen zeitlichen Ressourcen.	
3.3	Die koordinierende Funktion „Demografie" ist in die Aufbaustruktur des Unternehmens integriert, die zentralen Aufgaben und Kompetenzen sind in einer Stellenbeschreibung fixiert.	

3.4	Ein Qualifizierungsplan für den das Demografiemanagement koordinierenden Mitarbeiter ist ausgearbeitet und wird umgesetzt.	
3.5	Für Maßnahmen des demografieorientierten Personalmanagements wird ein eigenes Budget bereitgestellt.	
3.6	Die Aufgabenverteilungen, Zuständigkeiten usw. zwischen der koordinierenden Demografiefunktion und den Führungskräften in dem Themenfeld Demografiemanagement sind definiert und kommuniziert.	
3.7	Abstimmungsprozesse der an der Umsetzung des Demografiemanagements beteiligten Mitarbeiter, z.B. Gremiensitzungen etc., sind definiert und publiziert.	

4. Altersstrukturanalyse

Ausgangspunkt zur Ableitung bzw. Überprüfung notwendiger strategischer Ziele im demografieorientierten Personalmanagement ist eine Altersstrukturanalyse.

Alle Fragen sind anhand folgender Skala einzuschätzen -> das Urteil in die Spalte „Wert" eintragen.

1 = trifft gar nicht zu	2 = trifft wenig zu	3 = trifft teils/teils zu	4 = trifft ziemlich zu	5 = trifft voll zu	0 = Weiß nicht
					Wert
4.1	Wir führen eine systematische Altersstrukturanalyse unserer Belegschaft durch.				
4.2	Wir führen die Altersstrukturanalyse regelmäßig wiederkehrend, z.B. zwei- oder dreijährig, durch.				
4.3	Für die Altersstruktur ist systematisch definiert, welche Variablen dabei ausgewertet werden.				
4.4	Wir haben eine klar definierte Ziel-Mitarbeiterstruktur für unser Unternehmen.				

5. Instrumente eines demografieorientierten Personalmanagements

Zur Beurteilung, wie intensiv ein demografieorientiertes Personalmanagement betrieben wird, können verschiedene instrumentelle Bereiche betrachtet werden.

5.1 Personalmarketing und Personalbeschaffung

Das Personalmarketing sowie die dadurch unterstützte Personalbeschaffung sind zentrale Bestandteile eines demografieorientierten Personalmanagements, weil damit die Versorgung der Unternehmen mit Arbeitnehmern gesichert werden kann. Wichtig ist dabei, dass keine einseitige Ausrichtung nur an jungen oder nur an älteren Mitarbeitern erfolgt. Ziel muss eine „sowohl als auch" Rekrutierungspolitik sein.

Alle Fragen sind anhand folgender Skala einzuschätzen -> das Urteil in die Spalte „Wert" eintragen.

1 = trifft gar nicht zu	2 = trifft wenig zu	3 = trifft teils/teils zu	4 = trifft ziemlich zu	5 = trifft voll zu	0 = Weiß nicht
					Wert

5.1.1	Wir planen unseren Personalbedarf über einen Zeitraum von 5 Jahren und mehr im Voraus.	
5.1.2	Unsere Personalbedarfsplanung erfolgt differenziert nach verschiedenen Mitarbeiter-gruppen (Qualifikationsgruppen).	
5.1.3	Wir betreiben ein nachhaltiges, auf den externen Arbeitsmarkt ausgerichtetes Perso-nalmarketing, das dauerhaft angelegt ist.	
5.1.4	Wir betreiben eine systematische Arbeitsmarktforschung (Analyse, Beobachtung und Trendvorhersage) in Bezug auf die für uns relevanten Arbeitnehmergruppen.	
5.1.5	Wir betreiben ein nach Zielgruppen differenziertes Personalmarketing.	
5.1.6	Falls Frage 5.1.5 mit „teils/teils", „trifft ziemlich zu" oder „trifft voll zu" beantwortet wurde, bitte auch die folgende Aussage beantworten (Mehrfachangaben möglich): Unser Personalmarketing ist differenziert und spezifisch auf folgende Zielgruppen hin ausgerichtet ☐ Auszubildende ☐ Studierende ☐ Hochschulabsolventen ☐ Fachkräfte ☐ Führungskräfte ☐ Frauen ☐ Ältere Arbeitnehmer ☐ Arbeitnehmer mit Migrationshintergrund ☐ Arbeitnehmer aus dem Ausland ☐ Arbeitnehmer mit Behinderung ☐ Sonstige: _____	
5.1.7	Wir verfügen über eine definierte Arbeitgebermarke.	
5.1.8	Wir kommunizieren dem externen Arbeitsmarkt, was uns als Arbeitgeber einzigartig macht.	
5.1.9	Wir fordern in Stellenanzeigen ausdrücklich auch ältere Arbeitnehmer zu Bewerbun-gen auf.	
5.1.10	Wir haben ein Talentmanagement eingeführt.	
5.1.11	Wir betreiben ein nachhaltiges, auf die bereits im Unternehmen beschäftigten Mitar-beiter bezogenes Personalmarketing, das dauerhaft angelegt ist.	
5.1.12	Wir unterstützen den internen Stellenwechsel von Mitarbeitern (interne Personalbe-schaffung) aktiv, d.h. wir bieten z.B. einen internen Stellenmarkt an.	
5.1.13	Wir rekrutieren Mitarbeiter aus anderen EU-Staaten bzw. Nicht-EU-Staaten („Global sourcing").	
5.1.14	Wir bieten eine duale Berufsausbildung in für uns relevanten Ausbildungsberufen an.	
5.1.15	Wir stellen „lernschwache" Auszubildende ein.	

5.2 Integration und Bindung neuer Mitarbeiter

Auch die Integration neuer Mitarbeiter sowie die Bindung aller Mitarbeiter tragen wesentlich dazu bei, die Versorgung des Unternehmens mit Arbeitnehmern zu sichern und einer ungewollten Fluktuation von Mitarbeitern vorzubeugen. Dadurch wird die Erreichung der Ziel-Mitarbeiterstruktur in der Belegschaft gefördert.

Alle Fragen sind anhand folgender Skala einzuschätzen -> das Urteil in die Spalte „Wert" eintragen.

1 = trifft gar nicht zu	2 = trifft wenig zu	3 = trifft teils/teils zu	4 = trifft ziemlich zu	5 = trifft voll zu	0 = Weiß nicht
					Wert

		Wert
5.2.1	Unser gesamter Rekrutierungsprozess ist unter dem Gesichtspunkt der Mitarbeiterbindung organisiert (z.B. bindungsförderliches Vorstellungsgespräch, Bindungsmaßnahmen zwischen Vertragsunterschrift und Arbeitsbeginn etc.).	
5.2.2	Wir helfen neuen Mitarbeitern bei Bedarf mit einem systematischen Konzept bei der Organisation des Umzugs, bei der Suche nach Kindergartenplätzen usw. (Relocation Service).	
5.2.3	Wir helfen neuen Mitarbeitern bei Bedarf mit einem systematischen Konzept, für den Partner einen qualifizierten Arbeitsplatz bei befreundeten Unternehmen bzw. in der Region zu finden (Dual Career Programm).	
5.2.4	Wir integrieren neue Mitarbeiter mit einem systematischen Einführungsprogramm in unser Unternehmen.	
5.2.5	Wir verfügen über ein langfristig angelegtes Mitarbeiterbindungskonzept, das nach der Einführungsphase ansetzt und systematische Maßnahmen enthält.	
5.2.6	Wir bieten in allen Abteilungen eine systematische Einarbeitung mit Einarbeitungsplan, Probezeit-Zielvereinbarung, formalen Rückmeldegesprächen usw.	
5.2.7	Wir helfen unseren Mitarbeitern mit entsprechenden Instrumenten in besonderen Lebenssituationen, z.B. durch Umzugsservice, Pflegezeitmodelle, Beratung beim Übergang in den Ruhestand, Sabbaticals usw. (= „lebensphasenorientiertes Personalmanagement").	
5.2.8	Wir führen regelmäßig, z.B. alle zwei Jahre, Mitarbeiterbefragungen durch, um u.a. die Zufriedenheit unserer Mitarbeiter zu erfassen.	
5.2.9	Wir betreiben eine systematische Analyse der Ursachen arbeitnehmerbedingter Fluktuation, z.B. durch Austrittsinterviews.	
5.2.10	Wir verfügen über ein Konzept zur individuellen Bindung von strategisch wichtigen Mitarbeitern (Bedeutungsanalyse, Fluktuationsrisiko-Beurteilung, Gesprächs-Leitfaden usw.).	

5.3 Arbeitsschutz und Gesundheitsmanagement (verhältnispräventiv)

Arbeitsschutz und Gesundheitsmanagement sind weitere wesentliche Elemente eines demografieorientierten Personalmanagements. Dabei ist es Aufgabe der Unternehmen die Arbeitsbedingungen so zu gestalten, dass die Gesundheit der Arbeitnehmer nicht beeinträchtigt sondern im Idealfall sogar gefördert wird.

Alle Fragen sind anhand folgender Skala einzuschätzen -> das Urteil in die Spalte „Wert" eintragen.

1 = trifft gar nicht zu	2 = trifft wenig zu	3 = trifft teils/teils zu	4 = trifft ziemlich zu	5 = trifft voll zu	0 = Weiß nicht

		Wert
5.3.1	Wir gestalten die Arbeitsbedingungen (Arbeitsplatzausstattung) alternsgerecht ergonomisch, d.h. an die verschiedenen Altersstufen anpassbar (höhenverstellbare Tische, Hebehilfen usw.).	
5.3.2	Wir gestalten die Arbeit so, dass Belastungen z.B. durch Lärm, Hitze, Körperhaltung, Strahlung usw. optimal reduziert sind.	
5.3.3	Bei der Überarbeitung bzw. Neueinrichtung von Arbeitsplätzen wird zwingend immer auch die alternsgerechte Gestaltung berücksichtigt.	
5.3.4	Wir überprüfen unsere Arbeitsplätze regelmäßig unter dem Aspekt der alternsgerechten Gestaltung.	
5.3.5	Wir bieten in notwendigem Umfang Schonarbeitsplätze an.	
5.3.6	Wir bieten unseren Mitarbeitern Tele- bzw. Heim-Arbeitsplätze an, wenn dies in Abhängigkeit der Aufgaben möglich ist.	
5.3.7	Wir bieten unseren Mitarbeitern gesundheits-förderliche Arbeitsmittel, wie z.B. Sitzbälle, Stehpults in Abwechslung zum Schreibtisch usw., an.	

5.4 Diversity Management

Bei der Bewältigung demografisch bedingter Herausforderungen wird die personale Vielfalt in den Unternehmen (Alter, Geschlecht, Kultur, sexuelle Orientierung, Religion, Behinderung) im Rahmen des Personalmanagements stärker zu berücksichtigen sein als bisher. Der bewusste Umgang mit der personalen Vielfalt, das Diversity Management, wird immer bedeutsamer.

1 = trifft gar nicht zu	2 = trifft wenig zu	3 = trifft teils/teils zu	4 = trifft ziemlich zu	5 = trifft voll zu	0 = Weiß nicht

		Wert
5.4.1	Die Vielfalt der Belegschaft spielt in unserem Unternehmen eine wichtige Rolle.	
5.4.2	Wir führen Maßnahmen wie interkulturelle Trainings, Mentoring, Netzwerke usw. im Rahmen von Diversity Management durch.	
5.4.3	Nachfolgende Dimensionen von Vielfalt sind bei uns besonders relevant (Mehrfachangaben möglich; in Spalte „Wert" nur ggf. „0" = „Weiß nicht" eintragen): ☐ Alter ☐ Geschlecht ☐ Kultur ☐ sexuelle Orientierung ☐ Religion ☐ Behinderung ☐ Sonstiges: _____	

5.4.4	Wir praktizieren Diversity Management seit (in Spalte „Wert" nur ggf. „0" = „Weiß nicht" eintragen):	
	☐ < 1 Jahr	
	☐ 1 – 3 Jahre	
	☐ 4 – 6 Jahre	
	☐ > 6 Jahre	
	☐ für die Zukunft geplant	
	☐ gar nicht	

5.5 Arbeitszeitgestaltung

Ein Arbeitszeitmanagement, das es Mitarbeitern ermöglicht, den beruflichen und privaten Lebensbereich miteinander zu verbinden, und das alternsgerecht ausgestaltet ist, trägt erheblich zur Demografiefestigkeit des Unternehmens bei.

Alle Fragen sind anhand folgender Skala einzuschätzen -> das Urteil in die Spalte „Wert" eintragen.

1 = trifft gar nicht zu	2 = trifft wenig zu	3 = trifft teils/teils zu	4 = trifft ziemlich zu	5 = trifft voll zu	0 = Weiß nicht
					Wert

5.5.1	Wir bieten flexible Arbeitszeitmodelle an (Gleitzeitkonten, Jahresarbeitszeitmodell, Teilzeit, Altersteilzeit, Job Sharing usw.), um damit die Work-Life-Balance unserer Mitarbeiter zu fördern.	
5.5.2	Wir ermöglichen älteren Mitarbeitern, auf der Basis angesparter Zeitkonten oder separater Individualvereinbarungen, längere, regenerative Auszeiten zu nehmen.	
5.5.3	Wir bieten älteren Mitarbeitern bei Bedarf die Möglichkeit, aus belastenden Arbeitszeitlagen, z.B. Nachtschicht, zu wechseln.	

5.6 Personalentwicklung (lebenslanges Lernen)

Eine lebensphasengerechte Personalentwicklung ist Voraussetzung für Kompetenzerhalt und Innovationsfähigkeit und damit für den Erfolg des Unternehmens.

Alle Fragen sind anhand folgender Skala einzuschätzen -> das Urteil in die Spalte „Wert" eintragen.

1 = trifft gar nicht zu	2 = trifft wenig zu	3 = trifft teils/teils zu	4 = trifft ziemlich zu	5 = trifft voll zu	0 = Weiß nicht
					Wert

5.6.1	Wir kennen die Kompetenzen, die unsere Mitarbeiter in Zukunft benötigen.	
5.6.2	Wir ermitteln systematisch den Qualifikationsbedarf unserer Mitarbeiter.	
5.6.3	Wir ermuntern unsere Mitarbeiter, sich eigenverantwortlich für ihre persönliche Employability (Beschäftigungsfähigkeit) einzusetzen.	
5.6.4	Wir sorgen systematisch dafür, dass unsere Mitarbeiter das Lernen nicht verlernen, z.B. durch anspruchsvolle und/oder sich immer wieder ändernde Aufgaben.	

5.6.5	Wie bieten Seminare zum effektiven Lernen und zu Lerntechniken an – gerade auch für ältere und lernentwöhnte Mitarbeiter.	
5.6.6	Unsere Weiterbildungsmaßnahmen berücksichtigen die lebensphasenorientierten Lernbedürf-nisse, z.B. in Bezug auf Lerntempo, Einbindung von Erfahrungswissen usw.	
5.6.7	Wir bilden auch unsere Mitarbeiter, die über 55 Jahre alt sind, regelmäßig weiter.	
5.6.8	Wir gestalten die Arbeitsbedingungen lernförderlich (ganzheitliche Aufgabenübertragung, Beteili-gung an Entscheidungen, Möglichkeit zur Zusammenarbeit mit Kollegen, Gewähren von Hand-lungs- und Entscheidungsspielräumen usw.).	

5.7 Karrieremanagement/Personalförderung

Die Gestaltung lebensphasengerechter Karrieremodelle –und damit auch die Gestaltung von Arbeitszeitmodellen – gehören essentiell zu einem demografieorientierten Personal-management, da das erhöhte Renteneintrittsalter von 67 Jahren in vielen Berufsfeldern die Frage aufwirft, wie kann Beschäftigung in hohem Alter aussehen.

Alle Fragen sind anhand folgender Skala einzuschätzen -> das Urteil in die Spalte „Wert" eintragen.

1 = trifft gar nicht zu	2 = trifft wenig zu	3 = trifft teils/teils zu	4 = trifft ziemlich zu	5 = trifft voll zu	0 = Weiß nicht
					Wert

5.7.1	Neben klassischen Führungskarrieren bieten wir unseren Mitarbeitern auch Fach- oder Projekt-karrieren an.	
5.7.2	Bei gleicher Eignung spielt für die Karriere in unserem Unternehmen die Verschiedenartigkeit (Al-ter, Geschlecht, Kultur, Religion, Behinderung usw.) keine Rolle.	
5.7.3	Elternzeit können bei uns gleichermaßen Frauen und Männer in Anspruch nehmen.	
5.7.4	Wir besprechen mit unseren älteren Mitarbeitern deren berufliche und private Zukunft und suchen individuelle Lösungen.	
5.7.5	In unserem Unternehmen existiert eine systematische Nachfolgeplanung in allen Bereichen.	
5.7.6	Wir führen einmal jährlich eine Personalkonferenz mit der Unternehmensleitung und der ersten Führungsebene durch, in der alle Schlüsselfunktionen des Unternehmens in Bezug auf Vakan-zen, drohende Vakanzen und mögliche Nachfolgekandidaten durchgesprochen werden.	
5.7.7	Wir setzen Lebensarbeitszeitkonten ein, damit Mitarbeiter im Bedarfsfall ohne Entgeltverlust und auf Wunsch im späteren Alter die Renteneintrittsphase vorverlegen können.	
5.7.8	Unsere Karrierewege bieten älteren Mitarbeitern auf Wunsch die Möglichkeit, Aufgaben, Füh-rungsverantwortung usw. zu reduzieren (Bogen-Karriere).	

5.8 Gesundheitsmanagement (einstellungs- und verhaltensorientiert)

Neben der gesundheitsbezogenen Gestaltung der Arbeitsbedingungen ist gerade die Einstellungs- und Verhaltensänderung der Mitarbeiter in Bezug auf ihre eigene Gesund-heit ein wesentlicher Baustein im Demografiemanagement.

Alle Fragen sind anhand folgender Skala einzuschätzen -> das Urteil in die Spalte „Wert" eintragen.

1 = trifft gar nicht zu	2 = trifft wenig zu	3 = trifft teils/teils zu	4 = trifft ziemlich zu	5 = trifft voll zu	0 = **Weiß nicht**
					Wert

		Wert
5.8.1	Wir bieten unseren Mitarbeitern im Verlauf des Beschäftigungsverhältnisses Gesundheitsüberprüfungen und Vorsorgeuntersuchungen an.	
5.8.2	Wir unterstützen die physische Gesundheit unserer Mitarbeiter durch Maßnahmen wie Rückenschule, Ernährungsseminare, Raucherentwöhnung, Sponsoring Fitnessstudiobeiträge usw.	
5.8.3	Wir unterstützen die psychische Belastbarkeit und Stressresistenz unserer Mitarbeiter durch Seminare zum Umgang mit Stress und zu Entspannungstechniken.	
5.8.4	Wie bieten unseren Mitarbeitern im Bedarfsfall ein individuelles Gesundheits-Coaching.	
5.8.5	Wir führen mit unseren Mitarbeitern nach der Vertragsunterzeichnung und vor Arbeitsbeginn einen Gesundheitscheck durch.	
5.8.6	Wir vereinbaren mit unseren Mitarbeitern auf freiwilliger Basis jährlich Gesundheitsziele, die wir honorieren bzw. finanziell unterstützen.	
5.8.7	Unser Angebot zum verhaltensbezogenen Gesundheitsmanagement wird unseren Mitarbeitern transparent gemacht (Schwarzes Brett, Intranet usw.).	
5.8.8	Gesundheitsförderliches Verhalten ist Teil unseres Beurteilungssystems für Mitarbeiter – ggf. als „Sonderpunkt".	

5.9 Alternsgerechtes Anreizsystem

Die Leistungsbereitschaft der Mitarbeiter kann durch ein alternsgerechtes Anreizsystem positiv beeinflusst werden. Dabei ist darauf zu achten, dass keine „Altersgeschenke" verteilt werden. Unter dem Gesichtspunkt einer ganzheitlichen Betrachtung „Jung und Alt" kann dies zu Ungerechtigkeitsempfinden bei den Leistungsträgern aller Altersgruppen führen.

Alle Fragen sind anhand folgender Skala einzuschätzen -> das Urteil in die Spalte „Wert" eintragen.

1 = trifft gar nicht zu	2 = trifft wenig zu	3 = trifft teils/teils zu	4 = trifft ziemlich zu	5 = trifft voll zu	0 = **Weiß nicht**
					Wert

		Wert
5.9.1	Wir bieten unseren Mitarbeitern ein bedürfnisgerechtes Cafeteria-Modell mit monetären und geldwerten Bestandteilen (z.B. Leistungsprämie, Zusatzversicherungen, Mitarbeiterbeteiligung usw.).	
5.9.2	Wir bieten unseren Mitarbeitern ein bedürfnisgerechtes System immaterieller Anreize (z.B. Sabbatical, Personalentwicklung, familienfreundliche Maßnahmen, Homeworking, Vertrauensarbeitszeit usw.).	
5.9.3	Anforderungsgerechtigkeit und Leistungsgerechtigkeit sind bei uns die bestimmenden Faktoren zur Entgeltfestsetzung.	
5.9.4	Bei gleicher Funktion und gleicher Leistung spielt für die Höhe der Vergütung die Verschiedenartigkeit (Alter, Geschlecht, Kultur, Religion, Behinderung usw.) keine Rolle.	
5.9.5	Wir honorieren in angemessenem Umfang, z.B. durch Prämien oder übertarifliche Entgeltzuschläge, auch die durch kontinuierliche Weiterbildung gesteigerte innerbetriebliche Mobilität und Einsatzflexibilität von Mitarbeitern, auch wenn diese aktuell nicht genutzt werden kann („Pay for knowledge").	

5.10 Wissensmanagement

Der bewusste Umgang mit den Kernkompetenzen des Unternehmens ist von existenzieller Bedeutung für Unternehmen und Bestandteil eines effektiven demografieorientierten Personalmanagements.

Alle Fragen sind anhand folgender Skala einzuschätzen -> das Urteil in die Spalte „Wert" eintragen.

1 = trifft gar nicht zu	2 = trifft wenig zu	3 = trifft teils/teils zu	4 = trifft ziemlich zu	5 = trifft voll zu	0 = Weiß nicht
					Wert

5.10.1	Das geschäftskritische Humankapital unseres Unternehmens ist uns bekannt.	
5.10.2	Das geschäftskritische Beziehungskapital (zu Kunden, Lieferanten, Partnern, usw.) unseres Unternehmens ist uns bekannt.	
5.10.3	Wir verfügen über eine Strategie, mit der wir das Wissen unserer Organisation fortwährend erneuern.	
5.10.4	Das strategische Führungsinstrument der individuen- und bereichsbezogenen Wissensbilanzierung wird in unserer Organisation angewandt.	
5.10.5	Wir wissen, wer unsere zentralen Wissensträger im Unternehmen sind.	
5.10.6	Wir fördern aktiv den Austausch von Wissen zwischen Jung und Alt, z.B. durch altersgemischte Arbeitsteams, durch Lerntandems, Mentoring, Senior-Consultingverträge usw.	
5.10.7	Wir fördern eine Kultur, welche die Weitergabe von Wissen positiv unterstützt.	
5.10.8	Wir dokumentieren Wissen in Datenbanken, z.B. in Form von „Yellow Pages", „Wikis" oder Projektdokumentationen.	
5.10.9	Wir haben sichergestellt, dass durch Vertreterregelungen erfolgskritisches Wissen mindestens auf zwei Personen verteilt ist.	

5.11 Vorbereitung auf den Unternehmensaustritt/Übergangsmodelle Rente

Älteren Mitarbeitern die Möglichkeit zu bieten, die Spätphase ihres beruflichen Lebens entsprechend der individuellen Belastbarkeit und individueller Wünsche zu gestalten, gehört insbesondere vor dem Hintergrund des erhöhten Renteneintrittsalters auf 67 Jahre ebenso wie die Option, Mitarbeiter nach ihrem Ausscheiden aus dem Unternehmen bei Bedarf angepasst weiter zu beschäftigen, zu einem demografieorientierten Personalmanagement.

Alle Fragen sind anhand folgender Skala einzuschätzen -> das Urteil in die Spalte „Wert" eintragen.

1 = trifft gar nicht zu	2 = trifft wenig zu	3 = trifft teils/teils zu	4 = trifft ziemlich zu	5 = trifft voll zu	0 = Weiß nicht
					Wert

5.11.1	Ehemalige Mitarbeiter setzen wir auch nach dem Renteneintritt im Rahmen von geringfügigen Beschäftigungsverhältnissen oder Senior-Beraterverträgen in unserem Unternehmen ein.	
5.11.2	Wir bieten nach Möglichkeit älteren Mitarbeitern auch Tele-Heimarbeitsplätze an.	
5.11.3	Wir verfügen über ein „Generationen-Netzwerk", in dem ehemalige Mitarbeiter heutige Mitarbeiter in Alltagsbereichen unterstützen (Kinderservice, Tagesmütter-Service, Einkaufs-Service usw.).	

6. Zusammenarbeit mit externen Institutionen

Die Zusammenarbeit mit externen Institutionen kann helfen, die Herausforderungen des demografischen Wandels in den Unternehmen besser zu bewältigen.

Alle Fragen sind anhand folgender Skala einzuschätzen -> das Urteil in die Spalte „Wert" eintragen.

1 = trifft gar nicht zu	2 = trifft wenig zu	3 = trifft teils/teils zu	4 = trifft ziemlich zu	5 = trifft voll zu	0 = Weiß nicht
					Wert

6.1	Eine Übersicht zu relevanten bundesweiten und regionalen Verbänden, Initiativen etc., die zum Demografiemanagement beraten und unterstützen, ist erstellt.	
6.2	Die zuständige Stelle „Demografiemanagement" organisiert die Kooperation mit relevanten Verbänden, Initiativen etc.	
6.3	Wir arbeiten gezielt mit externen Institutionen zum Demografiemanagement zusammen.	
6.4	Wir sind Mitglied in einem speziellen Arbeitskreis, wie z.B. „Demografiemanagement".	
6.5	Einschlägige Aktivitäten aus der Kooperation sind im Unternehmen erkennbar und werden intern kommuniziert.	
6.6	Wir sehen in Zukunft den Bedarf, eigene Mitarbeiter im Bereich Demografiemanagement extern aus- oder fortbilden zu lassen.	

7. Demografieorientierte Führung

Durch demografieorientiertes Führungsverhalten können die Führungskräfte erheblich zur Beschäftigungsfähigkeit und Motivation der Mitarbeiter und damit zum Erfolg des Unternehmens beitragen.

Alle Fragen sind anhand folgender Skala einzuschätzen -> das Urteil in die Spalte „Wert" eintragen.

1 = trifft gar nicht zu	2 = trifft wenig zu	3 = trifft teils/teils zu	4 = trifft ziemlich zu	5 = trifft voll zu	0 = Weiß nicht
					Wert

7.1	Wir haben eine formulierte Führungsphilosophie, die die Verschiedenheit unserer Mitarbeiter berücksichtigt.	
7.2	Wir schulen unsere Führungskräfte in der nachhaltigen Sicherung der Beschäftigungsfähigkeit unserer Mitarbeiter (Employability Management).	
7.3	Wir schulen unsere Führungskräfte im Umgang mit der Verschiedenartigkeit unserer Mitarbeiter (Alter, Kultur, Behinderung usw.).	
7.4	Unsere Führungskräfte berücksichtigen in ihrem Führungsverhalten das alters-, geschlechts-, kultur- und religionsspezifische Leistungsvermögen und Erfahrungswissen unserer Mitarbeiter.	
7.5	Unsere Führungskräfte pflegen einen kooperativen Führungsstil.	
7.6	Unsere Führungskräfte pflegen einen gesundheitsförderlichen, wertschätzenden Führungsstil.	
7.7	Auch mit älteren Kollegen über 55 Jahren werden die vorgesehenen Jahresgespräche (Beurteilung, Zielvereinbarung usw.) regelmäßig geführt.	
7.8	Demografieorientiertes Führungsverhalten ist Teil unseres Beurteilungssystems für Führungskräfte.	

8. Demografiecontrolling

Ohne ein spezifisches Controllingsystem bleiben Effizienz und Effektivität im demografieorientierten Personalmanagement zufällig. Zudem werden vorhandene Optimierungspotenziale nur unzureichend erkannt.

Alle Fragen sind anhand folgender Skala einzuschätzen -> das Urteil in die Spalte „Wert" eintragen.

1 = trifft gar nicht zu	2 = trifft wenig zu	3 = trifft teils/teils zu	4 = trifft ziemlich zu	5 = trifft voll zu	0 = Weiß nicht

		Wert
8.1	Für die Erfolgsmessung des demografieorientierten Personalmanagements existiert ein Kennzah-lensystem, z.B. zur Mitarbeiterstruktur, zur Fluktuationsquote, zur Personalentwicklung "55plus" usw.	
8.2	Wir messen die Effekte unseres demografieorientierten Personalmanagements regelmäßig (z.B. quartalsweise, halbjährlich, jährlich).	
8.3	Unsere demografieorientierten Maßnahmen sind erfolgreich und machen sich betriebswirtschaft-lich bemerkbar.	
8.4	Wie versuchen den betriebswirtschaftlichen Erfolg unserer demografieorientierten Maßnahmen monetär zu bewerten.	
8.5	Wie erheben im Rahmen von Mitarbeiterbefragungen auch regelmäßig, wie sich unsere Unter-nehmenskultur im Hinblick auf eine „intergenerativ wertschätzende Kultur" entwickelt.	
8.6	Der monatliche Personalbericht ist nach Altersgruppen gegliedert.	

The manufacturer's authorised representative in the EU is Springer
Nature Customer Service Centre GmbH, Europaplatz 3, 69115 Heidelberg,
Germany. If you have any concerns regarding our products, please
contact ProductSafety@springernature.com

Printed and bound by CPI Group (UK) Ltd, Croydon, CR0 4YY

23/04/2026

02095588-0014